ANDORRA, UNA ECONOMIA DE FRONTERA

Col·lecció Seminari

Sèrie Catalònia

Directors:

Roberto Fernández

Manuel Lladonosa

Coordinadora:

María José Vilalta

DOLORS COMAS D'ARGEMIR

Andorra, una economia de frontera

Pagès editors
LLEIDA, 2002

Edició realitzada amb la col·laboració de

LA PAERIA

Ajuntament de Lleida

Sant Salvador, 8 - 25005 Lleida
Primera edició: setembre de 2002
Dipòsit legal: L-919-2002
ISBN: 84-7935-952-8
Imprès a Arts Gràfiques Bobalà, S. L.
Enquadernació: Fontanet

Índex

ADVERTÈNCIA PER A LA LECTURA 9

INTRODUCCIÓ 13

CAPÍTOL I

UNA ECONOMIA DE FRONTERA

Acostament a Andorra 17
Andorra, microestat pirinenc 24
L'etnografia 31

CAPÍTOL II

ANDORRA, ZONA FRANCA

Del país de Robinson Crusoe al supermercat d'Europa 37
La importància de les noves activitats econòmiques 41
La conversió d'Andorra en zona franca 50
Una mà d'obra estrangera, un país que creix 57

CAPÍTOL III

EL PROCÉS DE TRANSICIÓ CAP A LA NOVA ANDORRA

Canvis o transició social? 67
La pluralitat de bases econòmiques i la diversificació d'activitats 70
De la casa pagesa als negocis familiars 73
De la gestió comunitària a l'emergència d'un sector públic 77
Proteccionisme i privilegis 82
Una economia nova, unes institucions antigues 90

Capítol IV

VIURE DE LA PAGESIA

Una vida d'austeritat i sacrificis 95
Els horitzons del treball 101
L'agricultura 102
La ramaderia i la vida pastoril 108
L'hort, la cort i la casa 113
Els treballs de les famílies 118
Els destins de les persones 124
Dues vides en paral·lel 132
Núria, pubilla 132
Ramona, mestressa 135

Capítol V

ANYS D'OBRES, TEMPS DE GUERRES

L'electrificació d'Andorra 139
Temps de guerres 148
Refugiats i exiliats 153
Intermediaris i espies 160
Contraban i contrabandistes 165
El contraban de supervivència 169
El contraban en temps de guerres 172
Les noves formes de contraban 178
Comerç, compradors i contrabandistes 178
Últimes tendències del contraban 182

Capítol VI

LA NOVA FRONTERA EN LA FRONTERA: EL PAS DE LA CASA

Un lloc de pas, una terra de ningú 187
Els pobladors de la nova frontera 190
Les primeres activitats 197
L'impuls definitiu 205
L'obertura permanent de la carretera 205
L'estació d'esquí 209
La reconquesta del Far West 214
El Pas de la Casa, poble o gent de pas? 222

Capítol VII
LES DÈCADES PRODIGIOSES

El naixement d'una edat d'or 227
Vendre terres, pujar pisos 233
El comerç i el miracle andorrà 245
El turisme, una mina d'or? 254
Organitzar excursions, fer conèixer el país 261
Pujar un hotel fins arribar a dalt 264
Pagesia, negocis i altres activitats 266

Capítol VIII
ANDORRA CREIX

Camins que porten a Andorra 279
Retornats, forasters, estrangers 287
1948. Teresa (catalana, mestressa de casa) 287
1950. Antoni (andorrà retornat, botiguer) 290
1966. Juan (castellà, cuiner) 292
1967. Marvin (britànic, grafista) 296
1975. Louis (francès, farmacèutic) 297
1976. Ingrid (belga, estudiant) 299
1978. Isha (hindú, estudiant) 301
1979. Anabel (catalana, representant de comerç) 305
1981. Anita (filipina, servei domèstic) 308
1985. Oriol (català, gerent d'hotel) 311
1988. Maria Rosa (argentina, cambrera) 313
1988. Carlos (portuguès, construcció) 318
1990. Clara (portuguesa, professora) 321

Capítol IX
LA FRONTERA IMPRESCINDIBLE: LA QÜESTIÓ DEL TABAC

El tabac, una agricultura fictícia 327
Característiques de la producció de tabac 330
Pagesos i colliters 337
Grups socials i tabac: acords i conflictes 345
Fabricants i colliters 348
Colliters i colliters 352
Fabricants i importadors 354
El mercat del tabac 356

Economia política del tabac 362

CONCLUSIONS 373

BIBLIOGRAFIA 383

AGRAÏMENTS 391

Advertència per a la lectura

Al llarg d'aquest llibre apareixen nombrosos fragments d'entrevistes, que es reprodueixen de forma literal. Sempre consignem l'informant de qui procedeixen, però no apareix el seu nom sinó un codi, per tal de preservar l'anonimat; per la mateixa raó quan apareixen noms de casa, cognoms i noms de fonts els hem canviat per termes culturalment i socialment equivalents, excepte en els casos que ens han indicat el contrari. També han estat canviats llocs geogràfics i professions quan estan vinculats a persones concretes, amb la mateixa finalitat d'evitar possibles identificacions. Cal dir que no sempre l'anonimat es pot garantir, com succeeix en el cas de persones que tenen forta projecció pública per motius d'ordre econòmic o polític i per aquest motiu en la major part d'aquests casos hem conservat el nom real. El mateix passa amb la denominació de les empreses més importants (com és el cas de la companyia d'electricitat FHASA, de les estacions d'esquí o de les entitats bancàries). També hem optat per deixar el nom real de les persones que apareixen en textos publicats o que ells mateixos han escrit. Per tal de diferenciar els noms reals dels ficticis posem aquests últims en un altre tipus de lletra (per posar un exemple: apareix MERITXELL si es tracta d'un nom fictici i Meritxell (sense cap canvi) si és nom real.

Els codis utilitzats per a la identificació de les entrevistes integren informació que permet situar la persona d'acord amb el sexe, parròquia on resideix, grup d'edat i nacionalitat. Posem un exemple, abans de detallar els codis: La referència EE-21 (H-OR-2-A) indica que es tracta de l'entrevista número 21, que correspon a un home, que viu a Ordino, que és del grup generacional 2 (i per tant dels més vells), i que és de nacionalitat andorrana. Cada lletra o número ens proporciona, doncs, informació. Els codis emprats són els següents:

Sexe:	D	=	dona
	H	=	home
Residència:	AN	=	Andorra la Vella
	CA	=	Canillo
	EN	=	Encamp
	ES	=	Les Escaldes-Engordany
	MA	=	La Massana
	OR	=	Ordino
	SJ	=	Sant Julià de Lòria
Cohort:	1	=	nascuts abans de 1905
	2	=	nascuts entre 1905 i 1919
	3	=	nascuts entre 1920 i 1934
	4	=	nascuts entre 1935 i 1949
	5	=	nascuts entre 1950 i 1964
	6	=	nascuts entre 1965 i 1980
Nacionalitat:	A	=	andorrana
	C	=	espanyola (catalans)
	E	=	espanyola
	F	=	francesa
	P	=	portuguesa
	B	=	britànica
	O	=	altres

Les entrevistes han estat transcrites de forma literal i només s'han eliminat reiteracions o tics lingüístics, a fi de facilitar-ne la lectura. Hem respectat, això sí, les varietats dialectals i els calcs lingüístics que sovint es produeixen entre les diverses llengües que s'utilitzen a Andorra (especialment entre català i castellà, però també amb el francés, portugués, etc.). Els qui s'interessin per les dimensions lingüístiques podran observar les diferències de registre entre les persones més grans i les més joves, o entre les diverses variants del català, a causa de la important presència en el país de molts catalans procedents de l'àrea oriental. Les variants dialectals de l'andorrà estan molt ben representades entre les persones de més edat (les de les cohorts 1 i 2), sobretot si són de les parròquies altes. També hi ha el fenomen de gent jove que ha incorporat en el seu registre algunes paraules andorranes i sobretot terminacions verbals (característicament, les acabades en *-àvom*). Per a la transcripció del lèxic i formes gramaticals andorranes hem seguit els criteris del llibre de M. Riera, *La llengua catalana a Andorra*, mentre que per als topònims utilitzem com a referents l'*Atlas Universal Català* i l'*Atlas d'Andorra*.[1]

1. M. Riera, *La llengua catalana a Andorra. Estudi dialectològic dels seus parlars rurals*, Barcelona, 1992; *Atlas Universal Català* (dir. J. Vilà Valentí), Barcelona, 1995; *Atlas d'Andorra* (coord. A. Gómez), Andorra la Vella, 1991.

Introducció

Aquest llibre fou acabat de redactar el mes de desembre de 1997. En aquell moment Andorra era notícia en els mitjans de comunicació per la decisió del govern espanyol d'impermeabilitzar la frontera i posar fi al contraban de tabac. Tres anys després, en escriure aquesta presentació, la situació es manté i el govern andorrà ha promulgat per primera vegada en la seva història una llei que penalitza el contraban. És inevitable que la imatge externa d'Andorra s'hagi vist condicionada per aquest factor que, en focalitzar i sobredimensionar un determinat aspecte de la realitat andorrana, també la distorsiona. És fàcil així que la gent emeti determinats judicis de valor respecte a la situació d'Andorra que responen a una lògica externa al país i n'ignoren la història i les circumstàncies actuals.

El tema que tracta aquest llibre no és aliè a aquestes qüestions i per això les esmento, però el que s'intenta aquí justament és endinsar-se en la lògica interna del Principat i de la seva gent. S'analitza la transformació econòmica que ha viscut el país en els darrers decennis, i com s'ha passat d'un sistema de vida basat en la pagesia a l'espectacular presència del comerç i de les activitats turístiques. Andorra és un país de frontera i viu de la frontera: aquest és un element substancial per poder comprendre l'evolució econòmica del país. Sense el factor diferencial de preus, que és fruit de l'especial estatut jurídic i polític del Principat, aquest comerç i el turisme que hi neix vinculat no s'hagueren desenvolupat. La frontera és un factor estructural per l'economia andorrana, i el contraban és una activitat que hi ha estat constantment present. Ha sigut un mecanisme de supervivència quan Andorra era un país pobre, i ha sigut una activitat molt estesa quan Andorra n'orientà l'economia cap al comerç, cosa que no implica sols els andorrans. Cal fer notar al lector (o, millor, recordar-li) que bona part dels turistes-compradors que van a

Andorra fan ells mateixos contraban quan passen per la frontera licors, tabac o mercaderies diverses en quantitats superiors a les permeses.

En els anys més àlgids, han arribat a entrar a Andorra fins a dotze milions de turistes, atrets pels avantatges comercials que hi podien trobar. Així doncs, són molts els visitants que ha rebut el país. Pocs d'ells, però, s'aparten dels carrers més concorreguts i encara menys són els qui coneixen les particularitats i la vida interna del país. La imatge que sovint queda d'Andorra és la d'una mena de *duty free shop* en mig de les altes muntanyes dels Pirineus. És, sense dubte, una imatge simplificada que, a més, ignora les particulars circumstàncies que han conduït a la forta terciarització de l'economia andorrana, ja que temps enrera es vivia de manera molt similar a d'altres valls pirinenques, a partir de l'agricultura de muntanya i de la ramaderia.

Que "Andorra ja no és el que era" és un fet. Els canvis en la seva història recent són d'una magnitud considerable. En el transcurs d'uns pocs decennis, Andorra ha passat de viure de la pagesia a especialitzar-se en el turisme comercial. Ha passat de tenir 5.000 habitants als voltants dels any quaranta als quasi 65.000 d'avui; de ser una societat culturalment homogènia a tenir una població diversa en origen, llengua i cultura. En aquest procés s'han modificat les institucions polítiques, s'ha aprovat una Constitució moderna, s'ha instaurat un sistema escolar propi, s'han urbanitzat amplis espais de les valls, s'ha creat un sistema sanitari, serveis socials i equipaments culturals, s'ha construït noves carreteres, s'han introduït els nous mitjans de comunicació. S'ha fet de la muntanya un espai urbà i cosmopolita, on viu gent molt diversa i on, sobretot, circula gent molt diversa. A Andorra corren els diners, diuen que s'hi han fet grans fortunes, i el nivell de vida és elevat. També hi ha marginació i pobresa, no cal oblidar-ho. De fet, hi ha molta diversitat en la situació concreta de les famílies i individus que avui viuen a Andorra, com es correspon amb la complexitat d'una societat que en tan poc temps ha canviat tant.

En les següents pàgines ens centrarem en l'anàlisi de les transformacions econòmiques d'Andorra en els anys recents. Són nombrosos els estudis que s'han fet sobre aquest tema, i lògicament els tenim en compte, però la principal aportació d'aquest llibre rau en la incorporació de la perspectiva de la gent que viu a Andorra i ha participat en la configuració d'aquest canvi a partir de les seves activitats. No em limito, doncs, a presentar indicadors i xifres abstractes (encara que també n'incloc), sinó sobretot les experiències i percepcions de les persones. Iniciem el nostre camí a partir de la reconstrucció de l'antic sistema de la pagesia, del qual vivia la major part de gent. Parlem després de les obres d'electrificació, dels temps de guerres i del naixement del comerç; també del cultiu del tabac i de l'eclosió de les activitats turístiques. En el nostre recorregut, no passem pel bosc de les valoracions, sinó que seguim aquelles vies que ens faciliten la comprensió i ens subministren les claus interpretatives que permeten entendre el particular desenvolupament d'Andorra dels darrers anys.

Aquesta publicació forma part d'un treball de més ampli abast, consistent en la realització d'un estudi etnogràfic dirigit per mi mateixa i per Joan J. Pujadas que duguerem a terme entre 1993 i 1995. En l'equip hi participaren Isabel de la Parte i David Mas i comptà amb col·laboracions puntuals per part de Carme Oriol i Dolors Llopart. El treball de recerca, titulat *Estudi etnogràfic de les Valls d'Andorra. Canvi social, patrimoni cultural i identitat* fou encarregat i finançat per la Conselleria d'Educació, Cultura i Joventut del Govern d'Andorra, essent conseller el M. I. Sr. Josep Dalleres. La conversió de la Conselleria en Ministeri no va afectar la realització de l'estudi, que continuà quan fou ministre de Cultura i Afers Socials el M. I. Sr. Ramon Serra i després el M. I. Sr. Pere Canturri. Cal esmentar la col·laboració institucional de la Universitat Rovira i Virgili i el suport de la Comisión Interministerial de Ciencia y Tecnología (CICYT), que va concedir una subvenció (SEC93-0478) per comparar l'impacte de la frontera a Andorra i la Cerdanya.

El material etnogràfic recollit constitueix l'Arxiu d'Etnografia d'Andorra, avui adscrit a l'Àrea de Recerca Històrica, de Patrimoni Cultural d'Andorra. El Ministeri d'Afers Socials i Cultura promogué la difusió d'alguns resultats de l'estudi, de manera que l'any 1997 i en col·laboració amb l'editorial Alta Fulla, es publicà un text de presentació general a càrrec de J. J. Pujadas i de mi mateixa, amb el títol *Andorra, un país de frontera. Estudi etnogràfic dels canvis econòmics, socials i culturals*. Com a fruit de la mateixa recerca s'han elaborat amb posterioritat altres treballs que tracten dimensions més específiques i dels quals són autors Joan J. Pujadas (*Identitat cultural i construcció nacional a Andorra*), David Mas (*Oficis i indústries a Andorra*), Carme Oriol (*El folklore andorrà*), Isabel de la Parte i David Mas (*La casa a Andorra. Dues històries de família*). Cal indicar que l'Arxiu d'Etnografia d'Andorra és una base d'informació considerable que pot donar origen a nous treballs de caràcter científic, didàctic o de divulgació. Tot plegat ha de poder aportar un millor coneixement de la realitat andorrana. Desitjo que aquest llibre hi contribueixi també.

Altafulla, gener de 2002

CAPÍTOL I

Una economia de frontera

Acostament a Andorra

Vaig anar per primera vegada a Andorra l'any 1972. Era ple estiu i ho recordo bé perquè fou una de les escasses ocasions en què la meva família va prendre la gran decisió de canviar la ruta habitual (que inevitablement es dirigia cap a les platges del nord de Barcelona) i de fer més quilòmetres dels que acostumava. Vam marxar molt d'hora perquè volíem tornar el mateix dia i el viatge se'ns va fer llarg i cansat. A mesura que ens acostàvem a Andorra la carretera s'anava encaixant i les parets de les muntanyes estaven més a prop. L'existència de la duana i del corresponent control policial ens va fer prendre consciència que arribàvem a un altre país. A partir d'aquest moment el record es fa difús: botigues i més botigues, una calor ofegadora, molta gent, molts cotxes. Sé que badàvem davant els aparadors i que vam comprar moltes coses. No vam anar més enllà de l'avinguda Meritxell i els seus entorns i em va fer l'efecte, com passa a molta gent, que Andorra era un carrer ple de botigues, un carrer molt llarg, això sí.

La imatge que em va quedar d'Andorra en aquest primer viatge és la d'un gran basar on hi havia una increïble quantitat d'articles, alguns molt innovadors per nosaltres, tots a molt bon preu. I recordo també que ens va agradar comprovar que a tot arreu es podia parlar català. Andorra era, en definitiva, un altre país, diferent però reconeixible, atractiu però esgotador, modern però aclaparador. Tardaria temps a comprovar que darrera aquesta visió superficial s'hi amagava una realitat molt més complexa, una Andorra profunda molt diferent de la que havia pogut captar en aquella visita ràpida i obligatòriament impressionista.

Andorra no és només un carrer i no hi ha tan sols botigues, és evident, però en aquells anys les imatges que ens arribaven d'Andorra coincidien amb aquella visió superficial que jo m'havia fet inicialment. Era molta la gent que hi anava a comprar i que tornava tan satisfeta de les adquisicions obtingudes que parlava d'Andorra com d'un gran basar. Eren milers els catalans que s'hi desplaçaven i que repetien el viatge per tornar a comprar. És interessant reflexionar, ni que sigui un moment, sobre les imatges construïdes sobre Andorra per part dels catalans. Quin coneixement en tenien, quin en tenen ara? Si prenem com a metàfora la del mirall, no hauríem de concloure que allò que els catalans hem vist d'Andorra és una cara del mirall, aquella en què ens mirem i ens torna la nostra imatge? No veiem d'Andorra allò que de fet ens parla de nosaltres mateixos?

Durant molts anys, Andorra ha encarnat paradigmàticament la modernitat, ja que s'hi podien trobar productes molt innovadors i molt valorats perquè eren inexistents a Espanya o perquè eren molt cars. S'han fet veritables peregrinacions cap a Andorra per comprar roba de tergal o de niló, vaixelles de Duralex, màquines d'afaitar elèctriques, estris d'acer inoxidable, perfums, rellotges, aparells de ràdio, sucre, mantega, tabac, licors, càmeres de fotografiar... Andorra encarnava també la llibertat enfront del règim polític de la dictadura franquista que no semblava acabar-se mai. En el Principat hi vivien alguns exiliats catalans, però això no ho sabia gaire gent. L'important era que es traspassava la frontera i això sols ja significava respirar els aires de llibertat que recordaven la democràcia perduda i que es desitjava recuperar.

I era "moderna" Andorra? Hi havia democràcia a Andorra? Aquesta és l'altra cara del mirall, aquella que no vèiem els catalans. Ara podem afirmar que des de dins del país tot això es vivia de forma molt diferent. Darrera dels aparadors o, millor, en la rebotiga, hi havia unes persones que pugnaven per guanyar-se la vida a força de molt esforç, imaginació i treball. Alguns d'aquells nous emprenedors, avui gent d'edat madura, foren veritables pioners obrint-se camí, i aixecant cases i avingudes allà on no hi havia res. La majoria, però, anava a remolc dels temps i feia el que podia per adaptar-s'hi. Els andorrans que s'introduiren en les noves activitats del comerç, hoteleria i construcció s'havien criat en la vida pagesa i en la seva lògica summament austera i hagueren de reformular els valors tradicionals per adaptar-los a les noves experiències. I, evidentment, apreciaven fer diners i poder sortir de la precarietat. Com veien ells i elles aquells compradors que majoritàriament venien de ciutats i viles molt més grans? Se sentien gent de ciutat? Eren cosmopolites? Havien viatjat gaire? Ara sí, però... i llavors? Eren "moderns"?

I la democràcia? La situació d'Andorra no era comparable a la d'Espanya, evidentment, on hi havia la dictadura franquista, però el seu sistema polític era ben particular. L'individu és el subjecte polític de les democràcies modernes i aquest no era el cas d'Andorra, que es regia per unes institucions pròpies, que amb alguns canvis havien funcionat de fet durant més de set-cents anys, i que donaven a la casa el màxim protagonisme de la vida social i política. Per això només votaven els caps de casa, fins que l'any 1933 es va aconseguir el sufragi universal masculí com a resultat de l'anomenada "revolució dels joves". Per tant, hi havia eleccions, però no tothom podia votar (les dones, no ho farien fins al 1971, per exemple), encara que cal dir que el sistema assegurava que tot andorrà es trobés representat en el Comú i en el Consell General. Segur que la major part de catalans-compradors desconeixien els detalls del sistema polític andorrà, ja que el que comptava era, com he dit, la llibertat que se sentia en creuar la frontera, qualsevol frontera. I cal introduir un altre factor, com és el fort corrent migratori que arriba a Andorra i que acaba fent que la participació política es redueixi a una minoria de persones respecte al total poblacional. Les noves oportunitats existents a Andorra van atraure molta gent; el procés ha continuat ininterrompudament fins ara i avui hi ha un nombre considerable d'estrangers establerts en el país. I el repte és com integrar tota aquesta població nova, tant des del punt de vista polític, com social i cultural.

No voldria deixar-me un altre element important en la manera en què els catalans es contemplen en el mirall d'Andorra, com és el fet de considerar-la l'expressió de la catalanitat. Així es veia en els anys de la dictadura, ja que la gent tenia la grata sorpresa de comprovar que a Andorra el català era oficial i que les retolacions de botigues o carrers estaven en aquesta llengua. I així s'ha continuat veient ara, com ho mostra l'expectativa i l'interès que va despertar a Catalunya el fet que Òscar Ribas, aleshores cap de govern, pronunciés en català el seu discurs d'ingrés a l'ONU l'any 1993. I es consideren catalans els andorrans? El català és la llengua oficial del Principat i la llengua és sens dubte un referent identitari importantíssim, però la identitat és un sentiment molt complex, i marcar les diferències respecte als "altres" n'és un vessant tan important com les definicions en positiu del que s'és. Un sol tret, per si sol, no condiciona res. Els processos polítics i econòmics són també d'importància cabdal i tot reconeixent la continuïtat cultural i lingüística respecte a Catalunya, als andorrans no els agrada en general ser confosos amb els catalans.

Val la pena incloure una frase extreta de les múltiples entrevistes que hem fet a Andorra durant la realització de la nostra investigació. És significativa perquè sintetitza moltes dimensions de l'Andorra d'avui. La diu una noia jove, que treballa en un establiment comercial:

> Una vez un cliente me dijo que le tenía que hablar en catalán, porque estábamos en Cataluña. Y entonces me molesté y le contesté: Usted perdone, no está en Cataluña, está en Andorra. Yo le acepto que me diga que hable el catalán, porque aquí es el idioma oficial, lo que no aceptaré es que me diga que está usted en Cataluña.

És una persona que no és andorrana i que viu a Andorra. Insisteix més endavant que no soporta que els catalans considerin Andorra com una part de Catalunya. I ho diu en castellà. Descriu de fet l'actitud de molts catalans respecte a Andorra, que no té en compte l'altra part del mirall, el que pensen els mateixos andorrans en un context, a més, que avui és molt heterogeni culturalment. I no és que els catalans no es confrontin amb experiències similars, sinó que no s'endinsen en la lògica interna d'Andorra, quedant-se en la superfície del mirall.

El que pretenc en aquest llibre és acostar el lector a l'altra cara del mirall, la que no veiem, però que ens permet comprendre com és Andorra i com ha passat a ser el que és avui. Em centraré més en concret en les dimensions econòmiques, que són centrals per entendre la naturalesa i magnitud dels canvis que s'han produït al Principat. Caldrà que ens referim a les grans forces econòmiques i polítiques que han motivat els canvis, però voldria sobretot fer entrar en la lògica de la vida quotidiana, dels sentiments i experiències de les persones, per tenir elements per entendre com la gent els ha viscut i com, també, els ha modelat directament amb les seves accions. Intentaré combinar doncs, l'anàlisi dels elements estructurals que permeten explicar la transformació econòmica d'Andorra amb aquells altres que ens porten cap a la seva comprensió.

La recerca que dóna origen a aquesta publicació fou realitzada a proposta del Govern d'Andorra i, més en concret, de la Conselleria d'Educació i Cultura. Jo formava part de l'Institut d'Estudis Andorrans per assessorar la Secció d'Antropologia i en els anys anteriors havia tingut un contacte aprofundit amb els Pirineus, arran de fer treball de camp en la regió aragonesa i d'haver redactat una tesi de doctorat sobre els canvis en la família i el sistema d'herència que donà lloc a diverses publicacions. Així les coses, des de la Conselleria d'Educació i Cultura se'm va expressar l'interès perquè es fes un estudi etnogràfic sobre Andorra.

El projecte fou elaborat conjuntament amb Joan Josep Pujadas, el vam presentar el mes d'octubre de 1992 i va ser aprovat, de manera que un any després començaria la recerca. L'experiència prèvia que els dos investigadors havíem tingut en el Pirineu aragonès ens va fer plantejar moltes preguntes, ja que on havíem treballat era una zona molt deprimida, amb forta despoblació i un futur incert que contrastava fortament amb la situació d'Andorra.[1] Què havia origi-nat el peculiar i espectacular desenvolupament d'Andorra, el fort augment demogràfic, l'elevat nivell de vida del país? Com influïa la seva història? Com i per què havia conservat la seva independència política? Com es relacionaven aquests factors amb haver esdevingut una plataforma comercial i financera? Com els andorrans havien fet el pas de ser pagesos a comerciants, hotelers o professionals? Com s'havia viscut aquesta gran transformació? Podíem analitzar tot això a partir d'estudiar només la "tradició"? Tenia sentit centrar-se només en la societat antiga? Era en aquella societat de pastors on es trobava l'especificitat d'Andorra? Quin concepte de cultura aplicàvem, en definitiva? Aquell estàtic que ens permetia fer una mena d'inventari de trets culturals i construir un mapa etnogràfic, o aquell altre que es planteja buscar el funcionament i transformació de la vida social?

Vam decantar-nos pel segon vessant, el que considera que la cultura és el resultat d'una reformulació constant dels components que la integren i, per tant, havíem d'analitzar la societat andorrana com una forma viva que havia assumit d'una determinada manera les transformacions que havien tingut lloc en el conjunt societari.[2] Des d'aquesta òptica, no podíem deixar de banda l'anàlisi dels canvis, ja que formen part de les característiques mateixes per les quals es defineix Andorra. Així doncs, l'anàlisi de la transició social es convertia en l'eix central.

1. J. J. Pujadas i D. Comas d'Argemir, *Estudios de Antropología Social en el Pirineo Aragonés*, Saragossa, 1994.

2. Hem fet una explicació més extensa i fonamentada del concepte de cultura a D. Comas d'Argemir, "La definición de la cultura pirenaica", J. Bertranpetit i E. Vives (ed.), *Muntanyes i població. El passat dels Pirineus des d'una perspectiva multidisciplinar*, 1995, pàg. 334-344; i a D. Comas d'Argemir, "Economía, cultura y cambio social", *Antropología económica*, Barcelona, 1998, pàg. 29-54.

Tal com indicàvem en una publicació introductòria de caire general sobre Andorra, si consideréssim que la cultura andorrana només es troba en allò "tradicional", hauríem d'admetre també que els andorrans han comès una mena de suïcidi cultural i que més que cap altre poble del Pirineu s'han diluït en la cultura de masses homogeneïtzant, uniformitzadora i inespecífica.[3] Els canvis socioeconòmics d'Andorra han sigut molt grans i s'han produït a un ritme vertiginós, és cert, però en la nostra òptica d'anàlisi els havíem d'integrar com l'element bàsic i que proporciona l'especificitat de l'Andorra d'avui. En aquest sentit, partíem d'una hipòtesi, basada en els treballs de Jonathan Friedman, que és ben diferent a la perspectiva que sovint s'ha aplicat a l'anàlisi del canvi social.[4] A causa de diferents causes, les activitats relacionades amb el comerç, el turisme i les finances són les que s'han imposat en les valls. Els andorrans venen productes diversos i venen també paisatge: així són identificats i així són reconeguts des de l'exterior. Entren, doncs, en la "modernitat" integrant-se plenament en les relacions de mercat. I encara que sembli paradoxal, gràcies al fet que s'insereixen en aquestes relacions econòmiques que són noves, alienes i d'abast internacional, poden preservar-se com andorrans. Així, el mercantilisme, lluny d'esborrar l'especificitat dels andorrans, forma part del procés pel qual construeixen la seva identitat. Els andorrans no desitgen ser identificats ni com els més "típics" ni els més "tradicionals" dels Pirineus, sinó com els més "moderns" i adaptats als nous reptes econòmics i socials. Aquesta peculiar reformulació és el que dóna especificitat avui als andorrans.

Cal afegir una altra dimensió, també aparentment paradoxal. A diferència d'altres llocs, la immersió en el mercantilisme s'ha realitzat a Andorra des d'una societat amb institucions de tall medieval, transformades i remodelades en el transcurs dels anys, això sí. Altres indrets del Pirineu tenien institucions similars, però havien desaparegut feia un segle com a mínim, en el moment en què França i Espanya introdueixen un nou esquema d'organització municipal que anul·la l'antiga autonomia de les valls. Andorra, en

3. D. Comas d'Argemir i J. J. Pujadas, *Andorra, un país de frontera. Estudi etnogràfic dels canvis econòmics, socials i culturals*, Andorra la Vella i Barcelona, 1997, pàg. 17-18.

4. J. Friedman, "Being in the World: Globalization and Localization", M. Featherstone (ed.), *Global Culture. Nationalism, Globalization and Modernity*, Londres, 1990, pàg. 311-328.

canvi, conserva l'organització de la Casa, dels Comuns, del Consell General i del Coprincipat pràcticament fins ara. I la paradoxa rau en què aquesta conservació ha sigut precisament el que ha permès el canvi cap a la modernitat. Vull insistir, a més, en la importància del particular estatut del Principat, que el fa ser un país de frontera i que viu de la frontera. I insisteixo també en el fet que la modernitat no esborra l'especificitat d'Andorra, sinó que la reforça, per tractar-se d'un procés únic i que accentua molt més la seva diferenciació respecte a altres indrets del Pirineu.

Els canvis formen part de la dinàmica normal de les societats i, per tant, la situació actual de les valls d'Andorra no pot avaluar-se només segons el que ha desaparegut, sinó també amb relació a tot allò que perviu, es crea o es reformula. Cal tenir en compte també que, tal com assenyala M. Godelier, tot procés de canvi implica la desaparició d'antics elements, l'aparició d'altres nous i una recombinació peculiar i distintiva d'antigues i noves formes.[5] Molts elements vells són la base per a construir noves tradicions, encara que no sigui fàcilment recognoscible.[6] Deixant clar aquest principi, també cal dir que no tot canvi és harmònic. També hi ha desestructuració, pèrdua dels referents propis i un enorme interrogant respecte al futur. I també hi ha contradiccions, com en qualsevol altra societat: la nova Andorra té un peu en la tradició i l'altre en la modernitat, pugna per mantenir antics privilegis i se submergeix en el món del guany, voldria una andorranitat inalterada i necessita obrir les portes als "altres andorrans". Tot això, que està present i tan viu en l'Andorra d'avui, serà part de la tradició en l'Andorra del demà.

Després d'haver realitzat dos anys de recerques a Andorra, d'haver recorregut el país, entrevistat dotzenes de persones i conegut des de dins la vida del Principat, aquelles preguntes que ens formulàvem en la fase de redacció del projecte es fan més pertinents que mai i s'hi han afegit moltes més. He volgut partir d'aquelles visions impressionistes justament per posar-les en qüestió i substituir-les amb una anàlisi sobre la realitat andorrana que vol ser més matisada i complexa. Caldrà que ens hi endinsem.

5. M. Godelier, "L'analyse des processus de transition", *Social Science Information*, núm. 26, 1987, pàg. 265-284.

6. E. J. Hobsbawm, "L'invent de les tradicions", E. J. Hobsbawm i T. Ranger (ed.), *L'invent de la tradició*, Barcelona, 1988, pàg. 7-49.

Andorra, microestat pirinenc

Fa just ara cent anys, Jean-Auguste Brutails, insigne jurista francès i molt coneixedor del règim jurídic andorrà, caracteritzava Andorra com un país minúscul, sense recursos i sense força, que gràcies a la seva tenuïtat i insignificància havia escapat a les forces centralitzadores exercides a un i altre costat del Pirineu.[7] Avui en dia Andorra continua essent un país molt petit, però no podem dir que no tingui recursos ni força: Andorra ha fet de la frontera un recurs econòmic i de la seva indefensió un instrument per mantenir la sobirania política. És a dir, aquelles característiques definides en negatiu (la manca de recursos i de força) han esdevingut els principals potencials amb els quals Andorra ha enfrontat la modernitat i que han propiciat el particular desenvolupament econòmic de les últimes dècades.

Els canvis econòmics i socials d'Andorra han sigut molt ràpids i profunds. L'espectacular desenvolupament del comerç, les finances i l'hoteleria ha donat lloc a un fort creixement demogràfic i ha implicat la urbanització d'àmplies zones de les valls. Actualment queden pocs vestigis de l'antiga societat de pagesos i ramaders que subsistien amb dificultats i havien d'emigrar per guanyar-se la vida a altres llocs. Avui Andorra és, en canvi, una mena d'illa de prosperitat, que contrasta amb la situació deprimida de moltes valls pirinenques i amb la qual ella mateixa es trobava també fa tan sols unes dècades.

Hi ha tres factors claus per entendre l'actual sistema econòmic d'Andorra i la seva particular evolució: el fet de ser un microestat, de ser un país de muntanya i de viure de la frontera.

Andorra té tan sols 468 quilòmetres quadrats de superfície i està situada entre Espanya i França. Per entrar o sortir d'Andorra cal passar per una duana i sometre's al control fronterer: aquest és el signe més evident i inconfusible de què es tracta d'un país independent, que es regula per normes diferents a les dels països veïns. La Constitució que fou aprovada en referèndum el 14 de març de 1993 defineix Andorra com un "Estat independent, de dret, democràtic i social", i entre altres qüestions especifica que el règim polític és el "Coprincipat parlamentari" i que la denominació oficial és Principat d'Andorra (art. 1). D'aquesta forma s'ha institucionalitzat

7. J. A. Brutails, "Vallées d'Andorre", *Revue des Universités du Midi,* núm. 1, 1897, pàg. 88-104.

tant per l'ordenament intern com de cara al reconeixement internacional l'estatut jurídic del país, que fins aquest moment resultava ambigu i els termes estat, república i principat s'utilitzaven indistintament per a referir-s'hi.

S'ha dit moltes vegades que Andorra és un cas únic, un particularisme històric i, efectivament, ho és.[8] El fet que avui existeixi el Principat com a tal és resultat d'un conjunt d'atzars i de necessitats que han anat acompanyats d'una voluntat fèrria d'independència per part dels andorrans així com d'un fràgil equilibri (de vegades trencat) en les relacions entre els dos coprínceps que han exercit la tutela del país i n'han condicionat el funcionament. En diferents circumstàncies històriques s'han posat de manifest les ànsies annexionistes de França i d'Espanya, ja que ambdós països han considerat en la pràctica que Andorra formava part del seu territori i ambdós han intervingut en algun moment o altre en els seus afers interns. D'altra banda, el poder decisori dels coprínceps ha marcat profundament el destí del Principat i com no sempre els andorrans n'han quedat ben parats, la relació amb ells ha sigut normalment una qüestió difícil, tractada amb una barreja de delicadesa diplomàtica i distanciament, de submissió i exigència, d'ambigüitat i fermesa. El cas és que els andorrans n'han aconseguit preservar la seva independència i persistir com a país.[9] Tal vegada la mateixa existència de dos

8. Els Pariatges signats els anys 1278 i 1288 entre el bisbe de la Seu d'Urgell i el comte de Foix es consideren els actes fundacionals d'Andorra. Aquest tipus de tractat no és excepcional en el Pirineu, ja que fou corrent establir acords entre valls veïnes (que en altres llocs s'anomenen *concordat, patzeria, patzaria, facería, pariaje, paréage, lies et passeries*) per regular el trànsit del ramat i l'accés als recursos mutus, funcionant com una mena de "tractat de pau". Vegeu, per exemple, els textos de H. Cavaillès, "Une Féderation pyrénéenne sous l'Ancien Régime", *Lies et passeries dans les Pyrénées*, Tarbes, 1986, pàg. 1-68 [text original, de 1910]; V. Fairén Guillén, "Notas para un estudio de las facerías internacionales pirenaicas", *Pirineos*, núm. 59-66, 1962, pàg. 145-164; X. Roigé, I. Ros i P. Cots (1996), "De la comunidad local a las relaciones internacionales. Los tratados de facería en el Pirineo catalán", J. Contreras (coord.), *Reciprocidad, cooperación y organización comunal. Desde Costa hasta nuestros días*, Saragossa, 1996, pàg. 135-152. Però el pariatge medieval era també un acord polític senyorial que regulava disputes territorials de més ampli abast, com és el cas del que s'estableix a Andorra i que mantenint-se vigent fins als nostres dies ha contribuït a preservar-ne la independència (D. Comas d'Argemir i J.J. Pujadas, *Andorra, un país de frontera...*, pàg. 45).

9. En el text de J. J. Pujadas , *Identitat cultural i construcció nacional a Andorra*, (mimeografiat) es fa una detallada presentació a partir de materials historiogràfics dels moments en què la sobirania d'Andorra s'ha vist en perill per l'intervencionisme directe del bisbe de la Seu o del copríncep francès, especialment durant el segle XIX, i que els escrits de l'època van anomenar com la "qüestió andorrana".

coprínceps i no sols d'un, la dissimetria existent entre ells (el bisbe de la Seu d'Urgell per una banda i, en el cas de França, el comte de Foix, el rei i el president de la República successivament, per l'altra), juntament amb el fet que Andorra mai no ha constituït cap amenaça pels estats adjacents, han contribuït a conservar aquest vestigi de feudalitat fins a finals del segle XX.

El fet de ser un microestat és un factor crucial per entendre l'actual configuració econòmica andorrana. Actualment el país constitueix un veritable enclavament econòmic enmig dels Pirineus, amb unes característiques molt similars a les de qualsevol zona de comerç franc del món, però amb una especificitat ben marcada: es tracta d'un país de muntanya, en què el comerç cosmopolita es combina amb el turisme (associat especialment als esports d'hivern) i amb una agricultura especialitzada en el cultiu del tabac. Afegim, per completar el panorama, la presència d'un potent sector financer i d'un mercat immobiliari força considerable. L'especial estatut d'Andorra és el que li ha permès gaudir d'uns privilegis aranzelaris que, juntament amb la quasi absència de fiscalitat, l'han convertit en un gran nucli comercial on es venen productes procedents d'arreu del món a millor preu que a altres llocs, atès que les taxes són molt més baixes. Anualment milions de turistes visiten el país per ferhi compres i/o gaudir dels atractius turístics. Aquesta afluència està directament relacionada amb el diferencial de preus que durant anys ha actuat de reclam amb molta eficàcia. D'altra banda, l'existència mateixa del cultiu del tabac (que és una planta poc adequada per a una regió de muntanya com aquesta) i de la corresponent indústria tabaquera només s'expliquen per les condicions particulars que concorren en aquest petit país: també en aquest cas el diferencial de preus com a resultat de les baixes taxes han fet rendible la producció i venda d'un producte que en altres condicions no podria competir en el mercat.

Andorra és un país de muntanya, que es troba en plena serralada pirinenca i aquest factor també ha influït en l'economia. L'alta muntanya defineix l'orografia del país, condiciona el poblament i les vies de comunicació, així com els recursos que es poden obtenir. Els pobles es distribueixen al llarg de la i grega que formen les dues grans valls per les quals discorre el riu Valira i que s'ajunten en un sol recorregut, sovint encaixat en l'estret espai que resta entre les muntanyes. L'abundància de pastures i de boscos ha fet que igual que la resta de valls pirinenques Andorra hagi viscut bàsicament de la pagesia i de la silvicultura. També l'explotació del ferro ha sigut important i explica la presència de fargues en el país, que estigueren en funcionament fins a finals del segle XIX. El termalisme, l'excursionisme i l'esquí possibiliten la presència de turisme i són avui en dia importants recursos per a les economies de les regions pirinenques.

En el cas d'Andorra, com en altres zones de muntanya, el clima i l'altitud limiten la varietat i quantitat de recursos que poden obtenir-se i fa que el sistema econòmic sigui fortament depenent dels intercanvis. Si afegim que Andorra és, a més, un microestat i que té per tant un territori molt petit, comprendrem que això accentua l'escassedat de recursos i la dependència. Per aquesta raó, les vies de comunicació passen a ser un factor de primer ordre per assegurar la subsistència. Però justament per tractar-se d'un país de muntanya, les vies de comunicació són difícils de traçar, de mantenir i de millorar. A causa de la seva importància aquest ha sigut un dels grans problemes omnipresents en la història d'Andorra i continua essent-ho. L'existència d'una xarxa viària adequada a les necessitats de cada moment ha estat fortament condicionada pels factors orogràfics, econòmics i polítics, però tal vegada aquests dos últims han estat els més decisius, perquè Andorra ha sigut depenent de la voluntat dels estats veïns per tenir carreteres d'accés al país i fer possible les comunicacions i el transport regular amb l'exterior. El fet d'haver-se especialitzat cap al comerç i el turisme fa encara més necessari assegurar la bona qualitat dels accessos i les vies de comunicació internes.

Andorra està condicionada per l'existència de la frontera, però també en viu: aquest és el tercer factor estructurador de l'economia andorrana i és el resultat més directe de ser un microestat, ja que tot el país és una zona fronterera, una mena d'eixamplament de la línia de delimitació entre Espanya i França que ha persistit després de la construcció política de cadascun dels estats.[10]

10. Hi ha diferents autors que en els seus treballs han ressaltat aquesta importància estructural de la frontera en la conformació de l'economia andorrana. Vegeu, per exemple, J. BÉCAT, "L'Andorre, pays catalan d'économie ouverte entre la France et l'Espagne", *Revue Géographique des Pyrénées et du Sud-Ouest*, núm. 62, 1991, pàg. 151-168; J. BÉCAT, *Pyrénées méditerranées, mutations d'une économie montagnarde: Le cas d'Andorre*, Thèse de Doctorat d'État, Université Paul Valery, 1993; J. M. BRICALL "L'economia andorrana", *Actas del VII Congreso Internacional de Estudios Pirenaicos* (Seu d'Urgell, 1974), 1983, t. I, pàg. 101-108; J.M. BRICALL I ALTRES, *Estructura i perspectives de l'economia andorrana*, Barcelona, 1974; M. J. LLUELLES, *La terciarització de l'economia andorrana*,

A Andorra la frontera posseeix un valor estructural i estratègic: defineix el sistema econòmic del país i condiciona les activitats existents. La frontera és un factor amb un doble vessant aparentment contradictori, ja que imposa límits però també obre possibilitats. Tal com s'ha posat de manifest en successives ocasions en la història d'Andorra, l'existència de la frontera ha constituït un obstacle, que ha impedit o frenat la realització de determinades activitats. Bona part d'aquests obstacles es relacionen amb el fet que els andorrans han sigut depenents de les decisions i criteris dels coprínceps i de la seva relació amb els governs dels països veïns. Tradicionalment ha calgut negociar, per exemple, els contingents de ramat que es podien passar per la frontera, les franquícies aranzelàries i els terminis d'estada en territori estranger i hi ha hagut moments en què els andorrans s'han vist perjudicats per les mesures adoptades, tal com succeí a finals del segle XIX, en què l'administració espanyola va imposar moltes restriccions a la transhumància i això obligà a negociar permisos de trànsit cap a França. En un altre ordre de coses, l'oposició irreductible del bisbe de la Seu d'Urgell impedí la instal·lació de cases de joc a Andorra; eren les darreries del segle XIX i això estroncà les esperances que molts andorrans havien dipositat en aquest projecte. Esmentarem finalment les repercussions negatives que ha tingut per a Andorra que en determinats períodes els països veïns imposessin l'exigència de visats per poder-s'hi desplaçar. Quan França va anul·lar aquest requisit l'any 1954, per exemple, es produí una major afluència de francesos al Principat i això tingué conseqüències directes en el creixement del nucli del Pas de la Casa i en l'arrancada del desenvolupament comercial d'Andorra.

Però la frontera no sols ha imposat límits: també ha sigut un recurs i un medi de vida i com a tal ha sigut utilitzada pels andorrans des de ben antic. Ha sigut corrent, per exemple, que els pastors passessin bestiar des d'Espanya o des de França i el venguessin en l'altre país com si fos andorrà, cosa que en alguns moments ha originat forts conflictes amb els sectors ramaders respectius. La pràctica del contraban és consubstancial a l'existència mateixa de

Barcelona, 1991; M.J. LLUELLES, *La terciarització de l'economia andorrana*, Andorra, 1995; X. SÁEZ, "Informe sobre l'economia andorrana. 1995", *Andorra. Anuari socioeconòmic. 1996*, Andorra la Vella, 1996, pàg. 10-67; A.L. SANGUIN, "L'Andorre ou la quintessence d'une économie transfrontalière", *Revue Géographique des Pyrénées et du Sud-Ouest*, núm. 62, 1991, pàg. 169-186; J. SERMET, *Problèmes actuels des Vallées d'Andorre*, París, 1970; F. TAILLEFER, "Le paradoxe andorrain", *Revue Géographique des Pyrénées et du Sud-Ouest*, núm. 62, 1991, pàg. 117-138.

la frontera i en un país com Andorra hi és lògicament present. Quan el principal medi de vida era la pagesia, les famílies més pobres obtenien ingressos complementaris gràcies al contraban i avui al fet que el comerç és un element bàsic de l'economia andorrana el contraban continua persistint, però no sols el practiquen els andorrans sinó també els milers i milers de turistes que cada dia passen la duana amb el cotxe carregat dels productes que han comprat i que s'emporten cap al seu país.

El valor estratègic de la frontera ha augmentat amb la plena incorporació d'Andorra a l'economia mercantil i la implantació del comerç i el turisme a les Valls. Aquestes activitats s'han desenvolupat perquè a Andorra s'han pogut vendre productes a uns preus molt més baixos que a altres llocs gràcies a la quasi inexistència d'impostos i a les baixes taxes que graven els productes. Sense aquests factors l'economia d'Andorra no s'hauria diferenciat massa d'altres valls del Pirineu i haguera anat per altres camins. Per això es pot dir que avui en dia a Andorra tothom viu de la frontera d'una manera o altra sigui quina sigui l'activitat que realitzi. Viuen de la frontera el comerciant, la caixera d'un supermercat, el recepcionista d'un hotel, la cuinera d'un restaurant, el masover d'una finca de tabac, l'advocat, la infermera, el constructor, el mestre, el mecànic, l'auxiliar administrativa, la monitora d'esquí o el funcionari de govern. Algunes d'aquestes ocupacions són més nombroses i significatives que altres, ja que contribueixen a definir l'economia del país, però totes elles s'han d'entendre en la seva interrelació, ja que és el que en fa possible l'existència. Viu tothom de la frontera, en definitiva, perquè sense aquest factor estructural el sistema econòmic no seria el mateix, la població d'Andorra no hauria augmentat al ritme exponencial dels darrers anys, com tampoc ho hauria fet el conjunt de sectors productius i de serveis.

El significat estructural i estratègic de la frontera queda plasmat pràcticament i simbòlicament en l'existència de les duanes en els principals accessos al país. Si no calgués travessar una frontera i passar per una duana no existirien la major part d'activitats que avui es troben presents a Andorra. Tampoc tindria sentit el contraban, que depèn tant de l'existència de la frontera com de la seva relativa permeabilitat. D'aquí que la constitució de la Unió Europea i la progressiva desaparició dels privilegis aranzelaris que gaudia Andorra afectin la competitivitat del comerç, posin en perill l'actual sistema econòmic del país i, per tant, deixi de tenir sentit l'existència mateixa de la frontera.

Totes aquestes dimensions posen de manifest que Andorra és depenent per definició tant des del punt de vista econòmic com polític, ja que la prosperitat del comerç, el turisme i les finances depèn tant del benestar econòmic d'espanyols i francesos (que són els principals clients) i de les polítiques econòmiques de cada país, com del tracte diferencial i privilegis que Andorra pot obtenir de la seva relació amb els respectius governs. És cert que el desenvolupament econòmic d'Andorra no es pot explicar sense aquests factors que mostren la seva dependència dels països veïns, però és cert també que aquesta relació no és unilateral, ja que l'existència d'Andorra com a lloc de circulació de mercaderies i de diners ha contribuït al seu torn a la construcció econòmica dels països veïns. Amb això no afirmo que aquesta contribució sigui crucial ni n'avaluo la magnitud, però sí l'existència. Aquesta és en definitiva la principal hipòtesi amb què abordo l'anàlisi de la comprensió de l'evolució econòmica recent d'Andorra: no és sols que Andorra hagi aprofitat per al seu benefici els privilegis aranzelaris que ha obtingut de França i Espanya; l'enclavament econòmic d'Andorra també ha sigut útil per a ambdós països o, com a mínim, per a determinats grups d'interès que hi han pogut negociar diners i mercaderies al marge de la fiscalitat i de les regulacions mercantils existents a cadascun d'ells.

Aquesta visió es correspon amb la que planteja Peter Sahlins en la seva anàlisi sobre la Cerdanya, on la frontera política té també un paper crucial, i és que Andorra, tot i ser un país aparentment perifèric (sense recursos i sense força com ens deia Brutails) ha tingut un paper en la conformació econòmica d'Espanya i de França.[11] Per això, si Andorra no hagués existit potser s'haguera hagut de crear: l'avantatge és que per raons històriques, que són les que atorguen l'especial estatut d'Andorra, no ha calgut fer-ho, sinó tan sols propiciar la seva conversió en una zona franca. D'aquí que l'anàlisi de l'evolució econòmica d'Andorra ajudi en la comprensió de la història dels països veïns. El fet andorrà no és, doncs, un mer particularisme, sinó que subministra elements de comprensió de processos d'abast més general.

11. P. Sahlins, *Fronteres i identitats. La formació d'Espanya i França a la Cerdanya, s. XVII-XIX,* Vic, 1993.

L'etnografia

En aquest llibre s'analitzen els canvis econòmics que han tingut lloc en el Principat d'Andorra en el transcurs d'aquest segle. Ja he indicat més amunt que els factors estructurals que configuren l'economia andorrana són el fet de ser un microestat, de ser un ecosistema de muntanya i de ser un país de frontera. Però l'element desencadenant de l'orientació de l'economia andorrana cap al comerç, el turisme i les finances va ser la conversió d'Andorra en una mena de zona franca on passa a operar capital estranger i el país s'insereix en els circuits mercantils i financers. Aquest canvi es produeix a redós del conflictes bèl·lics que tingueren lloc a Espanya i a França (1939-45) i s'enforteix en els anys posteriors. L'anàlisi del procés de transició cap a la nova Andorra té en compte, doncs, aquests factors d'ordre estructural i històric que condicionen els processos econòmics, polítics i socials d'ordre intern. Si en el capítol segon es presenten els trets definidors de l'actual sistema econòmic andorrà i la incidència de la conversió d'Andorra en zona franca, en el tercer s'analitzen els eixos bàsics que configuren el procés de transició: la pluralitat de bases econòmiques, la constitució dels negocis familiars a partir de la casa pagesa, l'emergència d'un sector públic, els privilegis dels andorrans com a resultat del proteccionisme, i la funcionalitat de les institucions medievals en la construcció d'una economia mercantil. Aquesta última dimensió és, al nostre entendre, una de les claus principals per explicar la forma que pren a Andorra el procés intern de transició econòmica i social.

En els següents capítols es passa a analitzar pròpiament el procés de canvi incorporant els materials etnogràfics obtinguts de les observacions i sobretot de les entrevistes. He intentat reconstruir els contextos i situacions que s'han viscut per intentar entrar en la lògica dels actors socials, en les seves experiències i percepcions del procés de canvi. Els relats biogràfics han estat crucials per reconstruir aquestes dimensions, ja que la biografia de cada persona constitueix una síntesi dels elements que componen l'estructura social i del procés històric.[12] Malgrat que aquests capítols analítics estan ordenats d'acord amb una cronologia històrica, no pretenc reconstruir pas per pas, ni any per any, el canvi dels sectors

12. J. J. Pujadas, *El método biográfico. El uso de las historias de vida en ciencias sociales*, Madrid, 1992.

productius, poblacions o grups socials, sinó que m'he centrat en els moments claus en què quallen noves formes d'activitat i de relació social. Tracto l'economia però parlo molt de política i també de l'estructura social i dels sistemes de representacions. De fet, difícilment es pot analitzar els processos econòmics separadament d'aquesta altra classe de relacions, essent especialment rellevants els factors polítics. Ho són a tot arreu, però en el cas d'Andorra apareixen de forma molt més visible, ja que no sols estructuren les relacions socials, sinó que, a més, són el llenguatge a partir del qual s'expressen els seus elements definidors (un dels principals elements de diferenciació entre les persones prové d'un criteri jurídic-polític, com és la nacionalitat).

L'anàlisi del procés de transformació econòmica d'Andorra que apareix en les pàgines següents està basada en la informació obtinguda durant el treball etnogràfic realitzat entre el mes de juny de 1993 i el mes de maig de 1995 en el marc del projecte titulat *Estudi etnogràfic de les Valls d'Andorra. Canvi social, patrimoni cultural i identitat.* L'equip de treball va estar constituït per Joan J. Pujadas i jo mateixa, a més d'Isabel de la Parte i David Mas, que són els que van estar de forma continuada a Andorra i va comptar, a més, amb altres col·laboracions més puntuals (com les de Carme Oriol i Dolors Llopart). Tota l'estratègia de la investigació i la metodologia utilitzada ha estat detallada en el llibre *Andorra, un país de frontera,* i per aquest motiu no repetiré aquí com vam plantejar i desenvolupar la recerca i em limitaré a resumir els aspectes tècnics més importants del mètode etnogràfic.[13] En aquest sentit, cal destacar que la base empírica d'aquest treball la componen la documentació recollida, les observacions de camp i dues-centes entrevistes, la major part de les quals són d'orientació biogràfica.

Per arribar a redactar el text que ara teniu a les mans s'ha tingut present, lògicament, el que ha estat publicat fins ara sobre Andorra i molt especialment sobre els temes d'economia, cosa que ha sigut substancial per poder tenir la perspectiva global del sistema econòmic i dels seus canvis. En aquest sentit ens ha sigut de molta utilitat el llibre de J. M. Bricall i altres, *Estructura i perspectives de l'economia andorrana*, publicat l'any 1974, i també el de M. J. Lluelles, aquest de 1991, *La transformació econòmica d'Andorra*, així com els

13. D. Comas d'Argemir i J. J. Pujadas, *Andorra, un país de frontera....*

nombrosos articles publicats per aquesta mateixa autora. Especialment important per a la reconstrucció del sistema econòmic vigent fins a mitjan segle és el treball de Salvador Llobet, *El medi i la vida a Andorra*, que fou redactat en la dècada dels quaranta. Certament aquests textos no esgoten els treballs publicats que hem tingut en compte, fets per economistes i geògrafs principalment, com és el cas de les aportacions de J. Bécat, G. Chapeau, M. Chevalier, A.L. Sanguin, o J. Sermet, sense oblidar les aportacions d'etnògrafs com F. Krüger i R. Violant i Simorra. En el capítol de bibliografia es poden trobar les referències de les obres d'aquests autors i de tots el altres que també hem consultat.

El material etnogràfic procedent d'observacions deriva de les situacions quotidianes en què va transcórrer la nostra estada a Andorra i de la nostra participació en elles. Lògicament, els esdeveniments públics són els que més fàcilment estan a l'abast de ser observats i fins i tot de ser enregistrats. Però per fer una investigació com aquesta cal anar-se introduint en les dinàmiques socials, contactar amb la gent, parlar-hi, demanar-li col·laboració. En tot moment vam explicar què fèiem i qui ens ho havia encarregat; de mica en mica vam anar fent coneixences, i vam anar creant una xarxa social que ens va permetre posar-nos en contacte amb diversa gent. Quan havíem de fer entrevistes aquests contactes foren fonamentals, i mai vam anar a casa de ningú sense una cita prèvia o alguna persona que fos de referència. Progressivament vam anar aconseguint la "competència cultural" necessària per poder entendre millor les coses i fer preguntes pertinents. Poder conèixer certs esdeveniments andorrans, els noms de cases, fets locals o determinades persones contribuïa a establir millors relacions i comunicació. I és que anàvem assimilant tot aquest conjunt de codis culturals no explícits, però presents en tota societat, que només dominen el sque hi han nascut o viscut durant temps. El fet que uns estrangers mostressin tenir una part d'aquests coneixements actuava com un valor afegit que va facilitar "fer-nos adoptar", utilitzant l'expressió que algú va fer servir per descriure la nostra integració.

Les entrevistes, finalment, han sigut importantíssimes en aquesta investigació. Vam fer entrevistes obertes, d'orientació biogràfica, a partir de les quals vam rcconstruir les experiències i percepcions de la gent respecte al procés de canvi d'Andorra. Malgrat les idiosincràsies i variacions personals, les entrevistes il·lustren les trajectòries socials de les persones, els patrons que són comuns a determinats sectors socials que han viscut una mateixa època. Es tracta de llegir la societat a través de les biografies, i de reconstruir els sistemes de valors, arribar a les mentalitats, saber com s'assimila el vell i el nou, entendre com es construeix la identitat. Permeten, d'altra banda, fixar cronològicament les vivències, més enllà de la idealització del passat i de la tendència dicotòmica a diferenciar l'"abans" de l'"ara".

El nombre de persones entrevistades va ser de dues-centes, seleccionades a partir del criteri de significativitat. Calia assegurar que les entrevistes cobrissin tot l'espectre i diversitat social existents a Andorra respectant també la proporcionalitat. El nostre treball, de caràcter qualitatiu, no es va fonamentar doncs en un mostreig representatiu (que és l'usual en el cas de les enquestes) sinó, insisteixo, en un mostreig significatiu. Les variables bàsiques per seleccionar les persones a entrevistar van ser cinc:

— *Nacionalitat o origen* (andorrans, catalans, espanyols, francesos, portuguesos, anglesos i altres)
— *Cohorts o grups generacionals*. Aquests grups integren persones d'edats similars que han viscut una mateixa època i han compartit uns mateixos esdeveniments en etapes equivalents de les seves vides. Vam distingir cinc grups (nascuts abans de 1905, entre 1905 i 1919, entre 1920 i 1934, entre 1935 i 1949, entre 1954 i 1964 i després de 1965)
— *Sectors ocupacionals* (agricultura, treballadors d'indústries o de la construcció, treballadors del sector serveis, funcionaris i professionals lliberals)
— *Sexe* (dones, homes)
— *Parròquia* (Canillo, Ordino, la Massana, Encamp, Andorra la Vella, Sant Julià de Lòria i les Escaldes-Engordany)

Vam establir les dimensions de la mostra en 150 persones a partir de la intersecció de les variables considerades. No vam seguir criteris estrictament proporcionals, sinó que vam sobredimensionar els grups més pertinents per als plantejaments de la recerca i vam acabar fent 172 entrevistes, més 28 específiques de folklore oral. Aquest increment respecte a les previsions inicials es deu a la decisió d'entrevistar el màxim nombre possible de persones grans, ja que són les que millor podien testimoniar les formes de vida anteriors a les grans mutacions produïdes a Andorra. Les entrevistes van ser transcrites literalment i el seu contingut es va classificar en forma de fitxes analítiques de manera que, mitjançant les tècniques informàtiques, podíem agrupar-les de diverses maneres i localitzar-les fàcilment

Per finalitzar aquest apartat només em queda per dir que la realització de l'etnografia a Andorra ha constituït una experiència tan interessant com apassionant per a totes les persones que hi van participar. Ha implicat posar en joc una sistematització molt rigorosa de l'organització del treball i de les dades obtingudes, cosa que ha tingut a més un component molt satisfactori, com és el treball en equip. A partir del treball individual no haguera estat possible obtenir el volum d'informació empírica que hem pogut utilitzar ni comptar amb les nombrosos entrevistes que han estat fetes, transcrites i buidades, fins a conformar l'Arxiu d'Etnografia d'Andorra (AEA). I ha sigut també, deia, un treball apassionant. Tenir l'oportunitat de conèixer Andorra des de dins, des de la quotidianitat i el tracte amb molta gent; reconstruir unes històries individuals que són tan reveladores de la història recent del Principat; participar en nombrosos actes i esdeveniments de la vida pública; tot el que comporta en definitiva la realització del treball de camp, ha fet possible submergir-nos en la lògica d'un país i d'una gent que ha protagonitzat una història recent plena d'èpica i de pragmatisme, d'encerts i errors, de grandeses i contradiccions. Aquesta immersió en el país, amb tota la dimensió humana que l'acompanya, ha generat una identificació afectiva que, lògicament, està impregnada de comprensió i de crítica. Ambdues dimensions les he volgut reflectir en el text que segueix a continuació, tot subratllant que l'objectivitat de l'anàlisi està garantida pel fet d'haver estat realitzada a partir dels instruments conceptuals i metodològics de l'antropologia social.

CAPÍTOL II

Andorra, zona franca

Del país de Robinson Crusoe al supermercat d'Europa

1932

Vejez. El tiempo se ha detenido en Andorra. Hay un siglo —no sé cuál, un siglo remoto— que se ha escondido en estas cañadas, y que vive aún, independiente, emboscado entre cumbres y perenne mientras sus hermanos pasan. Como los seis mil hombres de esta pequeñita nación. Aquí están quietecitos, callados, guardando sus vacas, cultivando sus tabacales, espiando pacientemente —caña en mano— las imprudencias de los peces que bullen en sus lagos y ríos. Es el Estado Robinsón. De todo carece. Sus monedas son las de Francia y España, como sus sellos de Correos; no tiene leyes escritas ni ejército regular. En Andorra la Vieja, capital del Principado, un caserón vetusto basta para guardar lo que en cualquier otro país precisa de tantos edificios. (...)

Andorra es un país de hombres honrados. Y esta cualidad, prescindiendo de las plausibles dotes morales de los andorranos se explica fácilmente. ¿Qué haría un malvado en Andorra? ¿Robar? Pero sería preciso, para obtener algún provecho, robar, no a una persona, ni siquiera saquear una casa, sino escapar con media República, lo que representa una dificultad demasiado seria. ¿Matar? Sí, matar. ¿Y después? La capital de Andorra tiene unos quinientos habitantes. En cuanto la costumbre de matar se extendiese un poco, los malvados se quedarían sin tener con quién hablar, aburridos y solos, como en una isla desierta. (...)

A más de mil metros de altura, amurallada por montañas de rápidas vertientes, la pequeña villa de Las Escaldas envejece, apacible. (...) En algunas tiendas florece el comercio de tarjetas postales; seguramente hay más de quinientos habitantes en el pueblecillo, y el extranjero puede elegir albergue en varias fondas. Las calles trepan brevemente por las montañas, y, en una plaza húmeda, una fuente humilde ofrece su agua fría y pura, de nieve derretida. Hay diversas casitas de construcción reciente, pero casi todas las demás son pobres viviendas cargadas de senectud; extrañas casas con vaga apariencia de animales acurrucados, hermanadas con la humanidad por el aspecto de sus alifafes. Casitas jorobadas, casitas con reuma articular, casitas de paredes hinchadas, como si padeciesen bocio; morenas, torcidas, de apariencia arbitraria; viejas, viejas como la libertad de Andorra, casi como la montaña misma; casitas que un día gemirán: "¡Ay, Señor!", y caerán muertecitas, puesto aún el gorro del algodón de la nieve, sin que la vieja casa vecina pueda sostener a la que sucumbe. Como personas; como personas, las pobres. ¡Oh, cuánto frío en invierno, cuánta humedad siempre! ¡Y cuántas generaciones de chiquillos rascando las paredes!... (...)

Y en verdad la libertad de esta gente, la independencia de este país enano, se conservan a fuerza de renunciaciones, de vivir pobremente, de utilizar tan solo resíduos de la ajena civilización, de encerrarse en un primitivismo que reduce la existencia a la satisfacción de las necesidades básicas.

W. Fernández Flórez (1932)

1992

Andorra, "el país dels Pirineus", vehicula nombroses imàgens mítiques i de vegades excessives. Alternativament apareix com muntanya opulenta, port comercial, paradís fiscal, país carregat de secrets, règim feudal: les fórmules abunden.

El Principat, nascut el 1278, cultiva, certament, les originalitats econòmiques i polítiques.

Amb una població d'uns 60.000 habitants, dels quals solament 11.000 tenen la nacionalitat andorrana, mostra externament i de forma molt visibles signes patents de riquesa. "Existeix un cotxe per habitant, comptat els bebés", diu amb sorna un observador. "En alguns indrets d'Andorra la Vella, el preu del metre quadrat és més elevat que en els Champs Elisées de París", remarca un altre.

Andorra és abans que res la pàtria del liberalisme. Aquest país de 468 km^2, un puntet en un mapamundi, no és gens banal. Els indicadors són clars. Atur? No n'hi ha. Impostos? No existeixen ni per a les persones físiques ni per a les persones morals. Els salaris? Són sovint elevats, atès l'escassedat de mà d'obra (exemple: una caixera d'un supermercat guanya 8.000 francs nets!). Càrregues salarials? Són irrisòries (13% per a l'empresari, 5% per al treballador). Taxes professionals? El seu equivalent local, denominat "radicació", està en el límit de la ridiculesa (...) L'IVA? La paraula no existeix en el diccionari.

En resum, Andorra és realment, almenys per les empreses, xauxa. L'Estat es fa discret. Sobretot en les lleis, ja que predomina el dret romà...

Andorra, zona franca

> Com tothom sap, la fortuna del Principat s'ha assentat en aquest estatut especial que fa d'Andorra el *"super duty free-shop d'Europa"*, per manllevar l'expressió d'un patró andorrà. (...)
>
> Però el país canvia de pell i des de fa poc utilitza també noves armes que tenen per nom Unió duanera amb la CEE pel vessant comercial, i elaboració d'una Constitució per la vessant polític. Després de set segles d'existència del Principat, aquests són sens dubte els dos fets històrics més importants. (...)
>
> El seu marge de maniobra és però estret. Perquè caldrà dotar aquest microestat amb tots els atributs de la modernitat, sense que en perdi la identitat.
>
> Aquest és el principal repte dels andorrans. Des de dalt de les seves muntanyes contemplen l'economia europea amb certa suspicàcia. Perquè aquí l'opulència en els negocis continua essent i serà el petit comú denominador.
>
> G. Joseph-Dezaize (1992)
>
> (text traduït del francès)

Són seixanta anys de distància els que separen els dos escrits anteriors; però en termes del que relaten la distància és infinita, perquè el món aïllat, petit i ple de mancances que és evocat metafòricament per mitjà de la imatge de Robinson Crusoe està a molt lluny, en les antípodes pràcticament, del *super duty free-shop* d'Europa amb què es descriu l'Andorra d'avui.[1] Amb un estil literari, impregnat de metàfores i de descripcions molt vives, l'un, i amb un llenguatge periodístic, que presenta dades i indicadors, l'altre, ambdós autors expressen de forma impressionista la percepció que tenen d'Andorra. El que compta aquí no és la veracitat, qualitat o imparcialitat de les seves cròniques, sinó la imatge que com a observadors externs han obtingut del país.[2]

1. El text de la primera columna és de W. Fernández Flórez, "El viejo país de Andorra" i "En una arruga de la tierra", a *La conquista del horizonte. Viajes*, Madrid, 1932, t. I, pàg. 119-130. El de la segona columna correspon a G. Joseph-Dezaize, "Andorre, la montagne opulente", *Le Moci*, 22-VI-1992, pàg. 12-20.

2. A l'any 1932, que és quan es publica el llibre de Fernández Flórez, hi havia molt més moviment a Andorra del que reflecteix l'escriptor, especialment a les Escaldes, on el termalisme atreia ja al turisme. Eren els anys, a més, en què la companyia FHASA estava construint una central hidroelèctrica i també carreteres d'enllaç en el país, amb tot el que això suposava (nombrosos treballadors, obres en diferents indrets, etc.). Amb tot, és força probable que l'autor hagués anat a Andorra uns quants anys abans

La comparació dels dos textos permet apreciar l'escala dels canvis que s'han produït a Andorra en les darreres dècades; uns canvis d'abast tan considerable i tan profunds que fan que la societat del passat sigui irrecognoscible. L'Andorra dels anys trenta és descrita per Fernández Flórez com pobra, estancada i, per tant, vella, perquè res es mou des de temps immemorial, i perquè l'escassedat és tan gran que ho abraça tot i ho immobilitza tot. Vellesa i pobresa són aquí part d'una mateixa realitat, l'antítesi de la vitalitat i del progrés. Segons la seva visió, Andorra està aturada en el temps, tancada en un primitivisme malaltís, fora de la civilització i aquest és el preu de la independència que gaudeix el país. En contrast, l'Andorra dels noranta es caracteritza per l'opulència, l'abundància, l'elevat nivell de vida i la riquesa. El periodista destaca com el particular estatut jurídic i polític del país ha permès obtenir avantatges competitius que han possibilitat l'acumulació de guanys i el lucre. La consecució d'aquest benestar és signe de vitalitat i joventut, com també ho és l'existència d'una població en constant creixement. No trobem ara aïllament ni estancament, sinó la plena immersió en l'economia mercantil i en els paràmetres consumistes, amb una recerca de nous camins per seguir assegurant la prosperitat i la riquesa. L'extens horitzó que suposa l'establiment de tractes amb la Unió Europea i la participació en els corrents econòmics mundials no té res a veure amb el món restringit i limitat que tenia el llegendari Robinson.

El gran interrogant és com s'ha passat d'una situació a l'altra; com ha sigut possible que Robinson Crusoe fes de la seva illa deserta i mísera un indret populós i pròsper; com s'ha pogut vèncer l'escassedat de recursos i la pobresa i convertir tota l'illa en un gran supermercat on es poden comprar productes procedents de qualsevol racó del món; com s'ha aconseguit que hi hagi milions de persones que s'hi desplacin expressament, malgrat les dificultats d'arribar-hi i els col·lapses de trànsit que es formen per accedir-hi.

Continuant amb la metàfora introduïda per Fernández Flórez, es pot dir que, efectivament, Andorra és una mena d'illa enmig dels Pirineus, ja que el país n'ha conservat la sobirania fins avui i no ha estat absorbit pels països veïns. Andorra no és França ni tampoc és Espanya, és un petit país que sota la tutela dels dos coprínceps

de la publicació del llibre de viatges i que no s'haguera trobat amb tot aquest moviment. La seva visió, d'altra banda, és força superficial, encara que sí reflecteix una determinada imatge del país que podia tenir-se en aquells anys.

n'ha mantingut la sobirania i aquest és un element clau per entendre la seva particular evolució econòmica. En el transcurs de set segles Andorra ha sigut com aquella illa en què habitava Robinson Crusoe, tan petita i humil que ningú es recordava d'ella, excepte quan sorgien problemes en els indrets costaners propers. Ara Andorra continua essent una illa, perquè cap altra zona del Pirineu ha conegut un tipus d'evolució econòmica com la que ha tingut lloc al Principat. El comerç, el turisme, les finances i el tabac són els pilars en què avui s'assenta l'economia d'aquest país que antigament vivia de la pagesia.

La importància de les noves activitats econòmiques

Cada any visiten Andorra un gran nombre de turistes (12 milions l'any 1989, que fou el de més afluència) i la major part d'ells no ho fan atrets pel paisatge o el muntanyisme, sinó pel comerç. L'any 1992 estaven enregistrats al Principat un total de 3.547 comerços.[3] L'elevat nombre d'establiments en un territori tan petit (1 comerç per cada 18 habitants) mostra que el comerç està orientat cap a una clientela estrangera. La major part de botigues es concentren en el llarg carrer que discorre per Andorra la Vella i les Escaldes (des de Santa Coloma fins a Engordany), on abunden els comerços especialitzats en la venda d'articles de perfumeria, aparells electrònics, tabac i alcohol, formatges, confecció, articles esportius, joies i rellotges, òptica, farmàcia, discs, objectes de regal i basars. Grans hipermercats es concentren a prop de la frontera espanyola, amb la qual cosa són molts els compradors que hi acudeixen directament, sense haver de trepitjar pràcticament el país i sense haver d'entrar en les seves poblacions. Un bon nombre de gasolineres es situen també al costat dels punts fronterers, tant del Pas de la Casa com de la Farga de Moles.

L'increment que durant anys va anar prenent el turisme comercial es deu al fet que tot Andorra ha funcionat amb un sistema molt semblant al de les botigues dels aeroports, així com al de les dels vaixells i avions que es desplacen fora de l'espai territorial de procedència i que tenen un règim privilegiat de preus ja que se situen fora dels cordons duaners. Aquest sistema existeix a Andorra gràcies

3. M. J. Lluelles, "La crisi andorrana segons els indicadors econòmics", *Butlletí Informatiu del Banc Agrícol*, núm. 53, 1993, pàg. 5.

als privilegis especials que el país ha vingut gaudint per la seva relació amb Espanya i França. La inexistència de taxes duaneres i els avantatges del sistema de fiscalitat són el que ha fet possible que durant anys es poguessin vendre productes a preus força més baixos que a altres llocs.

Efectivament, a Andorra no existeixen els impostos directes (com els que en altres països graven la renda del treball de les persones físiques, les activitats econòmiques o les rendes de capital, per exemple). Es paguen impostos comunals, però són poc elevats. La principal font de finançament dels pressupostos públics deriva dels impostos indirectes, el més important dels quals és actualment l'Impost sobre Mercaderies Indirecte (IMI), que ha substituït les antigues taxes sobre el consum, com a resultat de l'acord d'unió duanera amb la UE subscrit el 1990. Aquest impost afecta tots els productes procedents de la UE i als de producció interna, però com aquests últims són molt escassos, actua de fet com una mena de taxa aranzelària. El productes procedents de països tercers han de pagar la tarifa duanera comuna (TEC), que després es reintegra al Principat tot descomptant les despeses de gestió.[4]

Andorra és avui una economia de distribució i, tal com assenyala A.L. Sanguin, això provoca una gran paradoxa i és que Andorra no produeix res directament, però en canvi ven de tot.[5] Els canvis en el panorama europeu i l'adhesió d'Espanya a la Unió Europea han suposat modificacions del sistema duaner, la qual cosa ha implicat una menor competitivitat en els preus dels productes, ja que el diferencial de preus és menor que anys enrera. Per aquesta raó, el turisme comercial ha anat baixant en els darrers anys i obliga a reformular l'orientació quasi monopolista del país en el comerç (l'any 1993 entraren al país cinc milions i mig de turistes, menys de la meitat que el 1989).[6]

En la gràfica 1, que hem pogut realitzar gràcies a les dades que ens ha proporcionat M. Jesús Lluelles, pot observar-se molt bé l'evolució de l'afluència turística a Andorra. Les entrades per les dues

4. X. Sáez, "Informe sobre l'economia....", pàg. 56.

5. A. L. Sanguin, *Les micro-états d'Europe (Andorre, Liechtenstein, Monaco, Saint Marin): Géographie politique et économique*, Lieja, Université de Liège (tesi doctoral, inèdita), 1973.

6. Cal tenir present a l'hora d'interpretar les xifres que algunes persones que es comptabilitzen com a turistes són treballadors que viuen a la Seu d'Urgell i que cada dia travessen la frontera.

GRÀFICA 1

Entrades de viatgers a Andorra procedents d'Espanya i França (1962-1995)

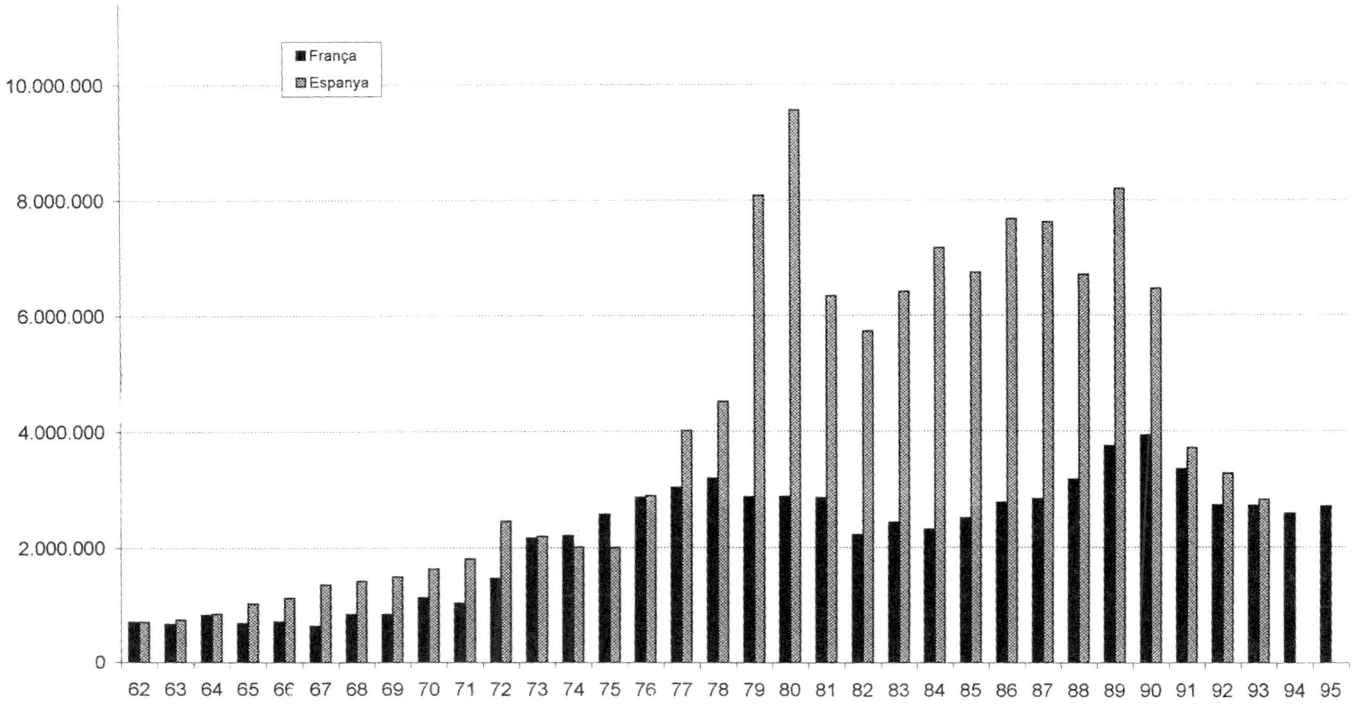

Dades subministrades per Maria Jesús Lluelles

fronteres experimenten un augment constant i l'any 1980 és el moment àlgid, ja que els visitants estrangers arriben a ser 12.425.935. El salt espectacular en xifres que es produeix respecte als anys anteriors deriva bàsicament de les entrades procedents d'Espanya, que són molt més nombroses i també més fluctuants que les procedents de França. En la dècada dels anys vuitanta els efectius turístics es mantenen i a partir dels noranta es comença a produir una disminució considerable.[7] Cal remarcar que a partir de l'any 1994 resulta impossible conèixer les dades d'entrades i sortides per la frontera espanyola, ja que es deixa de fer el recompte i, per tant, no es pot tenir la informació corresponent.

Durant anys el sistema econòmic andorrà s'ha basat, doncs, i encara es basa en gran mesura en l'oferta comercial, que implica la importació de productes procedents de l'estranger i en la seva reexportació per mitjà dels turistes, de forma molt similar al que passa en altres territoris que, igual que Andorra, tenen privilegis aranzelaris i poden vendre sense taxes o amb taxes molt baixes, com és el cas de Gibraltar, Panamà, Canàries, Hong Kong o les Bahames. Això fa que Andorra importi una enorme quantitat de productes i, en canvi, n'exporti molt pocs. L'any 1995, Andorra va importar mercaderies per valor de 131.602 milions de pessetes mentre que les exportacions van ascendir tan sols a 6.095 milions (un 4,6% de l'import anterior). És evident que el valors importats no guarden relació amb els 65.000 habitants del país, ja que en la seva quasi totalitat són destinats a una clientela estrangera, que els reexporta passant-los per la duana. El quadre 1 mostra com es distribueixen les importacions i el volum que suposen per cada grup de productes.

7. Cal fer esment que les dades estadístiques sobre afluència turística són molt contradictòries, especialment les relatives als darrers anys. A més, a partir de 1994 no es poden contrastar amb les de la duana, ja que l'espanyola deixa de fer el recompte. Les dades més fiables sobre turisme poden trobar-se en les publicacions de J.M. Bricall i altres, *Estructura i perspectives...*; G. Chapeau, *La mise en valeur d'une région de montagne. Les vallées d'Andorre*, Nancy-Metz, 1986; M. J. Lluelles, *La transformació econòmica...*; M. J. Lluelles, "La crisi andorrana...", i M. J. Lluelles, *La terciarització de l'economia...*

Andorra, zona franca

QUADRE 1

Importacions andorranes per països i seccions aranzelàries. 1995 (milers de pessetes)

	França	*Espanya*	*Resta món*	*Total*
SEC. I: Animals vius i prod. del regne animal	3.252.714	5.321.833	1.194.224	9.768.771
SEC. II: Productes del regne vegetal	194.679	1.920.985	169.521	2.285.185
SEC. III: Greixos i olis	34.097	2.046.376	321.903	2.402.376
SEC. IV: Productes de les indústries alimentàries. Begudes i tabac	5.327.004	8.556.927	10.592.019	24.475.950
SEC. V: Productes minerals	3.912.270	1.691.225	10.248	5.613.743
SEC. VI: Productes de les indústries químiques o connexes	7.068.279	4.114.694	594.293	11.777.266
SEC. VII: Matèries i productes plàstics. Cautxú i articles de cautxú	831.143	1.914.610	313.033	3.058.786
SEC. VIII: Pells, cuirs i articles d'aquestes matèries. Articles de viatge, carteres, etc.	893.010	565.939	636.296	2.095.245
SEC. IX: Fusta i suro. Articles d'aquestes matèries. Esparteria i cistelleria	206.612	1.078.206	63.860	1.348.678
SEC. X: Pasta de paper, paper i les seves aplicacions. Productes d'edició, premsa, etc.	409.711	3.292.673	324.365	4.026.749
SEC. XI: Matèries tèxtils i articles tèxtils i de confecció	4.371.251	2.560.893	2.892.942	9.825.086
SEC. XII: Calçats, capells, paraigües, bastons, flors artificials, plomes, etc.	1.336.871	799.151	1.404.867	3.540.889
SEC. XIII: Productes de pedra, ciment i matèries anàlogues. Productes ceràmics. Vidre.	426.551	2.309.977	219.304	2.955.832
SEC. XIV: Perles, pedres gemmes, metalls preciosos i articles d'aquestes matèries	682.446	1.301.754	979.154	2.963.354
SEC. XV: Metalls comuns i productes d'aquests metalls	879.389	2.807.789	619.733	4.306.911
SEC. XVI: Màquines i aparells. Aparells de reproducció i enregistrament del so i la imatge	4.846.038	5.770.839	7.899.995	18.516.872
SEC. XVII: Material de transport	2.988.505	2.887.413	4.484.649	10.360.567
SEC. XVIII: Òptica, fotografia, rellotgeria i cinematografia. Aparells de mesura i control	1.378.713	632.195	3.829.502	5.840.410
SEC. XIX: Armes, municions i llurs accessoris	58.239	17.080	115.762	191.081

	França	*Espanya*	*Resta món*	*Total*
SEC. XX: Mobiliari, joguines, articles d'esport, etc.	1.757.856	3.000.209	1.412.429	6.170.494
SEC. XXI: Objectes d'art, de col·lecció, antiguitats	55.600	14.413	11.097	81.110
Total importacions	40.910.978	52.605.181	38.089.196	131.605.355

Font: Dades de la Direcció General de Duanes (elaborades per X. SÁEZ, "Informe sobre l'economia...", pàg. 63-64).

L'anàlisi dels agrupaments aranzelaris mostra unes proporcions que són ben reveladores de l'actual oferta comercial, destacant especialment els productes alimentaris, begudes i tabac (inclosos en la secció IV), que són seguits pels aparells electrònics (XVI), els articles de perfumeria i cosmètica (VI), els automòbils (XVII), la confecció i accessoris de vestir (XI) i la llet i derivats làctics (I). A un nivell inferior però encara molt important se situen els articles d'esport (XX), els aparells d'òptica, fotografia i rellotges (XVIII) i la benzina (V). La compra de mercaderies es concentra, doncs, en uns pocs sectors, perquè són aquests els relacionats amb les operacions de reexportació fetes pels visitants estrangers.

Respecte als països subministradors, Espanya ocupa el primer lloc, malgrat que en anys anteriors no sempre ha sigut així. Tal com observa X. Sáez, d'Espanya procedeixen sobretot les mercaderies de consum més generalitzat i quotidià (articles animals i vegetals, greixos i olis, arts gràfiques, materials de construcció i metalls comuns), mentre que molts dels béns adquirits a França tenen un valor afegit més elevat per ser productes de luxe de preu elevat (perfumeria, confecció i accessoris de vestir, òptica, fotografia i rellotgeria).[8] En la resta de països es compren sols determinats productes especialitzats o que ofereixen preus molt competitius i, per tant, la gamma és més reduïda. Més d'un 90% dels productes procedents del Japó, per exemple, corresponen a aparells electrònics, vehicles i articles d'òptica, fotografia i rellotgeria. Aquests últims constitueixen també la pràctica totalitat del que es compra a Suïssa, mentre que a Alemanya té molta importància la compra d'automòbils i productes alimentaris. Altres proveïdors importants són Itàlia (confecció, calçat, aparells electrònics i vehicles), Gran Bretanya (begudes i tabac) i els EUA (també begudes i tabac).

8. X. SÁEZ, "Informe sobre l'economia....", pàg. 62.

Andorra, zona franca

Ja hem indicat que Andorra exporta poc i que l'any 1995 el volum de les exportacions (6.095 milions de pessetes) representava tan sols un 4,6% del de les importacions. D'acord amb les dades subministrades per Sáez (1996), el principal article d'exportació correspon actualment al sector de l'automòbil (1.608 milions de ptes.), seguit per materials tèxtils i de confecció (852 milions de ptes.), aparells electrònics (842 milions de ptes.), pasta de paper i aplicacions (661 milions de ptes.). Cal destacar que la major part dels productes esmentats no es produeixen en el país i corresponen, per tant, a reexportacions, cosa que representa un canvi de tendència respecte al que succeïa fa dos decennis, en què Andorra exportava bàsicament productes primaris o artesanals, en una proporció encara molt inferior a l'actual.

Aquestes dades mostren, en definitiva, la forta especialització d'Andorra en el comerç destinat als visitants estrangers, tot i haver conegut un fort retrocés com a conseqüència que avui en dia no resulta tan avantatjós desplaçar-se expressament al país per anar a comprar com ho era fa uns anys, ja que el diferencial de preus no és actualment massa gran, ni tampoc s'ofereixen productes que no es puguin comprar a d'altres llocs. Amb tot són moltes les persones que inclouen Andorra en els seus itineraris de viatge o que hi van a fer turisme d'esquí o de muntanya. El turisme comercial continua essent un dels principals reclams per visitar el país, però en els darrers anys hi ha hagut també una major divesificació de l'oferta turística i de lleure. Ha tendit a augmentar, per exemple, el nombre de persones que acudeixen a les estacions d'esquí i la recent construcció del complex termolúdic de Caldea resulta un atractiu addicional per al visitant. Però també és cert que la reorientació de l'economia andorrana resulta complexa i avui és objecte de nombroses reflexions i propostes que pretenen reforçar l'atractiu turístic a partir de l'especial combinació entre alta muntanya i sistema urbà, comerç de qualitat amb preus competitius i oferta lúdica i esportiva.[9]

L'altre gran pilar de l'economia andorrana és el sistema financer. Els bancs establerts a Andorra són set (dos d'ells fusionats),

9. En els darrers anys s'han generat molts debats respecte a la reorientació de l'economia andorrana i al seu futur. Vegeu, per exemple, DD. AA., *Alternatives econòmiques per Andorra*, Andorra la Vella, 1994; DD. AA., *El futur de l'economia andorrana a debat*, 5è cicle de conferències, Andorra la Vella, 1995, i DD. AA., *El futur de l'economia andorrana a debat.*, 6è cicle de conferències, Andorra la Vella, 1996.

i constitueixen un oligopoli, atès que l'any 1957 els coprínceps van prohibir la instal·lació de noves entitats bancàries fins que no existís una reglamentació adequada i quan en 1968 es produí la fallida de Sobanca (Societat de Banca Andorrana), la resta de bancs van assumir el dèficit existent, la qual cosa va comportar en contrapartida la ratificació del monopoli existent.[10] En absència d'aquesta legislació, els bancs s'han regulat ells mateixos mitjançant la seva associació en l'Agrupació de Bancs i Banquers Andorrans, que és la que fixa els canvis, tipus d'interès i política creditícia.[11] L'entrada en vigor de la Llei d'Ordenació del Sistema Financer, aprovada a finals de 1993, ha possibilitat la nova inclusió de set companyies financeres, que poden concedir crèdits però no captar recursos en concepte de dipòsits. S'estableix l'acord que un cop promulgada la llei cap altra entitat financera pot ser autoritzada a operar en el país, cosa que perpetua la situació d'oligopoli detinguda pels bancs. Uns anys abans s'havia creat l'Institut Nacional Andorrà de Finances (INAF) com a instrument executiu del govern en matèria financera que, de fet, no va començar a actuar com a tal fins a l'any 1993.

Els bancs andorrans presenten una situació molt sanejada. L'any 1995 el volum dels actius era de 1,58 bilions de pessetes, el doble del de fa cinc anys, i els dipòsits ascendien a 1,317 bilions de pessetes.[12] La major part dels recursos bancaris procedeixen de capital estranger, sigui com a resultat del volum comercial realitzat amb els turistes, sigui per l'entrada directa de capital, especialment d'origen espanyol.[13] Ja que les necessitats financeres del país són

10. Els bancs andorrans, igual que les societats mercantils, han de tenir com a mínim dos terceres parts de capital andorrà. Malgrat aquesta restricció de la participació estrangera, el seu pes específic és molt important, ja que connecten la banca andorrana amb grans entitats financeres. El banc més antic és el Banc Agrícol i Comercial, SA que fou creat l'any 1930, seguit per la Caixa de Pensions (actualment CaixaBanc), que s'introduí al país l'any 1934, abans que es regulessin les societats mercantils. A més d'aquests dos, hi ha el Banc Internacional d'Andorra i la Banca Mora (que operen conjuntament i compten amb la participació del Banco de Bilbao), la Banca Privada d'Andorra (que absorbeix l'antiga Banca Cassany on hi havia participació de la Banque Nationale de Paris), la Banca Reig i el Crèdit Andorrà (un 33% de les accions són avui de "la Caixa", que les va comprar al Banc Popular).

11. M. J. Lluelles, *La terciarització de l'economia...*, pàg. 78-79.

12. X. Sáez, "Informe sobre l'economia...", pàg. 49.

13. Fins ara no ha estat massa difícil entrar diners no declarats a Andorra, amagant-los entre l'equipatge, ja que el control d'entrada és pràcticament inexistent, excepte pel que fa al document d'identificació. Els duaners d'Espanya o França no acostumen a revisar els equipatges dels qui surten del país per anar al Principat (en contrast amb els qui hi entren) i tampoc ho fan els policies andorrans quan s'entra a

limitades i responen també a la demanda dels titulars de comptes, la major part dels diners es col·loca en dipòsits de divises d'entitats financeres estrangeres (actualment la proporció és d'un 79% dels actius totals), que permeten obtenir interessos més elevats, major seguretat i operativitat.[14] Amb aquest mecanisme, hi ha un considerable volum de capital estranger que a través d'Andorra passa a participar del mercat financer internacional.[15] Andorra funciona, doncs, respecte a les finances de manera molt similar al que havíem vist per l'entrada i sortida de mercaderies, amb la diferència que en aquest cas es tracta de fluxos invisibles, que no estan sotmesos a control ni paguen cap mena d'impost i que, per això mateix, aconsegueixen una elevada rendibilitat.

Hem d'esmentar un tipus d'activitat complementària a les ja citades, com és el cultiu del tabac i la seva posterior elaboració industrial. Es tracta d'una activitat aparentment més marginal respecte a les altres, ja que hi està implicada menys població, però que en canvi és nuclear des del punt de vista del seu significat social i polític. Més endavant hi dedicarem un apartat específic. Però atenguem ara a una dada: l'any 1994 es van produir a Andorra 901.681 quilograms de tabac, més del doble del que s'havia produït tan sols deu anys abans, que al seu torn superava amb escreix les mitjanes dels anys anteriors, que es mantenien entre les 250 i les 325 tones.[16]

Cal subratllar diverses coses: 1. Paradoxalment a Andorra no s'ha abandonat la activitat agrícola, malgrat l'enorme creixement i importància del comerç, el turisme i les finances; 2. El tabac ha passat a ser pràcticament un monocultiu, ja que ha substituït els antics productes agraris orientats al propi consum i a la pràctica de la ramaderia; 3. Aquest cultiu s'ha anat incrementant en el transcurs del temps, de manera que la producció ha anat augmentant

Andorra. Amb l'aval d'algun andorrà, un estranger pot obrir un compte al Principat sense massa problemes. D'altra banda, la Llei de Residències Passives possibilita que estrangers que no viuen habitualment en el país puguin ser admesos com a residents (passius), cosa que els permet gaudir dels avantatges fiscals i financers que això suposa i evadir-se de les càrregues impossitives del seu país. És ben sabut que coneguts artistes i esportistes fan ús d'aquesta possibilitat.

14. Vegeu M. J. Lluelles, *La terciarització....*, pàg. 82-83, i X. Sáez, "Informe sobre l'economia...", pàg. 52.

15. Fins l'any 1995 no s'ha promulgat la Llei de Protecció del Secret Bancari i de Prevenció de Blanqueig de Diners o Valors Productes del Crim.

16. X. Sáez, "Informe sobre l'economia...", pàg. 36-37.

any rere any i el cultiu s'ha estès per tot el territori andorrà, fins a tal punt que no es desaprofita cap pam de terra per destinar-la a aquest cultiu, encara que sigui enmig d'edificacions, en parcel·les minúscules o en altituds molt elevades.

No hi ha altres indrets del Pirineu on es cultivi tabac. L'especialització en aquest producte ha desplaçat els altres conreus i contribueix al fet que les propietats agrícoles continuïn tenint un elevat valor. Aquesta presència del tabac a Andorra cal explicar-la, doncs, com un element més del mateix sistema econòmic que hem descrit fins ara i que es basa en l'existència d'un règim intern i d'uns pactes externs que li donen sentit. Des del segle XVIII es cultiva tabac a Andorra, i malgrat l'escassa qualitat, ha pogut competir tradicionalment en el mercat a causa que els països veïns graven aquest producte amb impostos especials, cosa que no fa Andorra i el pot oferir a preus molt més baixos. L'expansió del tabac en els últims anys es deu sens dubte a la seva rendibilitat motivada en part per aquest factor, i per ara ens limitem a constatar-ho, perquè en l'últim capítol ja tractarem monogràficament aquest tema. Els acords establerts entre els fabricants de tabac i els colliters l'any 1974 i que s'han anat renovant periòdicament, són el fonament per entendre l'increment del cultiu, perquè garanteix un nivell de renda als cultivadors i permet als fabricants mantenir el seu oligopoli. Els beneficis dels fabricants provenen del gran volum de venda que assoleix el tabac elaborat, que és un dels productes punters de l'activitat comercial i que, igual que altres molts productes que es venen a Andorra, és reexportat en bona part fora del país pels mateixos turistes. El contraban de tabac, que es practica des de fa molts anys (n'hi ha testimonis ja en el segle XVIII), ha originat conflictes amb els països veïns de forma recurrent, sobretot amb Espanya. La qüestió del tabac és una altra mostra del funcionament de la frontera com a factor estructurador de l'economia.

La conversió d'Andorra en zona franca

Malgrat que Andorra ha estat sovint caracteritzada com un *duty free* i, efectivament, tots els components hi són presents, ens sembla que això expressa tan sols una part del seu sistema econòmic i, en tot cas, no explica les raons que condueixen a aquesta especialització. Cal anar més enllà i tenir presents tant els factors interns com externs que es conjuguen en l'evolució recent d'Andorra. Podríem arribar a la conclusió que el Principat està conformat per un conglomerat de petits botiguers o de pròspers comerciants que van saber treure profit de les noves oportunitats que van aparèixer en el país, tot imitant els pioners que tingueren la idea de començar a establir comerços i fent créixer aquesta activitat. Aquesta visió correspon a una lògica interna, que expressa el canvi d'activitats dels antics pagesos i ramaders convertits en comerciants i hotelers, als quals s'afegeix la incorporació de gent procedent de l'estranger, tant per regir nous establiments com per a treballar-hi com a assalariats. Però els fluxos econòmics ultrapassen aquesta realitat i situen Andorra en el marc de forces econòmiques externes que han estat decisives per l'espectacular transformació que ha tingut lloc en el país en les últimes dècades.

La nostra hipòtesi és que les causes del desenvolupament comercial, turístic i financer d'Andorra cal situar-les en la conversió del país en una mena de zona franca, on es desenvolupa una economia de distribució gràcies al règim privilegiat que ha permès al Principat estar fora de les regulacions existents a Espanya i França. Encara que en sentit estricte Andorra no és pròpiament una zona franca, ja que jurídicament no és aquest el seu estatut, sí podem dir que durant uns anys ha funcionat com a tal. Després dels períodes de guerres (la Guerra Civil Espanyola i la Segona Guerra Mundial), Andorra esdevingué una plataforma de distribució de mercaderies, que operava a partir de mecanismes molt similars als existents en les zones franques, i per això utilitzem aquest terme.

Una zona franca és més que un *duty free-shop*, ja que a més de les dimensions purament mercantils se'n poden incloure d'altres, com les productives o les financeres. Les zones franques no són d'invenció recent, ja que tenen el seu precedent en els antics ports comercials (ports francs) que serveixen per facilitar l'intercanvi de productes amb comerciants estrangers i on es poden rebre, transformar i reexportar mercaderies amb franquícia de drets.[17] La transnacionalització dels processos productius i mercantils com a resultat directe de la conformació d'un ordre econòmic global incrementa

17. Amb l'expansió de l'economia mercantil els ports comercials s'instauraren sobretot en països asiàtics, amb règims polítics molt tancats i amb un fort control sobre les activitats productives i mercantils dels seus súbdits. En els indrets definits com a ports comercials no funcionaven les regulacions que l'estat imposava als ciutadans, cosa que permetia el suficient grau de flexibilitat com per poder intercanviar productes de procedència molt llunyana, sense que els comerciants estrangers penetressin en el país ni es modifiquessin les normes internes ni l'estructura social existent. Aquest ha estat l'origen de Hong Kong, Singapur o Macao, per esmentar els exemples més coneguts.

la importància de les zones franques, que eixamplen l'àmbit de les seves activitats a la producció i augmenten en nombre. Així, per exemple, des de 1960 s'han creat més de 250 zones franques de producció en més de 50 països amb la intenció de facilitar la instal·lació d'indústries i atreure capital estranger.[18] Les zones franques acostumen a constituir territoris ben delimitats que funcionen al marge de les regulacions mercantils, fiscals i laborals. Gaudeixen així de tot un conjunt de privilegis, el més comú dels quals és l'exoneració fiscal o la reducció d'impostos, però que també poden consistir en la suspensió de les regulacions salarials i sindicals i en la limitació dels drets polítics i socials. Un altre tipus de tractament especial és l'eliminació de les tarifes duaneres o que es permeti l'entrada lliure de mercaderies per a la producció dirigida a l'exportació.[19]

Andorra opera com una zona franca comercial i, com a tal, comparteix moltes de les característiques que acabem d'esmentar. Però a diferència de les zones franques pròpiament dites, a Andorra no ha calgut crear cap nou estatut especial ni concedir-li privilegis diferents als que ja tenia, perquè li venien donats històricament. Per aquest motiu Andorra presentava condicions idònies per convertir-se en una plataforma de distribució, cosa que succeeix en el moment en què els antics privilegis passen a inscriure's en una dinàmica externa, transnacional, i el que havia estat atorgat com una concessió per fer front a la situació de pobresa del país passa a ser un instrument de creixement econòmic. Això representa un canvi qualitatiu de primer ordre per a l'economia d'Andorra. La nova dinàmica eco-

18. Les zones franques de producció s'han creat sobretot en països del Tercer Món i s'ubiquen habitualment en àrees circumscrites dins del territori d'un estat. Són així zones geogràficament delimitades, que molt sovint han estat creades amb el propòsit que s'hi concentrin indústries orientades a l'exportació. Però també països sencers poden funcionar com a zones franques, en el cas que es donin molts privilegis i facilitats per a la instal·lació d'indústries multinacionals. Aquest és el cas de Taiwan, Jamaica i la República Dominicana, on les companyies estrangeres representen el 88%, el 75% i el 90% respectivament del total de les empreses. L. Beneria hi constata la preferència per la mà d'obra femenina, especialment en els processos de treball intensiu. Els privilegis que gaudeixen les zones franques, sumats a la utilització de mà d'obra barata, han convertit moltes zones franques en centres privilegiats per a la producció industrial orientada al mercat mundial (L Beneria, "La globalización de la economía y el trabajo de las mujeres", *Revista de Economía y Sociología del Trabajo*, núm. 13-14, 1991, pàg. 23-35).

19. Vegeu L. Beneria, "La globalización de la economía...", i F. Fröbel, J. Heinrichs. i O. Kreye, *La nueva división internacional del trabajo. Paro estructural en los países industrializados e industrialización de los países en desarrollo*, Madrid, 1980 [ed. original 1977].

nòmica es relaciona amb factors foranis, però crea una estructura d'oportunitats en l'interior del país que molts andorrans aprofitaran eficaçment en el seu propi interès, esdevenint ells mateixos també artífexs de la nova Andorra.

Andorra esdevé funcionalment una zona franca quan és utilitzada com a tal per part de capital estranger (bàsicament català), cosa que s'inicia en l'etapa de la postguerra espanyola i s'incrementa anys després. El fenomen pren forma en el desenvolupament comercial que hem esmentat, que va acompanyat d'un desenvolupament financer i d'un increment del contraban. Aquesta etapa és, per tant, un moment clau perquè d'ella arranquen els canvis substancials en l'economia andorrana i s'inicia un procés de transició cap a un nou sistema econòmic i social. En el anys anteriors s'havien creat algunes de les precondicions perquè aquest canvi qualitatiu es pogués produir.

La principal precondició, i l'essencial en aquest cas, és que Andorra conservés la independència sota la figura del règim del Coprincipat. Aquest factor és bàsic, perquè és el que li atorga la possibilitat d'esdevenir zona franca. A altres llocs del Pirineu també trobem un important canvi econòmic, elevats nivells de renda i una orientació cap al turisme (és el cas de la Cerdanya i de la Vall d'Aran, per exemple), però la frontera no hi juga el mateix paper, ni s'hi poden desenvolupar un tipus d'activitat comercial i financera equivalents a les que hi haurà a Andorra.

Al llarg dels segles, i a causa de la seva pobresa i manca de recursos, Andorra havia obtingut d'Espanya i França concessions especials, que es concretaven en l'exoneració de les taxes duaneres. Cal esmentar, a més el sistema de trànsits, que tindrà gran importància en el desenvolupament comercial posterior: les mercaderies adquirides a França s'introduïen a Andorra a través del control duaner de Puigcerdà, cosa que requeria la lliure circulació per territori espanyol i l'accés a Andorra per la Farga de Moles, la frontera meridional.[20] Aquest privilegi venia motivat pel fet que durant l'hivern resultava impossible accedir a Andorra des de França, ja que el pas fronterer de l'Ospitalet i el port d'Envalira quedaven incomunicats durant mesos per la neu. Encara que aquest sistema va ser objecte de diverses disposicions i s'imposaren limitacions en forma de contingents fixats per la capacitat de consum andorrana,

20. M. J. Lluelles, *La terciarització de l'economia...*, pàg. 60.

el cas és que va actuar com una altra de les precondicions per convertir Andorra en una mena de zona franca, ja que el desenvolupament del comerç s'ha basat en la importació de mercaderies amb franquícia de drets i en la seva reexportació pels compradors-turistes que les aconsegueixen a preus més baixos que en el seu país.

El lliure trànsit de mercaderies per territori francès i espanyol, afegit a la duplicitat de proveïment, feia incontrolable el que entrava a Andorra i va originar un notable increment del contraban, que s'accentuà en el període de les guerres i de la posterior postguerra. A Andorra s'acumulaven productes procedents d'un país que eren escassos en l'altre i s'hi feien arribar mitjançant el contraban. En aquests anys Andorra començà a tenir certa entitat com a zona franca, ja que les guerres van permetre descobrir sense esforç els beneficis que podien obtenir-se de la combinació de la importació lliure de mercaderies amb la seva reexportació mitjançant el contraban. Es donava una situació excepcional i és que França i Espanya no tenien els mateixos tipus de restriccions i requerien de béns complementaris: teixits i productes alimentaris en el cas de França; recanvis de maquinària i de cotxes, pneumàtics, productes químics i farmacèutics en el cas d'Espanya.[21]

La pràctica del contraban va més enllà de constituir una mera activitat lucrativa, i de ser més o menys lícita. És evident que per alguns (andorrans o residents) el contraban va significar una font d'ingressos addicional que va permetre sortir de les estretors en què es vivia en aquells anys. Però els guanys individuals que podia obtenir un *paquetaire* fent viatges a peu per la muntanya no eren espectaculars. La importància del contraban esdevé del fet de constituir un mecanisme per a la circulació de mercaderies escasses i de propiciar amb aquesta circulació que inversors estrangers descobrissin el paper que podia jugar Andorra en el camp mercantil i financer.

El paper del capital català serà crucial per al funcionament d'Andorra com a zona franca. L'escassedat de determinats productes tant a França com a Espanya originà un actiu contraban des d'Andorra, que actuava com a lloc on es dipositaven les mercaderies procedents d'un país per a ser portades cap a l'altre. No es tractava de productes banals. Els industrials catalans, per exemple, es veien

21. Vegeu J. M. Bricall i altres, *Estructura i perspectives....*; G. Chapeau, *La mise en valeur...*, pàg. 12, i M. J. Lluelles, *La transformació econòmica....*

ofegats per les restriccions que imposava l'autarquia econòmica del règim franquista i el funcionament de les fàbriques es veia seriosament afectat per la impossibilitat d'aconseguir determinats recanvis per a les màquines. Aquest fet, que és perfectament constatable, va portar a un altre que és en canvi molt difícil de documentar amb fonts escrites (vegeu els testimonis que hem recollit nosaltres en el capítol V d'aquest llibre), i és que algunes indústries van poder salvar aquest escull gràcies al contraban des d'Andorra, fins al punt d'eixamplar fins i tot la demanda cap a altres mercaderies. Andorra fou, doncs, una mena de vàlvula d'escapament per a l'economia catalana i, en menor grau també, per a la francesa. El Principat funcionà com a centre de proveïment i la seva existència fou vital per a la recuperació d'una part de la indústria catalana.

El següent pas en aquesta seqüència és força evident: descobert el potencial d'Andorra com a zona franca es tractava de participar directament en les activitats econòmiques del país, ja que es divisaven com a molt lucratives. D'aquí que fossin bàsicament catalans els que començaren a fer inversions en Andorra i que hagin estat també catalans alguns dels qui amassaren les grans fortunes que avui són quasi mítiques en la història recent del país. Cal esmentar, en tot cas, que a Andorra no s'han constituït grans *holdings* empresarials estrangers, a causa del fet que les regulacions existents per les societats mercantils establien la necessitat que dos terços del capital fos andorrà i que la representació de la societat recaigués en una persona andorrana (o resident amb més de vint anys d'estada). Malgrat que la figura del *prestanoms* ha permès superar en la pràctica aquesta normativa, el cas és que la seva existència ha significat també una limitació clara en el volum de capital estranger transferit al Principat en forma d'empreses mercantils o financeres. Aquestes regulacions actualment estan en procés de revisió.

Un procés molt similar té lloc respecte a les finances. La total inexistència de legislació durant anys en aquesta matèria ha fet possible que Andorra actués també com una mena de zona franca pel capital. Bona part dels bancs avui existents es crearen durant el període de creixement econòmic del país i amb relació al volum que prenia l'activitat comercial i immobiliària. Tal com hem tingut ocasió de veure més amunt, les entitats financeres concentren el gruix dels negocis en la col·locació de fons de divises en el mercat internacional. Els mateixos bancs han definit sempre les regles del joc i això els ha permès estar fora de qualsevol classe de regulació i control extern. L'elevada rendibilitat del sector i, sobretot, el paper que han jugat els bancs andorrans com intermediaris per obrir comptes en entitats bancàries estrangeres han fet que tots els intents de reforma de les societats mercantils s'hagin vist frustrats per les pressions dels interessos financers, especialment dels espanyols. Segons informa una crònica periodística, així succeí amb l'avantprojecte de llei que el bisbe de la Seu d'Urgell encomanà a Rafael Jiménez de Parga, catedràtic de Dret Mercantil de la Universitat de Barcelona, que fou redactat l'any 1974 i que mai va arribar a veure la llum.[22] És ben significatiu que no hagi estat fins l'any 1993 el moment en què es promulga per primera vegada la Llei d'Ordenació del Sistema Financer i, amb posterioritat, tota una sèrie de normes complementàries que regulen un sector que durant més de seixanta anys ha actuat amb total llibertat i absència de control.

> Ningú s'ho creive que hagués de passar tot lo que ha passat. No mos lo creívom ningú (EE-27, H-OR-2-A).

Aquestes paraules d'un home molt gran, que va viure tot el procés de canvi, mostren ben gràficament que inicialment els andorrans (o, almenys, bona part d'ells) no podien ni imaginar-se la gran transformació que se'ls venia a sobre. A Andorra la Vella i a les Escaldes sobretot començà la febre de construir comerços i nous habitatges i amb la corresponent venda de terrenys, facilitada per la forta demanda existent, començà a formar-se un capital andorrà propi. Les condicions estaven creades perquè els andorrans aprofitessin també la nova estructura d'oportunitats que les noves formes de comerç i de turisme proporcionaven.

El gran canvi econòmic i social d'Andorra es produí sota aquestes circumstàncies, que originaren que el país es convertís en un gran centre comercial, on es venien articles de consum de tota mena. Temps enrera eren els paquetaires andorrans els que transportaven mercaderies a uns i altres punts de la frontera; a partir d'ara són els estrangers els qui es desplacen al país per comprar i, en cas d'haver excedit els imports màxims autoritzats, són ells els que s'arrisquen a passar-los per la duana. Aquestes formes inicials de comerç evolucionaran posteriorment cap a un comerç cosmopolita, amb productes que procediran no sols d'Espanya o França,

22. Vegeu la crònica sobre Andorra apareguda a *El País* de 10 de juny de 1980, pàg. 8, signada per A. Quintà.

sinó també d'altres molts països. L'arribada de treballadors estrangers i la constitució d'una nova classe obrera, la urbanització massiva de les Valls, l'augment constant dels turistes, cada vegada de procedència més llunyana, i l'aparició de noves formes de contraban, són tots factors relacionats amb uns anys en què el país viurà una activitat econòmica frenètica que anirà creixent fins a finals dels vuitanta.

El manteniment de l'antiga estructura jurídica, política i ideològica (recordem que era la heretada de la feudalitat) fou un element clau en aquests anys de fort creixement econòmic i demogràfic, ja que beneficiava tant als andorrans d'origen com als estrangers que establien els seus negocis a Andorra; als primers perquè els va permetre gaudir de determinats privilegis als quals, en canvi, no podia accedir la població estrangera que arribava a treballar al Principat; als segons perquè la pràctica inexistència d'impostos directes i de qualsevol mena de legislació moderna en matèria mercantil i financera els permetia una llibertat d'acció i l'obtenció d'uns beneficis que eren inimaginables en els seus propis països.

La conversió d'Andorra en zona franca donaria origen, doncs, a una nova base econòmica i, amb ella, a una nova societat. I amb aquests canvis es modifica també la naturalesa de l'articulació existent entre Andorra i els països veïns. Ja que el capital estranger opera en aquest petit país la seva existència és necessària per als seus interessos. El manteniment d'Andorra com a microestat pirinenc pren, doncs, un nou significat respecte al que tenia temps enrera: la seva independència política deixa de ser una supervivència del passat per ser una conseqüència directa de la modernitat.

Una mà d'obra estrangera, un país que creix

La nova especialització d'Andorra en el comerç i en el turisme implicà un augment d'activitats en un període tan curt de temps, que no podien ser absorbides amb la població autòctona i va ser necessari proveir-se de mà d'obra estrangera. Cal tenir present que juntament amb el comerç aparegueren moltes altres activitats induïdes. El sector de la construcció, per exemple, experimentà un ritme de creixement espectacular, empès per la demanda ininterrompuda d'habitatges i d'establiments. D'altra banda, a mesura que la població creixia també calia fer front a les noves necessitats que se'n deriva-ven: ensenyament, sanitat, reorganització urbanística, lleure, equi-paments culturals, ordre públic, vies de comunicació, transport, serveis socials, etc. Tot l'àmbit del qual s'acostuma a integrar en el sector serveis va haver-se de crear quasi en la seva totalitat i en alguns casos partint de zero. Es conformava així un incipient sector públic (l'Administració) que assumiria part d'aquestes ocupacions, juntament amb l'aparició de noves activitats professionals exercides en despatxos privats (advocats, economistes, agents comercials, metges, agents immobiliaris, gestors, etc.).

En definitiva: es creava un nou mercat de treball que modificaria radicalment les tendències demogràfiques anteriors en un doble sentit. Per una banda, i pel que fa a la població autòctona, s'obriria una etapa en què ja no caldria emigrar a altres llocs, com succeïa temps enrera. Els andorrans es veien obligats a marxar del país, perquè la pagesia no podia donar mitjans de vida a tothom, i ja que era el fill hereu el que continuava les activitats de les cases pageses, els fills segons es veien obligats a anar-se'n cap a on podien guanyar-se la vida: Barcelona, la Seu d'Urgell, Agramunt, Tolosa, Béziers, Perpinyà... La nova estructura d'oportunitats acabaria amb aquesta sagnia humana constant i l'accés a l'educació permetria que molts andorrans no sols es fessin càrrec de negocis, sinó també d'activitats professionals. Permetria, a més, el retorn de molts andorrans fills d'emigrants nascuts a l'estranger en segona i tercera generació, que van poder també establir-se a Andorra. Però el mercat de treball que s'havia obert era molt més ampli, requeria molta més gent i a mesura que els andorrans s'anaven situant en el comerç i l'hoteleria, en l'administració i en les professions liberals, quedava per cobrir un ampli ventall d'ocupacions menys qualificades, que requerien d'abundant mà d'obra (assalariats del comerç i l'hoteleria, construcció, treballadors agrícoles), que seria ocupada per immigrants. És així com es crea una classe obrera estrangera i, per tant, un mercat de treball dual. Actualment (l'any 1995), un 90% dels assalariats són estrangers i, per tant, sols un 10% andorrans, la major part dels quals treballen com a funcionaris en el sector públic. Aquest dualisme provoca que en el país es produeixi una mena d'identificació entre les categories "treballador" i "estranger", que funcionen pràcticament com a sinònims.

En resum: la transformació econòmica d'Andorra originà l'aparició d'una estructura ocupacional basada en relacions de producció assalariades. La creació d'un nou mercat de treball i d'una classe obrera estrangera n'és la conseqüència més directa. La manca inicial de legislació laboral, la inexistència dels sindicats, l'absència de drets polítics dels treballadors (per la seva condició d'estrangers) i les condicions per accedir a la nacionalitat andorrana han fet que també en el terreny laboral Andorra comparteixi les característiques de moltes zones franques.

A Andorra no existeix pràcticament l'atur, ja que l'establiment anual de contingents d'entrada dels immigrants i de permisos de residència actua com un mecanisme regulador que evita els excedents laborals. Cal destacar, d'altra banda, l'elevada taxa d'activitat femenina (un 45,6% l'any 1989, molt per sobre de la mitjana de la CEE, que era d'un 33,3% el mateix any), que s'explica tant per la marcada terciarització de l'economia andorrana (les dones constitueixen el 77,4% del personal sanitari, el 67,2% del personal docent i estan molt presents en el comerç) com per la necessitat d'ingressos de les famílies treballadores, que requereixen de més d'un salari per poder fer front a les despeses corrents, sobretot a causa de l'elevat preu de l'habitatge.[23] Com ja tindrem ocasió d'analitzar més a fons, a Andorra es treballa moltes hores al dia i molts dies a l'any, i pràcticament ha de treballar tothom ja que, atès l'elevat nivell de vida i de consum, difícilment cap família viu d'una sola font d'ingressos, sigui quin sigui el seu nivell social. Cal pensar, d'altra banda, que els comerços estan oberts tots els dies de l'any (excepte Nadal, Cap d'any, el dia de la Constitució i la diada de la Mare de Déu de Meritxell, la patrona d'Andorra), això fa difícil la coincidència entre els membres d'una mateixa família en els dies de descans i de vacances i marca poderosament les característiques de la vida social i dels cicles festius.

Malgrat l'amplíssima presència del petit comerç i de negocis autònoms, els treballadors assalariats representen el 83% del total de la població activa (per l'any 1989), que es troba repartida en els següents sectors d'activitat:

QUADRE 2

Nombre de treballadors per sector d'activitat. 1995 (valor mitjà anual)

Sector	*1990*	*%*	*1995*	*%*
Primari	140	0,57	174	0,64
Indústries primàries	684	2,77	492	1,80

23. Les dades corresponents a 1989 han estat extretes del llibre de R. CALVO, O. MARTÍNEZ i N. GUASCH, *Recull estadístic general de la població. Andorra 90*, Andorra la Vella, 1990.

Sector	*1990*	*%*	*1995*	*%*
Construcció	3.200	12,97	2.459	9,00
Annexos de la construcció	1.955	7,93	2.114	7,74
Indústries de transformació	764	3,10	751	2,75
Garatges	354	1,44	390	1,43
Comerç d'alimentació	1.245	5,05	1.252	4,58
Comerç turístic	5.238	21,24	5.293	19,38
Serveis	2.452	9,94	3.020	11,06
Hoteleria	3.444	13,96	3.957	14,49
Serveis turístics	600	2,43	806	2,95
Organismes financers i assegurances	1.150	4,66	1.263	4,62
Professions liberals	443	1,80	522	1,91
Administració	1.624	6,58	3.274	11,99
Altres	1.371	5,56	1.547	5,66
Total	24.664	100	27.314	100

Font: Servei d'Estudis del Ministeri de Finances (extret de X.SÁEZ, "Informe sobre l'economia...", pàg. 29).

Les dades que recull el quadre 2 reflecteixen la marcada especialització econòmica d'Andorra en el comerç, el turisme i les activitats que se'n deriven. Així, un 78,1% dels treballadors assalariats s'enquadren en el sector serveis, i són un 47,9% respecte al total els que treballen en activitats estretament vinculades al turisme (comerç turístic, hoteleria, serveis i serveis turístics). La construcció agrupa un 16,7% dels treballadors, mentre que les indústries (amb un 4,6%) i les activitats primàries (amb un 0,6%) són les que presenten menys efectius.

Comparant les dades de 1995 i 1990 s'observen les tendències actuals de l'evolució dels diferents sectors. Així, les indústries i la construcció han experimentat una disminució del nombre de treballadors, cosa que es produeix sobretot en el sector de la construcció, que ha passat dels 5.155 treballadors que tenia el 1990 (i que representaven un 20,9% del total), als 4.573 de 1995. El comerç es troba pràcticament estancat, amb increments molt petits, i, en canvi, ha augmentat el pes relatiu dels treballadors depenents dels serveis turístics i l'hoteleria. I cal destacar que el sector que ha crescut de forma més notable és el de l'administració, que en tan sols cinc anys ha doblat el nombre de treballadors (de 1.624 a 3.274) i ha passat de representar el 6,6% d'ocupació el 1990 al 12% el 1995. Aquest augment es correspon en bona part amb l'ampliació de l'estructura administrativa del sector públic per la consolidació dels organismes i institucions depenents de l'estat. També les activitats professionals han augmentat en aquests anys, encara que el seu pes relatiu en el conjunt és molt petit en comparació amb els altres sectors.

Una de les característiques del mercat de treball és la seva segmentació, de manera que les diferents jerarquies laborals i tipus de feines estan ocupades per determinats segments de població, i sovint el lloc d'origen és un marcador de l'adscripció. Ja hem indicat més amunt que actualment un 90% de la població assalariada és estrangera. La situació de cada grup nacional en l'estructura ocupacional és molt diversa i varia segons les condicions en què va arribar a Andorra i el temps que hi fa que hi viu. En un altre lloc, descrivíem la posició de cada grup nacional en els termes següents:[24]

1. Els andorrans són minoria en el seu país, ja que l'any 1995 eren 19.653, un 30,8% de la població total.[25] No formen un grup homogeni, ni conceptualment ni socialment, i en la dinàmica social opera una mena de dualisme que distingeix els anomenats "andorrans de soca" dels "andorrans de primera" (expressió abreujada d'"andorrans de primera generació") i que segueix utilitzant-se popularment malgrat la desaparició oficial d'aquestes categories. Els primers són els que han nascut al país i tenen antecessors andorrans i encara que hi ha moltes excepcions són els que han pogut aprofitar millor la nova estructura d'oportunitats apareguda al país. Molts d'ells provenen de famílies pageses, han fet un capital inicial amb la venda de terrenys, malgrat que poden conservar part de les terres (dedicades majoritàriament al cultiu del tabac) i poden tenir diferents fonts d'ingressos, amb relació a activitats comercials o turístiques. El "andorrans de primera", per la seva banda, son els fills de pares estrangers que han adquirit la nacionalitat i no compten, per tant, en la seva majoria amb un patrimoni

24. Vegeu D. Comas d'Argemir i J. J. Pujadas, *Andorra, un país de frontera....*, pàg. 62.

25. Aquesta xifra inclou els "nats a Andorra", que és una categoria estadística que fou creada per incloure els fills de pares estrangers nascuts en territori andorrà amb posteroritat a l'1 de gener de 1975, que és la data de tall que es va posar per admetre la nacionalització dels nascuts a Andorra (sempre referint-nos als fills de pares estrangers). L'any 1995 sumaven 7.208 persones, xifra força elevada, si considerem que representa el 36,6% del conjunt dels andorrans. Amb la nova Llei de Nacionalitat de 1993 (promulgada el 31 de gener de 1996) s'obre la possibilitat de nacionalitzar-se a tot aquest grup, que en la pràctica desapareix encara que es conservi com a categoria estadística mentre no es regulen les situacions individuals.

inicial equivalent als andorrans procedents d'antigues famílies pageses.

2. El grup immigrat majoritari és d'origen espanyol i hi predominen els catalans. L'any 1995 eren 28.778 i representaven un 45,1% del total de població.[26] En tractar-se d'un grup tan nombrós és necessàriament heterogeni i els seus components se situen en totes les categories ocupacionals i socials. Sí existeixen, però, determinades característiques que els diferencien d'altres grups nacionals. Així, per exemple, hi ha un significat sector de catalans que s'ha beneficiat del creixement econòmic, s'ha inserit bé en el comerç i l'hoteleria i alguns han arribat a constituir negocis o empreses de gran abast. La immigració dels catalans és la més antiga, ja que un nombre significatiu de refugiats s'instal·là a Andorra durant la Guerra Civil Espanyola (1936-39) i molts altres van anar arribant a mesura que l'expansió econòmica d'Andorra possibilitava noves oportunitats.[27] En termes generals, els catalans estan més ben situats socialment que la resta d'espanyols, que majoritàriament són de classe obrera. Els d'origen gallec van arribar a Andorra per treballar en el sector de la construcció. Els nombrosos andalusos, castellans o extremenys realitzen majoritàriament ocupacions assalariades en la construcció, el comerç i l'hoteleria.

3. Els portuguesos són els immigrants més nous (si no es té en compte la presència d'altres grups que són molt menys nombrosos). El 1995 eren 6.885 (un 10,8% respecte a la població total). Com a grup més recent i menys qualificat laboralment, és el que ocupa la situació més baixa de l'escala laboral i social. Els homes treballen bàsicament com a jornalers en l'agricultura

26. Cal dir que el pes específic dels espanyols en el conjunt de la població andorrana ha tendit a disminuir, com ho mostra el fet que l'any 1965 constituïen la majoria absoluta amb escreix, ja que arribaren a ser el 57,9% del total de la població. Aquesta disminució fins al 45,1% de 1995, tot i haver augmentat en nombre, s'explica per la presència creixent de persones d'altres nacionalitats (portuguesos, especialment), així com perquè la major part dels que han obtingut la nacionalitat andorrana en els darrers anys són espanyols o fills d'espanyols.

27. Alguns catalans es van quedar a Andorra després d'haver-hi arribat a treballar en la construcció de les centrals hidroelèctriques o de les carreteres que la companyia FHASA promogué a finals dels anys vint. Amb tot la quantitat de treballadors que es va quedar a viure a Andorra és molt reduït.

i en la construcció; les dones són majoritàriament dependentes de comerç i treballadores de la neteja.

4. Els francesos són 4.299 (un 6,7% respecte a la població total), es concentren sobretot en les poblacions properes a la frontera francesa i són especialment nombrosos al Pas de la Casa i a Canillo. Hi ha molts propietaris de comerços, hotels i restaurants i com a grup se situen en les capes mitjanes. També és significativa la presència de persones vinculades a l'educació, que treballen en un dels sistemes d'ensenyament del país, el francès.
5. La població britànica (974 persones l'any 1995), constitueix un grup amb trets molt especials, que en la seva quasi integritat se situa el marge del mercat de treball existent, ja que molts d'ells són jubilats o viuen de rendes pròpies i han escollit Andorra per viure a causa dels avantatges fiscals que té el país, que els permet mantenir un nivell de vida elevat i, en canvi, no han de pagar impostos. Tal vegada per aquestes característiques, els britànics conformen un grup força tancat, que tendeix a agrupar-se en el territori (la meitat d'ells viuen a la Massana) i que estan poc integrats en la vida social del país.
6. Finalment ens queden persones d'origen molt divers, pocs en nombre i situació molt heterogènia, encara que alguns tenen un paper molt específic i força visible en l'estructura ocupacional. Esmentarem, per exemple, el cas dels hindús, especialitzats en la venda en comerços tipus basar, les filipines i filipins, empleats en el servei domèstic, o els llatinoamericans, la majoria argentins, contractats de forma temporal com a monitors d'esquí i que retornen al seu país a l'estiu per exercir-hi la mateixa ocupació.

Aquesta elevada presència de mà d'obra estrangera defineix l'estructura demogràfica d'Andorra i la seva evolució en les darreres dècades. El considerable augment demogràfic que es produeix en el transcurs dels darrers seixanta anys no procedeix de l'increment vegetatiu, sinó de la immigració, i manté una evolució lenta fins a finals de la dècada dels anys seixanta, moment en què el ritme d'expansió econòmica va molt més ràpid que la capacitat d'absorbir la població del país i cal recórrer al reclutament en massa de mà d'obra estrangera, sobretot d'origen espanyol i, més recentment, portuguesa. En el quadre 3 podem observar com s'expressa aquesta evolució tant de la població total com dels diferents grups nacionals:

QUADRE 3
Evolució de la població d'Andorra

Nacionalitat	*1947*	*1955*	*1965*	*1975*	*1985*	*1995*
Andorrans			4.963	7.926	11.501	19.653
Espanyols			7.889	15.497	24.443	28.778
Francesos			571	2.056	2.938	4.299
Portuguesos			-	-	1.519	6.885
Altres			200	1.079	2.267	4.244
Total	5.385	6.189	13.623	26.558	42.712	63.859

Font: G. TAPINOS, *Rapport sur l'immigration. Diagnose et perspectives, 1987,* i elaboració pròpia a partir del Resum Estadístic del Govern d'Andorra (pel 1985) i del Cens de Població dels Comuns (1995).

L'accés a la nacionalitat andorrana s'ha vist limitat per normes molt restrictives, ja que els mecanismes tradicionals feien molt difícil la naturalització: calia demostrar la residència durant tres generacions o bé el matrimoni amb una pubilla. L'arribada d'aquesta amplíssima massa d'immigrants, molts dels quals s'han quedat a residir al país, ha obligat a possibilitar l'accés a la nacionalitat sense tants requisits. En els anys setanta es va establir que les persones nascudes a Andorra abans de l'1 de gener de 1975, filles d'estrangers podien nacionalitzar-se com andorrans, i la condició que se'ls posava era que tant el pare com la mare portessin més de vint anys residint al país. La llei promulgada recentment (5 d'octubre de 1995) no posa cap data de tall com es feia anteriorment i si un dels progenitors porta residint a Andorra més de divuit anys es pot accedir a la nacionalitat. És probable que aquestes condicions més flexibles per a l'adquisició de la nacionalitat facin que un nombre major de persones l'adoptin i augmenti el conjunt d'andorrans de ple dret entre la població. Amb això no desapareixeran les condicions de segmentació del mercat de treball, però sí tendiran a esborrar-se'n els signes més visibles i és evident que a mig termini contribuirà a imbricar una part de la població en el teixit social del país.

Per acabar, pot ser interessant analitzar la distribució territorial de la població: els canvis registrats són molt significatius, ja que reflecteixen l'evolució desigual de l'economia en les diferents parròquies, i com això ha alterat el pes específic que tenia cadascuna d'elles. Antigament Canillo, Encamp, Ordino i la Massana tenien un fort potencial ramader; les Escaldes era un petit nucli turístic en torn al termalisme i en ella es fabricaven també teixits; Sant Julià comptava amb alguns comerços i tant en aquesta localitat com a Andorra la Vella el tabac proporcionava ingressos complementaris a les famílies més humils. La nova orientació econòmica d'Andorra canvia aquest estat de coses i fa que l'enorme concentració comercial que es produeix a Andorra la Vella i a les Escaldes-Engordany desplaci clarament les forces econòmiques cap a la part central del país, que és on es produeix el màxim augment de població. Per tal de poder apreciar la naturalesa d'aquest canvi, sense perdre'ns en els seus detalls, inclourem tant sols tres talls temporals:

QUADRE 4

Evolució de la població andorrana per parròquies

	1944	*1979*	*1995*
Canillo	702	738	2.430
Encamp	640	3.794	9.360
Ordino	550	633	1.835
La Massana	649	1.857	5.544
Andorra la Vella	1.980	12.271	21.984
Sant Julià de Lòria	770	3.720	7.446
Les Escaldes-Engordany	-	8.261	15.260
TOTAL	5.291	31.274	63.859

Font: Cens oficial, de 1944 (extret de S. LLOBET, *El medi i la vida...*, pàg. 218; Conselleria de Treball i Benestar Social (de 1979) i Cens de Població dels Comuns (per a 1995)

Pot observar-se molt clarament com a l'any 1979 s'ha produït un espectacular augment demogràfic en quasi totes les parròquies andorranes, excepte en les de Canillo i Ordino, que estan estancades. El creixement de la població no es fa doncs de forma equilibrada, ja que la concentració Andorra la Vella-les Escaldes agrupa un 65,5% dels efectius, cosa que justificà la creació de la nova parròquia de les Escaldes-Engordany, que es concretà a partir del decret de 14 de juny de 1978. Aquest desequilibri territorial guarda relació amb la forma en què es realitzà la implantació del comerç en el país, que s'estengué amb gran profusió en la seva part central i, amb menys proporció a Sant Julià de Lòria, a la Massana i a Encamp. La consolidació del Pas de la Casa com a nucli comercial i turístic es projecta en l'augment de població d'Encamp, que és la parròquia a la qual pertany aquell enclau.

Canillo i Ordino no experimenten una implantació comercial equivalent a les altres parròquies, conserven les activitats vinculades a la pagesia durant més anys, i s'orienten cap al sector turístic. La posada en funcionament de les estacions d'esquí té especial repercussió en el cas d'Encamp i de Canillo, atesa la seva proximitat als camps de neu del Pas de la Casa-Grau Roig i Soldeu-El Tarter. Ordino creix més tímidament i també ho fa en relació amb el turisme, amb una oferta basada en la preservació dels espais naturals i dels nuclis habitats, que compta també amb una estació d'esquí, la d'Ordino-Arcalís. Les de Pal i Arinsal es troben en la parròquia de la Massana i contribueixen a atorgar-li força dinamisme econòmic. Sant Julià de Lòria se'n beneficia de la situació propera a la frontera espanyola, cosa que la consolida com a nucli comercial que recentment s'ha complementat amb el turisme de muntanya, amb l'adaptació de la Rabassa per a la pràctica de l'esquí de fons.[28] Andorra la Vella i les Escaldes-Engordany continuen amb el seu ritme de creixement, malgrat que perden pes específic en el conjunt de la població del país, ja que passen de concentrar el 65,5% del total de la població el 1979 a un 58,3% el 1995.

Aquestes circumstàncies suposen una alteració substancial de la tradicional relació econòmica i política entre parròquies. Les parròquies altes esdevenen més conservadores, no sols perquè durant més temps conserven les formes de vida tradicionals, sinó també perquè és un mecanisme de defensa davant la pèrdua de protagonisme en l'ordre econòmic i polític. El màxim exponent de les noves formes de conflicte es manifestarà en la segregació de les Escaldes-Engordany com la setena parròquia d'Andorra, així com en tot el procés de reforma de les institucions andorranes. Però entrar en la dimensió política fóra ara molt complex i ens apartaria dels nostres objectius inicials. Un cop exposades les principals línies de l'actual sistema econòmic andorrà, veiem com es produeix el canvi des de l'antiga societat a l'Andorra d'avui.

28. D'acord amb la informació proporcionada per M. Jesús Lluelles, les pistes de la Rabassa concentren sobretot el turisme intern, ja que la major part d'usuaris són persones residents a Andorra.

CAPÍTOL III

El procés de transició cap a la nova Andorra

Canvis o transició social?

> "Lo món ha canviat lo cent per cent, no és veritat? Des d'aquell temps que jo havie viscut a Andorra i ara ha canviat lo cent per cent."(EE-27, H-OR-2-A)
>
> "Llavors no ere cap com ara, no. Hi ha tanta diferència com de la nit al dia." (EE-19, D-CA-2-A)

L'orientació de l'economia andorrana cap al comerç, el turisme i les finances va modificar de forma dràstica les antigues formes de produir, de relacionar-se i de viure. Com en moltes altres valls del Pirineu, a Andorra predominava la pagesia, amb una organització agrícola i ramadera adaptada a un sistema de muntanya i unes institucions que combinaven la gestió dels recursos privats (la casa) amb la dels recursos comunitaris (els comuns de veïns) i amb un Consell General que entenia dels afers de tipus general i de les relacions amb l'exterior. Però a diferència d'altres valls del Pirineu, Andorra no va ser absorbida per cap dels dos grans estats que es configurarien a una i altra banda del que avui és la frontera que transcorre per la serralada. És així que Andorra conserva les seves institucions seculars fins quasi a les acaballes del segle XX, fins al punt de ser sovint caracteritzada com l'últim vestigi del feudalisme a Europa, o com una relíquia històrica. És així també que Andorra, estretament depenent de les decisions dels coprínceps, queda al marge dels corrents modernitzadors i del dinamisme econòmic que a finals del segle XIX convertirien, per exemple, Puigcerdà i Bagnères-de-Luchon en elegants nuclis turístics, o farien d'Organyà, Ansó o Vielha importants emporis ramaders. Tot al contrari: al tombant de segle Andorra era pobra i passava per una de les seves pitjors èpoques. La darrera farga que quedava en el país havia tancat; el trànsit del ramat cap a Espanya es veia sotmés a mesures restrictives; les franquícies aranzelàries s'havien derogat, i l'hostilitat manifesta del copríncep mitrat (el bisbe de la Seu d'Urgell) encara agreujava més les coses. La situació s'havia fet tan ofegadora que a la major part d'andorrans no els quedava altre remei que anar a treballar fora i viure amb absoluta austeritat. D'aquí que els canvis que es produïren anys després fossin d'un abast tan considerable i tan espectacular que costa identificar el fil conductor que porta d'aquella Andorra del passat cap a l'Andorra actual i reconèixer que tant l'una com l'altra formen part d'una mateixa realitat.

Es pot afirmar que l'Andorra d'avui és nova, perquè els canvis d'aquests darrers anys no són circumstancials ni marginals sinó centrals, ja que impliquen un canvi "de" societat, una modificació radical de les bases econòmiques i socials per les quals es regia el país. A Andorra ha tingut lloc un veritable procés de transició des de l'antic sistema basat en la pagesia cap a una nova economia plenament inserta en les relacions de mercat.

Un procés de transició (tal com indica la paraula) no implica una ruptura total respecte al passat, ja que d'una manera o altra el nou sistema s'estableix en l'antic. Dit d'una altra forma: la nova Andorra no es construeix del no res, no parteix de zero, com ho haguera fet si el territori hagués estat desert, però no és aquest el cas. Per tant, i tal com indica Godelier (1987), els processos de transició impliquen el naixement d'una nova relació social a partir de la desarticulació de l'antiga, en què alguns dels elements desapareixen, altres es recombinen i n'apareixen de nous. És com si en aquest procés (eliminació, conservació, renovació) s'alliberés un nou potencial històric que porta més lluny certes transformacions ja iniciades i condueix cap a un sistema econòmic i social diferent de l'anterior. Aquesta construcció d'una nova societat amb els components que resten de la descomposició de l'antiga fa que, d'altra banda, els canvis es tradueixin en cada cas en concrecions diferents i que cada nou sistema tingui una especificitat pròpia. D'aquí que per molts paral·lelismes que pugui haver entre Andorra i alguna altra zona dels Pirineus, hi hagi també moltes diferències. I d'aquí que calgui buscar en el passat les raons de descomposició de l'antic sistema i analitzar el que en queda d'ell en la nova Andorra, perquè és just això el que permet aprehendre les seves característiques diferencials.

El que caracteritza el procés de transició d'Andorra, tal com s'ha concretat en les darreres cinc dècades, és la combinació entre una base econòmica plenament capitalista i una superestructura política i jurídica de tipus feudal. Aquesta aparent contradicció constitueix la clau per entendre la naturalesa i característiques de la transició cap a la nova Andorra. Es tracta, però, d'una contradicció aparent, perquè constitueix de fet una mena d'antinòmia; és com les dues cares d'una mateixa moneda que, tot i estar oposades, es complementen mútuament. D'altra banda, el caràcter "feudal" d'Andorra, tal com intentarem mostrar, és més una qüestió formal que real, ja que les antigues institucions compleixen un paper crucial en la nova etapa i no residual: no són, per tant, una mera "supervivència" del passat ni cap anacronisme, sinó formes vives que assumeixen a la seva manera l'evolució històrica i les transformacions que acompanyen els nous requeriments de l'economia mercantil. Però això no treu que la contradicció formal hi sigui i que, per tant, arribi un moment que no es pugui mantenir. El procés de reforma de les institucions polítiques, que culmina amb l'aprovació d'una Constitució de tall modern i democràtic l'any 1993 i amb tot el conjunt de reformes legislatives i jurídiques que l'acompanyen, representen la resolució formal d'aquella contradicció. Caldrà analitzar si també es correspon amb una resolució real.

El pes dels corrents econòmics externs no són aliens a la nova orientació de l'economia andorrana. I no ens referim ara exclusivament al paper que ha tingut el capital estranger en la conformació de les activitats comercials i financeres que caracteritzaran el país, sinó a la inserció de l'economia andorrana en uns fluxos econòmics d'abast mundial. La globalització de l'economia implica la realització d'intercanvis transnacionals i els productes que actualment es venen a Andorra responen a aquestes característiques. Aquest pes de les forces econòmiques externes és decisiu, sens dubte, però també ho és la seva articulació amb factors interns. La formació de la nova economia andorrana ha consistit, doncs, en un procés de doble direcció, en el qual també compta la forma en què hi han participat els grups socials i les comunitats locals d'Andorra.

Cal reconèixer que la nova economia s'ha construït a partir de la dependència econòmica i política d'Andorra respecte als països veïns, però això no implica que aquests hagin imposat simplement els seus paràmetres i lleis econòmiques en una relació d'una sola direcció; també la societat andorrana ha estat una força motriu en la conformació del nou sistema econòmic i social. La història d'Andorra, que té molt a veure amb les relacions que ha mantingut amb els dos coprínceps que tutelen el país i que l'han fet depenent de les seves decisions, és, de fet, la història d'una submissió formal a canvi d'una independència real. I mantenint la seva sobirania respecte als estats veïns i a la vegada fent-los servir per als propis fins, els andorrans van participar també en la introducció de l'economia moderna en el país. D'aquí que també per aquest motiu sigui essencial conèixer com es fa el pas de l'antiga societat pagesa a l'Andorra del present, i aquest és l'objecte d'aquesta monografia. En aquest apartat assenyalarem tan sols en forma de síntesi els eixos bàsics que arranquen del passat i que constitueixen els fonaments de la nova Andorra.

La pluralitat de bases econòmiques i la diversificació d'activitats

Des que les circumstàncies que van acompanyar a les guerres que tingueren lloc a una i altra banda de la frontera d'Andorra (1939-45) van posar de relleu el paper crucial que complia el país com a zona franca, la transformació cap a un sistema econòmic nou que girava bàsicament entorn a l'activitat comercial es produí a una gran velocitat. En el transcurs d'uns pocs anys, les poblacions d'Andorra la Vella i les Escaldes, així com el nucli recentment creat del Pas de la Casa s'anirien omplint de comerços. Els privilegis que havia obtingut el país d'Espanya i França pel que fa al lliure trànsit de mercaderies i a les franquícies aranzelàries, i que eren una concessió per fer front a la insuficiència i escassedat dels seus recursos, esdevenien ara un poderós instrument que permetia aprofitar les oportunitats creades per les restriccions que les guerres havien causat en cadascun dels països veïns i actuant com una mena de plataforma de distribució de mercaderies. S'inaugurava així una nova etapa, que no tenia precedents en cap situació anterior. Quan França primer i Espanya després començaren a recuperar-se econòmicament i a gaudir d'un major benestar econòmic, Andorra incrementà el seu paper comercial (i també financer, no ho oblidem) i, ara de forma vertiginosa, veuria créixer el nombre d'establiments, d'habitatges i de residents de forma paral·lela a com s'incrementava de forma exponencial la demanda i el nombre de compradors.

Un cop fetes aquestes consideracions vénen les preguntes: com se situen els andorrans en aquest procés?, com passen de la pagesia a les noves activitats?, com s'hi adapten?

Ja hem indicat en el capítol anterior que el motor de la nova economia i les primeres iniciatives comercials provenen de l'exterior i per això mateix cal entendre també que, al menys en una primera etapa, no substitueixen ni anul·len les antigues activitats pageses, sinó que s'hi sobreposen. Els andorrans, per la seva part, estaven molt acostumats a buscar ingressos externs que complementessin els migrats recursos que podien obtenir del treball agrari. Durant molts anys havien hagut de sortir d'Andorra per anar a treballar temporalment on fos, molts ho feien durant l'hivern, quan el fred i la neu interrompia les feines del camp, i tornaven a l'estiu per treballar a casa. Els més joves podien estar a fora tot l'any i el més probable és que no poguessin tornar de nou al país per viure-hi, excepte si s'era l'hereu d'una casa de pagès o s'entrava per matrimoni en una altra casa. Qui més qui menys, entre els homes, havia fet contraban i aquesta era una altra forma de tenir diners ocasionals. Les oportunitats d'obtenir ingressos addicionals eren migrades, però s'aprofitaven sempre. No és d'estranyar, doncs, que la nova situació econòmica portés cap a una compaginació de la pagesia amb el comerç i més en un moment en què la possibilitat de marxar fora a treballar s'havia interromput amb les guerres i les postguerres successives i que en el país, en canvi, apareixien oportunitats abans inexistents.

Molts andorrans es van llançar així a l'aventura d'obrir un comerç, que inicialment seria d'aliments i que posteriorment podria especialitzar-se en altres productes. El problema era com obtenir els diners suficients per fer les inversions que això requeria, però el nou context oferia també la solució: vendre terres. Aquest és un tema del qual no agrada parlar massa als andorrans, perquè xoca frontalment amb el sistema de valors i la moralitat de la pagesia, on tot estava encarat perquè els patrimonis es mantinguessin íntegres una generació darrere l'altra; però com el sentit pràctic acaba imposant-se, quasi tothom ho va fer. S'havia obert un nou mercat immobiliari i les terres adquirien uns valors inusitats, que anaven augmentat: vendre algunes parcel·les permetia fer front a les despeses requerides per instal·lar els nous negocis o per ampliar-los; conservar-ne d'altres permetia mantenir la pagesia.

És així com es configura una de les característiques bàsiques de les estratègies econòmiques dels andorrans: la combinació d'activitats de diferent naturalesa i l'obtenció d'ingressos de diverses fonts, cosa que encara avui es conserva. En termes estructurals això implica el que s'anomena com una "pluralitat de bases", és a dir, l'articulació en una mateixa persona, grup domèstic o unitat de treball de diferents tipus d'activitats fundades en relacions de producció de diversa naturalesa.[1] La instal·lació d'una botiga o d'un hotel s'inscrivia plenament en les noves relacions mercantils, on calia negociar amb les llicències d'importació, els preus, els intermediaris i els clients; la pràctica de la pagesia implicava continuar en la lògica de l'antic sistema, amb la casa i la comunitat com unitats bàsiques de treball, gestió de recursos i adscripció social.

El treball de la pagesia no tardarà a modificar-se i s'hi introdueixen també les noves relacions de producció assalariades en què es fonamenten les altres activitats i que presentarem més endavant. El nou auge que adquirirà el cultiu del tabac, especialment des que el 1974 se signà un conveni entre fabricants i colliters que garantia a aquests últims la compra de tota la collita, propiciarà l'extensió d'aquest cultiu per tot el territori andorrà, fins i tot a les parròquies altes, on quasi no s'havia conreat. A Canillo i a Ordino, on la pràctica de la ramaderia es conservarà durant més temps, el cultiu del tabac resulta una activitat complementària a la pagesia, però a la resta de parròquies passa a ser pràcticament un monocultiu, que substitueix els altres conreus i fa deixar de banda l'activitat ramadera. Les antigues explotacions agràries esdevenen empreses agrícoles i són jornalers o masovers els que s'ocupen de les terres, mentre que els propietaris es dediquen a altres activitats (regentar una botiga o un hotel, exercir una professió, o treballar per a l'Administració, per exemple).

La diversificació d'activitats i de fonts d'ingressos passa a ser una característica comuna entre els andorrans, encara que com ja hem insistit més amunt, els andorrans no conformen un grup homogeni i aquesta diversificació pot concretar-se de formes molt variades. En primer lloc, no tots els andorrans tenen terres, per exemple, bé perquè procedeixen de famílies que no eren pageses, bé perquè no són de la línia de l'hereu sinó de la dels fills segons, o bé perquè els pares eren estrangers. D'altra banda, no tots els andorrans han partit d'una mateixa situació, ni tots han pogut aprofitar per igual les noves oportunitats. Amb el canvi econòmic s'inaugura de fet un nou procés de diferenciació social que trenca amb les bases i els criteris en què s'assentava l'antic sistema de jerarquies socials que es fonamentava en la propietat de la terra i

1. Vegeu D. Comas d'Argemir i L. Assier-Andrieu, "Grupo doméstico y transición social. Presentación", *Arxiu d'Etnografia de Catalunya*, núm. 6, 1988, pàg. 7-28, i M. Godelier, "L'analyse des processus..."

que afegeix, a més, la presència en el país d'una població estrangera molt nombrosa, que tindrà una altra classe de situació i d'oportunitats.

En el cas dels andorrans, les fonts d'ingressos poden arribar de diverses procedències, alternativament: la pagesia, l'activitat comercial o turística, l'exercici professional, el funcionariat, els oficis, les empreses de serveis, el lloguer d'apartaments, la pràctica del *prestanoms*, els dipòsits financers, etc.[2] Cal entendre que la diversificació d'activitats i la suma de fonts d'ingressos no és una qüestió individual, sinó que es produeix a partir de l'aportació dels diferents components d'un grup familiar i que en funció de la situació de cadascú es podrà accedir a unes o determinades activitats.

També les famílies dels residents estrangers acostumen a viure de més d'una font d'ingressos, però en aquest cas el ventall de possibilitats és més limitat, cosa que depèn de les condicions en què van arribar a Andorra així com de la seva situació social i posició en el mercat de treball. Si es tracta de portuguesos, per exemple, tot se centra entorn a les ocupacions assalariades. Els espanyols o francesos establerts d'antic, en canvi, és probable que regentin algun establiment comercial o turístic, o alguna empresa de construcció o de serveis. Entre els espanyols hi ha també molts treballadors assalariats en totes les branques d'activitat existents a Andorra. I ja hem indicat també que algunes de les grans fortunes que s'han fet a Andorra van ser obtingudes per persones d'origen estranger (encara que aquests, òbvia dir-ho, són una minoria).

De la casa pagesa als negocis familiars

El sistema d'organització de la societat pirinenca s'ha basat tradicionalment en dos pilars: la casa i la comunitat. La primera gestiona els recursos privats; la segona els de caire col·lectiu.

2. Per tal de limitar l'accés de l'exercici del comerç als estrangers es preveu que les societats mercantils han de tenir com a mínim dos terços de capital andorrà, que només pot atorgar-se una concessió per família i que al capdavant d'una empresa ha d'haver sempre un andorrà (aquestes condicions no calen quan es pot acreditar una residència superior als vint anys). Aquest tipus de regulació instaurà la pràctica del *prestanoms*, per la qual es cedeix el nom per a la constitució d'una empresa a canvi d'una determinada quantitat (que pot ser també una mena de lloguer). Això va donar lloc a algunes pràctiques abusives i va crear l'estereotip que hi ha gent que ha tret molt profit econòmic d'aquest sistema. Cal dir també que en les entrevistes que nosaltres hem fet a residents hem constatat que diverses persones van rebre ajuda d'andorrans per establir el seu negoci i que no els van voler cobrar res per deixar-los el nom.

Justament una de les peculiaritats pirinenques rau en el fet que la major part del territori és comunal, mentre que les zones de la vall, aptes per a l'agricultura (només un 4,6% de la superfície d'Andorra és terreny de conreu), són de propietat privada.

La Casa ha sigut, doncs, una institució bàsica en la vida social andorrana, ja que hi conflueixen importants funcions econòmiques i domèstiques. Ha sigut també un element d'identificació amb elevat poder simbòlic. El nomenament d'un sol hereu a cada generació evitava la fragmentació del patrimoni, mentre que unes acurades estratègies matrimonials possibilitaven la reproducció d'un sistema familiar de tipus troncal que idealment es basa en la successió ininterrompuda de generacions en una mateixa casa. El resultat és l'estreta associació entre família i patrimoni, així com una arrelada percepció social que la casa és el marc més important d'identificació i pertinença social.

El sistema d'herència consistia en el nomenament d'un sol hereu i això establia un doble mecanisme de diferenciació social: el que es produïa entre hereus i fills segons (els cabalers), ja que en un context amb pocs recursos aquests últims es veien forçats a marxar fora del país, i el que tenia lloc entre estrats socials diferents, ja que les cases més fortes tendien a reproduir-se més fàcilment com a tals. D'altra banda, les noves cases que històricament havien anat fundant alguns fills segons (*casalers*, pobladors), resultaven estar en una posició social més baixa que la de procedència. Metafòricament, doncs, l'estructura familiar representava l'estructura social, cosa que també es traduïa en la vida social i política. Metafòricament també eren "joves" totes aquelles persones o grups socials que no accedien de forma completa als recursos ni al poder (els cabalers i els hereus que encara no eren propietaris). Les diferències de gènere s'afegien a aquestes altres, ja que eren els homes els que ostentaven la representació de la casa, els que transmetien la pertinença social i podien accedir als càrrecs derivats de les institucions polítiques. Les dones eren nusos en les cadenes d'aliança que s'establien entre cases mitjançant el matrimoni, complint així un paper essencial en la reproducció del sistema econòmic i social.

L'organització familiar que gira entorn a la Casa ha demostrat ser compatible amb la transformació de l'explotació familiar agrària en empreses comercials o turístiques. Tal com assenyala S. Satterlee, això es deu a dues raons bàsiques: primer, el nomenament d'un sol hereu evitava la fragmentació del patrimoni familiar i, per tant, quan arribaren les noves oportunitats econòmiques, va proporcionar una base econòmica viable per poder-se diversificar. En segon lloc, els cabalers (que antigament marxaven a l'estranger a treballar) van proporcionar una força de treball que les noves empreses familiars van poder absorbir. I podem afegir que malgrat la tendència cap a una major individualització pel que fa a l'obtenció de guanys, la família i les xarxes de parentiu funcionen com un potencial important per als individus i com un recurs en l'adaptació a la nova realitat econòmica, i que tant el fet de comptar amb extensos llaços familiars com de fer aliances estratègiques contribueix a consolidar, distribuir i reproduir els recursos que es disposen.[3]

En el context de la nova Andorra, la Casa no té ja les funcions productives que tenia en la societat pagesa i és en canvi la família la que compta com a grup bàsic de l'organització social. Els models residencials exemplifiquen els patrons del canvi: la concepció de coresidència que existia en la casa pagesa en què el fill hereu continuava vivint amb els pares un cop casat, ha decaigut totalment i les noves parelles prefereixen viure en apartaments o cases separades. Això no treu que segueixin mantenint un estret contacte i que es reuneixin amb freqüència els dies de festa, cosa que normalment es realitza en l'habitatge dels pares. I encara que la unitat física de la família com a grup productiu s'ha trencat, la unitat econòmica de la casa pot continuar amb noves formes. En molts casos la família ha sigut la base en la constitució de negocis, i l'ús intensiu de les aliances matrimonials i de successió és força rellevant. D'aquesta forma els andorrans reinterpreten, però no abandonen, els principals eixos estructuradors de la família troncal associada a la pagesia: les generacions, l'ordre de naixement i el sexe. De fet es produeix una mena de sincretisme entre els vells valors familiars i les noves circumstàncies socials.

Com a propietaris de terres o com a fundadors de nous negocis o activitats, els pares representen els valors del sacrifici, l'esforç i el treball que ha possibilitat una millora material i social dels fills, als quals han proporcionat estudis i mitjans per establir-se. Tenen una elevada autoritat moral, i en el cas d'haver constituït negocis en conserven la direcció i el control fins al final des seus dies, igual que passava amb l'explotació pagesa. El fill gran és el que acostuma

3. S. SATTERLEE, "De la pagesia al privilegi en un enclavament pirinenc", a D. COMAS D'ARGEMIR, D. I J. F. SOULET (ed.), *La família als Pirineus*, Andorra, 1993, pàg. 507.

a ser associat als negocis dels pares i a treballar-hi (com es feia amb l'hereu en la vida pagesa), mentre que els altres fills o filles munten noves empreses o es dediquen a altres ocupacions, i per això és molt freqüent que en els oficis, professions liberals i funcionariat abundin els fills segons, o la gent que no procedeix de la pagesia.

L'antic sistema d'herència (el de l'hereu universal) ha tendit a modificar-se, encara que conserva algunes de les seves característiques i aquest canvi ha vingut facilitat per les noves formes d'organització econòmica, basades en el valor del capital i no de la terra, i com el capital es percep com més fàcilment divisible i ampliable, el sistema d'herència no opera avui de forma tan rígida com ho feia temps enrere. Actualment les famílies andorranes tendeixen a repartir el patrimoni entre tots els fills i filles, i procuren dotar-los d'estudis i de mitjans materials suficients per poder-se establir i guanyar-se la vida. La terra i la casa pairal, que tenen un elevat valor simbòlic, acostumen a transmetre's al primogènit (com es feia amb l'hereu), mentre que als altres fills se'ls pot proporcionar una nova casa o un apartament, segons les possibilitats.

També la institució de la pubilla ha modificat el seu significat i fins i tot s'ha revaloritzat en l'etapa de creixement econòmic, ja que el fet de casar-se amb una pubilla ha sigut un dels mitjans per poder adquirir la nacionalitat andorrana i no veure's, per tant, sotmès als límits que imposa la condició d'estranger, tant pel que fa al desenvolupament de les activitats econòmiques com per integrar-se en els mecanismes de poder. Durant els anys en què Andorra podia anar absorbint nova gent, algunes famílies han utilitzat l'estratègia d'anomenar una filla com a pubilla per poder així facilitar la nacionalització del seu marit estranger, mentre que, per una altra banda, transmetien la casa i el patrimoni a un fill baró fent-lo hereu en la pràctica.

D'altra banda, és cert que l'economia de la nova Andorra ha modificat les formes d'expressió de la diferenciació social entre els andorrans, ja que en moltes famílies s'ha produït una mobilitat social ascendent i la gent rica d'avui no coincideix necessàriament amb la que ho era temps enrere. Però també és cert que algunes famílies van partir d'unes millors condicions que altres a l'hora de poder aprofitar la nova estructura d'oportunitats i, en aquest context, els qui no disposaven de terres ni d'un patrimoni gaire substanciós (els "segons" en la família i en la societat) disposaven de menys recursos per donar-los nou valor. Tot considerant, doncs, que l'estructura social s'ha modificat, el que sí es conserva i avui pren nou sentit és la diferenciació entre les famílies arrelades des d'antic (els "andorrans de soca") i els qui no poden acreditar aquesta qualitat. El fet de tenir terres o una casa pairal de les antigues constitueixen marcadors eficaços d'aquesta diferenciació, que es tradueixen també en la vida social.

Les noves formes de transmissió del patrimoni, juntament amb la manera en què es concreta la successió en els negocis i les terres, contribueixen a reproduir les diferències entre els primers fills i els segons, entre homes i dones i entre els diferents estrats socials. Tot plegat fa que aquella antiga diferència que hi havia entre hereus i cabalers, entre amos i "joves", entre les cases antigues i les "segones", continuï reproduint-se en la societat andorrana, encara que, tal com ja ho hem indicat, s'expressa de forma diferent a com ho feia temps enrere.

Tots aquests motius fan que en la nova Andorra la casa conservi el seu valor simbòlic i fins i tot hagi vist reforçat el seu paper com element d'identificació i de pertinença social. Tenir casa o no tenir-ne marca les diferències entre els "andorrans de soca" i els que no ho són i, de forma més general, entre els andorrans i els residents estrangers. I precisament a causa del fet que els andorrans queden actual-ment diluïts entre els molts estrangers que viuen al país, i també entre els que avui tenen la nacionalitat andorrana però són d'origen forani, marcar la pertinença esdevé un factor important en la vida social.

De la gestió comunitària a l'emergència d'un sector públic

Si la Casa era un dels grans pilars de l'economia pagesa, els Comuns n'era l'altre i ambdós es necessitaven i es complementaven mútuament, ja que cada institució gestionava un determinat tipus de recursos, i tots ells eren bàsics en el sistema agropastoral. Aquesta dualitat en la gestió dels recursos deriva del sistema de propietat existent. Les terres o pertanyien al Comuns (tota la muntanya alta, on hi ha els boscos i les terres de pasturatge) o bé eren privades (les terres baixes, més riques i aptes per l'agricultura). Per complir-se el cicle ramader, es requeria accedir als dos tipus de territori. En els Comuns (o en els Quarts, que són una subdivisió de les parròquies) estaven representats els caps de casa, el conjunt de veïns d'una parròquia, i en els consells locals s'establien els drets a péixer, a obtenir llenya, a dallar herba o vendre la sobrera, a eixamar la terra i utilitzar-la per cultivar, etc.[4] Si l'existència dels Comuns eren condició per a la reproducció de les cases pageses, la Casa era, al seu torn, la condició d'existència de les institucions comunitàries. La indivisió patrimonial i el nomenament d'un sol hereu eren mecanismes que limitaven l'aparició de noves explotacions agràries i, per tant, d'una major pressió sobre els recursos comunitaris. La lògica de la Casa i la del Comú de veïns responien a uns mateixos principis, i en aquest context ambdós àmbits s'identificaven, de manera que la gestió comunitària era profundament domèstica i a l'inrevés. D'aquí l'interès (i també l'obligació) d'accedir als càrrecs de les institucions polítiques locals, ja que permetia assegurar els interessos de la casa, i d'aquí també que des de les institucions comunitàries es limités l'accés a la condició de veí, la naturalització dels estrangers i tot el que possibilitava accedir als recursos comunitaris, ja que d'això en depenia la supervivència de les cases.

En aquest context el Consell Comunal de cada parròquia, regulador de la vida local, assolia el màxim protagonisme. Per sobre d'ell, el Consell General de les Valls entenia sobre les qüestions que afectaven el conjunt de totes les terres d'Andorra i sobre les relacions amb l'exterior (tant amb els coprínceps com amb les administracions dels governs d'Espanya i França).[5] El concepte de "públic" no existia

4. Les terres comunals comprenen les zones d'alta muntanya, els boscos i les pastures. Aquestes últimes poden ser de tres tipus: 1. Els cortons, propietat d'una sola parròquia, que són les pastures de muntanya; 2. Els rebaixants, situats en les zones baixes per a l'ús dels carnissers i pastors de la parròquia; 3. Els emprius, a les zones més altes, on normalment tenien drets més d'una parròquia i on en cada cas s'estableixen els drets i els usos que la gent de cada parròquia pot fer, cosa que històricament ha originat nombroses disputes i litigis (com és el cas del terreny de la Concòrdia, disputat entre Canillo i Encamp, per exemple).

Hi ha terres comunals que poden ser cedides a particulars a canvi d'un càrrec per poder-la cultivar. És el cas de les boïgues, que s'atorguen a condició que es conrein, però que han de permetre que el ramat dels andorrans del Comú hi pugui péixer i passar. Per acord del Consell també poden cedir-se terres de pasturatge a particulars sense cap mena de servitud de pas o pasturatge. Aquesta classe de concessions han estat objecte de nombrosos conflictes quan a partir del cultiu del tabac augmenta el valor de les terres i s'han eixamat camps en terreny comunitari al·ludint a antics drets d'aquesta mena.

En el proper capítol ens referirem més extensament a les funcions econòmiques de cadascun d'aquests espais comunitaris i la seva complementació amb els que són propietat de la casa.

5. Per una presentació general de la història d'Andorra amb relació a les seves institucions, vegeu L. Armengol, *Aproximació a la història d'Andorra*, Perpinyà, 1983, i M. Palau, *Andorra, Història, Institucions. Costums*, Andorra, 1987. El llibre de J. M. Vidal (*Institucions polítiques i socials d'Andorra*, Andorra, 1984) fa una recull i una explicació força completa de les institucions socials i polítiques andorranes.

pròpiament, perquè no existia tampoc una separació de dominis, sinó tan sols una separació formal entre institucions.

Els canvis econòmics i socials recents han implicat el naixement de noves institucions i l'emergència d'un sector públic, que s'ha sobreposat a l'antiga organització. Per això el procés de transició cap a la nova Andorra s'ha caracteritzat per la pugna entre les parròquies, com antigues posseïdores del poder local, i les institucions derivades de la creació d'un Estat (executives, legislatives i judicials), que mantenen el poder global sobre Andorra. La identificació entre el públic i el comunitari ha portat també a que els mecanismes clientelars en què es basava l'antiga estructura política es traslladessin a les instàncies estatals i a una determinada concepció sobre les obligacions i privilegis dels polítics. Tradicionalment els consellers eren els mediadors entre els electors i la màxima institució política, el Consell General, i quan hi havia eleccions s'anava casa per casa a demanar el vot i cadascú demanava al candidat alguna cosa. El conseller, en definitiva, era el que portava diners a la parròquia i la seva participació en el Consell era vista com el mitjà necessari per a obtenir beneficis concrets. L'andorrà sempre ha considerat que el seu vot és a canvi d'algun servei, però amb la creació d'un govern i d'una administració independents del Consell i amb la votació de candidatures senceres i no de persones concretes s'altera aquella relació tan directa i personal que abans existia entre la gent i els polítics que havien votat.

El sector públic s'ha desenvolupat de forma desigual, ja que alguns dels serveis que depenen d'una administració pública en el cas d'Andorra els van cobrir els països veïns (escoles, correus, primeres carreteres) o foren objecte de concessió a empreses privades (electricitat). M. Pantebre elabora una cronologia de l'actuació de les institucions públiques que és interessant resumir per poder prendre consciència del que significa la creació d'una administració pública i dels serveis que en depenen quan tan sols fa cinquanta anys era totalment inexistent.[6] En destacarem els aspectes que considerem més crucials:

6. M. Pantebre, "El sector públic com agent econòmic", *Annals. Institut d'Estudis Andorrans, Centre de Barcelona*, 1992, pàg. 219-228

1900-1910	Obertura d'una escola pública d'ensenyament francès a Andorra la Vella i Sant Julià.
1910-1920	Inauguració de la carretera de la Seu a Andorra la Vella i establiment d'un impost de trànsit de mercaderies. S'estableix el control a Sant Julià.
1920-1930	Concessió a les Forces Hidroelèctriques d'Andorra SA (FHASA) de l'explotació de tres salts d'aigua. Creació d'un servei de correus i emissió de segells.
1930-1940	Concessions a Ràdio Andorra, a "Broom Sindicat" (per obrir una agència d'apostes mútues) i a Unió Financera d'Andorra SA (per crear una loteria nacional). Conveni signat amb Espanya i França per a l'explotació dels correus d'Andorra. Emissió de paper moneda andorrà per a ús intern. Obertura d'escoles públiques a totes les parròquies.
1940-1950	Inici de funcionament del servei telefònic (1940).
1950-1960	Protestes del Consell General per la no percepció de quotes tant de les concessions de radiodifusió com de correus.
1960-1970	Emissió de 18.000 medalles per constituir el capital inicial del futur Organisme Andorrà de Previsió Social. Creació de la Caixa Andorrana de Seguretat Social (1966)
1970-1980	Petició de liberalització del comerç i de la supressió de les llicències d'importació i dels contingents atorgats per les vegueries. Creació de la Biblioteca Nacional, dels Arxius Nacionals i de l'Institut d'Estudis Andorrans. Inauguració del centre hospitalari (1977). Principis de regulació de les societats mercantils per part dels delegats permanents (1979).
1980-1990	Es posa fi al contracte de les concessions de radiodifusió. Creació del primer govern d'Andorra a partir d'un decret de les delegacions permanents (1981). El sector públic cobra una nova dimensió. Creació de nombrosos organismes públics: Escola Andorrana, Servei Andorrà d'Assistència Sanitària (SASS), Ens Nacional Andorrà de Radiodifusió (ENAR), posteriorment convertit en Organisme de Ràdio i Televisió d'Andorra (ORTA), residència al Solar d'Encamp. Elaboració de nombrosos projectes de llei, com la creació de l'Institut Nacional de Finances (INAF) (1983) i la Llei de Taxes sobre el Consum (1985). Compra de FHASA i EASA i creació de la societat parapública Forces Elèctriques d'Andorra (FEDA). Creació de Ràdio Nacional d'Andorra (1990) Signatura d'un acord comercial amb la Comunitat Europea (1990), que entra en vigor a l'any següent.

A partir de 1990 continua aquest procés d'enfortiment del sector públic, que culmina amb l'aprovació per referèndum popular de la nova Constitució l'any 1993. Andorra passa a tenir la categoria d'Estat, ingressa a les Nacions Unides i al Consell d'Europa i completa el procés d'organització de l'administració pública. Amb l'aprovació de la Constitució l'activitat legisladora augmenta considerablement, ja que cal adequar les antigues institucions i legislació a la nova realitat del país. També les obres públiques prenen un fort relleu, amb la construcció als inicis de la dècada de la Piscina Olímpica dels Serradells, Camp de Tir de la Rabassa, Pistes de Tennis de l'Aldosa, Auditori Nacional d'Ordino, i Palau de Gel de Canillo entre d'altres.

Pot apreciar-se el gran increment que assoleix el sector públic en el darrer decenni. El reforçament de les funcions públiques es produeix justament en un moment d'estancament econòmic i en condicions força desfavorables. A causa de l'increment d'activitats, les despeses augmenten considerablement, sense que hi hagi una recap-tació d'ingressos equivalent i provoca, per tant, un creixent endeutament amb les corresponents despeses financeres. Cal recordar en aquest punt que a Andorra no es paguen impostos directes a l'Estat. Per aquest motiu, l'instrument bàsic de recaptació està constituït per les taxes sobre el consum o taxes d'entrada de mercaderies, que se separen en dos grans grups: mercaderies i carburants, i que l'any 1994 van significar un 80,2% de la totalitat dels ingressos obtinguts.[7] Les taxes constitueixen un altre capítol d'ingressos, que era quasi insignificant l'any 1990, però que s'ha anat incrementant progressivament amb la creació de noves taxes.[8]

Aquesta absència d'impostos directes constitueix un dels privilegis que els andorrans no volen deixar de gaudir. Parlar de la possibilitat d'implantar impostos és un tema tabú que quan es planteja origina grans debats. El fet de no pagar impostos directes beneficia a tothom que viu a Andorra, però molt especialment els que podrien ser els grans contribuents, que veuen així incrementada la seva posició de privilegi. Tenir una fiscalitat diferenciada, d'altra banda, constitueix un dels grans atractius potencials i reals que té el país i, per tant, un factor estructural difícil de modificar. La dificultat rau en el fet de poder mantenir un sector públic en expansió només a partir de la dependència respecte a la demanda exterior, ja que, de fet, la major part del sector públic es financia gràcies als

7. Vegeu X. Sáez, "Informe sobre l'economia...", pàg. 54.

8. Es paga en concepte de taxa bàsicament les vinyetes de vehicles de motor i la prestació de serveis per part de l'administració (emissió de passaports, certificats, llicències, registre, etc.). L'any 1995 s'aproven diverses lleis que introdueixen noves taxes (sobre el consum d'electricitat i telèfon, taxes judicials, registre d'activitats econòmiques, residències passives).

estrangers que acudeixen a Andorra i consumeixen els productes importats. L'informe que en el seu moment van fer J. M. Bricall i els seus col·laboradors ja va posar el tema sobre la taula i va advertir que l'equilibri pressupostari podia perillar a mig termini i, a partir d'aquesta constatació, l'any 1983 el govern va crear per primera vegada impostos indirectes sobre els bancs, les companyies d'assegurances, les societats immobiliàries i els hotels.[9]

En tota aquesta qüestió es posa de manifest, d'altra banda, la difícil compaginació entre l'antiga lògica de gestió comunitària i la nova concepció d'un sector públic, que ha determinat que en el procés de transició social la relació entre l'Estat i els Comuns sigui molt complexa i delicada i estigui fortament condicionada pel pes de les parròquies. Aquest difícil equilibri també s'expressa en els afers pressupostaris. Els Comuns tenen autonomia fiscal, però el que recapten és insuficent per cobrir les despeses i inversions que fan i que en defensa del parroquialisme no renuncien a fer.[10] Com a producte d'aquesta tensió, que en ocasions ha posat en qüestió fins i tot la reforma de les institucions polítiques que s'havia iniciat, l'Estat transfereix a les corporacions locals un 30% dels ingressos recaptats via entrada de mercaderies. Alguns consideren que aquest fort pes de les parròquies impedeix una planificació global i que el pressupost pugui utilitzar-se com a instrument de política econòmica.[11] El tema de la fiscalitat continua essent una qüestió pendent en l'agenda política dels governs que s'han anat succeint a Andorra.

Proteccionisme i privilegis

Andorra havia obtingut tradicionalment tota una sèrie de privilegis dels països veïns que permetien compensar la situació d'aïllament i pobresa que tenia el país i sense els quals difícilment hagués pogut sobreviure. Ja hem esmentat els que fan referència al lliure trànsit de mercaderies i mesures duaneres, que tan crucials

9. Vegeu J. M. Bricall i altres, *Estructura i perspectives*... Amb relació al finançament de l'Estat i els impostos en la seva problemàtica actual, vegeu DD. AA., *El finançament de l'Estat a Andorra,* Andorra, 1995.

10. Els Comuns recapten tributs en concepte de foc i lloc, higiene, serveis i enllumenat. Els imports de cada tribut no són molt elevats, encara que varien molt entre una parròquia i una altra i, a més, abans de l'aprovació de la Constitució s'aplicaven reduccions o exempcions als andorrans i als estrangers amb més de vint anys de residència.

11. M. Pantebre, "El sector públic...", pàg. 226.

han estat en la transformació econòmica recent. A més, els estats veïns han proporcionat tot un conjunt de serveis i han executat determinades infraestructures que han sigut bàsiques també per a l'evolució del país. És el cas del sistema viari, per exemple: la construcció i millora de les carreteres d'accés a Andorra ha sigut una qüestió crucial per la qual els andorrans han hagut d'insistir i lluitar, perquè d'elles depèn la comunicació externa. D'aquí que avui es rememori encara com a moment important la inauguració de la carretera des de la Seu d'Urgell fins a Sant Julià l'any 1908 i la seva prolongació fins a Andorra la Vella l'any 1916.[12] El govern francès va construir al seu torn el tram que des de França i passant pel port d'Envalira arribava fins a Soldeu. Pel que fa a serveis, cal destacar la implantació dels sistema escolar tant espanyol com francès, així com del servei de correus, també de cadascun dels dos països. El fet de proporcionar aquesta classe d'ajudes i serveis no responia merament a una actitud paternalista i caritativa, sinó que derivava també del desig de cada copríncep de controlar els destins del país i de l'assumpció que en la pràctica formava part de França o d'Espanya.

Aquests privilegis, obtinguts de les obligacions que tenien els dos coprínceps respecte al país i que es justificaven per la seva pobresa i manca de recursos, passen a ser un instrument important en la construcció del nou sistema econòmic i social, ja que potencien el paper d'Andorra com a zona franca. A partir que això ocorre, s'invertirà la situació precedent, Andorra deixa d'estar al marge dels corrents econòmics generals i ha de protegir-se de la usurpació econòmica per part dels forasters, així com del perill de veure ofegada la seva existència i identitat com a país davant el progressiu predomini numèric dels estrangers residents. Aquestes mesures proteccionistes, sorgides com un mecanisme defensiu, esdevenen en la pràctica tot un conjunt de privilegis per als andorrans sense els quals no es podria entendre com des de la pagesia es passa a una acumulació de capital propi i a poder aprofitar amb avantatges les noves oportunitats econòmiques existents; permeten comprendre també com els andorrans passen a ser una minoria hegemònica en el país, en comptes de convertir-se en una mà d'obra subsidiària, com ha succeït en molts llocs del món quan una economia basada en la pagesia s'ha incorporat als circuits del mercat mundial.

12. Malgrat que el tram de carretera fins a Andorra la Vella fou acabat l'any 1916, la seva inauguració per part del copríncep mitrat tingué lloc l'any 1913, cosa que sovint origina confusions entorn a les dates.

Entre els privilegis d'ordre econòmic esmentarem com a més significatives les limitacions que s'imposen als estrangers per a adquirir propietats i per a implantar negocis en el Principat.

Una de les mesures defensives convertides en privilegi deriva de l'establiment de limitacions a l'exercici del comerç i l'hoteleria als estrangers i de les regulacions de les societats mercantils. L'any 1893 el Consell General va declarar l'obligatorietat de demanar permís per obrir un comerç, però no és fins una disposició de l'any 1940 que s'estableix que dos terços del capital de les societats mercantils han de ser andorrans, es prohibeix que els andorrans actuïn com a *prestanoms* i cal que els estrangers amb residència superior a deu anys obtinguin l'autorització del Consell per poder establir-se. Amb posterioritat (l'any 1957) es limiten les autoritzacions a una per família. Les regulacions que es van generar amb posterioritat a aquesta data queden en bona part recollides en el decret de 1983 aprovat pel Consell General, on es confirma la proporció de dos terços de capital andorrà per a la constitució de qualsevol societat mercantil, considerant també com a andorrà el provinent dels estrangers residents en el país de forma continuada durant més de vint anys. S'especifica que la representació de les societats ha de recaure en un súbdit andorrà (o resident de més de vint anys), es regula la transmissió de les participacions per evitar trencar les proporcions anteriorment establertes i s'impedeix la creació de filials per mitjà del concurs de capitals andorrans fora del país. A les societats d'interès públic se les pot autoritzar a una major participació estrangera.[13] Aquestes normatives, que preserven l'interès general d'Andorra a restringir la presència d'empreses estrangeres, beneficien al mateix temps l'interès particular dels andorrans que, actuant de prestanoms, obtenen ingressos pel simple fet de tenir la nacionalitat andorrana.

La legislació en matèria urbanística, per la seva banda, es desenvolupa de forma molt desigual i es complica pel fet que en la pràctica no existeix un cadastre a Andorra, ja que el que es va crear l'any 1912 no s'ha actualitzat. Aquest fet dificulta, lògicament, el control sobre les transmissions de les propietats. Els estrangers no podien adquirir terres (excepte els que portaven més de vint anys residint a Andorra), fins que l'any 1955 s'autoritza la compra de terrenys per edificar un habitatge i, més tard, l'any 1965, es permet

13. M. J. Lluelles, *La transformació econòmica...*, pàg. 324-329.

la compra d'un apartament, se sigui o no resident al país. Aquesta normativa, que permetia captar un sector de la demanda que pel seu poder adquisitiu no podia assumir la compra de terrenys, va tenir els seus efectes en el sector de la construcció, que anys després es va plasmar en un notable increment de la construcció d'habitatges.[14] L'any 1979 hi havia a Andorra 160 societats immobiliàries, que són les que es van beneficiar més directament d'aquesta disposició, juntament amb els andorrans que vengueren terrenys en aquesta etapa i els sectors més benestants del país que adquiriren apartaments per a la seva venda i lloguer. El resultat fou enormement negatiu per a les capes populars residents al país: a finals de la dècada dels setanta només un 10% dels habitatges construïts va ser comprat per residents a Andorra i el 90% els adquiriren estrangers que no residien de forma fixa al Principat (Armengol i altres, 1980). L'especulació urbanística que es va generar i la febre constructiva conseqüent van provocar un considerable increment del preu dels habitatges que arriba fins a l'actualitat. Els treballadors immigrats són els que més pateixen els elevats preus dels lloguers que resulten d'aquest estat de coses.[15]

Però on tal vegada s'expressa de forma més clara aquesta vinculació indissociable entre mesures proteccionistes i privilegis és en el paper que assumeixen els immigrants estrangers en l'economia del país i en les condicions que s'estableixen per a l'adquisició de la nacionalitat andorrana. El ritme d'expansió econòmica va requerir la contractació de mà d'obra estrangera i, tal com hem pogut comprovar en el capítol anterior, la població d'Andorra s'incrementà notablement a partir de la dècada dels setanta, a causa de l'arribada massiva de treballadors estrangers. La majoria d'immigrats realitzen les feines menys remunerades i de menor prestigi. Quan hi ha hagut més demanda de mà d'obra els salaris han sigut força elevats, però en contrapartida els treballadors tenen limitats els drets sindicals i encara que la creació de la CASS (Caixa Andorrana de Seguretat

14. M. J. Lluelles, *La transformació econòmica....*, pàg. 409.

15. L'accés a l'habitatge no és fàcil de resoldre, a causa de l'elevat preu. Hem entrevistat persones que ho han resolt temporalment vivint en algun càmping, per exemple. Alguns dels immigrants més modestos (actualment portuguesos en la seva major part) s'han vist obligats a viure conjuntament en petits apartaments moblats, que sovint no tenen cuina, cosa que impedeix menjar calent a casa. Aquest fet ha contribuït a crear un estereotip negatiu respecte als portuguesos, com si viure en unes condicions tan dolentes depengués de la seva voluntat i del simple desig d'estalviar per tornar com més aviat millor al seu país, i no tingués res a veure amb els preus de l'habitatge.

Social) ha donat accés a la sanitat i a pensions, no existeix subsidi d'atur. Els andorrans, al seu torn, tenen accés més fàcil als treballs en el sector públic i en general tenen també més recursos socials i materials per tenir millors condicions de vida.

Les restriccions a l'adquisició de la nacionalitat tenen com a resultat que són el nacionals els que posseeixen el control polític i, per tant, les decisions que afecten la vida interna del país, cosa que d'altra banda succeeix a qualsevol país del món. La diferència en aquest cas és que els andorrans han passat a ser una minoria en el seu propi país i per preservar aquesta condició s'introdueixen molts requisits per a l'obtenció de la nacionalitat andorrana. Les mesures relatives a la integració nacional i les que regulen els drets polítics estan estretament vinculades, de manera que quan s'obren unes per als estrangers, també s'amplien les altres per integrar més andorrans. No és casualitat, per exemple, que a l'any 1971 s'estengués la plenitud dels drets polítics als andorrans de segona generació de residència (fills d'andorrans que viuen a l'estranger) i que el 1971 també s'atorgués a les dones el dret a votar (el 1973 s'amplia el dret a la possibilitat de ser votades), moment en què es concedia també la possibilitat de naturalitzar-se als nascuts a Andorra en el cas que el seus pares poguessin acreditar una residència superior als vint anys.

Cal dir, però, que temps enrere era encara molt més difícil arribar a ser andorrà, perquè la societat tradicional s'havia preservat sempre que els foranis poguessin intervenir en la vida del país i prendre decisions que el perjudiquessin. Calia demostrar la residència a Andorra durant tres generacions, o bé, en el cas dels homes, integrar-se mitjançant el matrimoni amb una pubilla. Atès que els andorrans tenien dret com a tals a participar en les institucions polítiques i, per tant, en la gestió dels béns comunitaris, la societat es dotava d'uns mecanismes molt restrictius, que pretenien assegurar l'arrelament de la persona en el país o la seva plena implicació.[16]

16. Aquesta protecció front a la possibilitat que els estrangers intervinguin en els afers interns del país i ho facin sense identificar-se amb els seus interessos, queda molt ben reflectida en una de les màximes del *Manual Digest* (datat el 1748), que és el text que fixa el costum andorrà i on també s'expressen els principis que el fonamenten. La màxima 43 diu el següent: "Procurar en no afillar enlas Valls als forasters, y que ningu, que no sia fill delas Valls, entre en lo Concell, y maneig de las Cosas, y encara que sia Casat en Ellas". L'autor de les màximes, Antoni Fiter i Rossell, ho justifica perquè els forasters "may portan aquell amor, que es Connatural, y ingenit als naturals". A més, si tornen a la seva terra, "se saben les Cosas del Govern interior" i "pot venir lance en

La residència continuada durant tres generacions era prova d'aquell arrelament, mentre que l'actitud d'implicació i de respecte a les normes del país semblava quedar garantida a partir del matrimoni. Com no estava previst que les dones participessin en els afers públics no tenia rellevància l'adquisició de la nacionalitat per la dona estrangera, però sí pels homes, que malgrat ser estrangers assolien la representació de la casa davant la comunitat.

El primer text legal per regular els mecanisme d'adquisició de la nacionalitat data de 1939 (quan comença a haver un nombre important d'estrangers residents en el país), però no fou fins al 1970 (i una posterior modificació el 1974) que s'establí una certa obertura en el sistema, ja que, entre altres disposicions, s'establia que podien obtenir la nacionalitat totes les persones nascudes a Andorra abans de l'1 de gener de 1975, filles de pare i mare estrangers amb vint anys de residència al Principat. Aquesta fórmula pretenia salvaguardar la identitat de la comunitat andorrana enfront una concessió indiscriminada de la nacionalitat. Es tractava, doncs, d'una qüestió política, més que jurídica i tingué, per tant, un tractament conjuntural.[17] Ben aviat sorgí el problema amb els nascuts amb posterioritat a la data fixada, que no tenien dret a ser nacionalitzats com andorrans, que en la pràctica eren apàtrides si els seus pares no els van incriure en la seva nacionalitat d'origen, i que formaren la categoria estadística dels "nats a Andorra". El Codi de la Nacionalitat Andorrana fou aprovat l'any 1977; una posterior reforma tingué lloc el 1985. D'acord amb R. Viñas, les principals novetats d'aquest Codi són les següents:[18]

1. L'estranger casat amb andorrana cabalera pot adquirir la nacionalitat andorrana.
2. Es reconeix la filiació materna com a font independent d'atribució de nacionalitat.
3. Es dóna el mateix tracte a la filiació legítima i il·legítima.
4. Es reconeix el principi de la igualtat de sexes en els requisits per a l'adquisició de la nacionalitat.

que los fassian mal o informian sinistrament de ellas". Per això recomana que els forasters que no s'afillin al país "basta la mes mínima sospita, pera ferlos Viudar, y Expellirlos ala mes mínima sens ferlos injuria, y valentse dels ministres supremos de Justicia" (A. Fiter i Rossell, *Manual Digest de les Valls neutras d'Andorra*, Andorra, [transcripció i edició facsímil del manuscrit, datat el 1748], 1987, pàg. 512).

17. R. Viñas, *Nacionalitat i Drets polítics al Principat d'Andorra*, Andorra la Vella, 1989, pàg. 29.

18. R. Viñas, *Nacionalitat i Drets polítics...*, pàg. 33.

5. L'adopció i la pàtria potestat produeixen efectes sobre la nacionalitat dels menors.
6. Les persones de tercera o ulterior generació nascudes a l'estranger, filles de pare o mare andorrans, poden esdevenir andorrans.
7. Augmenten les causes de pèrdua de la nacionalitat i es delimiten les possibilitats de recuperar-la.
8. Se suprimeix la figura de la "primera generació" i s'equipara la seva condició a la resta de nacionals andorrans, reconeixent-los també els drets polítics.
9. Possibilitat d'adquirir la nacionalitat a les persones nascudes a Andorra abans de l'1 de gener de 1975, filles de pare i mare estrangers amb vint anys de residència al Principat; també poden adquirir-la els nascuts amb posterioritat a aquella data si un dels progenitors acredita que l'1 de gener de 1975 portava quinze anys de residència en el país o si un germà o germana hagués adquirit la nacionalitat per residència dels vint anys.
10. Fixació dels criteris per comprovar el grau d'assimilació dels sol·licitants a la vida del Principat.
11. Actitud contrària a la doble nacionalitat, encara que no és tan ferma en la reforma de 1985.

En la nacionalització dels estrangers, el criteri més important (a més del matrimoni) és haver nascut al país, acompanyat d'un perllongat temps de residència dels pares. Però com a requisit addicional s'afegeix l'obligació de demostrar el grau d'integració al país de les persones que es volen nacionalitzar com andorranes, cosa que es concretarà amb la realització d'un "examen d'assimilació", en què es pregunta sobre la història, geografia i institucions del país i pels motius que condueixen a la sol·licitud de la nacionalitat.

Podem comprovar la presència d'altres disposicions que van encaminades a compensar l'augment de "nous andorrans" amb l'ampliació de la base dels andorrans d'origen (es permet nacionalitzar a la tercera generació d'andorrans nascuts a l'estranger) i dels que se'ls suposa implicats en el país a partir del seu matrimoni (els casats amb dona andorrana i no sols amb pubilla), cosa que es produeix en uns anys en què no sols als fills cabalers ja no els cal emigrar, sinó que són molts els andorrans o fills d'andorrans que retornen al país i que ho poden fer en part gràcies a aquestes facilitats.

És interessant observar també una altra cosa. La filiació la transmetia antigament només l'home i per això es permetia que el casat amb una pubilla adquirís automàticament la nacionalitat, ja que era ell qui transmetia la ciutadania als fills. Les dones cabaleres i els seus marits (que no tenien dret a obtenir la nacionalitat) quedaven exclosos, doncs, de la possibilitat de transmetre la nacionalitat andorrana als fills, cosa que se'ls reconeix, en canvi, amb en nou Codi de la Nacionalitat. També es reconeix que la filiació es pugui transmetre tant per via masculina con femenina. Aquest és un indicador clar de les transformacions produïdes en la lògica de la reproducció social, antigament basada en la continuïtat d'unes mateixes cases durant generacions, que es consideraven representades pels homes i que, per tant, es nega a les dones el seu estatut com a persona social; actualment es produeix en canvi la multiplicació dels grups domèstics i la seva diversificació en famílies nuclears, el que comporta el reconeixement formal de la igualtat de sexes.

Actualment l'adquisició de la nacionalitat es regeix per la recentment aprovada Llei Qualificada de la Nacionalitat, aprovada pel Consell General el 5 d'octubre de 1995, on es flexibilitza l'accés a la nacionalitat andorrana per part dels residents. No cal que els nascuts a Andorra hagin de demostrar que els seus pares hi resideixen durant un període superior a vint anys: n'hi ha prou que acreditin la residència permanent, o que un dels dos progenitors demostri haver tingut la residència principal a Andorra durant més de divuit anys. També poden accedir a la nacionalitat andorrana els qui acreditin la seva residència a Andorra durant vint-i-cinc anys abans de demanar-la, sempre que hagin nascut en el país o que els seus pares hi hagin estat aquest temps.

Les vicissituds que han tingut els diferents intents d'eixamplar els criteris per a l'adquisició de la nacionalitat s'expliquen per la reacció de lògica defensa dels andorrans, que han esdevingut minoritaris en el propi país i per la voluntat de mantenir els seus privilegis front els nombrosos treballadors estrangers residents. I el que aquí es posa en joc no són sols qüestions simbòliques i la defensa de la identitat, sinó que hi ha també una defensa d'interessos: poder ser o no titular d'una empresa, tenir accés a l'estatut de funcionari, poder entrar a les xarxes econòmiques i socials actualment restringides a una minoria, etc. És, en definitiva, una pugna entre els vells i els nous habitants d'un país que ha vist créixer de forma molt ràpida una economia transfronterera i una societat molt complexa.

Una economia nova, unes institucions antigues

La particular història del Principat ha fet possible que el país arribés al segle XX conservant les institucions heretades de la feudalitat i, més encara, que amb aquestes mateixes institucions es realitzessin tots els canvis cap a una total immersió en l'economia mercantil. La contradicció existent entre el nou sistema econòmic i social que s'ha creat i el marc institucional antic ha anat resolent-se a partir del procés de reforma política que arrencà en la dècada dels anys setanta i que culminà amb l'aprovació d'una constitució moderna.

Però no volem donar la imatge d'immobilisme ni de manca de funcionalitat de les institucions antigues. Pel contrari: diverses reformes havien tingut lloc abans de la Constitució, algunes d'elles aconseguides després de reivindicacions populars i de revoltes. Especialment important fou la reforma de mitjans del segle XIX (any 1866) que modificà la composició de l'antic Consell de la Terra (que passà a anomenar-se Consell General de les Valls) i va ampliar el dret de vot a tots els caps de casa. Més endavant tingué lloc un progressiu eixamplament dels drets de plenitud política (concedint el dret de sufragi a tots els homes l'any 1933 i a les dones el 1971). Aquestes reformes no van canviar però l'estructura organitzativa ni de representació: la casa, els Comuns i el Consell General de les Valls com institucions reguladores dels diferents nivells de la vida política interna; els coprínceps, veguers i delegats permanents com expressions de la tutela política exercida sobre el país i que han perviscut fins que la creació d'un Consell Executiu (l'any 1981) i l'aprovació de la Constitució (l'any 1993) han modificat l'estatut polític del Principat, convertit en estat sobirà, i les seves institucions.

Després que el canvi constitucional ja s'ha produït pot haver certa tendència a considerar que les antigues institucions eren disfuncionals i incompatibles amb el nou sistema econòmic i social instaurat al Principat. El fet que es qualifiquin simplement com a feudals, sense cap altra atribució, fa pensar que a Andorra ha existit una mena d'anacronisme històric només explicable pel conservadorisme dels andorrans i l'amor a les seves tradicions i signes d'identitat.

Nosaltres considerem que les antigues institucions no sols no han obstaculitzat en absolut els canvis econòmics i socials, sinó que pel contrari els han fet possible i han contribuït a modelar-los.

Argumentem aquesta afirmació a partir de dos raonaments bàsics. En primer lloc, la inexistència de regulacions modernes ha permès que en la pràctica funcionés un sistema econòmic i un mercat de treball basat en un liberalisme a ultrança. Segon: les antigues institucions han permès als andorrans mantenir els seus privilegis malgrat haver esdevingut una minoria en el seu país. Aquesta doble funcionalitat mostra que les antigues institucions van complir un paper fonamental en el desenvolupament econòmic d'Andorra, que el seu manteniment formal va fer possible un canvi econòmic real i que, per tant, la suposada Andorra feudal del segle xx és una ficció. Això no treu, evidentment, que amb el transcurs dels anys s'anés fent ostensible la manca de compatibilitat de les velles institucions amb el nou sistema que s'havia creat i calgués procedir a la seva reforma i, lògicament, aquest procés no va ser senzill, perquè suprimir elements d'una relació i canviar-los per uns altres significa tensions, conflictes, oposició d'idees i valors, confrontació d'interessos: en resum, canvis socioculturals.

El més important a ressaltar en aquest punt és que no existia una separació entre els poders legislatiu, executiu i judicial, que es confonien en les persones dels coprínceps i dels seus representants, així com en el mateix funcionament del Consell General (que tenia poder legislatiu i executiu). El fet que totes les decisions de màxima importància haguessin de passar per l'aquiescència dels coprínceps contribuí al fet que mentre les Valls s'anaven adaptant a les noves circumstàncies econòmiques, no es produís el mateix pel que fa a l'adequació dels principis legislatius i jurídics que les regulaven.

El resultat d'aquesta situació és que mentre el país esdevenia un empori comercial i financer, creixia la seva demografia de forma exponencial i s'urbanitzaven els pobles de forma accelerada, mancaven els instruments legals i jurídics que habitualment regulen aquests processos: no hi havia cadastre, ni regulació de les societats mercantils, ni registre mercantil, ni legislació bancària, ni registre civil, ni llei d'arrendaments urbans o rústics, ni normes urbanístiques, ni impostos sobre la renda, ni impostos sobre el patrimoni, ni impostos sobre l'activitat econòmica, ni impostos sobre tràfic d'empreses (l'actual IVA), ni legislació laboral, ni sindicats, ni associacionisme polític. La legislació civil i penal, d'altra banda, no estaven adaptades a les noves condicions. Moltes d'aquestes carències s'anaren resolent mitjançant ordinacions o decrets; la majoria no s'han legislat fins després de la creació del Consell Executiu ("el Govern") o de l'aprovació de la Constitució, i algunes encara resten pendents de resoldre. Però l'important del manteniment de les antigues institucions no es pot veure només en la seva visió negativa, constatant tot allò que mancava, sinó en tot el que van possibilitar aquestes mancances: la pràctica d'un liberalisme econòmic portat a les últimes conseqüències, sense quasi cap mena d'intervencionisme per part de les institucions polítiques que no prenien decisions que poguessin afectar el mercat de treball i que va beneficiar especialment les elits comercials i financeres que durant anys han pogut actuar amb total llibertat d'acció, sense cap control important i sense haver de fer aportacions contributives.

D'aquí que el tema dels impostos sigui un factor clau i gens anecdòtic. Mentre els empresaris s'han pogut beneficiar individualment en la seva política expansiva, l'estat emergent ha hagut d'assumir les despeses de tipus general que aquesta expansió ha implicat: costos d'infraestructures i de serveis (sanitat, educació, serveis socials, equipaments culturals, mitjans de comunicació, etc.), i tot això sense recaptar impostos directes. El dèficit del sector públic esdevé així un factor estructural i crònic, i el model de l'estat mínim és el que s'acaba imposant.

L'altre factor clau en l'estructuració de la nova Andorra és el fet d'haver comptat amb una mà d'obra estrangera, que acaba per constituir la població més nombrosa en el país. El manteniment de les antigues institucions ha fet possible que els andorrans poguessin posseir tot un conjunt de privilegis malgrat ser minoritaris (cosa que hem exposat en l'apartat anterior). D'aquí també que tot el que fa referència a l'accés a la nacionalitat hagi sigut un altre dels temes conflictius i difícils de resoldre. I tant lligada està aquesta dimensió a l'anterior, que en una entrevista efectuada pel diari *Avui* (26 de març de 1989), el qui era aleshores cap de govern, Josep Pintat, davant la pregunta de si es legalitzarien els sindicats, declarava: "Si em pressionen massa no caldrà que hi hagi sindicats, perquè el país anirà a fer punyetes. Miri, amb un 83% d'estrangers no es tracta que hi hagi sindicats o no sinó de facilitar l'obtenció de la nacionalitat. De tota manera ho volem fer quan antes millor" (per cert, quan estem escrivint aquestes pàgines la proporció de població estrangera continua essent alta —un 69%— i encara no s'han normalitzat els sindicats).

La reforma del sistema polític es va iniciar en la dècada dels setanta. Segons E. Menduiña l'incident puntual que la va posar en marxa va ser la indefinició de qui tenia legitimitat per atorgar els permisos de residència.[19] El Consell General va demanar urgentment als coprínceps la necessitat de procedir a una reforma i actualització de les institucions. Era el 15 de febrer de 1975 i a partir d'aquest moment tot el procés de reforma es va posar en marxa i aniria avançant lentament. Es fan dues consultes populars (el 28 d'octubre de 1977 i el 16 de gener de 1978), es negocia amb els delegats permanents i els coprínceps, es crea un Consell Executiu (15 de gener de 1981), es fa una nova llei electoral (any 1987 i modificació el 10 d'octubre de 1989), s'obre el procés constituent i la delimitació de competències de cada organisme, fins que finalment s'aprova en referèndum popular la Constitució (14 de març de 1993).[20]

Aquest procés que acabem de resumir no fou fàcil de concretar i un dels aspectes que va provocar més conflictes va derivar de la tensió entre el parroquialisme i el projecte nacional, concretat en el sistema electoral, en el pes que havia de tenir cada parròquia en els nous organismes i en l'àmbit de les circumscripcions electorals (que mai havien abraçat el conjunt d'Andorra). Tota aquesta discussió es produïa, a més, en un moment en què les parròquies altes veien perdre el seu tradicional protagonisme i com a mecanisme defensiu esdevenen les més conservadores. Canillo i Encamp, però en menor mesura també Ordino i la Massana havien estat els pobles més rics de les Valls i en aquests anys veuen com augmenta la riquesa i la població d'Andorra la Vella i les Escaldes. Aquestes diferències entre parròquies es posà de manifest quan les Escaldes-Engordany es constituí com una parròquia independent (14 de juny de 1978), segregant-se d'Andorra la Vella. De fet aquesta era una solució de compromís davant l'enorme desigualtat que hi havia entre el valor del vot de Canillo o d'Ordino i el d'Andorra la Vella, ja que malgrat la gran diferència en població (l'any 1979 Canillo tenia 738 habitants, Ordino 633, i el conglomerat d'Andorra la Vella i les Escaldes-Engordany sumava 20.532), totes les parròquies tenien el mateix

19. E. MENDUIÑA, "L'evolució de les institucions polítiques andorranes", *Annals. Institut d'Estudis Andorrans, Centre de Barcelona*, 1994, pàg. 221-229.

20. Sobre la reforma de les institucions polítiques existeix una bibliografia molt àmplia, que la tracten amb detall i profunditat. Veure especialment els textos de DD. AA., *Andorra. Estat, institucions, societat*, Andorra, 1990; DD. AA., *Tendències polítiques a Andorra*, Andorra, 1992; M. DUVERGER, *La reforma de les institucions d'Andorra*, Andorra, 1981; N. MARQUÈS, *La reforma de les institucions d'Andorra, 1975-1981*, Lleida, 1989, A. VALLS, *La nova constitució d'Andorra*, Andorra, 1993; J.M. VIDAL, *Institucions polítiques...*, i K. ZEMANECH, *L'Estatut Internacional d'Andorra, situació actual i perspectives de reforma*, Andorra, 1986.

nombre de consellers (quatre) representats en el Consell General. La segregació de les Escaldes-Engordany va ser força conflictiva (es va presentar un recurs contra aquesta decisió), cosa que no sols reflectia les tensions entre parròquies, sinó també les incertituds respecte a unes reformes que feien trontollar tota la base de l'organització política. Una de les dimensions més conflictives es va concretar en un aspecte simbòlic, però molt revelador de l'equilibri que tradicionalment s'havia mantingut entre les parròquies, com era la seva posició en l'ordre establert tradicionalment (Canillo, Encamp, Ordino, la Massana, Andorra la Vella i Sant Julià de Lòria). Si s'adoptava un ordre geogràfic, la inclusió de les Escaldes-Engordany feia córrer les posicions d'Andorra i Sant Julià i ningú volia tampoc perdre les posicions en el Consell General.

Les reformes de les institucions polítiques no ha implicat que s'anul·lessin les anteriors, sinó que la nova estructura d'estat s'ha construït sobreposant-se a les institucions existents i integrant-les. Les institucions andorranes han constituït durant aquests anys un dels marcadors d'especificitat i un dels signes d'identitat més importants, cosa que transcendeix el caràcter funcional-organitzatiu i els atorga un valor simbòlic afegit. Això fa també que els andorrans siguin especialment curosos a l'hora de preservar els aspectes formals que donen una especial idiosincràsia al funcionament de les institucions.

En l'actualitat es manifesta encara la tensió entre el parroquialisme i les institucions de govern, així com entre la construcció d'un Estat i de les seves institucions i el desig que sigui poc intervencionista. I el manteniment dels privilegis, que és una actitud lògica i comprensible per part dels andorrans, que s'han preservat així com a poble, entra en contradicció també amb l'existència d'una àmplia majoria en el país que és d'origen estranger. Mentre han durat els anys de creixement econòmic i cada sector ha pogut veure satisfetes les seves espectatives i s'ha produït una mobilitat social ascendent en pràcticament totes les capes de la societat, les contradiccions existents han pogut ser absorbides per la lògica del mateix sistema. Actualment s'obre un gran interrogant sobre el futur de l'economia d'Andorra i, amb ella, sobre el futur de la seva societat.

CAPÍTOL IV
Viure de la pagesia

Una vida d'austeritat i sacrificis

"Déu mo'n guard de la vida d'abans!" (EE-108, H-CA-2-A).

Viure de la pagesia significava a Andorra subsistir de forma molt austera. Tret d'uns pocs pagesos benestants, la major part de famílies havia de fer equilibris per poder cobrir les necessitats bàsiques: treballar dur durant tot l'any, anar a l'estranger a treballar, comprar molt poques coses, aprofitar-ho tot. L'actual abundància material contrasta amb la situació que la gent gran recorda del passat, quan a Andorra hi havia sols unes cinc mil persones i gairebé tothom vivia de la pagesia. És cert que podríem discutir si aquella obligada austeritat era o no pobresa, sobretot si ho situem en el context d'uns anys en què el nivell de vida a tot arreu era molt diferent del que hi ha ara, en què s'han creat noves i inacabables necessitats que llavors ni es plantejaven com a tals. En tot cas a Andorra quasi tothom diu que no es passava gana, gràcies al fet que es podia menjar del que la terra donava i perquè es podia fer una mica de contraban i, en el cas de les parròquies baixes, treballar per a les fàbriques de tabac.

No tothom té les mateixes experiències i sensacions en el record del passat que va viure. Vegem dues visions ben contraposades, però que coincideixen a assenyalar que actualment sembla impossible que hagi pogut existir el que expliquen. La primera remembrança és d'una dona de 73 anys que viu a la parròquia de la Massana. Fa una descripció molt viva de quan era una nena i anava al col·legi:

> I miri si patívom a l'aquella època, que quan feve les nevades mos feven un caminet per passar les criatures,... que havíem sofrit molt, molt, molt havíem sofrit. I a después, ni abrics, que allavorens

> anàvom molt rascos; amb molta roba, jerseis que la meva mare mos feve de llana, i unes mitgetes fins aquí, que quan arribàvom a casa tenívom uns genolls vermells igual que foc, de fred que tenívom. I una tia mos feve unes mitenes, amb los dits fora, que no sé pas perquè no les acabaven... i la meua mare mos tenie que picar les mans, que ploràvom de fred, i un bon foc que feien, però naltros plorant. Ere una vida molt dura, molt dura. N'hi ha que si els expliquessi dirien que això és impossible. (EE-78, D-MA-3-A)

L'altra visió és la d'un home de 52 anys, que es refereix a les seves impressions sobre la vida d'un poblet de la parròquia de Canillo:

> Hi havie una germanor i una convivència com semble que no hagués pogut existir mai. Després de dinar les dones feien costura allà al racó i nosaltres fèiem la partideta. I sempre s'acabave quan una feve una coca de canal o un altre portave un formatge, i després cadascú a casa seva. I anàvem a passar la vetlla a casa d'un, a casa de l'altre i sempre sortien les mateixes històries. Però clar, parlo d'un moment en què no hi havia televisió. Sembla un altre temps tot això, semble que quasi bé no hagués pogut existir... Pues tal era així. (EE-34, H-OR-4-A)

Passar fred o, més ben dit, plorar de fred, la duresa de la vida i la sensació d'haver patit molt no tenen res d'idíl·lic, cosa que, en canvi, és el que ens transmet la segona visió. El cas és que tots dos tenen raó, perquè la realitat no és unidimensional. Però el que volem ressaltar és que la visió que es té del passat té forts components subjectius, i quan es parla de "l'abans" (o del "món tradicional"), s'està parlant de fet del present, ja que és amb el que es confronta. Benvinguda la confortabilitat de les cases i que avui es visqui sense patiments ni precarietat, ens està dient una. L'altre està lamentant-se de la impersonalitat, l'individualisme i el conflicte existents en les relacions socials d'avui.

Tant el concepte de tradició com el de modernitat són relatius, és evident, però també cal subratllar que són pensats de forma diferent. El seu significat varia pels diferents grups generacionals i també en funció de la distància estructural, és a dir, en funció de la distància entre grups i persones en l'estructura social. Per això les visions sobre la tradició ens expliquen més sobre el present que sobre el passat, més sobre la diversitat existent que sobre l'homogeneïtat social, més sobre els sentiments i vivències que dels esdeveniments i fets objectivables. Utilitzarem novament la metàfora del mirall per expressar el que volem dir. Una de les cares ens permet veure'ns a nosaltres mateixos, ja que és la cara en què ens mirem i en la qual ens veien reflectits. L'altra cara, la que no es veu, sustenta aquella imatge, però és molt diferent. I només despenjant el mirall de la paret podem veure el transfons que queda ocult, tan contrastat, tan real també. Tradició i modernitat són el mirall en què ens reflectim a nosaltres mateixos; l'altre cara no la veiem. I per això la mirada és selectiva, està modelada per les experiències que s'han tingut des de l'espai social al qual es pertany. Aquestes diferències, s'expressen en els altres dos fragments que reproduïm a continuació.

> Misèria, a tots els pobles n'hi havie molta. A casa meva com hi havie el forn no n'hem passat mai de misèria; gana res: teníem el pa. Però jo sé que hi havie cases que no en tenien de pa, que veniven els nens aquí a buscar un tros de pa... Tot ere molt just, molt just... El meu pare ere d'aquí dalt, del Forn, i li havie sentit explicar que quan anave a estudi baixave aquí al poble, i per berenar li donaven un trosset de pa i una nou: *una* nou!... I també me'n recordo, de sentir-ho dir a la meva mare, que del porc es venive tot i només ens quedàvem la cansalada per fer suc. Canviaven los pernils perquè amb la cansalada feven suc i tall, i, en canvi, lo pernil només era per jalar. I no a la nostra casa, no: a totes les cases. El pernil el veniven aquí baix a Andorra, a cases riques,... perquè també n'hi havie de rics. (EE-11, H-CA-3-A)

> Això ere molt pobre, eh? Quan jo vaig arribar al trenta-sis, això no tenie cap atractiu, sobretot durant l'any, perquè a l'estiu, al mes d'agost, hi havie algun foraster. Jo, tenint la meva propietat aquí, la meva casa, no hi havia dormit mai a Andorra, sempre em quedava a la Seu, perquè això ere talment primitiu... I un altre defecte que tenien els andorrans és que als de fora, sobretot si tenies alguna cosa aquí i vivies a fora, et miraven amb un recel tremendo. (EE-127, H-AN-2-A)

Els dos homes parlen de la pobresa dels andorrans, però la perceben d'una manera molt diferent. En el cas del primer, ha format part de la seva quotidianitat, encara que ell mateix no l'hagi patit de manera tan severa com els seus pares o alguns dels seus veïns. Amb la distància que dóna el temps assumeix l'existència de les privacions que hi havia anys enrera, com una forma de destacar el contrast amb l'actualitat i la satisfacció que els andorrans se n'hagin pogut sortir. Constata també que no tothom vivia de la mateixa manera: hi havia rics, que podien comprar de tot i menjaven els aliments que ells no podien gaudir. El segon home pertany a aquesta segona categoria, la de la minoria rica que mai ha viscut directament la pobresa però que la constata al seu voltant i se'n menysté. Per això hi prenia distància quan era jove: ell era andorrà, però aquell món de pobresa no era el seu món, ell se'n sentia fora, el defugia premeditadament i parla dels "andorrans" com dels "altres", com si ell no ho fos. I marca també la distància respecte al present, amb l'autoritat moral i el sentit de superioritat que li confereix el sentir-se artífex de la gran transformació que tingué lloc a Andorra, en ser un dels primers que es va posar a vendre terres i a edificar, encara que quan ho va fer era perquè la guerra que havia esclatat a Espanya va deixar a la seva família en una situació delicada i va ser llavors quan es van establir a Andorra.

Vegem ara una tercera versió. Ens la dóna un dels homes més grans que vam entrevistar. Ell va arribar a Andorra l'any 1932, després que es tanquessin les mines d'Adrall on treballava com a pintor i després d'haver recorregut diversos indrets de Catalunya buscant feina infructuosament. Un amic li suggereix que vagi a Andorra perquè, segons ell, no hi havia pintors. Ell ho fa i es posa a recórrer poble per poble oferint els seus serveis, sense obtenir massa èxit:

> Anave per tots els pobles. "Voleu pintar aquella finestra que se us podrirà?". L'home estave a baix al carrer trencant llenya i deie: "Noia, surt a la finestra!, que no em sents?, que hi ha un senyor que et vol una cosa." I, bueno, sortie i aubrie només la finestra una mica així, i ens espiave així i es tornave a retirar... estil de fieretes, com les fieres, que això és històric, eh? Ai senyor!... I a l'últim: "Però surt, cony, a veure què vol!". Bueno, i sortie. "Mira, que aquest senyor diu a veure si tens alguna cosa per TINTAR", no pintar, no, tintar. "Eh, no em vingueu amb històries, no, no." I d'un poble me n'anave a l'altre. (...) Vaig seguir tot de pobles i poblets que hi havie a les Valls d'Andorra, a tot arreu, a tot arreu, no em vaig deixar ni un poble. No sabien lo que ere pintura. És tintura, deien, tintar, com si s'hagués de tenyir la roba. (EE-84, H-ES-1-C)

En aquesta visió es fa evident la mirada externa, la del foraster que arriba a Andorra fugint de la pobresa i també n'hi troba. Ell coneix un ofici, vol viure d'ell i està força angoixat perquè Andorra és el seu últim recurs i confia que la inexistència de pintors li facilitarà les coses. Tenia com a referent possiblement les ciutats que havia recorregut buscant feina (esmenta Reus, Tarragona i Lleida) i no comptava que les cases de pagès d'aquells anys tenien un estil constructiu i uns acabats que feien innecessària la pintura. Per això hi ha gent que no entén què és el que ofereix exactament i és aquesta incomprensió justament la que ell recorda, perquè poc després, tal com ell mateix explica serà requerit per pintar una casa nova que s'estava construint. Possiblement la desconfiança i prevenció davant del foraster que observa en els andorrans l'hauria trobat també a l'altra banda de la frontera, però com ell viu aquesta experiència a Andorra fa de l'actitud esquerpa i desconfiada i del que percep com ignorància o retard cultural un atribut dels andorrans de l'època.

Els aspectes que la gent més gran destaca com a contrastants entre l'Andorra que coneixien quan eren joves i el que hi ha ara són els següents:

Els diners corrien poc i se'ls donava molt més valor:

> No ere com ara, que d'un duro no se'n fa cas, ni de cent peles, que allavons una pela ere una pela i hasta deu cèntims es tractave d'aprofitar. (EE-27, H-OR-2-A)

> De peles, no en corrive cap per aquí... Perquè jo mateix, quan teniva sis o set anys i venive un capellà a dir missa, que ens donave cinc cèntims... tots volíem ajudar-lo a missa per arroplegar aquells cinc cèntims. Ara els hi dones cinc peles i diuen que mos les fotem allà on volguem, perquè ni la canalla no les volen. Perquè ara un marrec de no res ja porte mil peles o cinc mil peles a la butxaca, i aleshores, una pesseta...! (EE-164, H-EN-2-A)

Es tenia moltes menys coses i calia aprofitar-ho tot:

> La vida abans la passàvom menjant pa moreno i cansalada, i endeutats des del dia u de gener al dia trenta-u de desembre. (EE-108, H-CA-2-A)

> Oh, ere la misèria, ere la misèria, no ho vulguis sapiguer. Ho dic jo avui: amb lo que vosaltres foteu malbé, naltros haguérom anat prou bé, però encara no heu arribat al final. (EE-164, H-EN-2-A)

> De gana no n'havíom passat, però l'abundància... com avui que mengem lo que volem i encara no estem contents! La meua mare... li fèvom donar cinc cèntims, o deu cèntims, i, ale, corrents a comprar una taronja, una tarongeta! I les fregàvom aquelles taronges!... No fèvom malbé res, eh, les fregàvom ben fregades perquè havien passat per moltes mans i, ale, nos menjàvom la pela de la taronja, i lo de dins i tot. I allò, èrom forts igual que un tros de penya. (EE-78, D-MA-3-A)

Tot i que el menjar era menys variat, era molt millor:

> He conegut les més velles èpoques d'Andorra, i gràcies a Déu la gana no l'he conegut mai. A casa sempre hi ha hagut conills, ous, i matàvom tres tocinos bons, i tot l'any tiràvom del tocino. Avui,

> encara, si puc menjar una llesca de cansalada, o cansalada d'olla, me la foto. Però anar-la a comprar per ahí, no. Ja no és el mateix. (EE-111, H-ES-2-A)

Tothom es coneixia i hi havia un ambient molt més familiar:

> Ens estem tornant com... jo no dirie salvatges però una mica com les capitals, que et trobes a l'ascensor i no dius ni bon dia; estem fent això. Jo potser perquè soc molt tradicional, perquè soc d'aqui, perquè conec a la gent, però la joventut d'ara ja no són iguals (...) Ara cada u va a la seva i, en canvi, l'ambient d'aquí, de família. Per això et dic que tan malament no estàvom abans. (...) Hi havie un altre ambient, ens partíom més les coses, ens ajudàvom més, no hi havie l'egoisme que tenim ara. I a nivell d'aquí, pues fabulós, totes les cases eren de tots. Fèiem la matança del porc, es convidava tot lo veïnat i allà es feie la gran festa, que n'hi havie de més i de menys, però fèiem un gran dinar. Ere molt diferent d'ara. (EE-110, D-EN-2-A)

> Aquí ens coneixívom tothom abans. No és com ara, que no saps qui és andorrà i qui és foraster. (EE-27, H-OR-2-A)

Les feines eren molt més pesades i molt més dures:

> Oh, per llaurar abans!: amb vaques, arreus i punyetes, i ara, què cony! I animals, amb animals també es llaurave, però ara ja no llauren ni animals, ni vaques, ni bous, ni res, ara ja llaure el tractor... però a tot arreu, a tot arreu. Ara hi van un cop a la setmana i fan més feina que allavons amb tota la setmana. Mira, jo no hi veig cap mal a això, eh? Jo estic content que s'haigo modernitzat això, lo que tindrien que procurar és que durés, que no sé si durarà. (...) S'ha canviat tot això, de quaranta anys cap aquí s'ha canviat com de la nit al dia. (EE-162, H-EN-2-A)

> Ere una vida també que... En ves del carreter anar damunt del carro, què coi!, vora de les mules, i anar tocant, i anar arreant,... Ja ere penat, ja! (EE-108, H-CA-2-A)

Hi havia més tranquil·litat i confiança en la gent:

> Andorra està canviadíssima! Abans tenies les portes obertes sempre, de nit no les tancàvem. Naltros teníem la porta sempre oberta. Jo, la botiga no la tancave mai, ni al migdia, ni los diumenges. (EE-120, D-AN-3-E)

I ha canviat, sobretot, la dimensió de l'univers conegut i de les coses amb què hom es conforma. Avui els andorrans guanyen diners, han accedit als estudis, viatgen, tenen cotxes potents, vesteixen bones marques de roba, organitzen grans concerts, contracten famosos arquitectes... La nova Andorra, més cosmopolita que mai, més opulenta que mai, més connectada que mai amb els corrents econòmics i culturals, esdevé petita, molt més petita simbòlicament que el que representa el seu tamany real.

> Semblava que vivíem en un món molt gran i ara, amb tot això, se'ns ha fet petit. Ha crescut per una part, però s'ha fet petit per l'altra. De totes maneres tenim enyorança d'aquells temps. (EE-96, H-ES-3-C)

Els contrastos i la selectivitat amb què es percep el passat no sols es produeixen entre persones diferents sinó també en un mateix individu, que pot recordar amb enyorament determinats aspectes i lamentar-ne la pèrdua, i reconèixer que altres coses són molt millor ara. Per això, i amb independència del grau d'identificació amb aquell passat que a cadascú li ha tocat viure, hi ha força unanimitat a acceptar que ara es viu amb menys penúries i més confortabilitat i ningú vol tornar a la vida d'austeritat i sacrificis que hi havia temps enrera, tal com ho expressava la frase amb què hem començat aquest apartat: "Déu mo'n guard de la vida d'abans!".

Els horitzons de treball

> "Abans teníom blat, patates i herba per les vaques, i pujàvom bestiar, oh, es cultivave molt bestiar, vaques, eugues, mules, tot bestiar d'això". (EE-145, H-EN-2-A)

A Andorra el sistema agropastoral estava definit per una agricultura molt condicionada per l'orografia i les condicions ambientals, per la pràctica de la ramaderia i per l'explotació dels boscos. Fins a finals del segle XIX aquest panorama es completava amb la presència de fargues i d'explotacions mineres, però un cop l'última farga va tancar, tota l'activitat econòmica va quedar restringida pràcticament a la pagesia i, per tant, al *cultiu* de la terra i del ramat, tal com s'expressa en la frase amb què hem iniciat aquest apartat.[1]

1. Per a l'anàlisi de la història i paper econòmic de les fargues a Andorra, veure D. Mas, "Auge i decadència de la siderúrgia del ferro a les Valls d'Andorra (1750-1891)", *Butlletí del Comitè Andorrà de Ciències* Històriques, núm. 2, 1987, pàg. 121-140. Pel que fa al segle XIX, també hi ha referències en el llibre de E. López Montanya, J, Peruga Guerrero i C.Tudel Fillat, *L'Andorra del segle XIX*, Andorra, 1988, on s'analitza l'impacte de la decadència de les fargues en els esdeveniments i reformes polítiques que tingueren lloc en la segona meitat d'aquell segle. Per una descripció dels cicles agrícoles i ramaders així com de les activitats manufactureres vegeu J. Bécat, *Pyrénées méditerranées...;* F.

L'any 1904, el jurista i veguer J.A. Brutails feia la següent caracterització d'Andorra:

> Andorra posseeix una estreta franja de terres cultivables i vastes extensions de pastures; està mancada de ferratges, cereals, vi i productes manufacturats, però té una gran abundància de ramaderia i de tabac. Amb força regularitat els passa fraudulentament cap a Espanya i cap a França. Compra a França les farines; a Espanya el vi, el sègol, l'oli, l'aiguardent i licors, la cera, la sal, el bacallà, el petroli, l'arròs, etc.; tant a Espanya com a França compra teixits i ferro.[2]

Aquesta desproporció que constata Brutails entre l'escassedat de terres cultivables i l'existència d'immensos terrenys de pastura fa que el cicle de pasturatge hagi de completar-se amb la transhumància hivernal. Els problemes amb les autoritats espanyoles a finals del segle passat va provocar l'ofegament de les explotacions que tenien ramat (el ramat és, per antonomasia, oví), que conduí a la seva decadència o a la substitució del ramat oví per bestiar (vaques, euques i cavalls). Les cases que continuaven fent la transhumància s'haurien de dirigir a França.[3]

L'agricultura

Les terres cultivables ocupen tan sols un 4,6% de la superfície del país. El clima i l'altitud són factors condicionants de la pràctica agrícola, ja que es tracta d'una regió d'alta muntanya, en què l'altitud

Krüger, *Los Altos Pirineos*, vol. I: *Comarcas, casa y hacienda;* vol. II: *Cultura pastoril*; vol. III: *Las labores del campo. Transporte y medios de comunicación*; vol. IV: *Manufacturas caseras, indumentaria, industrias*, Saragossa, Osca i Tremp, 1995, 1996 i 1997 [traducció de l'edició alemanya de 1935]; S. Llobet, *El medi i la vida a Andorra. Any 1947*, Andorra, 1986 [traducció de l'edició castellana de 1947]; J. Vilà Valentí, "Andorra, ara fa cinquanta anys", a *Andorra. Anuari socioeconòmic. 1996*, Andorra, 1996, pàg. 85-106; R. Violant i Simorra, *El Pirineo español. Vida, usos, costumbres, creencias y tradiciones de una cultura milenaria que desaparece*, Madrid, 1949 (reeditat, en facsímil, Barcelona, 1985, i R. Violant i Simorra, *Obra oberta*, 4 vols, Barcelona, 1981.

2. J. A. Brutails, *La costume d'Andorre*, Andorra [ed. original 1904], pàg. 10-11.

3. A finals de segle hi hagué a França una campanya de premsa contra els andorrans, als qui s'acusava de perjudicar els interessos dels ramaders francesos a causa de les seves pràctiques de contraban de ramat. Per una anàlisi aprofundida d'aquests problemes i dels conflictes amb Espanya amb relació també a la ramaderia, veure M. J. Lluelles, "Acords comercials hispano-andorrans de la segona meitat del segle xix", *Butlletí del Comitè Andorrà de Ciències Històriques*, núm. 2, 1987, pàg. 163-180, i M. J. Lluelles, "Campanya de la premsa francesa contra Andorra (1892-1897)", *Butlletí del Comitè Andorrà de Ciències Històriques*, núm. 3, 1989-90, pàg. 253-268,

mínima és de 830 m (als voltants de Sant Julià), i el poble més elevat, Soldeu, se situa als 1.600 m. Els cicles estacionals són descompensats, amb hiverns llargs i rigorosos presidits per baixes temperatures i grans nevades i uns estius curts i molt secs. Són pocs els cultius que s'adapten a unes condicions com aquestes, els seus rendiments són limitats i cal esmerçar una considerable quantitat de treball humà per poder sobreviure.

A. Messines assenyala que a inicis de segle hi havia a Andorra unes 1.000 explotacions pageses.[4] Aquesta xifra ens sembla elevada, però el cert és que hi havia moltes explotacions minúscules, atès que només podien estendre's en la migrada superfície de les 1.400 ha de terres aptes per a l'agricultura. A més, l'accidentada orografia feia que les parcel·les fossin petites i en pendent i que algunes d'elles, les *feixes*, s'enfilessin per les muntanyes, en estrets i esquifits espais, en elevades altituds i lluny dels pobles. Tal com indica Salvador Llobet en la completa descripció geogràfica d'Andorra que va realitzar l'any 1947, totes aquestes circumstàncies originaven una angoixant *fam de terra*, que va portar a un aprofitament intensiu de tots els espais que podien ser adaptats per cultivar, malgrat els baixos rendiments que se n'obtenien.[5]

En el primer terç d'aquest segle, l'economia andorrana era molt tancada. Com diu la gent gran, "corrien poc els diners" i, per tant, les famílies pageses havien d'obtenir de la terra allò que necessitaven per viure.

> Visquívom només del que collívom llavons. Clar que hi havie pollastres i hi havie conills, però a les botigues no s'hi anava mai. (EE-78, D-MA-3-A)

L'orientació cap a la subsistència definia els tipus de cultius que s'adreçaven a l'alimentació humana. En les valls superiors (parròquies altes), S. Llobet constata l'existència dels següents conreus: blat (o forment), sègol (sèguel), blat de primavera (tosella), sègol de primavera (marçal), ordi, pèsols, faves i patates (trumfes).[6] Hi havia també prats que es reservaven per a l'obtenció del ferratge que el bestiar necessitava consumir durant l'hivern. D'aquests cultius, en destacaven dos, la patata i el blat. La patata era fonamental perquè

4. A. Messines, A., *Rapport sur le développement agricole et forestier de l'Andorre*, informe dactilografiat, 1969.
5. S. Llobet, *El medi i la vida...* pàg. 133.
6. S. Llobet, *El medi i la vida...*, pàg. 118,

no sols es destinava a l'alimentació humana, sinó que també servia per alimentar els porcs, base de subministrament de carn i greix per a les cases pageses. Però el principal cultiu, sense dubte, era el blat:

> Tothom procurave tenir blat pel gasto, per fer pa... Pa, perquè no tenívem pastissers aquí, i nos havíom de preocupar de fer blat pel gasto per tot l'any. Pa dívom, perquè del blat n'hi dívom lo pa, ere per fer lo pa. (EE-27, H-OR-2-A)

El blat era sinònim de pa i, per tant, el terme *blat* englobava tots els cereals que eren panificables. No tothom podia cultivar forment, que era del que s'obtenia la farina més apreciada, per la qual cosa normalment calia conformar-se amb el pa de menys qualitat fet de sègol, o de la barreja dels dos cereals:

> Tot ho collívom, tot. Lo blat: lo pa. Després lo blat lo molívom i en fèvom lo pa. (...) Però no en fèvom gaire de forment. Forment en feven los quatre pagesos rics, amb força terres, que los sobrava terres. El barrejàvom amb el sègol. (H-12, H-CA-2-A)

A les parròquies baixes es troben aquests mateixos conreus, complementats amb el tabac. En haver menys altitud, les possibilitats agrícoles de les planes d'Andorra i d'alguns indrets de Sant Julià són superiors a les de les parròquies altes, i s'hi havia arribat a produir panís, vinya, olivera i alguns fruiters.[7] Aquesta major diversificació es veurà però anul·lada, perquè el tabac, a causa de la seva major rendibilitat econòmica, tendeix a guanyar terreny als altres cultius i fins i tot a substituir-los totalment (com és el cas del panís i més recentment de tots els altres conreus).

> Tabaco, sí, sí, sempre se n'havie fet. Sí, es plantave cada any, però no se'n feie tant. Jo me'n recordo que de vegades per Sant Miquel encara tenívem tabaco fora. I ere blanc de neu, amb un fred que feve...! i ploràvom. I allí. Allavontes no es posave oli al tabaco, es teniven de treure tots els brots fulla per fulla, i cada quinze dies o cada vuit dies es tornaven a replantar aquells brots, i te quedaven uns corrons... El meu pare tallave tabaco i nosaltres, la canalla, tots a treure aquells brots. I si no treies aquells brots, es menjave el suc del tabaco, les fulles no valiven res. (EE-28, D-OR-3-A)

El tabac s'ha cultivat a Andorra de forma important des del segle XVIII. Les pressions fiscals sobre el tabac a Espanya i França

7. S. LLOBET, *El medi i la vida...*, pàg. 116-117.

feien rendible aquest cultiu malgrat les adverses condicions físiques i climàtiques del país i això explicaria la seva extensió.[8] Inicialment el cultiu del tabac es concentrava en la part meridional d'Andorra, especialment en la parròquia de Sant Julià i amb menys proporció a Andorra la Vella, aprofitant que aquesta zona de les Valls és més càlida i protegida, gràcies a la seva orientació nord-sud. A finals del segle XIX van aparèixer les primeres fàbriques d'elaboració de tabac. En els anys de guerres s'incrementava la demanda i apareixien nous fabricants, que elaboraven picadura, escafarlata i caliquenyos.[9] Un bon nombre de cigarreres treballaven per a aquestes fàbriques, habitualment en el seu mateix domicili. En temps de pau la demanda disminuïa i aleshores el cultiu retrocedia també. Quan s'inicià el procés d'urbanització, molts camps de tabac foren convertits en solars per edificar, però també s'inauguraria una nova etapa per aquest producte, ja que l'afluència de visitants-compradors originaria un nou auge, es van instal·lar noves fàbriques amb maquinària moderna i producció amb patents estrangeres i el cultiu del tabac es va anar incrementant fins a ocupar pràcticament tota la superfície cultivable d'Andorra i esdevenir un monocultiu. Però d'això en tornarem a parlar amb més profunditat en un altre capítol. Ara cal ressaltar com el tabac ja tenia certa importància en les primeries del nostre segle i que les parròquies baixes, menys riques en pastures i en ramaderia, trobaren en el cultiu i l'elaboració del tabac un remei per les migrades economies domèstiques. Les fases del cultiu del tabac són les següents:

— Els camps es llauren a la tardor i a la primavera.
— Se sembren les llavors en el planter el mes de març.
— Es trasplanten les llavors en la segona quinzena de maig i el mes de juny
— Eliminació de males herbes i irrigació durant els mesos d'estiu
— Escapçament de la planta arrancant-li la flor
— Collita a finals d'agost i mes de setembre. Es tallen les mates i requereix molta mà d'obra per concentrar la collita en dies en què no plogui.

8. Vegeu D. MAS, "La repressió del cultiu i contraban de tabac al segle XVIII", *Butlletí del Comitè Andorrà de Ciències Històriques*, núm. 1, 1986, pàg. 141-153, i J. FONT i J. M. BARTUMEU, *Llibre blanc sobre el tabac*, Andorra, 1979.
9. J. FONT i M. M. BARTUMEU, *Llibre blanc...*, pàg. 7-8.

— Assecament de les fulles, penjant-les en espais oberts (*esgorfes*, balcons, bordes i més modernament assecadors).
— Embalatge en bales de 40 o 50 kg. Es ven a la primavera.

Un altre dels components de l'activitat agrícola està constituït pels prats de dall, naturals o artificials, que proporcionen l'herba que consumeix el bestiar durant els mesos d'hivern, quan la presència de la neu no fa possible aprofitar les pastures de la muntanya. A Encamp, Ordino i Andorra la Vella els pagesos feien dues dallades successives en els prats naturals, però a Canillo només se'n podia fer una.[10] Els prats artificials, on s'hi cultivava bàsicament *trèfula* i *aufals*, tenien un rendiment dues i tres vegades superior als naturals, però requerien irrigació i un intens adobament i per això n'hi havia menys que dels altres. Amb ells s'aconseguia herba fresca a la primavera i la tardor, quan els prats naturals d'altura encara no estaven oberts. Els prats es dallaven a l'estiu i l'herba, un cop seca, es guardava a les corts i a les bordes.[11] Atès que el bestiar gros no emigrava a l'hivern i havia de ser alimentat amb l'herba dels prats, els màxims esforços es concentraven a assegurar emmagatzemar la màxima quantitat possible de ferratge, en el que Llobet qualifica com una lluita per l'herba, equivalent a la lluita per la terra per la seva escassedat.[12] I és que en una economia poc monetaritzada, s'havia d'assegurar la manutenció completa dels animals sense fer cap despesa addicional, ja que en tal cas es restava de les persones. "Si s'havia de comprar herba, la dispesa se la menjave lo bestiar" (EE-27, H-OR-2-A) i, lògicament, no sols era quelcom que ningú es podia permetre, sinó que a més xocava frontalment amb la racionalitat del sistema.

Reconstruïm a continuació les diferents fases del cicle agrícola, tal com les explica un informant de Canillo (EE-89, H-CA-3-A). Tant en aquesta parròquia com a Ordino les tasques agrícoles es van mantenir durant més temps que a d'altres llocs, perquè la incidència

10. S. Llobet, *El medi i la vida....*, pàg. 133.

11. Un dels informants de la parròquia d'Encamp (EE-162, H-EN-2-A) recorda perfectament com també sembraven l'anomenada *herba-fe*, que tenia l'avantatge de madurar abans que qualsevol altre ferratge, a finals de la primavera. A més de servir com a aliment per al ramat (encara que, com diu ell mateix, "no ere l'herba que els hi agradave més, ni la que els hi donave més força"), permetia plantar a continuació en el mateix camp o patates o bé tabac. Quan aquest darrer cultiu augmenta en importància i passa a requerir més feina, tendeix a plantar-se més aviat i això elimina del tot el cultiu de l'*herba-fe*.

12. S. Llobet, *El medi i la vida...*, pàg. 134.

del comerç i el turisme va arribar més tard que a les altres parròquies, i també perquè s'hi feia molt poc tabac, que és el cultiu que va passar a predominar en les zones més meridionals de les Valls.

— A primers de març es llauraven els camps per sembrar-hi ordi (hi havia un refrany que ho recordava: "per Sant Jordi sembrar l'ordi, per Sant Marc és massa tard").

— Les patates es sembraven el mes de maig, però els que tenien ramat ho feien el juny, perquè primer adobaven la terra amb el ramat: "posaven una pleta damunt de la terra, la bogaven i allavons la colgaven, i al darrere sembraven les patates".

— El mes de juliol es dallaven els prats. La celebració de la festa major no impedia que es realitzés aquesta feina: "El meu pare agafave una colla de dallaires i dallaven tot lo prat. No dormien. De la festa major se n'anaven a dallar." L'herba es deixava al camp perquè s'assequés abans de guardar-la.

— Quan havien acabat amb el dall anaven cap a les bordes d'Incles per fer la mateixa feina, que interrompien per tornar a Canillo a segar els cereals.

— Cap el 5 d'agost s'iniciava la sega. Es feien els cavallons i garves, es guardava l'herba i s'acabava de dallar el que havia quedat. "Per ser un bon pagès havies d'acabar per la Mare de Déu" (15 d'agost), però no tothom ho aconseguia, especialment si el temps no acompanyava.

— Quan tots els cavallons estaven a cobert (primers de setembre) s'anaven a buscar les eugues per mallar, batre i ventar. Alguns esperaven al mes d'octubre per fer aquestes operacions, ja que mentrestant les euques peixien a la muntanya i no havien de ser alimentades. Quan es ventava se separava el gra de la palla; el primer serviria per fer pa, i la palla es guardaria per al bestiar.

— Durant la tardor es llauraven els camps i es sembrava el blat i el sègol.

Cap els anys seixanta es va generalitzar la mecanització del camp, amb l'ús més extensiu de les màquines de dallar i dels tractors, i això va simplificar extraordinàriament les feines del camp. A més d'aquestes feines, cal esmentar les relacionades amb el cultiu del tabac, que eren especialment rellevants en les parròquies baixes i que, tal com hem indicat, acaben estenent-se per tot el territori andorrà.

La ramaderia i la vida pastoril

Davant la dificultat d'obtenir dades fidedignes sobre el tamany i composició de la cabana ramadera, Salvador Llobet va fer les següents estimacions per a l'any 1946: 20.000 ovins, 1.300 bovins i 1.100 cavallí i mular.[13] Canillo és la parròquia que concentrava més bestiar, especialment oví (9.000 caps, que representen un terç del total), cosa que es correspon amb la riquesa de les seves pastures, mentre que Sant Julià era la que menys bestiar tenia, en correspondència també a la menor quantitat de pastures del seu terme, molt més petit, de menys altitud i de clima més sec. El mateix Llobet analitza les dades subministrades per als anys 1900, 1913 i 1936 per diferents autors, i mostra la seva perplexitat davant la impossibilitat de treure cap conclusió segura respecte al nombre de bestiar realment existent. Quedem-nos doncs amb les seves estimacions com a punt de referència, encara que ell mateix reconeix que són purament aproximatives.

La ramaderia es concentra en l'aprofitament de les pastures de la muntanya alta, que ocupen unes 20.000 hectàrees del territori. Aquestes immenses pastures farien possible tenir grans ramats, però el problema se situa en el seu manteniment durant l'hivern, quan no són utilitzables. Les solucions a aquesta descompensació han estat diferents segons el tipus de bestiar de què es tracti. Les ovelles, de fàcil mobilitat i conducció, tenien un règim transhumant i durant l'hivern se les portava cap a les terres baixes d'Espanya o de França. El bestiar gros, en canvi, més delicat i difícil de conduir, es quedava a Andorra durant l'hivern i s'alimentava amb el ferratge obtingut dels prats.[14]

En els anys que estem parlant la transhumància hivernal es dirigia sobretot a França, tant perquè el ramat oví era més important

13. S. Llobet, *El medi i la vida....*, pag. 137.

14. Vegeu M. Chevalier, "La transhumance et la vie pastorale dans les Vallées d'Andorre", *Revue des Pyrénées*, tom XVIII, 1906, pàg. 604-618, M. Chevalier, *La vie humaine dans les Pyrénées ariégeoises*, Tarascon-sur-Ariège, 1986 [primera edició, de 1956], S. Llobet, *El medi i la vida....*, i J. Vilà Valentí, "Andorra, ara fa...". La transhumància ha sigut essencial en el cicle ramader pirinenc, a causa del fet que els recursos propis en pastures no poden utilitzar-se tot l'any i a l'hivern cal anar a indrets amb condicions climatològiques més suaus. Vegeu, per exemple, O. Beltran, *Es aranesi. Adaptació a l'entorn i organització social al Pirineu central*, Tesi de Doctorat, Universitat de Barcelona, 1994, M. Daumas, *La vie rurale dans le Haut Aragon Oriental*, Madrid, 1976, S. Pallaruelo, *Pastores del Pirineo*, Madrid, 1986, X. Roigé, *Cuadernos de la trashumancia*, núm. 13: *Pirineo catalán*, Madrid, 1995, R. Violant i Simorra, *El Pirineo español...*

a les parròquies altes, com per les dificultats que Espanya havia posat al trànsit del ramat a finals del segle XIX. El descens des de les pastures d'alta muntanya es feia cap el 20 de setembre (per Sant Miquel) i els ramats s'encaminaven cap a l'Ospitalet, on podien ser transportats en tren fins al lloc on s'havien arrendat terres. Així, un ramat que sortia de la Massana feia el següent recorregut:

> Al principi anaven a peu fins a Montpeller, que hi posaven 10 o 12 dies. D'aquí anaven directament a l'Ospitalet, que passaven per Coll d'Ordino i anaven cap a voltar les Escaldes, no? I a sortir sobre Canillo, i cap a Soldeu, i cap al Pas de la Casa, i cap a l'Ospitalet, i allí quedaven. (...) Anaven a Montpeller o a Carcassona, que quan treguiven les auvelles de casa ja tenien allò arrendat. I sabeu què feien quan eren a l'Ospitalet? Si havia molts corders petits els posaven al tren de carga, hi posaven els corders que teniven i encabat les altres auvelles que eren a punt de fer els altres. I a vegades al tren neixiven, igual que al camí. (...) I, au, visquiven al puesto, que feven tres, o quatre, o cinc mesos allà. I abans del 3 de maig, cap aquí. Que allavons ja havien fet la cria grossa, ja havien venut. (...) Quan arribaven, allavons els cardaven aquí per poder tenir la llana per matalassos de casa. (EE-78, D-MA-3-A)

Quan arribaven les ovelles el mes de maig s'aprofitava per tondre la llana i també per munyir-les i fer formatges. Després el ramat es pujava a les estives per Sant Joan (24 de juny). En la descripció anterior es mostra clarament com l'estratègia dels ramaders era marxar amb les ovelles a punt de parir, per poder vendre els corders quan estaven a França.

L'estratègia amb el bestiar gros era diferent. A l'hivern es mantenia a les corts, en els pobles, i durant la primavera i la tardor es portava cap a les pastures de mitjana altitud, sigui cap als cortals o bé cap a les bordes (Encamp, Sispony, Incles, Engolasters, Bexalís), alguns llocs dels quals formaven veritables pobles d'estiu (com era el cas del Serrat a Ordino, d'Entremesaigües i Ràmio a la vall del Madriu o de la vall d'Incles de Canillo).

> L'estiu, mira, les vacances les passave a Incles, jo allavorens; en ves d'anar a la platja tot el mes d'agost anàvom a dallar herba a dalt, a Incles. Hi anàvom tota la família: tancàvom les portes aquí baix... A totes les cases ere igual, eh! I aleshores era animadíssim a dalt a les bordes. A Incles ere un poble, a cada borda hi havie tothom, s'hi dormie, s'hi feie tota la vida, ere tot el mes d'agost en principi. T'ho passaves prou bé, mira, no coneixíem res més. (EE-106, D-CA-4-A)

En aquests indrets hi havia edificacions fixes, propietat de cada casa, que tenien les funcions d'habitatge, cort i magatzem i que s'utilitzaven com a habitatge de forma temporal, ja que sempre s'hi quedava algun membre de la família per acompanyar el bestiar. A l'estiu es separaven les vaques de les eugues i mules i s'aprofitaven les pastures d'alta muntanya. Els particulars que tenien pocs caps de bestiar els reunien tots en un sol ramat i es contractava un pastor per cuidar-los, a càrrec del Comú:

> Lo Comú del poble llogave el vaquer i aquell vaquer guardave totes les vaques de la parròquia. Lo Comú feve pagar un tant per casa. Els propietaris cada diumenge anaven a veure lo bestiar, a portar la sal, donaven minjar al vaquer... (EE-12, H-CA-2-A)

> Feven la colla comuna, i los veïnats generalment guardaven les egües als cortons. Per exemple, lo veïnat de Ransol guardave les egües a la Coma, al Cortó de la Coma, i lo veïnat d'Incles guardàvom les egües a Cabana Sorda i a l'Entor. I a Soldeu com no tenien cap cortó havien d'anar més aviat a la colla. (EE-89, H-CA-3-A).

La venda del ramat es feia en les fires. N'hi havia hagut a totes les parròquies, però tenien un àmbit molt local, i la major part de ramaders portava a vendre el bestiar a fora, sobretot a les fires de la Seu d'Urgell i d'Organyà i, si era necessari, s'arribava fins a Salàs, a prop de Tremp:

> Quan hi anàvom a peu, anàvom a dormir a la Seu, i allavons de la Seu a Organyà un altre dia. Arribàvom una mica d'horeta a Organyà, perquè marxàvom aviat de la Seu, a punta del dia... cinc hores hi havie de la Seu a Organyà, cinc hores a peu, eh, a peu amb lo bestiar. I quan anàvom a Salàs, pues ja ere més llarg, però bueno, a última hora tampoc no hi anàvom a peu, anàvom amb un camion també. Passàvom per aquesta carretera de Bóixols que surt a Isona, i allavons d'Isona travessàvom la Conca de Tremp, i a Salàs. Jo un any hi vaig anar a peu, i vam anar a dormir a la Seu igual, i vam anar a dormir a Organyà igual, dos dies, dos, i a l'endemà vam anar a dormir em sembla que a la Pessonada, que hi ha uns boscos allà, que és gran allò, i et fots un tip de caminar, lo menos has de caminar deu hores. (...) I de la Pessonada allavons l'endemà ja arribàvom a Salàs, que havíem d'anar a voltar a la Pobla, que allavons comence lo llac de l'aigua [es refereix al pantà de Talarn]. Abans, quan no hi havie el llac es veu que passaven al recte. (...) Mira marxaves a la punta del dia de la Pessonada i a Salàs arribaves que ja eren les dos o les tres de la tarda, i no et paros gaire pel camí, a dinar ni a fer gaires històries, eh?" (EE-162, H-EN-2-A)

Les pastures d'alta muntanya estaven constituïdes pels *cortons* i pels emprius, que eren de propietat comunal. Cada any el *Consell de les Talles* subhastava les millors herbes als veïns del comú, i les que sobraven podien arrendar-se a un foraster, sempre que en fes mediació algú de la parròquia: això era el conlloc.

> Los llocs són licitats. Per exemple, la Coma de Ransol, la Coma de... I un deie, jo vull la Coma de Ransol. Lo Comú arrendave al més dient, a subhasta. Jo en dono mil pessetes, l'altre mil cinquanta, l'altre mil cent. Aquí, al més dient. Es feve així la subhasta. I després se'n guardaven unes per les vaques del poble. Les auvelles de fora teniven conllocs. (...) Veniven ramats d'Espanya i es llogaven trossos de muntanya i peixiven tot l'estiu. Llogaven la muntanya i podien anar només a aquella muntanya que llogaven. (EE-12, H-CA-2-A).

Jean-Auguste Brutails és qui millor va analitzar el sistema de propietat a Andorra. La propietat col·lectiva ocupa una amplíssima superfície al Principat, ja que està constituïda pels espais ocupats pels boscos i per les pastures i correspon al Consell General i als Comuns gestionar aquestes propietats. Els espais on transcorre l'activitat pastoril estan articulats entre si a partir d'una lògica adaptativa que s'adequa a les condicions de la ramaderia de muntanya i es correspon força amb el territori de cada parròquia. Brutails entén aquesta complementació adaptativa quan l'any 1904 afirma que "quan arriba el bon temps les muntanyes esdevenen quasi en la seva totalitat domini dels ramats, que es reparteixen pels *cortons*: el *cortó* és un quarter, un lot per a l'arrendament de pastures. Els *rebaixants*, més propers als llocs d'habitatge, millor provistos d'humus fèrtil, són en bona part destinats al cultiu"[15]

El espais pastorals responen a una tipologia quatripartita i per aquest motiu el *cortó* n'és un dels quarters de la totalitat. Els quatre conjunts són els següents: els cortals i bordes estan situats entre els 1.500 i els 2.000 m. d'altitud, on el ramat hi pot péixer i on també pot obtenir-se herba dels prats i guardar-la per a l'hivern. Són propietat privada, mentre que la resta dels espais pastorals (la major extensió, d'altra banda) està subjecta al règim de la propietat col·lectiva. Els cortons (que poden anomenar-se també comes, segons les característiques orogràfiques) són els prats d'alta muntanya que cada any subhasta el Comú. Els emprius són pastures també d'alta

15. J. A. Brutails, *La coutume d'Andorre...*, pag. 3.

muntanya situades en altres termes municipals, amb els qui se'n comparteix la utilització. En el cas d'Andorra molts estan situats més enllà de les fronteres, el que implica posar en joc els tractats i acords que regulen el pas del ramat o els drets de pastura, de fer llenya, carboneres o artigar.[16] Els *rebaixants*, finalment, estan situats en les zones baixes, a prop del pobles, més accessibles i fèrtils que els anteriors, però també més reduïts en espai. Es tracta de veritables pisos ecològics, cadascun d'ells utilitzables en diferents èpoques de l'any, tal con succeeix en altres zones de muntanya.[17]

De la complementació entre aquestes quatre classes d'espais s'aconsegueix una perfecta adaptació entre el cicle ramader i les característiques del territori. Els cortals poden utilitzar-se en moments en què les condicions climatològiques impedeixen que el ramat pugui péixer a les muntanyes més altes i cobreixen, per tant, una part del cicle ramader (primavera i tardor). Quan arriba l'estiu i pot accedir-se als *cortons*, hi entren primer les vaques o eugues i posteriorment el ramat oví, a causa del fet que així se n'obté un millor aprofitament:

> Els cortons són els caps de les muntanyes. Generalment passe la vacada i després hi van les auvelles, perquè les auvelles aprofiten més l'herba que les vaques. Clar, si hi portes les auvelles, quan arriben les vaques no troben res... Una auvella té la llengua més fina i agafa a ras, arrase més l'herba. I quan veniven les colles ere quan autoritzaven els ramats allà on hi havia les vaques. (EE-89, H-CA-3-A)

Queda clar, doncs, perquè el bestiar gros ha de passar abans que el ramat oví pels *cortons*. Mentrestant les ovelles s'estan en els *rebaixants*, a prop dels pobles, moment que s'aprofita perquè adobin els camps (bogar). I els emprius sempre són un recurs útil per completar les estives disponibles en la mateixa parròquia. L'estada de les ovelles en els *rebaixants* era fonamental per al manteniment de la fertilitat dels camps. Es feia que els ramats passessin per totes les terres de conreu, i mitjançant les estructures mòbils de les pletes s'assegurava que el ramat estès tot junt, se'n controlava el desplaçament i s'anava repartint l'apreciat adob. Així ens ho explicava un informant:

16. H. Cavaillès, "Une Fédération pyrénéenne..."

17. J. Murra, "El control vertical de un máximo de pisos ecológicos en la economía de las sociedades andinas", a *Formaciones económicas y políticas del mundo andino*, Lima, 1975, pàg. 59-116.

> Ere costum de bogar la terra, molta terra, amb lo fem d'auvella que ere lo que més bé anave per donar fruit. I los quins no tenívom ramat fèvom pujar un ramat d'Espanya per bogar les terres d'aquí, que són a sota el bosc, per sembrar-hi blat i collir blat pel gasto. (EE-27, H-OR-2-A)

Els ramats ovins van anar desapareixent a Andorra a mesura que s'implantaven les activitats comercials i encara que la pagesia s'ha mantingut fins avui, ho ha fet vinculada a la monoproducció del tabac. Actualment són poques les cases que tenen bestiar i en aquests casos les vaques o els cavalls no sols són un medi de vida, sinó una manera de conservar el que els avantpassats havien fet. Sempre tenen el valor simbòlic afegit de ser un signe inconfusible del màxim arrelament al país.

L'hort, la cort i la casa

Els treballs de la casa els feien bàsicament les dones. Implicaven totes les feines relacionades amb tres grans grups de tasques: 1. Els treballs de l'hort, dels animals de corral i del porc; 2. La preparació dels aliments, la roba i la neteja; i 3. La cura de persones. Són feines en definitiva adreçades al fet que els diferents components de la família trobessin resoltes en el dia a dia les seves necessitats.

Els treballs de l'hort, dels animals de corral i del porc es consideraven inclosos en l'àmbit domèstic, ja que els productes que se n'obtenien eren tots per al consum de la casa. I perquè eren domèstics s'entenia que eren feina exclusiva de les dones:

> L'hort ere de les dones, els homes res. Ni cavar-lo feien, ens havíem d'espavilar. Tot ho feia la dona. (EE-73, D-AN-3-A)

En un lloc de muntanya com és Andorra l'hort proporcionava poca varietat de verdures i llegums (cols, enciams, tomàquets, mongetes, bledes, pastanagues) i, a més, la producció es limitava pràcticament als mesos d'estiu. Les trumfes, tan essencials en la dieta quotidiana, no eren pròpiament un producte de l'hort, ja que s'hi destinaven camps sencers i entraven més aviat en la categoria dels treballs de l'agricultura. El animals de corral eren també fonamentals: les gallines eren apreciades pels ous que se n'obtenia i també per la seva carn, que donava molta substància als caldos. Els pollastres i conills es reservaven per als dies de festa. I també s'acostumava a tenir alguna cabra, de la qual se n'obtenia llet i se sacrificava amb motiu d'alguna ocasió important. Però, sense cap dubte, el rei era el porc, ja que proporcionava la carn i el greix de les dietes quotidianes de tot l'any. Cada casa engreixava un o més porcs, segons les seves possibilitats i el tamany de la família que calia alimentar. Els porcs es mataven als voltants de Nadal, o en qualsevol cas sempre enmig de l'hivern, ja que això facilitava l'elaboració i conservació dels embotits que es guardarien per a tot l'any: donges, bringueres, llangonisses, bulls, etc.

> El dia que matàvem el porc nosaltres venien tots els veïns, i bueno ens arreuníem i fèiem la gran festa, lo arreglàvem tot i, si no havíem acabat, l'endemà hi tornàvem. I el dia que mataven el porc els veïns, al costat, pues també hi anàvem, i ajudàvem, i molt bé. (EE-28, D-OR-3-A)

La matança del porc implicava convidar parents o veïns per tal d'ajudar en totes les feines que s'acumulaven en un sol dia. Resultava ser una veritable festa, on primaven les relacions de reciprocitat entre els que hi participaven i, per tant, la voluntat d'ajuda i el sentit comunitari. Eren feines que, d'altra banda, proporcionarien productes per a tota l'anyada i, així com en el transcurs de l'any calia distribuir-los curosament perquè no en faltés mai, el dia de la matança es menjava en abundància i es feia realitat el miracle de convertir el porc en tall i embotits. Segons les circumstàncies podia demanar-se l'ajut d'algun home entès per matar el porc o bé d'alguna dona coneixedora de com calia amanir i arreglar la carn i fer els embotits i en aquests casos se'ls retribuïa amb espècies (costelles, botifarres, etc.)

L'hort, el corral i la cort acaparaven bona part del temps de les dones, però, en canvi, dins de casa les feines quotidianes es resolien amb força simplicitat. Tal com expliquen les dones més grans,

> a dins no es feie gaire feina: un cop d'escombra, i au. I el dinar era posar una olla a bullir, la carn d'olla, i l'escudella no canviave, sempre ere igual. (EE-73, D-AN-3-A)

> Què us penseu que es fregave? No, no. Unes bones escombres, escombraves a cada moment, i treure la pols i els teleranys, que eren cases afumades, afumades del tot, menos les habitacions. (EE-78, D-MA-3-A)

Efectivament, les cases de pagès no estaven condicionades com ara ni tenien els mateixos requeriments de neteja, i el menjar era força simple de resoldre ja que les dietes eren molt monòtones. L'escudella era el plat que es menjava pràcticament cada dia i es feia amb l'espinada del porc, col, trumfes i una mica de tall. Malgrat la seva simplicitat era un plat molt nutritiu i la importància d'aquesta escudella feta a casa es feia notar especialment quan l'home estava lluny i era ell qui s'havia de solucionar el menjar. D'aquí que quan un home explica com eren les seves estades a la borda d'Incles, destaca justament com resolia els àpats:

> Ens portàvom el menjar. Ens emportàvom dos o tres butifarres ja seques, que a la borda no havie congeladors com ara, seques, un troç de pernil, un troç de cansalada i trumfes, i venga trumfes. Les fèvom rostides, trinxades (xafades), i escalivades amb la cendra també se'n menjaven. Però més que més, xafades... I l'escudella també la fèvom allà dalt. (EE-12, H-CA-2-A)

Les dones s'encarregaven que els homes de la casa trobessin el menjar preparat en tornar del camp i també preparaven el que s'havien d'emportar si havien de dinar en el camp o en la muntanya. Als matins acostumava a menjar-se sopes de pa moreno, a les que s'hi podia afegir una mica d'all o bé d'ou, i que podien anar acompanyades de cansalada. Als vespres era el trinxat, fet amb les patates i verdures que havien sobrat i al qual s'hi afegia donja o cansalada. Els diumenges s'introduïen les variacions a aquests menjars quotidians, fent plats de sopa, de bacallà o de carn.

Malgrat l'aparent senzillesa de les feines de la casa, hi havia tres activitats que portaven un treball considerable, com eren fer el pa, cosir i rentar la roba. El pa es feia normalment cada quinze dies. Implicava portar primer el blat a moldre, passar-lo pel sedàs, barrejar els diferents tipus de farina, amassar i coure. Hi havia cases que podien fer tot el procés (excepte moldre), però la majoria utilitzaven els forns comunitaris o privats que coïen el pa del veïnat a canvi d'alguna peça de pa o de coca. En els anys de què parlem pràcticament ja ningú filava, però sí era corrent que les dones fessin els jerseis de llana i, en molts casos, també els vestits i la roba de casa. En tot cas, s'ocupaven del manteniment i reparació de la roba que de forma constant calia fer. Però la feina que és recorda com més dura és la de rentar la roba, especialment quan no hi havia aigua corrent a les cases i calia anar al riu, cosa que a l'hivern era realment molt desagradable, i per això era a l'estiu quan es feia la bugada amb les peces de roba més grans. Així ens ho descriu una dona d'Ordino:

> A l'hivern i a l'estiu, igual. Posar l'estova a casa i amb galletes, cap al riu. A vegades baixave la Valira grossa, que tenies una por, que

> venie fins allí. Sí, sí, amb la maceta i d'allò. Si es podia anàvem cada dia, però de vegades no es podia. I després fèiem... antes es deie la bugada. Llavontes pues rentàvem els llençols i tota la roba blanca, i a después fèiem llexiu de cendra, això la meva mare, encara ho recordo jo, que ens ho feie fer. I bueno, possàvem un llençol d'aquests de fil, i tenies la cendra a bullir, i tot ben colat. I falta que agafaves aquell llençol, ho anaves a rentar al riu i quedave blanca... molt maca, això és veritat. Ma mare encara ens ho feie fer això aixins, però jo ho vaig fer molt poc. I també fèiem el sabó. S'agafaven tots els greixos de la casa, i bocins de cansalada, tot el que es tenive, a después es compraven teles de corder, i ho feies bullir i fèiem el sabó. I possàvem sosa i també ere bo, però no ere tan bo com lo d'allò, però, en fin, feie tornar la roba ben neta. Sí, sí. Quan matàvem els tocinos, tota la caldera de greix i tot, fèiem un bon d'allò de sabó. (EE-28, D-OR-3-A)

El tercer tipus de tasques domèstiques eren les relacionades amb la cura dels fills petits i dels pares grans. En aquells anys era força generalitzat tenir molts fills i les germanes grans ajudaven molt aviat a les mares en la feina de tenir cura de les criatures i també en totes les coses que s'havia de fer en una casa, que eren moltes. I per això les dones no sols desitjaven tenir fills barons, sinó també filles, perquè "és lo que més aprecies, una noia que ajuda a la mare, perquè un noi no t'ajuda gaire". En la distribució de feines entre les dones corresponia a la mestressa fer el menjar i els treballs de dins de casa, mentre que la jove anava a l'hort i feia tota classe de feines en el camp i amb el bestiar. Això feia que les padrines passessin molta estona amb les criatures petites i fossin qui en la pràctica en tinguessin cura més temps. Aquest diàleg entre mare i filla així ens ho mostra:

> F - A mi em va criar la meva padrina. Sí, la meva padrina ere com la meva mare.
>
> M - Mira, ella [la seva sogra] es quedave a la casa a fer lo menjar i tot això. Com que jo no podia pues jo anava al camp, a cavar o a arremassar l'herba o a guardar les bèsties, lo que convenive... I ella s'ocupave de donar-lis de menjar i fer-lis tot.
>
> F - Ere com la meva mare. I a vegades quan jo ere petita hi pensava: És raro, tens dos mares. Tant apreciava a la meva padrina com a la meva mare. Tinc dos mares, jo. És veritat, la meva padrina va ser com la meva mare.
>
> M - Atipar-la, i netejar-la, i fer-li tot. Perquè quan jo marxava al camp, mira, ella encara ere dormint i llavons ella feve tota la feina de casa. (EE-78, D-MA-3-A)

Viure de la pagesia

Les famílies pageses eren de tipus troncal, en una casa hi vivien diverses generacions i, per tant, la gent gran tenia assegurat que se'ls cuidés quan no podien valer-se. I com s'acostumava a fer hereu, eren les joves les que se n'encarregaven de la cura dels padrins. No sols era aquesta una obligació moral, sinó que el nomenament d'hereu comportava assumir aquesta obligació, encara que en la pràctica era la seva muller qui la duia a terme. Aquest no era un tema menor en un moment en què tots els processos de malaltia es resolien dins de casa, sense hospitals ni institucions que poguessin fer-se càrrec de la gent quan estava malalta o es feia molt vella. D'aquí la importància de la pràctica de l'afillament: la gent que no tenia fills, o que els tenia a fora, cedia les propietats a la persona que l'assistia en els seus darrers anys de vida, i encara que no hi hagués massa casos d'aquesta mena, sí que ens indica la gran dificultat que tenia la gent gran si vivia sola. Les dones es veien molt lligades per aquestes obligacions quan esdevenia el moment de fer front als processos de malaltia i envelliment, que en alguns casos podien perllongar-se durant molts anys:

> La meua padrina va quedar impedida i durant dotze o quinze anys no es va poder moure. Això fa que l'hereu i la jove van tenir molt més mals de cap que les quines eren a fora. Les meues ties que estaven allà [a França] van tenir més bona vida que la meua mare, perquè la meua mare va ser esclava d'una sogra impedida, de dos o tres fills que havie tingut, de la casa de pagès: treu fem, cultiva l'hort, baixa herba d'Incles, puja i baixa d'Incles a l'estiu per fer el menjar i pel que sigui, puja, baixa... (EE-89, H-CA-3-A)

Tot el conjunt de feines que finalment acabaven fent les dones és el que fa afirmar pràcticament a tothom que les dones eren unes esclaves. Perquè "hi havie molts homes que diven a les dones, vina'm a ajudar; però els homes no ajudaven a les dones, eh?". I per això mateix, la reforma de les cases que es va produir anys més tard i la incorporació d'electrodomèstics (especialment neveres i rentadores) són quelcom que les dones valoren molt, perquè han contribuït a alleugerir les parts més pesades de les feines de les cases.

En el primer terç del nostre segle els horitzons del treball venien definits per les limitades possibilitats que oferia l'agricultura, la ramaderia de muntanya i els treballs de la casa que acabem de presentar, dels quals se sustentava la pagesia però que no permetien integrar tots els que hi naixien. El món del oficis i de la indústria era molt reduït, ja que es limitava a la presència de ferrers, moliners, cigarreres, forners, mestres d'obres, serradores, o manufactures de teixits i algunes poques feines més, que donaven ocupació a poca gent. A Sant Julià hi havia una activitat comercial superior a la d'altres parròquies, a causa de la seva major proximitat amb la Seu d'Urgell, però era també molt limitada i en absolut comparable amb el que vindria després. El resultat és que cada nova generació constatava cruament que per eixamplar els horitzons de treball calia marxar d'Andorra.

Els treballs de les famílies

"És que no gastàvom..." (EE-27, H-OR-2-A)

A Andorra la unitat d'explotació agrícola era la casa i la mà d'obra era familiar. El sistema d'hereu, que implicava transmetre les propietats a un sol fill, contribuïa a evitar la fragmentació dels patrimonis, i reproduïa també la diferenciació social entre unes cases i altres. Encara que l'abundància dels prats i pastures d'alta muntanya feien possible l'existència de grans ramats ovins (recordem que a Andorra el terme *ramat* és sinònim d'ovelles) no tothom en podia tenir.

> Algunes cases tenien auvelles; naltros no n'hem tingut mai. Ara, que aquestes cases una mica grans de pagès, solien tenir ramat. Havie qui en tenive dos-centes, qui en tenive tres-centes. (EE-27, H-OR-2-A)

Efectivament. Calia uns mínims per poder sustentar la complexa organització que suposava la transhumància i disposar de propietats suficients per assegurar el subministrament de cereals i perquè les ovelles poguessin péixer en els moments que estaven en el poble. A més, tenir ovelles suposava que com a mínim una persona estigués sempre amb elles, tant a l'estiu com a l'hivern, i segons el tamany del ramat calia comptar a més amb l'ajut de mossos o pastors. Els altres membres de la família havien d'ocupar-se doncs de la resta de bestiar, de l'agricultura, de les feines de l'hort i del corral. Tot plegat requeria una mà d'obra abundant, que la mateixa família podia subministrar, però era a condició de tenir propietats suficients com per a poder-la sustentar.

Atesa la dificultat de tenir ramats ovins, la major part de cases complementaven l'agricultura amb la possessió de bestiar gros, que bé podia limitar-se al que es requeria per llaurar els camps. A l'estiu, que era quan més feina es concentrava, el bestiar es deixava a càrrec del vaquer comunal i això permetia portar endavant l'explotació sense necessitat de tanta mà d'obra i, a més, complementar els ingressos amb algunes feines addicionals. També hi havia cases que tenien quantitats importants de vaques i equins, i que hi podien viure: tot depenia del tamany de les propietats de la casa.[18] Tenir una vintena de vaques, per exemple, suposava poder disposar d'uns bons camps i prats de dall, així com de bordes o cortals per tal de poder assegurar la manutenció dels animals durant les diferents parts del cicle anual. En tot cas, pels qui no tenien tantes terres i no podien viure només de la pagesia, la possessió d'alguns caps de bestiar gros donava prou flexibilitat com per no ser totalment esclaus dels animals i poder realitzar altres activitats. Aquesta mateixa flexibilitat és la que va permetre anys més tard seguir combinant les feines de la pagesia amb les del comerç i el turisme, cosa impossible tenint ramat oví.

L'agricultura, tal com hem indicat en l'apartat anterior, estava orientada cap a dos grans vessants: a procurar el que es necessitava per a l'alimentació humana (blat, patates, llegums, productes de l'hort) i a servir de suport per a la ramaderia (prats de dall). El porc era indispensable per a la dieta, ja que d'ell s'obtenia carn, greix i embotits per a tot l'any. I de tant en tant també podia anar-se a pescar o a caçar per portar tall a casa.[19] Homes i dones, joves i grans participaven en les diferents feines que la pagesia requeria. Tots eren necessaris, perquè cobrien una part de les tasques. Els homes s'encarregaven dels animals i també de bona part de l'agricultura. Les dones portaven la casa, però això volia dir moltes coses: les feines de l'hort, la cura dels animals de corral i del porc, pastar, criar els fills i també anar al camp, especialment a l'estiu, quan feia falta la contribució de tothom.

Com repeteix insistentment la gent més gran, els diners corrien poc i en aquest context era imprescindible restringir el consum a

18. Les eugues i mules van tenir molta demanda durant les guerres i a Espanya es van vendre bé fins entrats els anys seixanta. Les vaques es criaven per la carn i només uns pocs anys es va provar a tenir-ne de lleteres, però la dificultat estava en la recollida de la llet i van haver-se de deixar en favor de les de recria.

19. La pesca i la cacera no tenien un component lúdic com passa actualment, sinó que eren eminentment utilitàries. Això queda molt ben expressat en les paraules d'aquest informant d'Ordino, quan diu que "quan hi havie gana m'apaironave amb un altre que caçave, i havia caçat bastant: isards, llebres i algun jabalí, algun porc fer que diem aquí" (EE-27, H-OR-2-A). Això no treu, evidentment, que l'obtenció de peces grans fos molt celebrada i tingués l'al·licient d'haver sabut trobar-les i, en alguns casos, d'haver enfrontar riscos.

aquelles coses que un mateix produïa. Molt del que avui es compra o que fa gent especialitzada en algun ofici, abans s'obtenia amb el treball propi: les feines de fusteria, els arranjaments de les cases, els vestits, jerseis i roba, la llana i el filat, el pa, el tall, la llet, les conserves i embotits... Tot anava orientat a assegurar la pròpia subsistència i tant és així que aquelles parts del procés que no es podien cobrir amb els propis mitjans es duien a terme mitjançant la col·laboració de parents o veïns, o pagant en espècie el treball esmerçat per altres. És el cas de les matances del porc, per exemple, que reunien la gent emparentada per realitzar totes les labors necessàries per fer els embotits, cosa que convertia tot el conjunt d'operacions en una veritable festa. O és el cas també de l'elaboració del pa, l'element més important de la dieta: el treball del moliner o de la fornera no es pagava amb diners, sinó amb una part de la mateixa farina que es portava a moldre o a coure.

Però, lògicament, les famílies no eren autosubsistents del tot i calia proveir-se de coses tals com fruita, vi, bacallà, sal, oli, arròs, sabó, xocolata, sucre, aiguardent, mitges i mitjons, roba, sabates, boines, teles, botons, estris per a la casa, cistells, paper, espelmes, perdigons, eines... en una quantitat i diversitat més o menys gran segons les necessitats de cada casa. Es podia anar a la Seu d'Urgell de tant en tant, però el més corrent era acudir als comerços que hi havia als pobles més grans d'Andorra. Les botigues tenien una mica de tot i seguien el sistema d'anar anotant el que la gent se'n duia i quan es venia algun cap de bestiar es pagaven els deutes pendents, cosa que es feia una o dues vegades l'any. Per poder comprar també s'aprofitaven les ocasions en què es feia mercat i pujava gent d'altres llocs a vendre.

> Feven un mercat a Ordino, perquè allavons, a les botigues, de fruita no n'hi havie enlloc, ni carn. Hi havie una mica d'hostal allà que veniven quatre punyetes i res més, i pujaven uns d'Anserall i d'Alàs, a vendre pomes, raïm, figues. I pujaven amb un animal, un ruquet, carregat amb dos canistres d'aquelles fetes de barselles, un costal a cada banda de l'animal i teniven l'humor de pujar d'Anserall i d'Alàs. Doncs bueno, feven lo mercat a Ordino i tota la parròquia aquell dia baixave a comprar una mica de fruita, més que res figues, peres, algun raïm,... les pomes les pujaven més tard. (EE-27, H-OR-2-A)

La família subministrava la mà d'obra de l'explotació agrària, però no sempre s'aconseguia l'equilibri entre el tamany de la família i el tamany de l'explotació i això podia implicar o la necessitat de recórrer al treball de mossos, jornalers i, en el cas de les cases més fortes, fins i tot de masovers, o bé, pel contrari, la necessitat de treballar per a altres i obtenir ingressos que complementessin la insuficiència del que s'obtenia de les pròpies terres. Aquesta segona situació era la més freqüent, perquè hi havia moltes cases amb un patrimoni petit i perquè la manca de diners la sentia gairebé tothom, també la pagesia mitjana. Per aquest motiu no es desaprofitava cap oportunitat que suposés aportar diners a casa, es redistribuïa les feines que feia cadascú i eren sobretot els joves els que es desplaçaven on calgués per guanyar algun jornal. El que ens descriu el següent informant expressa una situació que era molt corrent en les cases de pagès:

> La meva família ha sigut sempre com lo que podiven ser en aquests segles passats, pagesa, molt arrelada al país, dedicada a l'explotació agrícola, que en aquell moment ere blat, patates i recria de bestiar. I, perquè no dir-ho, el meu avi, a l'hivern, per fer sobreviure a la seva família, que eren tres fills i esposa, pues havie fet alguns viatges de contraban, però que no ere afany de lucre, perquè no sabie fer res més. I anaven a comprar les espardenyes a la Seu, i el bacallà a la Seu, i el congre. I tant el meu avi com el meu pare anaven a jornal també. Anaven principalment a batre per aquestes finques més importants d'Andorra la Vella..., que necessitaven ma d'obra i bestiar. I sé que el meu pare agafave el seu cavall i egües i se n'anave a batre. També feien explotació forestal: anaven a tallar arbres aquí a Enclar i després s'ho venien. I això, bueno, permetia cobrir aquelles despeses naturals que tenie la família. (EE-165, H-AN-4-A)

Pagesia, contraban, anar a jornal, explotació forestal: calia diversificar les activitats per poder sobreviure. I, en qualsevol cas, gastar poc. Aquests eren els treballs de les famílies i eren molt poques les que podien viure exclusivament de la pagesia. En aquest sentit la diferència d'oportunitats entre les parròquies altes i les baixes era considerable, en favor de les segones, ja que el cultiu del tabac i la seva elaboració permetien uns ingressos que en altres llocs no hi eren. Des de l'imaginari col·lectiu, però, aquest fet s'associava a una major pobresa. Canillo i Encamp eren les parròquies considerades més riques, perquè era on hi havia més cases ramaderes. En menor mesura, Ordino i la Massana compartien també aquesta consideració. Això implicava l'existència també d'una pagesia mitjana que s'anava defensant, però la més humil tenia menys oportunitats, tret de treballar per a les cases més fortes. La visió que es tenia d'Andorra la Vella era que la gent vivia pitjor que a les altres parròquies:

> Andorra ere... passat los tres o quatre que hi havie més apotentats, la baixa mà eren més pobres que aquí a dalt, perquè les dones es dedicaven a fer cigarros a baix. Ja us dic que los quins anaven bé eren els quatre o cinc pagesos que tenien propietat, los altres... los homens a fer el contrabando o a guanyar la vida allà on podiven i les dones a fer cigarros, i allà on ara tenen una botiga, antes hi teniven una corteta per tenir una cabra per la llet, perquè de llet no se'n comprave allavons, i les dones tenien una cabra o dos i teniven llet pel menester... pel seu servei, i compraven una cargueta de llenya per fer foc, i elles a fer cigarros. I hi havie un cabrer a Andorra, que passave al matí amb una corneta a arremassar les cabres i les portave a pastura al de dia i a la nit les tornave, i al matí les munyien... No sé com s'apanyaven, i aixíns visquiven a Andorra. (EE-27, H-OR-2-A)

Aquesta descripció que fa un home d'Ordino, coincideix amb la que han subministrat també persones que vivien a Andorra la Vella, destacant els mateixos elements, cabrer inclòs. El que és més rellevant, tant a Andorra com a Sant Julià, és que la pagesia es complementava amb el treball per a les fàbriques de tabac. Les cigarreres eren dones; algunes treballaven a les fàbriques, però la majoria feia els cigars a casa, i intercalaven aquesta feina amb la del camp, i els homes grans s'encarregaven d'altres tasques relacionades amb el tabac, com enfilar les fulles perquè s'assequessin.

> L'única feina que teníem és el cigarro. Primer les dones anaven a la fàbrica i después el hi donaven tabaco a casa, que és per això que la mama, quan en veie una mica a terra em deie: "Reculle'l, perquè no s'ha de llençar res, perquè el que no mire per l'amo no és un bon treballador". Al matí ho preparave tot deixant la casa arreglada. I allavons marxave a treballar al camp i quan arribave la nit, havent sopat, es possave a fer cigarros. La mama en una tarda en feve dos-cents. (EE-81, D-AN-4-A)

La major part de pagesos cultivava les seves pròpies terres, però també hi havia qui havia d'arrendar-ne o fer de masover. L'arrendament estava més estès a Sant Julià que a les altres parròquies i consistia a pagar el lloguer de les terres en forma de diners que, en aquest cas, s'obtenien de la venda de tabac. La masoveria tenia diverses modalitats. La més generalitzada consistia a repartir la collita en la proporció d'1/3 per al propietari i 2/3 per al masover.[20] A Andorra la Vella i Sant Julià, on hi havia terres més riques, la

20. Constatem en l'actualitat l'ús generalitzat del terme *mitger* com a sinònim de *masover*, amb independència dels tractes establerts entre les parts.

proporció podia arribar a ser de la meitat per a cada part.[21] Habitualment el que es repartien eren els productes del camp (cereals, tabac, patates), mentre que el que era per a "ús de la casa" quedava íntegrament per als masovers (productes de l'hort, conills, gallines, ous). Però com els tractes eren molt personalitzats, en cada cas s'establien les condicions que regirien la masoveria, que podien ser molt variables. La següent informant, per exemple, es queixa de la rigidesa amb què els propietaris de les terres que treballaven aplicaven aquell repartiment, que l'estenia a tots els productes:

> El meu pare quan va plegar d'allà estave rebentat de treballar, perquè és molt dura la feina de pagès. Allavorens, ara no. I no donave res. Havie de treballar a mitges, eh? Treballave per dos cases. I és que ere un cas excepcional, perquè els masovers diuen que cada qual es reparteixen lo del camp, i a casa meva teníem los tocinos a mitges, els ous a mitges, tot a mitges. I el dia que es morie una bèstia la meva àvia patie, perquè deie: "Ara què?", i a la mestressa li deien: "Mira, que s'ha mort això". "Pues tireu-ho, no cal que me l'ensenyeu". Ja ho sabie que no ens l'havíem menjat, que no agafaríem res que no fos nostre, Déu nos en guard! Per això vam estar tants anys, que quan vam marxar nosaltres va ser una desbandada; un hi parave un any, l'altre dos. (EE-158, D-SJ-2-A)

Les cases fortes no eren gaires, però n'hi havia algunes que destacaven per sobre de les altres per la quantitat i qualitat de les seves propietats (Guillemó, Moles i Molines a Andorra, Joan Antoni a Encamp, Muntanya a Escaldes, Rossell a Ordino) i tenien una o més famílies que les portaven com a masovers. Les relacions entre propietaris i masovers es basaven en la mútua confiança, tal com ho expressava l'anterior fragment, ja que si aquesta no es donava es trencaven aviat els tractes. El fet de treballar durant molts anys per a una mateixa casa establia uns lligams molt forts entre ambdues parts, perquè la relació era molt estreta i gairebé quotidiana. Però, lògicament, la visió que cada una de les parts tenia d'aquest lligam era de naturalesa molt diferent i fins i tot contraposada. Una propietària, referint-se als seus masovers en parla en els següents termes:

> Eren gent coneguda i gent molt respectuosa, i portaven les criatures aquí i els hi guardàvem, sobretot quan hi havia la nena, que ere petita, i això quasi bé a tots, perquè llavors tampoc ens feie res

21. Vegeu S. Llobet, *El medi i la vida...*

> a nosaltres, ens estàvom a casa, o bé si sortíem aquí a fora, pues els portàvem de passeig. Tampoc eren gaires, clar. Però vull dir que érem una família tots, i encara continue, és clar que ara s'ha canviat... Però, vull dir que tots han durat molts, molts anys." (EE-160, D-EN-3-A)

Aquesta idea de ser com una família està present en molta gent. Els masovers estaven en situació més feble, però com en tota família hi ha jerarquies, no hi havia dubte respecte a qui manava i a qui ocupava els darrers llocs; i com la naturalesa humana és molt diversa, tampoc tothom establia un mateix tipus de tracte. Partint justament d'aquesta noció de funcionar com una família, els masovers de l'anterior cita, pensaven que el propietari tindria major consideració amb ells quan per motiu de casar-se la seva filla li demanaren plantar una parcel·la amb tabac. Ell acceptà, però per sorpresa dels altres no actuà com un pare, sinó com l'amo que reclama el que li pertoca i que no fa excepcions:

> I abans de casa'n-se vam fer un tros de tabaco. (...) Els meus pares li van dir i... "Bueno, voleu fer tabaco, feu un tros de tabaco", pensant que l'amo nos ho donarie tot, per la filla del masover, la filla que es casave. Pues nos el va partir: de deu arroves, cinc per ell i cinc per nosaltres. (...) Però què li costave?... si van morir amb la boca oberta aquesta gent, i això que no teníem res a dir, eh? Eren unes bones persones, però vull dir que per altra part eren d'aquella gent que els hi semblave que perquè eren a dalt, els demés havies d'anar a sota de tot. (EE-158, D-SJ-2-A)

Els treballs de les famílies venien, doncs, molt condicionats per la seva situació en la jerarquia social i pel context molt limitat d'oportunitats que oferia la pagesia. Els destins de les persones es veuria afectat per aquests mateixos factors.

Els destins de les persones

> "Poder hi vai treballar vint anys a França. Bueno, a l'estiu venive per fer l'agostada, la feina d'ajuda'ls, i, encabat, me'n tornava". (EE-24, H-OR-1-A)

Els treballs de la pagesia requerien que tota la família hi participés: braços sempre en faltaven. La marcada estacionalitat del treball provocava fortes descompensacions respecte a la necessitat de mà d'obra (pensem que l'hivern era pràcticament una estació morta), però en tot cas el treball de la pagesia es componia de múltiples feines amb característiques molt diferents: algunes de petita entitat, altres més compromeses; algunes entretingudes i detallistes, altres requerien posar en joc l'esforç de les persones i la força dels animals; algunes eren complicades, altres senzilles... Hi havia tasques, a més, que s'havien de fer de forma simultània perquè no podien esperar a altres moments. En definitiva, no sols es necessitava a tothom, sinó que cada persona contribuïa segons les seves responsabilitats en la família, aptituds i disponibilitat. Factors com l'edat, el sexe i la posició respecte al patrimoni eren essencials per entendre les diferents implicacions en el treball.

Néixer en una família pobra o en una benestant marcava el destí de les persones; com també el marcava el fet de ser home o de ser dona, així com ser hereu o pubilla o bé un cabaler. Aquests darrers experimentarien directament com els camins de la vida portaven fora d'Andorra, cap a Espanya o cap a França, on s'hi haurien de quedar.

Si deixem de banda les poques cases fortes que hi havia a Andorra, podem dir que les trajectòries vitals començaven de manera molt similar per a tothom. Nens i nenes anaven a escola, però hi anaven pocs anys, perquè s'implicaven molt aviat en el treball de casa; a més, l'assistència a classe depenia també de la feina que hi havia a pagès, que era el que tenia prioritat:

> D'aquí d'Andorra me'n vaig amb els meus avis i pares. I allí anàvom a estudi a Sant Julià... a vegades malament pels camins, a l'hivern amb molta neu. I a l'estiu no ens deixaven anar a estudi, perquè hi havie feina, i allavons el sapiguer lletra no ere tan interessant com ara. I, mira, més interessant ere tenir un bon vailet que ajudés a treballar o al que passés. (EE-92, H-AN-2-A)

> A l'escola només nos hi feven anar la temporada, allà a l'octubre, quan s'havie acabat lo treball dels camps, i allavons anàvom fins mig allà de l'abril, i ja estave, ja mos feven tornar a plegar de l'escola, a fer la feina, a cuidar les bestioletes, i a cavar, i a plantar... aquesta vida. (EE-78, D-MA-3-A)

Com ens diu el primer informant, el que s'aprenia a l'escola no servia per a les feines que calia fer i per tant no es veia la necessitat de prescindir del treball dels fills a costa d'aprendre coses que no serien immediatament útils. La vida laboral començava, doncs, molt aviat. De fet, no es pot dir que hi hagués un determinat any d'inici, perquè nens i nenes s'anaven incorporant al treball de l'explotació agrària fent petites feines primer i anant agafant-ne d'altres progressivament i això ja es feia de forma simultània al fet d'anar a l'escola, de vegades com un joc, de vegades assumint plenament la necessitat d'aportar ingressos a la casa i ajudar els pares. Així ho expressen dues dones d'Andorra la Vella que rememoren en la seva conversa els seus records d'infantesa i, després, una altra dona, aquesta de Sant Julià, que explica les primeres experiències laborals fora de casa, quan tenia tretze anys i encara anava a l'escola:

> —Lo que me'n recordo més és quan cuidàvom el porc. Te'n recordes? Sortíem del col·legi, dinàvom i nos deien: "Va, aneu a pèixer el porc un rato". Preníem el porc, baixàvom cap aquí baix, pels camins que hi havie, i els porcs menjaven l'herba que trobaven... i es barrejave el seu porc, el nostre, el de l'altra veïna... anàvom totes, tres o quatre.
> —Això mateix, sí, sí. I después a la tarda el veníem a tancar aquí al darrere. I ens posàvom aquí a les pedres i jugàvom, i els porcs els tancàvom allí, i com aquí al darrere teníem un hort, els hi tiràvom les cols i les bledes, i la mama els hi portave menjar. I com que feven molt l'aigualer, pues aquí... s'infiltrave. En canvi a casa... allavons l'havíem de treure. (EE-84, D-AN-4-A)

> Allà [a la fàbrica de tabac] hi anàvom els dijous i els dissabtes, que no hi havie col·legi, i aprofitàvom d'anar allà. Allavons, tenir vacacions... és que abans no en teníem de vacacions, ningú en parlave: quan no anaves al col·legi, a treballar a la fàbrica, o si no a fer de pagès, que tota la vida hem fet de pagès... (EE-102, D-SJ-2-A)

La col·laboració en les feines de la pagesia s'anava incrementant a mesura que passaven els anys i les criatures es convertien en joves adults. A poc a poc, s'anirien configurant els papers diferents de cadascú a la casa. Nois i noies anaven diferenciant les seves ocupacions, de manera que les noies col·laboraven més amb les feines domèstiques encara que no deixessin d'anar al camp, mentre que si calia anar a jornal o com a mosso per una altra casa era més probable que fossin els nois els que ho fessin. A l'hereu (o a la pubilla) se l'implicava més plenament que els altres en les tasques més compromeses, mentre que els cabalers feien les de segon ordre, tot tenint present que els pares no deixaven l'autoritat ni el control de l'explotació pagesa mentre podien valer-se. Les cases que tenien ramat absorbien més quantitat de treball domèstic i reflectien més clarament aquesta jerarquia interna de les famílies.

> El ramat el portave l'hereu, però també el germà, el cabaler, que també podive tenir ramat i feien la transhumància. I a l'estiu se'l feve venir a casa... La transhumància més que res la feven els solters. Els passaven un sou, s'estalviaven un pastor i els ho pagaven. O tenien el ramat a mitges... i es pagaven els gastos a mitges. (EE-11, H-CA-3-A)

Viure de la pagesia

El nomenament d'un sol hereu, home o dona, per fer-se càrrec del patrimoni tenia efectes decisius en determinar qui acabaria quedant-se a Andorra i qui en marxaria. De fet les preferències requeien sobre els homes, ja que el seu treball es considerava més substancial per a la casa, i preferentment també era el primer nascut el que s'anomenaria hereu. Res hi obligava, però tot conduïa al fet que es fes d'aquesta manera. Un dels fills tenia marcat ja el seu destí; els altres, "els segons", tindrien diferents possibilitats i expectatives en funció del sexe. Ja que en la major part de casos els hereus eren homes, era més possible que les joves andorranes es poguessin quedar vivint en el Principat, gràcies a entrar en una altra casa per matrimoni. De pubilles n'hi havia moltes menys i els cabalers, per tant, ho tenien més difícil per quedar-se mitjançant el casament amb una dona hereva, i establir-se pel seu compte era més difícil encara. Aquest mecanisme hereditari funcionava com una mena de regulador demogràfic, ja que les cases es reproduïen seguint la troncalitat, i els qui no contribuïen a la seva successió anaven marxant cap a altres llocs per guanyar-se la vida.[22] Els indrets on s'aniria a parar tindrien molt a veure amb els llocs on inicialment s'anava a treballar de forma temporal, ja que els qui no tenien cap futur a Andorra acabarien buscant un mitjà de vida que els permetés formar la seva pròpia família.

Els hereus/pubilles es quedaven i els cabalers marxaven.[23] Uns tenien el futur assegurat i els altres no. Però ja hem vist que a Andorra

22. El sistema familiar i hereditari d'Andorra es regia per les mateixes normatives i principis que el català. Lídia Armengol va analitzar-lo a partir de la documentació proporcionada pels testaments del segle XIX, on es recollien les últimes disposicions relatives a l'herència i llegats (L. ARMENGOL, *Comportaments socials i mentalitats col·lectives. Els llegats eclesiàstics andorrans del segle XIX,* Andorra, 1988). D'altra banda, i com indica A. Barrera , aquest mateix sistema es troba present en el nord de la Península Ibèrica, sud de França, centre d'Europa i també Japó (A. BARRERA, "Sucesión unipersonal y familia troncal en Cataluña y el norte de la Península ibérica", D. COMAS D'ARGEMIR I J. F. SOULET (ed.), *La família als Pirineus*, Andorra, 1993, pàg. 140-157. Tota la regió pirinenca, per tant, presenta unes característiques similars pel que fa a la relació entre casa i família (D. COMAS D'ARGEMIR i J. F. SOULET (ed.), *La família als Pirineus*, Andorra, 1993).

23. El sistema d'hereu universal implica que la vinculació entre patrimoni i matrimoni sigui molt forta, de manera que el casament de l'hereu o la pubilla són inherents a la seva condició com a tal. Per tant, la mateixa lògica del sistema fa necessari el matrimoni, que es materialitza amb alguna cabalera o cabaler (que no necessàriament han de ser andorrans). Per tant, d'entre tots els fills segons, els qui contreuen matrimoni amb un hereu o pubilla són els únics que es quedaran a les Valls, més algun dels que es queden solters continua vivint a la casa paterna (oncles concos i tietes). Com ja va indicar Pierre Bourdieu en el seu estudi sobre el Béarn, l'emigració dels fills segons era tan necessària per a la reproducció del sistema com el fet que s'anomenés un sol hereu:

hi havia moltes dificultats per viure, que el nivell de vida era d'una gran austeritat, i això feia que els avantatges inicials que tenien els hereus es convertissin en desaventatges posteriorment i, com es diu popularment, acabaven essent "el sac dels cops", ja que havien d'assumir tot el que representava portar endavant l'explotació agrària, sovint amb moltes dificultats, viure amb els pares i supeditar sempre les seves decisions a les d'ells, tenir-ne cura quan es feien grans, fer-se càrrec dels germans o dels oncles concos que s'estaven a casa, proporcionar-los un dot quan es casaven, etc. La gent gran insisteix en el fet que "l'hereu ere el que s'ho passave més malament", encara que normalment els qui fan aquest comentari han sigut hereus ells mateixos i lògicament ho veuen amb el seu prisma i no amb el dels qui havien de buscar-se la vida allà on fos. És cert amb tot que els horitzons de treball i de benestar a Andorra eren molt limitats i bé podia succeir que alguns cabalers fessin millor fortuna, ja que el fet d'haver de sortir de casa, que inicialment els situava en pitjor posició, els obria més oportunitats, els permetia accedir a unes formes de vida més urbanes i alguns aconseguien un millor nivell de vida que els seus germans hereus. Tenir una altra forma de vida, de vestir, d'horaris i de feina, que contrasten amb els de la pagesia, són percebuts com avantatges dels cabalers.

> La meva mare es va casar a una casa de pagès amb bastant mals de cap i bastant treball. Per contra, les altres germanes se'n van anar a Béziers, a servir. Sí que és veritat que serviven, però teniven dos o tres hores cada dia per passejar-se, teniven mig dia de festa, teniven lo diumenge que podien fer el que volien, anaven sempre tan netes... És clar que havien de fregar, perquè serviven. Però en aquell moment ere més interessant ser cabaler, perquè la terra que tenies l'havies de treballar perquè et donés de menjar i encara de vegades no te'n donave prou. (...) I aquestes noies venien aquí per la festa major a passar un mes de vacances, o lo que fos, i elles, les senyoretes. (EE-89, H-CA-2-A).

No hi havia medis de vida per a tothom i per això s'havia de marxar. L'emigració dels cabalers venia precedida per una altra circumstància, i és que gairebé tothom a Andorra (homes i dones, hereus i cabalers) havia marxat a l'estranger a treballar de forma temporal. L'estacionalitat del treball agrícola i ramader així ho

són dimensions complementàries (P. Bourdieu, "Celibat et condition paysanne, *Études Rurales*, núm. 5-6, 1962, pàg. 32-135; P. Bourdieu, "Les stratégies matrimoniales dans le système de reproduction", *Annales, E.S.C.*, núm. 27, 1972, pàg. 1105-1127).

portava. A l'estiu es concentrava un munt de feines i es requeria molta mà d'obra; l'hivern, en canvi, era una estació pràcticament morta, ja que la neu i el fred interrompien qualsevol activitat en el camp. Per això, un cop realitzada la collita, en el mes de setembre els nois i noies solters (però no sols ells) marxaven a treballar cap a altres llocs. Era molt corrent anar a treballar a la verema, al sud de França, i en aquest cas es tornava un cop acabades les feines relacionades amb el raïm; però sempre que es podia, s'intentava aconseguir una feina amb més entitat, que durés més temps. Les noies es posaven a servir (cosa que eufemísticament acostuma a expressar-se com que "s'estave amb uns senyors"), mentre que els homes treballaven sobretot en l'agricultura, la mineria, l'explotació forestal i les obres públiques. Molts cabalers acabaven quedant-se a viure allà on trobaven feina, però mentre eren solters, tornaven a l'estiu a Andorra, on s'hi estaven un o dos mesos i "ajudaven" en els treballs de la casa. Aquesta emigració temporal permetia a les cases pageses adequar les necessitats de mà d'obra a les fluctuacions dels ritmes estacionals, disposant del màxim de treballadors de la família en els moments en què hi havia més feina i restringint a un mínim el nombre de persones que quedaven a casa durant els mesos de major inactivitat. A més, els treballs temporals permetien obtenir ingressos addicionals i, també, estalviar durant uns quants mesos la despesa dels qui no eren a casa.[24]

Les destinacions dels emigrants temporals (ja hem dit que per molts d'ells són la primera etapa d'una emigració permanent) depenien bàsicament de tres factors: les oportunitats laborals concretes que podien aparèixer en un determinat moment, les xarxes de suport amb les quals es podia comptar en cada lloc constituïdes pels andorrans que havien emigrat prèviament i la situació política i econòmica d'Espanya o França.

La verema proporcionava feina de forma pràcticament segura cada any i per la mateixa època. És l'activitat a la qual hi anava

24. Aquest mateix tipus d'emigració temporal el trobem en tot el llarg dels Pirineus i en ambdues vessants de la serralada, ja que les condicions de la vida de muntanya eren molt similars. En un treball fet precedentment en el Pirineu d'Aragó hem pogut comprovar que l'emigració temporal tenia les mateixes característiques que les existents a Andorra i afectava al mateix tipus de persones (vegeu D. COMAS D'ARGEMIR, "Ganaderos, boyeros, pastores, obreros... Formas de subsistencia y estrategias económicas", J. J. PUJADAS, I D. COMAS D'ARGEMIR, *Estudios de Antropología Social en el Pirineo aragonés*, Zaragoza, 1994, pàg. 37-56).

més gent d'una mateixa casa, ja que coincidia amb el moment en què s'havia acabat la major part de les feines del camp i, com durava tant sols un o dos mesos, es podia retornar aviat havent guanyat alguns ingressos i sense comprometre les feines de la casa.

> A la verema hi anàvom cada any. Tots. Totes les famílies hi anàvom a la verema. Era un moment en què s'havie acabat amb l'herba, no hi havie gaire feina... quedaven les trumfes per collir i les collíem quan tornàvom. (EE-12, H-CA-3-A)

> Quan jo teniva onze o dotze anàvom a vendèmies, a collir raïms a Perpinyà. Hi vaig anar-hi tres o quatre anys. Anàvom poder una vintena de persones. Perquè aquí no es podive viure si no sortívom, era això. I me'n recordo del que cobràvom i tot: 27 ó 28 francs, a l'aquella època [es refereix a finals dels anys trenta]. (EE-78, D-MA-3-A)

Un altre lloc on havien anat a treballar alguns andorrans era a les mines de talc de Luzenac i a les de ferro de Puymorens. Aquest treball tenia l'inconvenient de fer-se durant els mesos d'estiu, ja que la neu obligava a tancar les mines i, per tant, coincidia amb els moments de més feina a Andorra. Però com els diners es necessitaven, es procurava combinar les coses. Tenim dos testimonis d'aquesta activitat, el primer hi va treballar a principis dels anys trenta i el segon al final de la dels quaranta; les condicions no havien variat gaire:

> Vaig anar uns anys aquí a la frontera, que hi havie uns treballs, i encara duren ara, que en diuen la Greda, on treuen lo talc. A Luzenac hi vaig anar quatre anys, allà a aquella muntanya, però no a baix del poble, a dalt a la muntanya. Hi van explanar tot un tros i la volien prohibir. Hi havie mil dos-centes persones treballant, i quan hi havie el màxim, mil tres-centes. Oh, èrom una colla de treballadors allà. Hi treballàvom tot l'estiu. Total, venívom allà pel quinze d'agost, que feien la festa major aquí, i tornàvom a marxar al cap de vuit o deu dies, fins tot lo setembre, fins l'octubre, que la neu nos treguive, perquè és muntanya alta allò, eh? (EE-145, H-EN-2-A)

> Lo pare em va contractar a la muntanya a treure lo talc. Lo talc, la Greda. A la muntanya de Trimouns, o Luzenac, vaja, però a dalt, que a peu hi havie tres hores. I allí vaig fer tota la temporada, perquè vam venir només un parell de dies a la festa major, perquè allavons èrem jovens, i allavons també va venir lo pare i ell es va quedar aquí, perquè encara hi havie l'herba per plegar. I después a la tardor vaig venir, vaig passar l'hivern aquí, perquè a l'hivern tanquen a dalt, eh? A dalt tanquen perquè hi neve, no es pot treballar. (...) I a la primavera que va venir, em vaig llogar per tallar pins, però

> la cosa no anave (...) i allavons jo i un cosí meu vam dir: "Saps què?, anem-nos a treballar a la Greda, que em semble que nos agafaran". Diu: "Vols dir?". Dic: "Em semble que sí, havent treballat jo l'any passat, ja veuràs que nos agafaran". I sí, sí, vam anar-hi, i al cap de pocs dies ja estava jo treballant. (E-108, H-CA-2-A)

Les destinacions més freqüents per anar a treballar eren les poblacions al voltant de la Seu d'Urgell i sobretot Barcelona en el cas d'Espanya. A França s'anava sobretot a Béziers, Perpinyà i Tolosa de Llenguadoc. Gairebé tots els andorrans tenen parents actualment a tots aquests llocs. J. A. Brutails ja indicava com era freqüent anar a Béziers i dóna la dada que a la vila de Puisserguier hi havia una veritable colònia andorrana.[25] A Barcelona hi havia una altra colònia important, que en les darreries de la dècada dels anys vint fins i tot es va organitzar i va fundar la Societat Andorrana de Residents a Barcelona, que editava un butlletí. Aquesta concentració d'andorrans en uns mateixos llocs és resultat d'una pràctica molt freqüent en tots els processos migratoris: anar allà on es compta amb parents o coneguts, ja que constitueixen un suport important per als que acabaven d'arribar. Així ho explica, per exemple, un ferrer de Sant Julià, que va anar a ampliar el seu aprenentatge de l'ofici a Barcelona i no ho va fer a qualsevol lloc, sinó que va anar a parar al taller d'un andorrà:

> Jo vaig aprendre a treballar amb ell [es refereix al seu pare] i después vaig anar a Barcelona. Treballava al carrer Sant Pau, a Ca l'Andorrà. Ere un senyor que es veu que venie de la Massana, o d'Ordino, lo que em va explicar ell. I ell feie de manyà, tenie treballadors i jo vaig anar a treballar a Ca l'Andorrà. (EE-158, H-SJ-2-A)

Quan arribava la tardor marxava, doncs, molta gent d'Andorra. Era el moment en què els ramats emprenien el seu recorregut per les carrerades cap a les pastures hivernals i marxaven amb ells els pastors que els acompanyaven. Marxaven també pràcticament tots els nois i noies solters a treballar uns quants mesos o fins a la següent temporada d'estiu en què tornaven a casa. I també marxaven alguns homes casats, que aprofitaven els mesos baixos de feina per aconseguir ingressos per a la família. Imaginem-nos per un moment el contrast de la vida a Andorra entre l'estiu i l'hivern; el primer ple d'activitats, gent treballant i tot el jovent omplint cases, camps i carrers; l'hivern, en canvi, estava dominat pels silencis de tots els

25. J. A. Brutails, *La costume...* pàg. 14.

que faltaven i de les moltes hores de foscor. Dones, gent gran i canalla s'arreplegaven a les cuines, a la vora del foc, que era l'únic lloc on es podia resistir el fred a les cases.

Dues vides en paral·lel

> "Antes les dones treballaven a casa i a fora, anar a guardar el bestiar, a cavar, a fer tot. Antes ere més esclava la dona. Nos feven ensenyar, i a pencar, i treballar, i treballar". (EE-28, D-OR-3-A)

En els capítols anteriors hem presentat les condicions de vida de la pagesia d'Andorra quan aquesta era la forma de vida predominant en el país. Hem partit de les dimensions més àmplies i estructurals de la vida a pagès i progressivament, en cada apartat, hem anat acostant la mirada i amplificant l'objectiu per poder visualitzar com era aquest món en què vivien famílies concretes i persones reals, que han format part d'ell i que l'han conformat. Volem ara apropar-nos encara més i arribar fins a persones concretes i les circumstàncies que han envoltat les seves vides. Presentarem a continuació la trajectòria vital de dues dones a partir del seu relat biogràfic i, en fer-ho així, no és amb la intenció d'individualitzar, sinó d'aportar un altra prisma per comprendre l'Andorra de la pagesia. Perquè cada relat biogràfic ens està mostrant una trajectòria social, i mostra el pes que tenen els factors socials i culturals a l'hora de modelar la vida de les persones. Proposem, en definitiva, llegir la societat andorrana a través d'aquestes dues biografies.

Es tracta de dues dones de dos estrats socials diferents. Una, a la qual anomenarem NÚRIA, pertany a una de les cases més benestants d'Andorra, que era una casa forta en el context de la pagesia i que encara ho és ara amb les noves activitats. La segona, na RAMONA, pertany a la pagesia mitjana, que ha viscut de les seves terres i ha utilitzat el treball familiar. Van néixer amb dos anys de diferència (el 1922 la primera, el 1924 la segona) i les seves vides han discorregut en paral·lel, perquè han compartit els esdeveniments i circumstàncies d'una mateixa època, però han anat per camins diferents.

NÚRIA, pubilla de cal PERE RAMON

La NÚRIA (EE-160, D-EN-3-A) va néixer a Cal PERE RAMON, en la parròquia d'Encamp, i va ser filla única. Aquesta era una casa que ha jugat un paper important a Andorra, d'on han sortit polítics que han participat en el Consell General, perquè en ser una casa forta, ens diu ella mateixa, i defensar el que és seu, també s'entén que defensa els interessos de l'altra gent. Era una casa "més gran que les demés", de les antigues, que no pot passar desapercebuda i que és punt de referència de tothom. Així la veu un veí de la mateixa parròquia:

> Sí, ere la casa més rica, i encara ho és. Los del PERE RAMON fan com aquells d'Andalusia que la meitat del terreno és seu. Vas allà, i n'atrapes allà, i vas allà i el trobes allà, i tot és PERE RAMON... igual aquí. Si mires a tot arreu, hi té terrenos, a tot arreu. Això del PERE RAMON, allò del PERE RAMON, allò altre del PERE RAMON, a tot arreu quasi bé. (EE-145, H-EN-2-A)

La NÚRIA enumera amb tota naturalitat les propietats de la casa, que són molt extenses, tant, que quan va morir el seu pare i ella se'n va fer càrrec (tenia llavors vint-i-tres anys) hi havia finques que no coneixia, perquè no hi havia anat mai, cosa que en part s'explica perquè ella sempre havia acompanyat el seu pare i a causa d'un accident anava en cadira de rodes, hi havia llocs on no podia accedir. En tot cas, ella s'enorgulleix d'haver tingut sempre les propietats impecables i, per tant, ser exemple del que en cada moment s'havia de fer:

> Ho tenie tot sempre molt ben fet [es refereix al seu pare], tant que la gent deie: "Mira, a Cal PERE RAMON ja seguen", per exemple, i tothom pensave que ja havie de segar. "Mira, a Cal PERE RAMON ja seguen l'herba", saps?, feie com de model.

El treball de la pagesia no el feien directament els propietaris de la casa. A Cal PERE RAMON hi havia masovers, pastors, mossos i minyones. Pel que fa al treball de la terra, ella distingeix "la propietat de la casa" de les bordes i veïnats de la parròquia. Aquestes últimes eren arrendades a masovers (de fet eren mitgers), mentre que "la propietat de la casa" la tenien repartida entre diverses famílies de masovers "perquè no hi havie famílies tan grans amb tres o quatre fills per poder fer rutllar tota la propietat", però també hi havia una part que la portava directament el seu pare, amb quatre o cinc mossos que treballaven sota la seva supervisió, i per això afirma que "nosaltres sempre hem fet de pagès". Recorda que havien tingut ramat d'ovelles quan ella era molt petita, però després es van especialitzar en vaques i eugues. Lògicament tenien camps de cereals, prats de dall i també tabac, i a l'estiu havien de contractar colles de segadors i dallaires per fer la collita. Les minyones treballaven sota la direcció de la seva mare, que havia d'encarregar-se de portar la casa, cuidar de la delicada salut del marit i era ella també la que cuinava per a la família i per als mossos.

La seva infantesa i joventut transcorren sense conèixer els estretors materials i, com diu ella mateixa "m'han fet la vida de cotó fluix". De tota manera tota aquesta etapa de la seva vida està molt marcada per l'accident que va tenir el seu pare, que era encara molt jove i el va obligar a anar en cadira de rodes. Els principals records giren en torn a la relació amb el seu pare i a com l'acompanyava per les propietats, portant-lo en un cotxe que va començar a conduir quan tenia setze anys, i com d'aquesta manera va anar fent-se càrrec del que suposava la feina de la pagesia. El seu pare aconsegueix transmetre-li la passió per les coses del camp i l'orgull de tenir les propietats sempre en perfecta cura. Quan en parla, ella s'apassiona també, especialment quan es refereix a les eugues, a les quals admira pel seu noble aspecte, fortalesa i intel·ligència. Des de molt petita va tenir estret contacte amb les coses del camp, que coneix molt bé, i aquest coneixement deriva d'una relació indirecta, del que suposa dirigir la propietat, però no de fer directament ella mateixa les feines que comporta. És significatiu, per exemple, que els seus records d'infantesa estiguin impregnats per una visió romàntica, colorista i molt plàstica, que contrasta amb la visió utilitarista i pràctica d'altra gent. Vegem-ho a través de les seves paraules:

> A mi m'agrada més veure egües que vaques. Mira, abans en aquest prat d'aquí al davant (ara és un camp però llavors ere un prat), de vegades hi havie deu o dotze egües, i deu o dotze pollins, totes amb el seu pollí, i si un pollí s'acostave a una altra egua, la mare corrie per anar-lo a buscar, dient "soc aquí", i em feie molta gràcia. A mi és lo que em feie més gràcia del món: veure tots els pollins. Les mares anaven peixent, perquè no paren, no paren de pèixer, sempre mengen, sempre mengen, i els pollins estaven estirats, saps? Quan estaven tipets, vinga, estirats a terra, i tot de cop els hi devie entrar gana a tots igual, perquè llavors se n'anaven amb les seves mares i, au, s'agafaven allà, i mamaven una mica, i quan ho havien fet jugaven tots junts, anaven d'un cap de prat a l'altre, però, zuuuuuuu, tots junts, com criatures, tots junts, els uns seguien als altres. I em feie molta gràcia.

La infantesa també està marcada pel fet de ser filla única.

> Aquesta era la desgràcia de tota la família nostra, que he sigut jo filla única, la meva filla és filla única, i el fill de la meva filla també serà fill únic segurament.

Tal vegada en altres circumstàncies, la seva família l'haguera enviat a estudiar a alguna escola de la Seu d'Urgell, però això no és més que una hipòtesi. La realitat és que ella va anar al col·legi d'Encamp i recorda molts dels jocs que es jugaven al carrer. El batxillerat l'havia de fer a Barcelona, però esclatà la Guerra Civil Espanyola i mentrestant acudia a l'escola francesa d'Encamp encara que no hi estava inscrita. Quan va acabar la guerra, era ja una mica gran, però va anar finalment a un col·legi de monges de la Ciutat Comptal. No era la seva primera estada a Barcelona: hi havia viscut un any arran de l'accident del seu pare i la família hi tornava de forma recurrent fent coincidir les visites mèdiques amb anades al cinema o al teatre i durant aquestes estades s'allotjaven en un hotel.

El seu pare va morir l'any 1945 i a partir d'aquell moment ella es va fer càrrec de la supervisió i administració de les propietats, cosa que ha seguit fent fins al dia d'avui. Es va casar pocs mesos després, quan tenia 24 anys i encara la família duia dol i es va fer molt sentida l'absència del pare. El marit pertanyia a una puixant família de fabricants tabaquers i després del casament cadascú va portar els seus afers per separat. Del marit, ella en destaca la seva absoluta dedicació a la fàbrica i recorda, per exemple, que els viatges que havien fet sempre estaven relacionats d'una manera o altra amb el tabac, començant pel mateix viatge de nuvis, que el van fer al Marroc i va aprofitar per portar mostres de tabac. També la malaltia que el va dur a la mort ocupa bona part de les seves remembrances. Quan es van casar, van quedar-se a viure a Cal PERE RAMON, ja que ella n'era la pubilla. Podia haver sigut d'una altra manera i per això destaca el seu agraïment respecte a aquesta decisió i al fet que el seu marit sempre va tenir clar que "Cal PERE RAMON no es podia tancar". Van tenir una sola filla. Però això ja pertany a altres personatges i a altres moments.

RAMONA, mestressa de cal PERE QUART

Casa PERE QUART és també una casa de les antigues, feta d'uns grans murs de pedra i ubicada en un lloc molt elevat i visible de la parròquia de la Massana. La RAMONA (EE-78, D-MA-3-A) va entrar en aquesta casa per matrimoni, perquè ella va néixer a una casa d'Ansalonga, de la parròquia d'Ordino. Tota la seva família, que és molt nombrosa, està vinculada a la pagesia. En el seu cas, tant a la casa on va néixer com a la que va passar a ser-ne mestressa, eren pagesos mitjans que comptaven amb la mà d'obra familiar per tirar endavant l'explotació i que passaven millors o pitjors temporades segons la situació de cada moment i segons també el cicle familiar. Quan els fills eren petits i hi havia moltes boques per alimentar, calia fer molts equilibris per poder cobrir totes les necessitats.

Ramona era la tercera de set germans. La generació anterior, la que corresponia al seu pare (que va ser l'hereu de la casa), encara havia sigut més nombrosa, ja que havien sigut dotze germans. Tanta família, en una propietat mitjana, obligava a recórrer a l'esforç de tothom i els fills i filles eren incorporats molt aviat a les feines de l'explotació pagesa.

> A la meua casa, quina he nascut jo, hi tenívom vaques, caballos i tocinos, porcs de cria, de menjar la carn, que mataven cinc o sis porcs cada any. I tenívom cabres, set o vuit cabres. I jo un bon tip m'havia fet d'anar a guardar les cabres, los tocinos, les vaques... i sempre darrera del meu pare, quan llaurave amb les vaques; pues ell llaurave, i jo anava al darrera a plegar les patates. I érom crios, teníem sis o set anyets. I a fer tabaco, que érom petits i el meu pare ens ensenyave a plantar tabaco. I después a cavar les remolatxes per fer engreixar els tocinos, i d'allò en fèvom uns bons trossos a les terres. I allavons el mes d'octubre els collívom i al desembre o així comencàvom a engreixar els tocinos i ja en matàvom algun, perquè lo que havíem matat l'any abans ja s'havie acabat.

Tots els germans anaven a l'escola a Ordino i en el camí es reunien els nens i nenes de Sornàs, Ansalonga i la Cortinada. Recorda que tardaven set minuts tan sols a fer el recorregut. "Què et penses, que anàvom a pas de passeta? Córrer fèvom, set minuts hi possàvom, que anàvom igual que bicicletes". En l'escola hi havia un sol mestre, que tenia uns seixanta alumnes de nivells molt diferents, i els més grandets ensenyaven als més petits. Als 13 anys va anar a un col·legi de monges a les Escaldes, on els ensenyaven costura, i a llegir i escriure en espanyol. A l'escola hi anaven a la temporada d'hivern, hi començaven a anar un cop havien acabat les feines del camp i la deixaven el mes d'abril, quan tornava a fer falta treballar per a la casa.

Els records de la infantesa evoquen l'austeritat de la vida que es portava i com s'havia de treballar. Calia mirar d'aprofitar-ho tot i que no es fes malbé res, perquè tot era necessari. Cap abundància material, doncs, encara que destaca en diverses ocasions que no va passar mai gana; sí recorda, en canvi, i desagradablement, quant de fred havien patit. El treball, d'altra banda, es viu com una cosa natural, que calia fer. A més de les feines del camp, també ajudava a la seva mare a cuidar els germans més petits. I essent encara una nena (tenia 8 o 9 anys) es va encarregar ja de fer de mainadera. Més endavant, "quan vaig ser una mica capacitada", marxava al setembre a la verema, i "amb els diners que fèvom, los guardàvom per comprar llençols, vànues i lo que necessitave una noia". Tot això ho anaven a comprar a la Seu d'Urgell i gràcies a aquestes feines temporals es podia anar fent l'aixovar d'una cabalera. També els seus germans marxaven a treballar a França i s'hi estaven més temps; una germana fins i tot s'hi va quedar i actualment viu a Béziers.

Es va casar als vint-i-dos anys i va entrar a una altra casa de pagès, la que viu actualment i n'és mestressa. El viatge de nuvis el van fer a Lourdes i a Barcelona i després d'això mai més ha sortit d'Andorra, excepte per qüestions mèdiques. La nova casa tenia l'estructura típicament troncal: hi vivien els pares del seu marit i tres germans solters, ja que les altres germanes s'havien casat. Els homes s'ocupaven del ramat i del bestiar: havien tingut ovelles i feien cada any la transhumància cap a terres franceses i comptaven amb el treball d'un pastor. Van deixar aquesta activitat cap a 1965 aproximadament, a causa del fet que el germà del marit va posar-se a treballar en una altra feina, cosa que es va ajuntar a la creixent dificultat de trobar pastors. Van conservar les vaques i eugues uns quants anys més, que van deixar un cop va morir el marit. Ella portava bona part de les feines del camp, sobretot tenint en compte que el marit es passava bona part de l'any fora de casa, acompanyant el ramat. En aquest context, la sogra es cuidava de la casa i dels fills que havien nascut, mentre que ella "anave al camp, a cavar o a arremassar l'herba, o a guardar les bèsties, lo que convenive, i ella s'ocupave de donar-lis el minjar i de fer-lis tot".

El matrimoni va tenir un fill i una filla. El fet de tenir pocs fills va ser una decisió pensada, ja que no volia reproduir la situació que havia viscut a la seva casa natal, que havia originat tantíssima feina i maldecaps als seus pares i havia repercutit també en els fills. La família del marit també havia sigut molt nombrosa, set germans en la seva generació; deu (o dotze, no ho recorda) en la de la seva sogra.

> Jo gràcies a Déu n'he tingut dos, i el meu marit va dir que naltros ho hem passat molt malament, que de gana no n'hi havíem passat, però els pares, amb tants fills, és molt treball. Pues naltros nos ho vam comunicar de no fer més fills, perquè també hi ha la seua manera de no posar fills al món, i si en fas pocs, te'ls pots cuidar com Déu mane. I no pas com en algunes cases... Perquè n'hi ha

> que no miren on los posen, i també ha de tenir competència una dona de no fer tants fills i tant treball. No pas tants i malament: més val que vagin més bé los pocs, més saludables, i ja està. Perquè abans en teniven molts i lo dia que eren grandets ja marxaven, de noies, que és lo que més aprecies: una noia que ajude a la mare, que un noi no ajude gaire.

Actualment ella continua portant l'hort i alguns camps de tabac. Aquesta família, a més, com moltes altres d'Andorra havia diversificat les fonts d'ingressos: van complementar la pagesia amb el lloguer d'apartaments i es van introduir en altres activitats relacionades amb el turisme (actualment tenen un càmping que està en funcionament l'estiu i el fill treballa com a monitor d'esquí). La vida d'aquesta dona és, doncs, una vida de treball constant, que ella contrasta amb la situació que han viscut les noves generacions, i conclou amb una constatació que de forma recurrent fan les persones que han viscut, com ella, aquells anys que eren tant durs:

> Naltros, si tenim alguns diners, mos lo hem hagut de suar amb les nostres suades, que ningú mos ha dit: "Aquí teniu això"; pues mos hem hagut d'espavilar, i luchar, i endavant.

CAPÍTOL V

Anys d'obres, temps de guerres

L'electrificació d'Andorra

"La llum fa ric i dóna riquesa." (EE-33, H-SJ-2-A)

En la dècada dels vint es van construir diversos embassaments i centrals hidroelèctriques al llarg dels Pirineus. La riquesa d'aigua i els forts desnivells existents en la muntanya permetien explotar el que s'anomenava com "hulla blanca" i cobrir les necessitats energètiques pel procés generalitzat d'electrificació que s'estava produint arreu. Andorra tenia també un enorme potencial, però els diversos projectes que s'havien realitzat per explotar-los xocaven amb una doble dificultat: la manca de vies de comunicació i el peculiar estatut d'Andorra, que requeria que les concessions fossin aprovades pels dos coprínceps.

La societat FHASA (Forces Hidroelèctriques d'Andorra, SA) obtingué aquesta concessió.[1] La iniciativa estigué a les mans de catalans, a partir del projecte redactat per l'enginyer Lluís Creus i Vidal i de l'activitat desplegada pel financer barceloní Miquel Mateu i Pla, que actuà com a promotor. Aquest últim aconseguí la implicació de dos homes de negocis parisencs, André Boussac i Gómez-Quintero.[2] La societat es constituí amb capital espanyol i francès i establia que la possible participació de capital andorrà hauria de ser subscrita pels dos costats i aquesta doble naturalesa nacional

1. Prèviament l'empresa francesa Nickel havia obtingut la concessió per fer aquestes obres, però la crisi del franc francès que es produí arran de la Primera Guerra Mundial obligà a abandonar el projecte (L. Creus i Vidal, "L'electrificació d'Andorra", *Tècnica. Revista Tecnològico Industrial publicada per l'Associació d'Enginyers Industrials de Barcelona*, núm. 156, 1932, pàg. 1-16).

2. En el text de Lluís Creus és citat sempre com Gómez Quintero, sense especificar el nom de fonts.

de la societat facilità l'obtenció de la concessió, que finalment fou atorgada el març de 1929. Com a contrapartida FHASA es comprometia a realitzar les obres de construcció de la carretera des d'Andorra fins a Soldeu i del tram comprès entre Andorra i Ordino, que suposaven un total de 41,5 quilòmetres; la primera de set metres d'amplada i la segona de cinc, que era el que es recomanava per a les carreteres de muntanya en aquell moment.[3] L'energia obtinguda es destinava a l'exportació, però s'establia que un 10% havia de quedar per al país, de cara a afavorir el seu desenvolupament (proporció que aniria augmentant anys després). La construcció dels salts d'aigua i de les instal·lacions hidràuliques i elèctriques va ser executada per la mateixa FHASA, sota la direcció de l'enginyer Alfred Würth (que havia dirigit les obres hidràuliques de la Vall d'Aran), mentre que la construcció de les carreteres va ser duta a terme per l'empresa Firmes i Construcciones, S.A., que tenia la seva seu social a Calaf. Més d'un miler d'obrers participaren en aquestes obres (uns mil a FHASA i dos-cents a Firmes y Construcciones), que és una xifra important si tenim present que en aquells anys la població del Principat no arribava a les cinc mil persones.[4]

Bona part dels autors que han analitzat diferents aspectes de la història recent d'Andorra consideren que l'arribada de FHASA inaugura un nou període, ja que es produí un important moviment de persones en el Principat, la qual cosa suposà una reactivació econòmica del mateix Principat, la implantació dels primers establiments bancaris (el Banc Agrícol i Comercial el 1930 i la Caixa de Pensions el 1934), prendre contacte amb una vaga obrera, l'electrificació del país i, sobretot, la construcció d'un traçat de carreteres modern. Sense negar la importància de totes aquestes dimensions, nosaltres considerem que tant aquests anys, com els que s'inicien amb les posteriors guerres, constitueixen una precondició per al tipus de desenvolupament que tindrà lloc més endavant. Són, si es vol, un punt d'arrencada, una fase prèvia, perquè els canvis substancials no es produiran fins al moment que Andorra esdevé una mena de zona

3. Cal tenir en compte que la construcció de les carreteres, que s'ha presentat sempre com una contrapartida de FHASA a l'obtenció de la concessió i que suposava un benefici per a Andorra, responia de fet a una necessitat de la mateixa empresa per executar les obres d'electrificació. Calia tenir unes vies de comunicació adequades per facilitar el transport de materials i la realització dels salts d'aigua, canals, túnels i centrals auxiliars implicats amb la construcció i funcionament de la central hidroelèctrica.

4. Combarnous situa la població d'Andorra en 4.039 habitants. Tal com indica S. Llobet, a aquesta xifra cal sumar els estrangers residents en el país habitualment, ja que no els inclou (S. Llobet, *El medi i la vida...*, pàg. 218-219).

franca i amb la seva orientació comercial, turística i financera. Volem reforçar aquesta idea, tot fent notar que centrals hidroelèctriques se'n van construir moltes en el Pirineu, uns pocs anys abans o després que a Andorra, sense que això comportés canvis significatius en l'economia de la zona.[5]

Els inicis de la dècada dels trenta estigueren plens d'esdeveniments per a Andorra. S'acabaren els anys somorts i el país es despertà amb el soroll de les màquines, l'obertura de camins i la perforació de muntanyes. Els nous projectes suposaren la realització de grans obres públiques, però coincidiren també amb turbulències socials, com l'anomenada "revolució dels joves" i la vaga dels treballadors de FHASA i de Firmes i Construcciones. Aquest període l'hem reconstruït a partir de diverses fonts. Pel que fa a la perspectiva empresarial, objectius i plans d'execució de l'obra hem comptat amb les explicacions d'un dels seus directius (EE-117, H-EN-3-A) i de la conferència pronunciada per l'enginyer Lluís Creus (publicada el 1932).[6] Hem entrevistat, a més, quatre persones que van treballar a FHASA en l'etapa d'implantació. Ells mateixos relaten la seva visió respecte a la vaga que tingué lloc l'any 1933, aspecte que es completa amb el testimoni del comandant francès René Baulard (publicat el 1934) i amb les diferents cròniques periodístiques que es van publicar aquells anys.[7]

Tal com explica Lluís Creus, s'havien de fer tres salts d'aigua: un a Engolasters, tot aprofitant el llac existent, que recollia en forma d'i grega les aigües del Valira i del Madriu; el segon implicava fer un barratge en l'estret de Sant Antoni i la central a Arcavell (a prop de la frontera), i el tercer i més petit a Sispony, on es preveia adequar una mena de sifó per travessar la vall d'Arinsal sobre la Massana.[8] D'aquests tres salts només se'n va fer un, el d'Engolasters, amb la

5. Quan vem fer treball de camp en el Pirineu aragonès, i més en concret en la comarca del Sobrarbe tothom se'n recordava de les obres de la central hidroelèctrica de Laspuña que, igual que a Andorra, va suposar l'arribada de nombrosos treballadors a la zona, però aquest fet no va comportar cap canvi substancial per a aquella comarca, que va continuar essent molt deprimida econòmicament, cosa que fins i tot s'accentuà en el transcurs dels anys. És interessant també veure com el Pallars no ha tingut una evolució equivalent a la d'Andorra i, en canvi, també s'hi va construir una central (Vegeu F. TARRAUBELLA, *La Canadenca al Pallars. Repercusions sòcioeconòmiques de la construcció de l'embassament de Sant Antoni a la Conca de Tremp (1910-1920)*, Lleida, 1990).

6. L. CREUS, "L'electrificació d'Andorra"...

7. R. BAULARD, *La Gendarmerie Française dans les Vallées d'Andorre (18 Août - 9 Octobre 1933)*, Perpignan, 1934.

8. L. CREUS, "L'electrificació d'Andorra"..., pàg. 9-10.

corresponent central a les Escaldes.[9] La idea de fer els altres dos va ser abandonada. La hipòtesi que sovint s'ha adduït és que els anys posteriors foren molt difícils, ja que esclatà la guerra d'Espanya i vingué una enfonsada econòmica. Al marge que aquestes qüestions pogueren influir anys més tard, el cas és que la decisió d'interrompre els treballs es prengué molt abans, com un cop de força de l'empresa davant la vaga dels treballadors, tal com es desprèn d'una crònica periodística de l'any 1933:

> Dicen de Andorra que la huelga que mantienen los obreros de FHASA está a punto de solucionarse. La empresa ha anunciado que sólo proseguirá las obras del salto de agua que está a medio construir, suspendiendo definitivamente los trabajos de los otros dos saltos, cuyas obras sólo están inciadas. Ante esta actitud de la empresa se han iniciado por parte de los obreros más gestiones, que se cree que terminarán en un acuerdo.[10]

No sols es van deixar de fer les centrals d'Arcavell i Sispony, tampoc es va arribar a construir un dels túnels previstos per alimentar Engolasters. FHASA va incomplir de fet les condicions que s'havien establert, sense que se la pogués obligar. Això fa que un destacat polític del país es refereixi a la companyia com el "tercer copríncep", pel seu gran poder decisori (EE-33, H-SJ-2-A).

El salt d'Engolasters es va inaugurar el mes d'agost de 1934. Aquesta obra es complementava amb la construcció de barratges en llacs a major altitud, el de Juclar i Cabana Sorda, en el Valira, i el d'Illes, en la capçalera del Madriu. L'aigua es conduïa mitjançant canals i canonades que discorrien des de Ransol (una punta de la i grega) i des del Madriu (l'altra punta) fins al llac d'Engolasters. Per conservar el pendent va ser necessari perforar un túnel per comunicar Ràmio amb el llac, cosa que es faria en una segona fase de construcció. Aquesta és tota l'estructura hidràulica que ha proporcionat l'abastament d'electricitat a Andorra, que es connectaria amb les línies d'electricitat d'Espanya i França i que a partir dels anys de creixement va resultar insuficient.

La major part d'obrers eren espanyols, que havien treballat ja en obres similars i també foren contractats alguns andorrans. No

9. Vist en perspectiva, aquesta reducció del projecte inicial fou finalment beneficiós, i tal com ens diu EE-117 (H-EN-3-A), avui seria impensable, tant per motius ecològics com de salubritat, executar una obra d'aquestes característiques, que haguera fet disminuir dràsticament el cabal d'aigua de tots els rius d'Andorra.

10. *La Vanguardia*, 15 de setembre de 1933.

podem dir que les condicions laborals fossin exemplars. Tenim el testimoni d'un home que havia treballat en les mines d'Adrall i que no va voler acceptar la feina que li oferia FHASA, perquè pagava un jornal de nou pessetes, quan ell per fer el mateix en guanyava dotze, a més del que sumava amb les hores extraordinàries (EE-84, H-ES-1-C). Les altres quatre persones que hem entrevistat coincideixen totes en la quantia dels salaris que es pagaven: set pessetes de jornal per als manobres (sis i mitja per als aprenents) i nou per als quin tenien oficis: paletes i picapedrers bàsicament. Aquests salaris, inferiors als que s'estaven pagant en altres llocs, foren el motiu principal pel qual els obrers es posaren en vaga.

La perforació del túnel de Ràmio es feia en condicions penoses. Un dels nostres informants va estar treballant en la construcció de la central i quan es va acabar l'obra el van enviar cap al túnel, per substituir a alguns dels miners que havien causat baixa. Li van prometre que seria una feina provisional, però ell tenia la sensació que l'enganyaven, perquè passaven els dies i no el traslladaven i, fart de fer de miner, va abandonar l'empresa:

> Jo els dic: "Uns dies ja us ho faré, però gaire no". M'enganyaven... "Mira, que jo no vull fer de minero, no ho vull fer", perquè anàvom bruts, bruts, hi havie un material igual que carbó, però dolent, i ens havíom de banyar, sortívom bruts igual que porcs. Jo els hi feie provisionalment, però ells m'ho volien fer fer i que m'hi haguessa quedat jo. I jo vaig dir que no.
>
> Tot aquell temps, aquells que hi van treballar, els van pelar tots. Claro, com que cada dia aquella pols, aquella pols a la boca, allò ere dolent, molt dolent. I jo al cap de tres setmanes que vaig ser per allí... M'engayaven, sempre em diven que n'havie de venir un, que ja venive, i no se'n cuidaven. (...) Arribo un dia a la Central, que treballàvom de nit allavons i lo quin m'havia promès que l'endemà hi haurie un altre ja havie marxat, i em van convéncer tota la camarilla: "Per lo menos avui puja, puja per avui". "Bueno, va, pugem". Si haguessin callat, jo hi hauria anat, però quan vam ser al vagó que pujàvem per aquell funicular, per anar amunt, quan vaig ser al damunt, em diuen, "Ah!, mecagon coi, no volies venir i ja t'hem portat" (...) Jo no vaig tornar contesta, però la sang me bullive, i anar pujant, lo vagó anave pujant, i quan vaig arribar a puesto, salto i dic: "Sabeu què?, que ja us ho fareu", i encara m'esperen, no hi he tornat més [riu]. Tota aquella gent que van treballar a aquell túnel, tots els van pelar, tots en poc temps van morir. (EE-145, H-EN-2-A)

Queda molt ben reflectida la indignació d'aquest home, davant la continuada estratègia d'enganyar-lo per fer una feina que ell detestava i que més endavant es va mostrar clarament que era perjudicial per a la salut. La seva idea que tothom que va treballar al túnel va morir, coincideix amb la percepció d'un altre dels informants, que ho explica de forma més tècnica:

> Tots els mineros que hi havie van morir, tots, de tuberculosis. Tots. Com que el túnel aquest que anave fins a Ràmio, pues no tenie ventilació... La ventilació la feven per mediació d'uns ventiladors, però los treballadors, com que treballaven a preu fet, resultave que en comptes d'esperar i que els ventiladors quan tiraven les barrinades treguessin los gasos que hi havie allí dintre, pues no ho feven, perquè ho tenien a preu fet (...) I van morir tots, eh?, van morir de petit a petit. Van rebre als pulmons i de mica en mica van morir tots els treballadors. (EE-83, H-ES-2-AN)

L'accident que tingué lloc als cortals d'Encamp també el recorden dos dels que van treballar a FHASA. Un d'ells descriu el desastre de forma molt gràfica i l'altre afegeix, a més, la visió de la distància social que separava els càrrecs de comandament dels treballadors i la percepció negativa que té dels primers:

> Allà als Cortals hi va haver un accident, que estaven travessant la muntanya aquella. Hi va haver una explosió i van morir tres... no sé si eren tres o quatre homes que van morir. Poder hi anaven cinc i van morir quatre i un d'ells se va salvar. Los quatre van quedar a trossos i a miques per aquell bosc, tots estripats, penjats per allà una cosa i l'altre. (EE-83, H-ES-2-AN)

> Ere un enginyer suís, que no sé que va fotre, van badar, que havie de fotre unes cargues per tirar les barrinades, i no sé com es van barrejar per allí, que... van fotre una explosió i malament rai. Tres o quatre morts hi va haver. Jo vaig anar a l'enterro, l'endemà, sí però a dalt del túnel no hi vaig pas pujar. Ere un enginyer suís, però ere un infernal aquest paio, un tio, buaffff, que anave amb un Alfa Romeo per aquestes carreteres, anave amb la seva dona. Habitave a Meritxell. Un dia es va fotre contra una vaca per aquí baix a la recta, però se li en fotie, pagave la companyia. Els altres eren bons xicots encara... (EE-130, H-AN-2-A)

És cert que aquestes visions són molt subjectives i que no estan contrastades amb documentació procedent de l'empresa, però és innegable que mostren la percepció que es tenia de les condicions de treball. La sensació d'engany que tenia un d'ells (el qui no volia treballar com miner) reflecteix també com es concretaven les relacions laborals. Cal dir, que els quatre entrevistats són persones que no van plantejar mai cap conflicte amb l'empresa i si estaven descontents amb la feina o amb el salari, deixarien la feina. Un dels que fa les descripcions més crues, justament va continuar treballant a FHASA fins que es va jubilar i quan explica l'accident dels Cortals i la insalubritat de la perforació dels túnels ho fa amb mer ànim descriptiu i no crític, mostrant més aviat una situació que en aquells anys esdevenia normal. D'aquí que aquests testimonis siguin valuosíssims, ja que no estan esbiaxats per cap animadversió respecte a l'empresa.

El 26 d'agost de 1933 els treballadors de FHASA van iniciar una vaga per reclamar millors condicions laborals i, especialment, un salari més elevat. El 14 de setembre la vaga fou seguida també pels treballadors de Firmes i Construcciones. Aquests dies eren molt complicats a Andorra, perquè els delegats dels coprínceps havien destituït el Consell General en aplicació de la sentència del Tribunal de Corts, que condemnava així la sublevació del Consell General respecte al copríncep Mitrat. A més, els joves andorrans estaven reclamant el dret al sufragi universal masculí (fins al moment només votaven els caps de casa), cosa que finalment s'aconseguí. Per tal d'assegurar la celebració de noves eleccions al Consell General els coprínceps acordaren fer entrar a Andorra un destacament de cinquanta gendarmes francesos. Les eleccions es van celebrar el 31 d'agost, en un moment de plena efervescència de la vaga obrera.

No és aquí el lloc per explicar els esdeveniments polítics que tingueren lloc aquests dies i que es coneixen popularment com la "revolució dels joves". El cas és que aquests diferents conflictes van coincidir en el temps, i tal com es demostra en el text del comandant Baulard, els militars francesos van sol·licitar reforços i foren enviats a Andorra vint gendarmes més.[11] Ells van ser els que es van encarregar d'assegurar l'ordre durant els dies en què va durar la vaga. El Consell General havia creat un incipient cos de policia, (sis agents i un caporal), que pagava FHASA. Aquests agents van ser posats sota la direcció del comandant Baulard (en el seu text fa referència a l'escassa i antiquada dotació d'armes que disposaven), i també va ser cridat a participar el sometent.[12]

11. R. Baulard, *La Gendarmerie Française...*, pàg. 75.

12. Abans de l'arribada de FHASA no hi havia policies, sinó que cada parròquia tenia el seu *ener*, *desener* i *capità*, que s'encarregaven del manteniment de l'ordre. Si hi havia algun problema gran aleshores es requeria la contribució de la gent. Totes les cases havien de tenir armes a disposició i quan hi havia una crida a la mobilització els homes no s'hi podien negar, essent el Tribunal de Corts qui vetllava perquè aquesta obligació fos complida.

Els quatre treballadors que vam entrevistar no van participar en les manifestacions i activitats dels vaguistes, però sí recorden molt bé alguns episodis de la vaga. La major part d'obrers eren estrangers, espanyols més en concret, i el sindicat que tenia més implantació era la CNT. Tot això feia que els andorrans no assumissin el procés com una cosa que els pertanyia, sinó com quelcom extern, fins i tot en el cas dels qui eren també obrers i estaven d'acord amb algunes reivindicacions. Un ens diu que "com ere jovenet, m'escapave per tot arreu" (EE-130, H-AN-2-A) i, en tot cas, com andorrans percebien que els vaguistes eren gent de fora, que es movien per interessos de fora i que complicaven la vida del país. I quan es va mobilitzar el sometent, els andorrans van haver de respondre com era el costum instituït i participar-hi.

> Van sortir uns quants d'aquí, amb les escopetes que teniven i van dir, "de jaleo aquí no en volem", i es va acabar així mateix. Lo sometent els va fer fotre fora, vet aquí, perquè la gent que hi havie eren tots de fora. (EE-90, H-ES-2-A).

> Me'n recordo que un dia a la Seu, n'hi havie un que ere de la CNT, brrrr, aquell, i diu: "Bueno, perquè heu sortit amb les armes contra els obrers?, que aquí, que allà". "Però, què vols que hi fassa jo? No veus que hi ha una llei que o hem de fugir del país o anar-hi?", i allí ens vam discutir una estona. (EE-130, H-AN-2-A)

> Los treballadors van reclamar sou, no els apujaven, van fotre huelga, i allavons, és clar, van mobilitzar tots los jovens que hi èrom, per fer una mica de frente, fe'ls-hi por, però ho van arreglar i no va passar res. Jo hi vaig haver d'anar també, però allavons no hi anava com a treballador, hi anava com a andorrà. (EE-145, H-EN-2-A)

En l'última cita apareix de forma molt clara la dicotomia entre ser treballador (i, per tant, foraster) i ser andorrà, que té com origen la lògica subjacent a la vida de la pagesia, però que s'ha anat reproduint al llarg dels anys, amb el desenvolupament de les activitats comercials i turístiques i la conformació en la nova Andorra d'una classe obrera d'origen estranger.

El dia 19 de setembre va tenir lloc una reunió entre el Consell General i una delegació dels treballadors, un dia després que prengués possessió el nou Consell. Dies abans un funcionari del cos diplomàtic espanyol, José Buhigas, s'havia desplaçat a Andorra davant la preocupació que la vaga pogués estendre's a altres llocs i per contribuir a solucionar el tema, ja que el Consell General no acceptava el dret a la vaga i no volia negociar amb sindicalistes estrangers.[13] Qui millor descriu els esdeveniments d'aquest dia que seria clau (la vaga acabaria dos dies després) és el comandant R. Baulard.[14] Segons ell, els obrers es van desplaçar des de Canillo fins a Andorra la Vella per agrupar-se davant la Casa de la Vall mentre es feien les negociacions. Ells mateixos van col·laborar en el manteniment de l'ordre, ja que els delegats obrers només acceptaren entrar a la Casa de la Vall si eren els mateixos treballadors (i no els gendarmes) els qui la resguardaven. El conflicte es va acabar el 21 de setembre, en què els obrers van tornar a la feina.

És evident que tots aquests esdeveniments requereixen d'un estudi molt més aprofundit, però amb tot hem volgut aportar els pocs testimonis directes de persones que avui són ja molt grans i que participaren en els treballs de FHASA. Per acabar, cal que incloguem la percepció que ells mateixos tenen de la importància que suposà per al canvi del país que arribés aquesta companyia i emprengués totes les obres que va fer, ja que amb això acabaven els llargs anys de penúria i immobilisme que vivia el país. FHASA va suposar l'arribada de molts treballadors, que requerien habitatge i menjar. Va suposar també que alguns andorrans tinguessin un salari que complementava les seves ocupacions en la pagesia o en un ofici. En la memòria històrica elaborada des del present, aquest període es considera com a marcador d'un "abans" i un "després" en la vida del Principat, encara que com ja hem indicat més amunt, l'electrificació no provocà de fet mutacions importants en el sistema econòmic existent en el Principat. Cal tenir present tan sols que altres valls pirinenques tingueren també "la seva FHASA" i, en canvi, el desenvolupament posterior fou molt diferent del d'Andorra. La percepció que se'n té a Andorra, però, és que fou l'inici del futur i el motor de molts canvis:

> FHASA va donar treballs a tothom i va portar diners i hem anat endavant sempre. I Andorra sempre més ha anat endavant. (EE-145, H-EN-2-A)
>
> Quan van venir els treballs de FHASA, pues la misèria que hi havie dintre el país va desaparèixer. (...) Perquè molts [treballadors] anaven a cases particulars. Aleshores ells es compraven el seu menjar i el portaven a casa, i la dona que estave dintre de casa pues a última

13. Els esdeveniments de la vaga de FHASA poden seguir-se a través dels diaris. Hem localitzat en concret les cròniques publicades a *La Vanguardia* (24-8-33, 27-8-33, 29-8-33, 2-9-33, 5-9-33, 15-9-33, 17-9-33, 22-9-33), *ABC* (20-8-33, 23-8-33) i *Diario de Barcelona* (29-8-33, 30-8-33, 31-8-33).

14. R. Baulard, *La Gendarmerie Française...*, pàg. 78-82.

> hora els hi feie el menjar, i els rentave, i els cusive, i els feien pagar sis ralets, una pesseta cinquanta [riu]. Però clar, de seguida tenien cinc o sis persones, pues feien deu o dotze pessetes cada dia, pues amb aquelles pessetes semblave que era un capital ja. I la misèria es va haver acabat. Fins que va venir la guerra, que... de tot es va passar. (EE-83, H-ES-2-A)

Efectivament, les guerres obririen un nou període força complicat, però molt més decisiu encara pel que seria el futur desenvolupament d'Andorra.

Temps de guerres

> "Gràcies a Déu que ens vam salvar de les guerres, de la Mundial i de la Guerra d'Espanya". (EE-84, H-ES-1-C)

És cert que l'electrificació d'Andorra va comportar determinats canvis en el Principat i en les condicions de vida de la gent. La construcció de les carreteres fou crucial i també que les cases poguessin disposar de llum elèctrica. Pensem en una parròquia com Canillo, per exemple: la carretera que havien construït els francesos arribava només a Soldeu i, en l'altra direcció, calia arribar fins a Andorra per trobar una via de comunicació acceptable. Després, en canvi, hi hauria un autobús fins a Encamp i s'asseguraria també la distribució del correu tant espanyol com francès (cosa que durant molts anys faria en Tonet de Canaro). La llum elèctrica, d'altra banda, substituiria els llums de petroli, que eren els més corrents a les cases, i contribuiria a donar més confortabilitat i autonomia respecte a les anteriors condicions.

Però per molt substancials que siguin aquestes millores, l'economia tradicional, basada en la pagesia, no es modificà. Més important fou, en canvi, l'impacte de la Guerra Civil Espanyola i de la Segona Guerra Mundial, ja que no sols van suposar un considerable moviment de persones i de mercaderies, sinó que amb el bloqueig econòmic d'Espanya i la crisi de subsistència de les postguerres Andorra es convertí pròpiament en una zona franca.[15] Fou en aquest període que els privilegis que gaudia Andorra relatius a l'exempció d'aranzels i al lliure trànsit de mercaderies esdevingueren un element clau per convertir-la en un lloc on els països veïns s'aproveirien de productes bàsics. França estava mancada de teixits, llana

15. G. CHAPEAU *La mise en valeur...*

i aliments bàsics. Espanya, sumida en la guerra primer i en l'autarquia econòmica que la seguí, tenia molt limitades les possibilitats de fer importacions i estava mancada de recanvis de cotxes i de maquinària, així com de productes químics i farmacèutics i d'altres productes puntuals.

El fet de no tenir els mateixos tipus de restriccions originà un flux de mercaderies que entraven legalment per una de les fronteres i sortien per l'altra com si fossin productes andorrans. Aquest tipus de flux fou especialment rellevant en la immediata postguerra espanyola. Un exemple: els camions es compraven a França on no calia pagar llicència i s'introduïen a Andorra, es registraven i després es passaven a Espanya com a camions "andorrans". Però, naturalment, aquests camions mai tornaven a Andorra.[16]

Amb les guerres perd importància el contraban de ramat i tabac i, en canvi, adquireix relleu el fet de passar persones per la frontera (fent de "guies" o "passadors") i de transportar els diferents productes que demanden França o Espanya. Cap a 1947 es modifica aquesta forma de trànsit i molts francesos (bona part d'ells comerciants) es desplacen directament fins a Andorra per comprar allà mateix el que els fa falta. Comencen a instal·lar-se petites botigues per tot arreu, especialment en l'indret del Pas de la Casa però també a les Escaldes, que inicialment són simples coberts (alguns parlen de "barraques"), amb molt poc equipament. Aquesta és l'etapa que Jean Sermet anomena com la del "comerç alimentari", que suposa un canvi substancial en la manera en què s'organitza la sortida de mercaderies d'Andorra, que ara transporten els compradors, essent ells qui se'n responsabilitzen en el seu pas per la duana.[17]

Però aquesta situació ve precedida pels anys de guerres que afecten primer a Espanya i a continuació a França, immersa en la Segona Guerra Mundial i ocupada per les tropes alemanyes. Andorra esdevé un "estat refugi" i aquest mateix fet la fa ser un lloc de transmissió d'informació i d'espionatge. El pas de refugiats d'una a altra banda de les fronteres originà paral·lelament un contraban humà i un contraban informatiu.[18]

El problema de tothom en aquests anys de guerra era l'aprovisionament d'aliments i de productes de primera necessitat. Va

16. J. Sermet, *Problèmes actuels...*, pàg. 55.
17. J. Sermet, *Problèmes actuels...*, pàg. 55.
18. J. Sermet, *Problèmes actuels...*, pàg. 55-56.

caldre establir el racionament de productes bàsics, com la farina, el cafè, l'oli i el sucre.[19] El qui era aleshores síndic, Francesc Cairat, va establir relacions amb el general Franco, cosa que va permetre que a Andorra arribessin aliments des de la zona nacional, "des de Burgos", com diuen els qui encara se'n recorden.[20] En tenim dos testimonis, un que considera aquell subministrament com una mena de propaganda i un altre que participà en el transport de les mercaderies que arribaven a Andorra:

> Quan ere la plena guerra d'Espanya venien moltes coses d'allà Burgos, que hi havie el Franco, per fer propaganda als refugiats que hi havie aquí, fent veure que allà hi havie l'abundància i que ningú patie, i que hi havie de tot. (...) I un dia, com que aquí no es trobave gaire feina, li vaig fer quatre ratlles [a un amic] dient: "Potser encara vindré cap a Sant Sebastià", volguent dir, si tanta abundància hi ha allà, hi viurem bé... I em va escriure: "De moment no et moguis fins que jo t'avissa". Ere propaganda, que allà encara la passaven més punyetera que aquí. (EE-84, H-ES-1-C)

> El menjar venive de Burgos, feie la volta per Franca a l'Ospitalet, l'anàvom a buscar a fora a l'Ospitalet. Allavons ja tenia un camion, havia comprat un camion, i allavons vaig anar per les meves. Anàvom a buscar-ho a l'Ospitalet, portaven cansalada, deien si ere de camell o del que fos, però era bona. No tenie gust, però ere bona. També enviaven farina i anàvom a buscar la farina. (...) Portaven pernils, oli, farina,... però ho van tinguer que raccionar. Van fer

19. Mentre van durar les dues guerres Andorra tingué problemes de subministrament de productes bàsics. Això originà tota una sèrie d'edictes per regular el preu de la farina i el pa, el sucre, l'oli i la carn. També s'establí el racionament de determinats productes, especialment del pa, que només es podia adquirir mitjançant la presentació dels tiquets que es van regular. Aquest context va donar lloc a alguns abusos, relacionats amb l'acaparament o l'adulteració de determinats productes, cosa que motivà la promulgació d'un decret (19 de juliol de 1941) per frenar aquesta classe de pràctiques (vegeu R. Fiter, *Legislació administrativa andorrana. Consell General 1900-1973*, Andorra, 1973, pàg. 39-59).

20. El 13 de setembre de 1937 hi ha un acord del Consell General que estableix que "per salvar el nostre poble de la pobresa extrema i evitar l'emigració dels naturals del país", faculta a la Sindicatura a "adquirir mercaderies sense traves ni restriccions en els mercats estrangers més avantatjosos", i li atorga amplis poders perquè "cerqui la manera de proveir de queviures per passar l'hivern al poble andorrà, i això sigui on sigui, portant a cap totes les activitats i gestions pertinents encaminades a més de l'adquisició de mercaderies a bon terme, a l'obertura dels crèdits necessaris per al pagament dels articles de primera necessitat, tot això efectuarà de la forma que consideri més beneficiós i satisfactori per als interessos d'Andorra" (R. Fiter, *Legislació administrativa...*, pàg. 44). Sembla que és a partir d'aquest acord que el Síndic es posà en contacte amb el govern rebel que s'havia alçat contra la república i que havia establert la seu a Burgos.

> uns tiquets i amb els tiquets ho anàvom a buscar per la família que érom. (EE-92, H-AN-2-A)

Hi ha molta gent que recorda encara el moment en què es limità el pa (que llavors era l'aliment més important) a cent grams per persona al dia. Era l'any 1943, hi havia problemes de subministrament tant des d'Espanya com des de França, i va caldre recórrer a la importació de farina des de l'Argentina, cosa que alivià la difícil situació que havia creat la manca de pa.[21] La filla d'un forner recorda justament com el seu pare procurava allargar al màxim la farina que tenien, i com els refugiats no tenien dret a comprar pa, ells feien el que van anomenar la "coca dels refugiats", cosa que els va provocar algun problema amb les autoritats que finalment van poder solucionar:

> Cent grams, sí! És poquíssim, molt poc, molt poc. Però bueno sempre fèiem una mica d'ull gros i també ens ho feien allà. Perquè, clar, pels tiquets que portàvem ens donaven la farina. És que... no podien. Clar que un quilo de pa no és un quilo de farina, hi ha l'aigua i potser fa una mica més, i si trobaven farina a fora també en comprave. Però, cent grams!... I com que hi havie la guerra els refugiats aquí no tenien dret a comprar pa perquè no donaven tiquets... I allavons el diumenge el meu pare deie, pues si em queda una mica de farina faré coca. Ho veníem a trossos, que valie llavors pocs cèntims. O sigui que en el fons era coca de pa, només era pa ensucrat, la coca de forner. I allavons això no ens ho podien privar, no ens ho podien prohibir, però al final van dir, prou coca i ens van tancar el forn, per la coca! [riu]... que això va ser un incident. Sí, allavons amb molts recursos i bueno, una mica d'influència i tot plegat pues ens deixaren tornar a obrir, va continuar allavons. (EE-53, D-AN-4-A)

Els qui tenien parents pagesos a l'altra banda de la frontera, podien resoldre el problema de l'escassedat d'aliments mitjançant els productes de la terra que els podien facilitar, encara que amb les limitacions pròpies de trobar-se en estat de guerra. Aquesta

21. El 10 de juliol de 1943 es promulga el següent avís: "Racionament del pa. Es fa públic que a partir del dia 11 del corrent mes de juliol, i fins a nou avís, la ració de pa quedarà reduïda a cent grams per persona. Els flaquers no podran vendre ni expedir més quantitat de 100 grams de pa per persona i per dia, és a dir, que el valor del 'tiket' serà de 100 grams de pa. L'infractor serà multat i castigat. Signen Francesc Cairat, Síndic General i Bonaventura Riberaygua, Secretari General". Amb la importació de farina procedent de l'Argentina, el 28 de març de 1944, la ració de pa s'estableix en 200 grams diaris. El 9 d'octubre de 1944 s'eleva a 500 grams diaris per persona. (R. FITER, *Legislació administrativa...*)

escassedat es feia sentir, i més en un moment en què havia arribat a Andorra molta gent de fora per buscar-hi asil. Els qui vivien de la pagesia podien resistir millor, però la gent d'oficis i, sobretot els refugiats, ho tenien més difícil. Aquesta situació obligava a desplaçar-se molts quilòmetres per anar a buscar menjar, com feia aquest home d'Ordino, que passava cap a França pel port del Rat per anar a comprar formatges a pastors francesos. En alguna ocasió els havia comprat també corders, que després venia a Andorra:

> Pel temps de la guerra de França, la Guerra Mundial qui hi va haver después de la d'Espanya i que va passar a França, anàvom a cercar formatge a dalt a aquells orris i aquell formatge amb lo canvi resultave molt barato, nos resultave més barato que non pas lo pa que compràvom aquí, perquè allavons lo pa ere escàs, i mira nos arrancàvom al matí a peu, anàvom a aquells orris una mica d'amagat, perquè nos havíem de guardar que no pugés... justament hi havie los alemans, a l'època, a França.
>
> Mira, s'escaive un dia que anàvom a comprar formatge, i l'altre dia compràvom alguna auvella, l'auvella la matàvom i en veníem alguns trossos, un tros a un, un tros a l'altre... en baixàvom alguna a Andorra, perquè allavorens lo carnisser no matave gaire i també la repartívom, però coses en petit, mira, anar visquent. (EE-27, H-OR-2-A)

Els anys que es recorden com pitjors per la manca d'aliments són els coincidents amb els de la guerra d'Espanya. Hi havia gent, botiguers sobretot, que es desplaçava fins a la Seu d'Urgell per provar de comprar el que s'hi podia trobar i com a la duana es controlava la quantitat de diners que es portaven, es passava de contraban tot allò que excedia els imports permesos. Algunes persones, aquelles que disposaven d'algun vehicle i es desplaçaven de forma habitual cap a la Seu (cotxes de línia, correu) feien d'intermediaris i transportistes, compraven el que podien i ho portaven fins a Andorra. Però hi va haver moments en què les coses es van complicar i això ja no va ser possible:

> Vam plegar. Vam plegar perquè ens amenaçaven. (...) Un dia ens van agafar allà a baix a la Seu, que pujàvom... i què n'havíem de fer nosaltres que fossin rojos, que fossin blaus, o fossin lo que fossin? Estàvom d'acord: ens demanaven per exemple cafè, baixàvom unes llaunes de llet de cafè, i ells a nosaltros un bot de vi, o ens deixaven pujar arrós, coses així, amb lo sindicat, amb l'UGT, o la FAI. "Fascistes", ens dien. "Què coi, els fascistes! Si sapiguéssiu lo amics que som dels fascistes!" Jo em feia el valent, perquè allavons estàvom del costat de Franco... Poder érom fascistes també nosaltres... Fèiem recados per molta gent i prou, però clar... (EE-92, H-AN-2-A)

Anys d'obres, temps de guerres

Quan per raons polítiques o, simplement, per la insuficiència de productes no es podia anar cap a Catalunya, llavors calia marxar més lluny, cap a terres franceses, com ens ho explica aquest home d'Andorra la Vella, que treballava en un hotel i tenien el problema de com solucionar les menjades dels nombrosos refugiats que s'hi allotjaven:

> Com va arribar un moment que no teníem gaire menjar, i jo havia estat a Puymorens, allà havia fet de camarer en un hotel que es deie les Neus amb uns amics, i jo sabia que allà a l'hivern pujave el botiguer que portave els queviures i venie dues vegades a la setmana, allavors, bueno, jo vaig posar-me en comunicació amb ells i allavors vaig fer un viatge, primer sol, o dos potser, que vaig anar a Puymorens i vaig anar a buscar menjar, força, tot el que vaig puguer. Per pujar em van ajudar, pues va venir el meu germà, els meus cosins... En vaig fer dos o tres aixís, i aixís portàvem, entre tots quatre o cinc, pues portàvem, no sé, cent cinquanta quilos de menjar. (EE-36, H-AN-2-A)

Les botigues tenien molts problemes pel subministrament, especialment les de queviures. Però la presència de nombrosos refugiats, al seu torn, va originar una demanda inusitada de tota classe de productes i alguns dels comerciants ja establerts van poder vendre còmodament i en poc temps el gènere que tenien emmagatzemat:

> Els refugiats venien aquí, necessitaven de tot, perquè per la muntanya ho havien perdut tot, i aquí compraven per exemple a cal TREPAT, que tenien sabates de cinquanta anys enradera, i sabates en punta que no les volia ningú, vamos, que no tenien mercat, i allavons es va vendre tot, tot, i coses que havien costat posem per cas un duro, les venien a cent i d'aquesta manera es va començar a enriquir el país. (EE-127, H-AN-2-A)

Refugiats i exiliats

> "El pare va viure les vicissituds de la immensa majoria de refugiats. I va tornar a Andorra, el lloc més proper i on, ademés, es parlava català i, per tant, on ell es sentia més bé." (EE-15, H-AN-4-C)

Segons les etapes de les guerres, acudeixen a Andorra un determinat tipus o altre de gent. Hi arriben primer els "blancs" que fugen de la zona republicana i que s'hi allotgen tot esperant que acabi una guerra que inicialment es pensava que seria molt curta. Quan el País Basc cau a les mans de les tropes franquistes, passen per Andorra refugiats que intenten arribar a la zona "nacional" i, per tal de fer-ho, marxen cap a l'Ospitalet, on agafen un tren fins a Sant Sebastià, i d'aquesta forma Andorra es converteix en una corretja de transmissió que no parava.[22] Més endavant, a les acaballes de la Guerra Civil Espanyola, hi comencen a entrar els refugiats republicans, i ho fan tant pel nord com pel sud del país. Amb la Segona Guerra Mundial, els exiliats que s'havien refugiat a França veuen perillar la seva seguretat quan l'any 1942 es produeix l'ocupació alemanya i alguns d'ells entren llavors a Andorra, juntament amb nuclis de la resistència francesa, o de francesos que simplement fugien del Servei de Treball Obligatori (1943), pel qual s'enviava a Alemanya la gent que convenia per l'economia de la guerra. Ja més endavant, el 1944 i el 1945, són els alemanys i col·laboradors els qui utilitzen Andorra com un lloc per fugir. El trànsit humà es veié complementat amb les cadenes de fugitius aliats de diverses nacionalitats (britànics i polonesos majoritàriament) que durant l'ocupació nazi van passar per Andorra per intentar arribar fins a Barcelona o altres ciutats.

El Pas de la Casa es convertí en el lloc fronterer més freqüentat, especialment per les entrades i sortides d'espanyols que es perllongaren un cop acabada la guerra, pel fet que molta gent no podia tornar a Espanya per la por de ser represaliada. Es convertí també en un punt de trobada entre familiars i amics, a més d'esdevenir a partir d'aquestes circumstàncies un lloc de comerç i intercanvi de mercaderies. Una de les primeres residents del Pas de la Casa recorda molt bé aquest continuat trànsit de persones per aquest pas fronterer:

> Jo recordo que passava la gent d'Espanya que anaven cap a França i es trobaven amb familiars aquí i llavons deixaven els paquets perquè no podien marxar amb els paquets, i teníem un lloc que estava ple,... muntanyes de paquets. Deien: ja tornarem, ja vindrem a buscar-ho. Alguns venien, d'altres ja no tornaven mai més, no s'ha sapigut mai més res. (EE-112, D-EN-4-F)

Tot aquest moviment humà originà una mena de contraban de persones, consistent a ajudar a passar els refugiats d'un lloc a altre de la frontera. Calia anar per passos de muntanya poc concorreguts i eludir la vigilància de carrabiners i duaners.[23] Alguns

22. E. Albert, *Els quaranta anys del creixement d'Andorra*, Andorra, 1993.

23. Les rutes seguides pels fugitius que arribaven des de França en temps de l'ocupació alemanya eren, segons Daniel Arasa, les següents: 1. entrada pel port de Siguer i la vall de Rialb, Tristaina, Arcalís, l'Angonella, port d'Arinsal, port Vell i Tor (Espanya); 2. port de Siguer i la vall de Rialb, Llorts, l'Angonella per enllaçar amb la mateixa ruta

andorrans, bons coneixedors del territori, però també molts estrangers, actuaren com a "guies" o "passadors", de forma més o menys continuada. Vegem el relat d'un "passador" ocasional, que descriu de forma força detallada com s'organitzava aquest pas per la frontera. En aquest cas es tractava de fer entrar a Andorra tres dones des d'Espanya, poc temps després d'haver esclatat la guerra i que, per tant, fugien de la zona republicana. El qui explica el relat les va portar fins a la frontera i allà una dona s'encarregà de fer-les passar per la muntanya. Mentrestant, ell va entrar a Andorra sense cap problema, i les va esperar juntament amb una altra persona amb un cotxe a l'altra banda del recorregut. La descripció és una mica llarga, perquè està plena de detalls i reprodueix molt bé la situació i la tensió que suposava fer passar gent per la frontera:

> Al temps de la Guerra d'Espanya em vaig cuidar de fer passar les germanes de FRANCESC PASQUAL: la seva germana i dos nebodes. Jo els hi portava notícies d'ell, que ere aquí a Andorra. A mi no em feia por allò d'anar allí i Mossèn ROBERT, que les coneixive, diu: "Aquest se'n cuidarà, que és de confiança, i el que farà serà treguen-les i no les denunciarà". I sí, ho vaig fer. "Psss, per tal dia agafeu el passeig, i anar pujant, fins a la Seu, -que a dalt hi havie una rajoleria-, sigueu-hi aviadet que jo pararé i us faré pujar". Sí, sí, van pujar al cotxe. (...) I estava d'acord amb una de la Farga, que vaig anar a veure a aquesta dona, que no s'ho podiven dir gaire, perquè els hi anave la pell. I vaig dir: "Escolti, podríeu passar algú?". Va dir: "Qui són?". Dic: "Tres dones". Diu: "Són joves?". Dic: "Dos de joves i l'altra també caminarà". Diu: "Bueno, quin dia les vols fer pujar?". "Lo dia que em digueu". "Tal dia". Au, aquest dia les vaig fer anar a la Borda Blanca i allí van anar amb aquella, les va agafar i hi havie un camí que anave a sortir a la frontera, on hi ha la duana andorrana, que hi ha una casa vella allí, i allavons ja passat lo fil ja ere Andorra.
>
> Al BRAGULAT, que tenie el cotxe, li havia dit: "Hem de mirar de poder-les fer passar, que ho ha demanat el senyor PASQUAL i m'ha fet confiança de que me n'encarregui jo". "Sí, sí". I allavons a aquella

que l'anterior; 3. també anant des del port de Siguer fins a Llorts es podia baixar més al sud, arribar a Pal, fer el coll de la Botella, la vall de Setúria i Tor; 4. port de Fontargent, la vall d'Incles, Meritxell, Engolasters, les Escaldes, la Margineda; en aquest punt es podia fer nit en alguna cova i després se seguia per la vall del riu d'Os fins arribar a Os de Civís; 5. el Pas de la Casa, la portella de Sant Antoni i la portella Blanca, ja a Espanya, per arribar fins a Puigcerdà. Cal tenir present la dificultat de seguir aquestes rutes per a la gent no massa avesada a caminar per la muntanya, i més si hi havia condicions metereològiques adverses (D. ARASA, *Els quaranta anys del creixement d'Andorra*, Andorra, 1994).

> dona li vaig dir: "Sap quan vol aquella dona de passar-les tres? Val trenta pessetes en plata, lo únic que ella en demane seixanta". "No, no, d'acord".
>
> I al vespre vam esperar de nit, i vam anar a aquell revol, i no baixaven. "Mecagon, no apareixen, a veure si les hauran enganxat -dic-, pugem cap a amunt", i el Bragulat: "Puja-hi tu". Oh, coi, puja!... hi havie els carrabiners allí vigilant... Dic: "Ja pujaré jo". Pujo cap amunt i al cap d'un moment sento un soroll i, sí, sí baixaven... "Gràcies a Déu que ja heu arribat, ja em pensava..." Diu: "No, no, hem anat bé". I aquella senyora baixe la baixada i va i se'ns desmaie, antes d'arribar al cotxe se'ns desmaie, de contenta, de la por que teniven, perquè si les haguessin agafat, malament rai.
>
> I vam cobrar seixanta pessetes. I allavons diu aquella dona: "Us en cobro trenta, i us daré trenta a vosaltres també". "Mira, no és pas mal". Ens va donar trenta pessetes, i ens vam partir a quinze pessetes amb en Bragulat, i també vam fer pagar lo que valive el cotxe, cinquanta pessetes, que vam fer un viatge exprés per baixar a buscar aquelles dones a la frontera. (EE-92, H-AN-2-A)

Resulta molt difícil reconstruir les activitats dels "passadors", que es veuen envoltades de moltes especulacions respecte a si es van donar o no situacions abusives. El que sí és cert és que quasi ningú feia aquesta activitat, que comportava un risc personal elevat, de forma gratuïta i que es cobraven preus força alts. Per la seva banda, els fugitius estaven disposats a pagar el que fes falta per tal d'assegurar la seva salvació. Daniel Arasa, que ha publicat un treball sobre les diverses xarxes organitzades per ajudar a creuar la frontera en el Pirineu, considera que a Andorra és on es va donar un grau més elevat de mercantilisme, perquè en altres indrets hi havia més proporció de gent que feia aquestes tasques per motius ideològics o polítics.[24] És evident que hi pogué haver manca d'escrúpols en circumstàncies com aquesta, però cal destacar que també hi hagué gent que actuava de forma totalment desinteressada i altruista.

24. Hem pogut comprovar en la cita anterior que les tres dones que van ser introduïdes a Andorra van pagar seixanta pessetes de plata, més les cinquanta del cotxe (deu vegades el preu d'un jornal de l'època) i en aquest cas hi havia un compromís personal i moral respecte a qui els hi havia demanat, que era una personatge important. Cal preguntar-se (i això possiblement no arribi a saber-se mai) què és el que podia arribar-se a cobrar per passar persones vingudes de països llunyans sense haver-hi cap mena d'implicació personal ni ideològica. Arasa dóna la dada que un dels guies més actius, un francès conegut com Rivière, cobrava 1.500 pessetes (anys 1943-44) i que en una sola expedició feia passar una vintena de persones; en un altre lloc, tot reproduint una entrevista amb Francesc Viadiu, que des d'Andorra va participar en una xarxa organitzada per ajudar a passar fugitius, aquest especifica que el preu que cobraven els guies era de 2.000 pessetes (D. Arasa, *La guerra secreta...*)

Els refugiats s'estaven a Andorra de molt diverses maneres. Si es tractava de familiars o amics, se'ls tenia a casa i es feien tractes per sufragar els costos que això originava, que podien anar des de la total gratuïtat a l'aportació de diners per cobrir despeses i no suposar una càrrega: tot depenia del grau de relació i també del temps que es perllongava l'estada. Algunes cases de pagès agafaven els refugiats com a mossos, cosa que permetia obtenir allotjament a canvi de treball.

> En temps de guerra teníem la casa plena, hasta matalassos a terra per les criatures... per les criatures de la família, gent de família, família tots.
>
> Després també hi havie els nois de totes les vores d'Organyà, de Salàs, dels voltants d'Adrall, de tots aquests voltants de per aquí, d'Arseguel, de la vora de Puigcerdà... Tots aquests venien i els hi deien [es refereix al seu pare] "Mira, soc Fulano de Tal, vinc de la part del meu pare, vinc a veure si em podeu tenir i, si no, si em podeu buscar alguna casa". I és clar, el meu pare en temps de guerra, "Vinga, au, pues esteu-s'hi"; els donave un sou, perquè tinguessin pessetes per voltar, o per fer el que volguessin, i allavons treballaven una mica per la casa. Tots eren fills de cases de pagès, i ens ajudaven. I tota la guerra la vam passar així, amb nois que dormien a les habitacions que teníom, però que estave ple i replé, i hi havie una sala gran al voltant de les habitacions, i a l'aquella sala també hi havie llits. I después hi havie els de la família, que aquests eren tots aquí baix; és a dir que... mare meva! (EE-160, D-EN-3-A)

El més comú és que els refugiats s'allotgessin en fondes i hotels, tot esperant que la situació de guerra es resolgués. Hi hagué moments en què els evadits arribaren en forma massiva, i els pocs establiments existents es veieren desbordats per manca de llits i de menjar suficient, especialment en els anys de racionament. La següent descripció és prou expressiva d'aquesta classe de situacions:

> Nosaltres estàvem a Cal Calones i allavors la gent entraven, pobrets, al de matí, a la nit, tota la nit, estàvem amb gent, entrant gent, i nosaltres no podíem donar l'abast amb tot, no teníem... i allavors van començar els racionaments, no teníem gaire menjar, la gent dormia per terra, sobre el billar, per tot arreu, i alguna cosa els havies de donar... (EE-36, H-AN-2-A)

Davant aquesta gran demanda d'allotjament, algunes cases i pisos particulars van adaptar-se per funcionar provisionalment com a fondes, en condicions molt modestes, això sí, perquè l'espai no era massa gran i perquè hi havia problemes per comprar aliments.

També cal tenir present que els refugiats no tenien massa possibilitats d'elecció i havien de conformar-se amb el que se'ls pogués oferir. Això permetia, d'altra banda, a algunes famílies tenir una font d'ingressos, per petits que fossin, que permetia compensar la difícil situació en què inicialment es trobà Andorra, perquè malgrat no participar en la guerra, les seves repercusions l'afectaven molt directament.

> La dona al trenta-sis va començar amb els refugiats. Els fèvom a dispesa i dormir per deu pessetes, deu pessetes cada dia! Bueno, pues jo li deia: "Pues no veus que hauríem de pujar més?, perquè deu pessetes no és res, dormir i menjar, i tot, que hi perdem més aviat quartos. Sort teníem de les germanes de la dona, que mos enviaven uns paquetassos de mongetes seques, i fèvom mongetes estofades, mongetes de moltes maneres, i això ens estalviave de fer la compra aquí. (...) I en teníem quatre, un matrimoni de la Seu i dos que anaven sueltos." (EE-84, H-ES-1-C)

Amb l'acabament de la Guerra Civil i el triomf del franquisme, alguns dels refugiats republicans no pogueren tornar al seu país. Esclatà la Segona Guerra Mundial (que a Andorra molts anomenen com "la guerra de França") i durant uns anys hi hagué l'esperança que en acabar aquesta altra guerra s'acabaria també l'últim reducte del feixisme que quedava a Europa. Però aviat aquestes esperances quedarien estroncades i alguns dels catalans que havien arribat a Andorra buscant refugi, s'hi quedarien per molts anys i, en alguns casos, per tota la vida. El fill d'un d'ells explica el periple que els conduí fins a Andorra, com a molts altres refugiats que acabarien passant el seu exili en el país:

> Per la guerra d'Espanya el meu pare va haver de marxar perquè era amic de l'Azaña i amic d'en Companys, i amic de l'Aguirre i, en fin, de tots els catalanistes també. (...) I allavorens anar esquivant les bombes vam anar a petar a França. I de França, com que allavorens van entrar els alemanys, que també perseguien a tots els republicans, vam venir a petar aquí a Andorra. I això al meu pare li va agradar molt, perquè va dir: "Coi, aquí es parla català i aquí ens hem de quedar". I allavorens ens vam quedar aquí. (EE-157, H-ES-3-A)

El fet de ser un país de parla catalana dóna un sentit d'identificació i continuïtat amb la seva terra que tots els exiliats catalans destaquen. "És com si estéssim a casa nostra", diuen tots. Després d'haver hagut de marxar obligatòriament de la pròpia casa troben un país que els acull, on es parla català i on es troba diversa gent en les mateixes circumstàncies. També se'n destaca la pau i la llibertat, que contrasten amb els conflictes que s'han deixat enrera i amb la pèrdua d'uns drets que els han estat arrabassats. Vegem-ho en paraules de dos exiliats, un d'ells evadit durant la guerra, l'altre arribat en els anys cinquanta i que també havia hagut de marxar de Catalunya per raons polítiques:

> El cas és que llavors a Andorra tothom s'hi trobava bé. La majoria, en aquell temps, érem catalans i el fet de poder viure en un país de llengua catalana ens feia sentir més a casa nostra. No semblava que fóssim estrangers. (J. Brugat).[25]

> Andorra ens va entusiasmar, perquè era un respir de pau. I després aquí al trobar els rètols en català, que la vida es feia tot en l'idioma que un tenia, que aquella gent era molt coratgiosa, molt brava, no tenien por... L'andorrà, al menys quan jo vaig arribar aquí, era molt acollidor, tenia una cortesia exquisita, i tenia un tracte molt delicat, que et feien trobar que estaves a casa teva. (EE-141, H-SJ-3-C)

Andorra funcionà com un país neutral. Malgrat les bones relacions del síndic Francesc Cairat amb el règim de Franco, es va permetre que els refugiats republicans estessin en el país.[26] Molts s'hi quedarien per sempre i això esdevé un element clau per al futur d'Andorra, perquè alguns dels exiliats, ben connectats amb parents i amics a Catalunya, començarien a potenciar amb les seves activitats el vessant mercantil i financer que avui identifica el Principat. Els catalans aportaren, a més, una nova saba: inquietuds culturals i polítiques, esperit emprenedor i idees noves. Tot aquest substrat començaria a notar-se al cap d'uns anys. I tornant al paper de neutralitat que va jugar Andorra: els qui hi restaren com a exiliats són plenament conscients de la importància que té el que no se'ls fes marxar un cop acabada la Guerra Civil Espanyola i tots els que hem entrevistat tenen un reconeixement al país per aquesta mostra innegable d'hospitalitat:

> Els refugiats o els exiliats com el meu pare sempre han donat les gràcies a Andorra per haver-los deixat estar aquí, poder defensar la seva vida, poder fer una altra vida, tornar a refer la vida en un

25. J. Brugat i Martí, *El Pas de la Casa. Història d'un poble sense història*, Figueres, 1968, pàg. 14.

26. L'octubre de 1941, moment d'expansió alemanya, els veguers d'Andorra van publicar un decret pel qual s'expulsava els espanyols existents en el país, que eren republicans. Però en realitat aquesta era una manera d'acontentar les autoritats espanyoles, perquè hi hagué força tolerància amb els qui es quedaren i no s'anà a comprovar si havien marxat (D. Arasa, *La guerra secreta....*, pàg. 121)

racó de món, però que l'han estimat i també l'han fet. Sempre és un deure que tens en vers d'Andorra, perquè no han vingut i han dit "aquesta gent aquí no els volem; fora!" On haguéssim anat?... Els van deixar. Deixem-los aquí, ja veurem lo que faran. Pues mira, han fet un poble. I d'això estan orgullosos tots ells, és veritat. (EE-112, D-EN-4-F).

Intermediaris i espies

"Mai van perdre el contacte entre ells. Que estiguessin a Perpinyà, al Pas de la Casa, a Brusel·les o al País Basc com han estat, no sé com, però sempre tenien contactes." (EE-112, D-EN-4-F)

Ja hem comentat que Andorra fou un lloc de pas i també un lloc d'asil per als refugiats. Però això comportà que fos també un lloc de trànsit continu d'espies i missatgers, cosa que s'accentuà durant la Segona Guerra Mundial i que provocà el que J. Sermet anomena com "contraban informatiu".[27] Als alemanys i col·laboracionistes els era molt útil conèixer quins eren els evadits per intentar desbaratar-los, però, sobretot, per poder arribar a través d'ells als nuclis de resistents de l'interior de França. D'altra banda, tant els exiliats espanyols com els membres de la resistència francesa rebien instruccions, documents capturats de l'enemic, diners, aparells de transmissió de ràdio, etc. i això es feia mitjançant missatgers o, com es diu a Andorra, d'intermediaris. A més d'aquestes dimensions polítiques, hi ha les personals: els refugiats necessitaven comunicar-se i rebre notícies, paquets o diners dels parents i amics que estaven en altres llocs i això no era possible mitjançant els serveis de correus oficials. D'aquí que hi hagués persones que actuessin com a intermediaris.

A partir del llibre de Daniel Arasa, es coneixen detalls de les xarxes d'evasió que ajudaven als fugitius dels nazis a creuar la frontera pirinenca.[28] La ruta que travessava Andorra era una de les considerades més segures i fou força utilitzada. La Segona Guerra Mundial no tingué repercussions pràctiques sobre Andorra fins que es produeix la primera derrota de França davant els alemanys el juny de 1940 i sobretot la posterior ocupació alemanya del país veí el novembre de 1942. Fins a aquesta data s'anava produint un degoteig constant de jueus, que fugien de les zones ocupades pels

27. J. Sermet, *Problèmes actuels...*, pàg. 55-56.
28. D. Arasa, *La guerra secreta...*

nazis, però l'any 1942, en què es posà en funcionament tota la política de genocidi, l'èxode s'incrementà. També molts francesos van marxar del seu país, especialment aquells que s'havien destacat per les seves activitats polítiques contra els invasors i aquests es mantingueren en contacte amb els nuclis de la resistència que van quedar dins del país. Britànics, polonesos, belgues, o alemanys incompatibles amb el nazisme també s'evadeixen per poder salvar la vida o per seguir lluitant per la llibertat dels seus països. Els mitjans d'evasió eren diversos: un d'ells consistí a creuar la frontera pirinenca, arribar a ciutats grans espanyoles i passar desapercebuts en l'anonimat. Alguns d'aquests van passar per Andorra, on hi havia un nucli de persones que organitzava aquest pas de la frontera i nombrosos "passadors" que conduien els evadits fins a Espanya. Francesc Viadiu, exdiputat al Parlament de Catalunya per Esquerra Republicana i conegut com *Alexis* i Antoni Forné, un advocat exiliat, conegut com *Alfred*, eren els responsables d'una de les xarxes que es dedicà a passar nombrosos fugitius britànics i polonesos.[29] El primer es va instal·lar a Sant Julià, des d'on coordinava el pas per la frontera meridional i els contactes amb Barcelona; el segon residia a l'hotel Palanques, de la Massana, i coordinava l'arribada dels que passaven per la frontera francesa. Enric Coma, per la seva banda, era membre de l'Intelligence Service i estava amb contacte amb els nuclis de la resistència francesa gaullista. Uns i altres comptaven amb col·laboradors i grups de guies que actuaven bàsicament per diners.[30]

29. Segons D. Arasa, Francesc Viadiu va arribar a coordinar la xarxa coneguda com Alexis sense proposar-s'ho i pràcticament obligat pels serveis secrets britànics. Ell estava exiliat a Montpeller i es reunia habitualment amb altres exiliats. Les seves activitats havien estat minuciosament observades per un agent britànic i a través d'una dona se li va insinuar que en el proper futur se n'aniria a Andorra. No va donar massa importància a aquest fet, fins que un dia es presentà a casa seva un policia francès amb tot un memorial d'acusacions que constituïen una amenaça clara de què podia anar a la presó. Sortí de nou el nom d'Andorra i comprengué que no tenia altre remei que marxar cap allà. S'instal·là primer a Canillo i després a l'hotel Mirador d'Andorra la Vella, on fou contactat de nou pels serveis secrets britànics. D'aquesta forma fou induït a participar en la xarxa d'evasió. Antoni Forné, advocat i antic militant del POUM; va arribar a Andorra l'any 1939, després d'haver passat pels camps de Barcarès i Argelers i per un camp de treball als Alps, des d'on va ser reclamat per la família del síndic. Un cop a Andorra, fou buscat per anglesos del consolat de Barcelona i li van proposar directament entrar en la xarxa d'evasió, dient que necessitaven persones d'absoluta confiança. Tant Viadiu com Forné foren entrevistats per Daniel Arasa i és a partir dels seus testimonis principalment que explica el funcionament d'una de les xarxes d'evasió existents a Andorra (D. ARASA, *La guerra secreta....*).

30. D. ARASA, *La guerra secreta....*, pàg. 122-124.

Seguint amb les dades que proporciona Daniel Arasa, els alemanys establiren un rigorós control duaner, amb membres de la Grenzschutz, que era una tropa especialitzada de muntanya, que es veia reforçada amb components de la Feldgendarmerie, una mena de cos militaritzat similar a la Guàrdia Civil. Hi havia, d'altra banda, un aparell d'espionatge compost per civils que es movien per diversos territoris. Finalment, actuava també la Gestapo, la policia política, que traballava al marge de tots els altres.

Els alemanys feren algunes incursions dins d'Andorra. Hi havia qui els havia vist per la muntanya en algunes ocasions: "Bueno, els alemans veniven només a donar un vistasso, a veure què, no diven res a ningú" (EE-27, H-OR-2-A). Eren membres de la Gestapo els que anaren fins a l'hotel Palanques la nit del 28 al 29 de novembre de 1943. A partir del testimoni directe d'Antoni Forné, Daniel Arasa relata els fets que tingueren lloc el matí següent, amb la persecució del cotxe en què anaven el mateix Forné, un guia, cinc evadits polonesos i el xofer.[31] Els dos primers aconseguiren saltar del cotxe i tots els altres foren detinguts, sense cap conseqüència per al xofer, a qui se li va permetre retornar. Esmento aquest fet, que és molt conegut a Andorra, per donar compte de la perillositat implicada en el pas de refugiats, ja que quan la Gestapo tenia notícies del pas d'alguna persona d'importància no tenia inconvenient d'entrar i detenir-la dins mateix d'Andorra, cosa que, per altra part, era pràcticament impossible d'evitar. Aquest esdeveniment de la Massana compta també amb el testimoni d'un andorrà, que tingué una trobada inicial amb els membres de la Gestapo, el relat del qual reproduïm en una nota.[32] Però també vam recollir altres testimonis d'un fet

31. D. ARASA, *La guerra secreta....*, pàg. 126-128.

32. El relat del nostre testimoni és el següent: "Una vegada em trobava al Serrat amb un que justament feve el contrabando i venive de França, i... 'Cony, hi ha els alemans, dos alemans'. Però no diven res a ningú, només observaven. 'Cony, jo m'interessarie de troba'ls'. Naltros mos semblave que mon'havíem de guardar, i ell que li interessave troba'ls, diu: 'perquè de vegades et pots trobar que et prengon per allà i si tens una mica de coneixença encara et poden afavorir'. Ell tenive aquesta idea perquè ere contrabandista [riu].

"I sí, sí, els vam trobar, i baixaven a peu i ell tenive un cotxot que pujave un tros amunt i els hi va dir: 'Si heu d'anar a peu jo us ofereixo el meu cotxe, que el tinc a Llorts.' I van dir que teniven lo seu cotxe, que no feve menester. Però no conturbaven ningú, només observar.

"I a la nit es van quedar a la Massana, a cal Palanques, i lo del Palanques, aquell xicot, feve el taxi, tenive el cotxe i pujave a buscar aquesta gent que es retirave de França, que no sé d'on veniven. Polacs, o no sé que eren... poder eren aquells jueus que veniven en unes comitives de vint o trenta i quan eren aquí els afagaven i els fotiven cap a la

similar que nosaltres havíem sentit explicar diverses vegades: en aquest cas la Gestapo va entrar fins al cor mateix d'Andorra la Vella per anar a buscar una determinada gent:

> Quan ere la guerra mundial, hi havie una noia que estave aquí a l'hotel Valira i un altre home que estave amagat, mig amagat, al Cafè Central, que hi havie allà dalt a la plaça, i van vindre els de la Gestapo, van vindre aquí i van anar a buscar primer a aquesta dona i se la van carregar a un cotxe, i si haguessis sentit los esglais que feve aquella dona... Feve tremolar sentir els esglais que feve, perquè es veu que l'havien d'anar a fusilar. I aquell altre, que ere un metge molt famós, segons deien, el van anar a agafar al Cafè Central que hi havie antes. Eren alemanys, i es veu que n'havien fet de grosses, i al fer-ne de grosses els van reclamar. Es van pensar trobar-se aquí refugiats, que d'aquí no els treurien, però se'ls van emportar sense dir res. (EE-84, H-ES-1-C)

> Quan van venir els alemans... no me'n fiave de cap d'ells. Però van venir aquí, eh!, sí, sí, van venir aquí al carrer aquest, a l'aquell bar que hi ha damunt de la meva casa. Al mig de l'estiu ere; hi havie dotze alemans allà, militars armats, mecagon l'osti. No penseu que fessin goig, eh! Buscaven gent que els convenive a ells, d'espionatges que voltaven, no sé. Aquella gent no diven res a ningú, però mecagondéu... Voltaven a la nit, i no penseu pas, no feien gaire goig. Però de fet sí que es veu que van detenir gent a la nit, forasters, però del poble andorrà no es va sapiguer que diguessin res a ningú. Ja n'hi havie d'embolicats, ja, però poder no podiven perquè no es va sapiguer que diguessin res a ningú. (EE-145, H-EN-2-A)

Sembla que altres esdeveniments d'aquesta mena es van repetir i segurament coses similars podien passar amb la policia espanyola

Seu, i aquest Palanques feve el taxi i pujave a cercar unes remeses a on arribave la carretera i els portave cap a la frontera d'Espanya, i és clar, los alemans per observar, com ho diven haver sentit això, es van quedar a dormir a cal Palanques, i al matí van observar que ell se marxarie, i van anar amunt a cercar gent, i en baixant me'l paren allà abaix, antes d'arribar als túnels, i los quins portave, cony, els alemans, salten i s'escapen i ell va quedar sol. 'Cony, soc andorrà, què em diu?' I me l'agafen i se l'emporten cap a França i és clar sense have'l deixat anar a casa, només l'agafen i se l'emporten.

"I en passar el Pas de la Casa n'hi havie un que ere policia, i veu que passave un que ere del seu poble, 'Cony, se l'emporten los alemans'. Però ells a callar també. Saps? Havies de callar, sinó t'afusellaven [riu]. I telefone a la Massana a veure que havie passat, i los de la seua casa no en sabiven res, es pensaven que ere amb el taxi. I en saber això... 'Coi, mira, el mataran, el mataran'. La por els matave, i no va passar res; el van tenir vuit dies allà, li van fer preguntes, el van cuidar bé, i después el tornen a enviar cap aquí." (EE-27, H-OR-2-A)

La versió d'aquesta persona d'Ordino no recull fidelment el que succeí, ja que ell pensa que els cinc fugitius van poder escapar d'aquella persecució, quan no és així. No és paradoxal aquesta alteració dels fets, ja que per ell els refugiats no eren rellevants i sí, en canvi, ho era l'andorrà que feia de xofer.

i els infiltrats franquistes, però d'això no en tenim cap testimoni. En aquest context, no és estrany que Radio Andorra, que s'havia instal·lat al Principat l'any 1938, pogués participar en alguna xarxa d'espionatge mitjançant la seva infraestructura.[33] En tot cas, el seu director, Jacques Tremoulet, fou jutjat l'any 1946 a París: fou acusat de col·laboracionisme i condemnat a mort, encara que posteriorment el procés fou anul·lat. Un dels treballadors de la ràdio d'aquells anys (EE-130, H-AN-2-A) hagué d'anar fins a Madrid a declarar-ne les activitats, ja que com ell mateix diu, es pensaven que era espia. Finalment el deixaren anar sense càrrec.

Els intermediaris tenien també una tasca compromesa. N'hi havia que es limitaven a portar cartes personals, però altres transportaven documentació més delicada. L'escala i el volum d'activitats podia ser, a més, molt variable entre unes persones i altres. Aportem a continuació quatre testimonis, que treballaven per a sectors diferents: el primer per als francesos col·laboracionistes, el segon per als francesos de la resistència, el tercer per als espanyols afectes al franquisme, i el quart, per als republicans de l'exili:

> Allavons havíem de fer el trajecte de Soldeu a l'Ospitalet a peu. A peu hi havíem d'anar perquè no hi havien carreteres, no hi havie res... Allavons tot deu traficave amb paquets, perquè feien venir gènero, perquè allavons a Barcelona no feien res. Buffffff, no en va passar poc de gènero; no hi havie cap dia que no portessa a lo menos un milió de francs a sobre, que tenia por i tot. Algun dia et fotran -dic- que t'enganxaran i et fotran la pell. Venir d'Escaldes a la nit no ere pas fiat, eh? no ere gaire fiat. (EE-130, H-AN-2-A)

> I quan la resistència francesa, vaig pertànyer a una xarxa, i quan la vegueria francesa, que ara ja no em coneixen, però allavons era casa meva, pues portava el correu especial. Sortia de casa amb els esquís als peus, anava a l'Ospitalet i tornava, d'un tirón... Portava el correu especial. Al correu oficial les cartes estaven vigilades, però

33. Pel que fa a la programació, Ràdio Andorra es mantingué sempre neutral en tots els anys de guerra, ja que emetia bàsicament música i anuncis. La implantació d'aquesta emissora en territori andorrà va provocar nombrosos conflictes, tant en la relació d'aquesta ràdio amb altres cadenes de radiodifusió, per la competència deslleial que suposava no haver de pagar impostos ni sometre's a cap tipus de legislació, com amb el propi Consell General, que no tenia cap mena de prerrogativa ni poder sobre una emissora que responia totalment a interessos estrangers. Per una història de la radiodifusió a Andorra, vegeu E. Giral, *La radiodifusión en Andorra: política, economía y espacio comunicacional en un país dependiente*, Barcelona, Universitat de Barcelona (tesi doctoral inèdita), 1989.

> el correu particular el portava jo. I si la vegueria francesa van tenir una ràdio que agafava Londres, la va portar un servidor d'amagat, una ràdio que pesava quaranta quilos... i ara una capsa de puros fa la mateixa feina! És terrible això, comprens? (EE-77, H-ES-2-F/A)
>
> La seva dona, que aleshorens eren novios, enviave les cartes aquí i jo aleshores les treguive, les posave a un altre sobre i les passave per França i anaven cap a San Sebastian pel correu francès. Jo feva d'intermediari. És a dir, que n'hem fet de totes. (EE-164, H-EN-2-A)
>
> Al pare l'havien enviat el grup d'ell a Portè Puymorens. Ell va estar allà un any. Feia esmorzars, dinars i tot això. Però de fet estava allà perquè estava enviat pel seu grup i feia passar papers d'un costat a l'altre. El venien a contactar, li portaven coses, i ell pues... era un contacte, diguéssim.
>
> Llavons va vindre ell per aquí, però és igual, d'aquí s'escrivien. Tenien els seus contactes i passava la gent después amb l'autobús i venien a veure'l i sabien que era aquí. Es feien passar els sobres. Después venien de Barcelona alguns amics. Sempre, el contacte no l'ha perdut mai. Fossin on fossin sempre tenia els contactes i sabien on eren. (EE-112, D-EN-4-F)

Ens falta parlar de l'activitat que esdevindria central en aquest període, el contraban, i dels seus protagonistes, els paquetaires. Ho farem en el proper apartat.

Contraban i contrabandistes

> "Andorra sempre ha estat un país de contrabando del meu record. Hai vist fer i he fet des del tabac hasta una pedra de briquet, i tot el gènero que hi ha negociat a Andorra és el comerç. Es fa el contrabando per tots els costats". (EE-99, H-MA-3-A).

El contraban és a Andorra un fet estructural. Aquesta activitat és molt freqüent en tots els llocs on hi ha fronteres i, per tant, no és quelcom exclusiu d'aquest petit país. Però en el seu cas és consubstancial a la seva mateixa existència, ja que per força ha de recórrer als intercanvis amb l'exterior per fer front a les seves necessitats internes. Clar que aquests intercanvis poden fer-se d'acord amb les convencions establertes. Però aquestes convencions són fruit de la política dels països veïns, molt més poderosos, que són els que estableixen les normes legals que regeixen el pas dels productes per les fronteres, i aquestes mateixes convencions són les que creen el contraban.

Jean-Auguste Brutails entén molt bé (encara que no comparteix) aquesta naturalesa consubstancial del contraban per Andorra i la seva total integració en la vida quotidiana del Principat, fins al punt de constituir part del costum. Nosaltres hem pogut constatar entre la gent més gran la identificació semàntica que ells fan entre les expressions "fer el paquet" i "fer el comerç", com una sola i única activitat. Però vegem com ho expressava el mateix Brutails l'any 1904. Després de constatar que la principal font d'ingressos és el contraban i de presentar alguna de les mesures preses a les Valls per frenar-lo, comenta:

> Les lleis per la repressió del contraban han existit sempre formalment, però són obertament violades i més d'una vegada m'he creuat amb contrabandistes, amb el seu paquet a l'esquena, que sense cap mena de vergonya m'han vingut a saludar i a donar-me la mà. El contraban ha passat a ser part dels costums; és una classe de comerç molt considerat.[34]

Les pressions dels països veïns han originat que en diverses ocasions des de les institucions polítiques andorranes s'hagin fet declaracions i fins i tot edictes condemnant el contraban, però sense que això vagi acompanyat de mesures repressives o preventives. Podríem dir que quan és necessari es dóna satisfacció formal al que a nivell internacional es reconeix com una il·legalitat i com un delicte, però en la pràctica es protegeix el que a nivell intern forma part de l'estricta normalitat. Perquè al cap i a la fi, en el passat el contraban era una forma de poder sobreviure i més recentment ha sigut una activitat inherent l'economia transfronterera del país, i no tant perquè els seus habitants (siguin aquests andorrans o estrangers) siguin ells mateixos contrabandistes, sinó perquè també ho són en major o menor grau tots aquells visitants-compradors que passen per la frontera quantitats de productes superiors als permesos sense declarar-ho. Clar que d'acord amb les convencions establertes, aquesta vegada em refereixo a les de caire ètic, només es considera contraban l'activitat que aporta directament un guany (i no un estalvi, com és en el cas dels compradors), però cal tenir present que si no hi hagués compradors (dins del país, o fora d'ell, és indiferent) no hi hauria contrabandistes. El contraban no és, doncs, una activitat aïllada, sinó que forma part de tot un sistema d'intercanvi global.

34. J. A. Brutails, *La costume d'Andorre...*, pàg. 9.

És justament aquest sistema el que s'ha modificat en els transcurs dels anys i que ha fet canviar el significat del contraban, dels seus agents, productes i volum dels guanys. Si hem optat per presentar el contraban en aquest capítol dedicat als temps de guerres és perquè en el període de les guerres es va transformar fonamentalment la naturalesa del contraban. Fins l'any 1936 havia sigut una activitat d'estricta supervivència que feia la gent més necessitada de forma pràcticament individual. La situació de guerra i la posterior postguerra van originar una demanda de productes excepcional i Andorra es convertí en una mena de plataforma de subministrament de les mercaderies que eren escasses en un o altre dels països veïns. El contraban ja no és tant una estratègia de supervivència com una resposta a la demanda exterior, cosa que permet incrementar els ingressos obtinguts mitjançant la seva realització. A partir d'aquí, arrenca una nova etapa, en què l'economia andorrana s'orienta cap al comerç, el turisme i les finances i el contraban persisteix, però ara incorpora nous productes i, a més, es dóna també el fenomen dels milers i milers de persones que es desplacen a Andorra per comprar en condicions més avantatjoses que en els llocs on viuen. L'evolució més recent es caracteritza perquè alguns dels productes que es negocien a partir del contraban passen a ser controlats per grans organitzacions especialitzades en el tràfic il·legal que, per la seva estructura i característiques contribueixen a criminalitzar l'activitat.

El fet que el contraban sigui tot un sistema i no sols una activitat, implica l'existència d'organització, circuits d'aprovisio-nament i distribució, inversors, intermediaris i assalariats. Els agents que hi participen formen tres grups articulats entre si: els paquetaires, que s'encarreguen de passar les mercaderies per la frontera; els intermediaris, que tenen els contactes i organitzen les activitats, i finalment les grans cases comercials o empreses, que generen els productes per negociar i són els qui obtenen els beneficis més substanciosos. Com és lògic, dels paquetaires en tenim informació molt detallada i documentada, però no dels altres dos tipus d'agents. Intentarem de tota manera conservar la visió de conjunt en la nostra exposició sobre l'evolució del contraban, tot centrant-nos més extensament en l'època de les guerres, si més no perquè, tal com ja hem indicat, constitueix el moment en què es produeix un canvi qualitatiu i quantitatiu important.

A Andorra hi ha molts homes grans que han "anat al paquet" en un moment o altre. Era una activitat que antigament estava més aviat concentrada en la parròquia de Sant Julià, però en l'època de les guerres es generalitzà i es practicà de forma molt estesa.[35] Amb el creixement econòmic i demogràfic d'Andorra canvien els seus protagonistes, ja que s'hi incorporen residents estrangers. De tota manera mai havia estat una activitat exclusiva dels andorrans, ja que tradicionalment hi han participat també catalans procedents del Pallars, l'Urgellet i la Cerdanya. Però el fet que el contraban sigui, com hem dit, un fet estructural i que tants i tants andorrans hi hagin participat, fa que la figura del paquetaire estigui plenament incorporada en l'imaginari col·lectiu com un personatge noble, valent, lluitador, disposat a afrontar el risc, capaç d'aguantar les inclemències meteorològiques i molt bon coneixedor del territori. El paquetaire és, en definitiva, un personatge entranyable. Així és percebut i valorat i així és presentat, per exemple, en el llibre d'Albert i Jacqueline Puigoriol, *Els andorrans*, que dedica al contraban tot un capítol.[36]

Com tota activitat, el contraban té els seus codis ètics. La figura del paquetaire és molt valorada, perquè evoca de manera clara la importància del treball i de l'esforç personal. Els paquetaires eren gent senzilla, pagesos mitjans i petits, joves cabalers amb pocs recursos que havien de caminar molts quilòmetres i desplegar un considerable esforç per acabar obtenint uns ingressos minvats. Altra valoració reben, en canvi, els qui no s'adapten a aquestes característiques i practiquen el contraban a gran escala, utilitzen mitjans de transport potents i fan servir qualsevol mitjà per aconseguir un enriquiment ràpid. Així ens ho expressava un home que havia fet molts viatges com a contrabandista durant les guerres i que diu haver presenciat situacions que a ell li semblen incorrectes o, si més no, desprovistes dels components d'una ètica del treball basada en l'esforç. Com ell mateix expressa: "hi ha quins van fer quartos, però no els van fer honradament, els van fer a lo brusco, però mira, ja

35. En la guia turística sobre l'Ariège i Andorra, publicada l'any 1890, P. Baby destaca la notable presència del contraban a Sant Julià, que contribueix a atorgar-li més dinamisme que a altres pobles. La descriu així: "És la sisena i última parròquia d'Andorra; està considerada com la *villa* de les Valls, amb un bon nombre de botigues i fondes. S'hi fa un 'comerç' força important. La paraula *comerç* és en el país sinònim de *contraban,* i es troba singularment afavorit per la situació de territori neutre del país. Aquí ja no hi ha la calma que regna en les altres pobres parròquies que acabem de visitar; aquí, en comparació, hi ha moviment i vida, i es nota perfectament que un s'acosta a Espanya" (P, Baby, *Guide-Route du baigneur et du touriste dans de département de l'Ariège et en Andorre*, Foix, 1890, pàg. 537).

36. A. Puigoriol i J. Puigoriol, *Els andorrans*, Barcelona, 1965.

els tenen, eh?" (EE-162, H-EN-2-A). Fer diners "a lo brusco" està evidentment allunyat de la imatge quasi idíl·lica dels vells paquetaires.

El contraban de supervivència

> Les peülles de la mula s'ensorraven sense fer soroll en el talús i nosaltres avançàvem en silenci. De sobte trobàrem un home que jeia estirat a terra i no havia sentit que ens acostàvem. Quan ja érem al seu costat, s'alcà de cop i mirà al seu voltant consternat, però en veure en Joan que el saludava com un vell conegut, tornà a seure tranquil. Era un contrabandista que, muntanyes a través, anava camí de França amb una càrrega de tabac. La mercaderia l'havia embalada en un dipòsit per a tinta folrat de xarpellera que, amb corretges, podia ésser portat a l'espatlla. El fardell pesava trenta quilos i era tan compacte que, en cas de necessitat, el podien amagar dins del riu. Les corretges eren ben amples i folgades per permetre al portador, en cas d'ésser sorprès, de desfer-se de la càrrega i salvar-se fugint. El contrabandista ens digué que havia acordat, amb un company, de trobar-se en aquell indret per intentar passar la frontera plegats, aquella nit, que semblava que havia de ser molt fosca. Per trenta pessetes, portaria la càrrega a través de les muntanyes, amb perill de la vida.[37]

Birger Mörner era un escriptor i diplomàtic suec que l'any 1902 va visitar Andorra i va deixar escrit un magnífic i suggestiu relat de les impressions del seu viatge. Justament anomena Andorra en el títol com "la república dels contrabandistes" i en aquest fragment ens aporta una descripció força fidel de la impedimenta d'un paquetaire i de la seva actitud i prudència davant els estranys. La motxilla, de forma quadrangular, estava feta de manera que fos còmoda de transportar i fàcil de treure-se-la del damunt, ja que hi havia una espècie de norma (d'aquelles normes no escrites però que formaven part del costum) segons la qual si un contrabandista deixava el seu paquet no era agredit ni detingut pels carrabiners que l'havien descobert.[38] Lògicament, el contrabandista prenia totes

37. B. MÖRNER, *De la meva vida errant. En la república dels contrabandistes*, Andorra, 1997 [ed. original 1902].

38. Val la pena reproduir la minuciosa descripció que fa E. Costa Savoia del *fardo* o paquet que duia el contrabandista, per la gran senzillesa i al mateix temps ingeni que comportava. La càrrega que es portava pesava entre vint i trenta-cinc quilos i era indispensable poder dur les mans lliures. La descripció és la següent: "Amb tela de sac es feien dos tirants (*braçaderes, braçaleres, braceres*) d'uns quatre dits d'amplada, com si es tractés d'una motxilla d'excursionista. Per la part superior es cosien els dos tirants

les precaucions possibles per evitar un encontre que sempre era desafortunat per a ell i només com últim extrem abandonava la càrrega, ja que això li reportava considerables perjudicis econòmics. Per qüestions de seguretat, el contrabandista caminava de nit, dormia de dia i utilitzava els camins que sabia menys concorreguts o més difícils de dominar pels vigilants de la frontera. Podia anar sol o ajuntar-se amb algú altre per fer el camí junts, i n'hi ha que també anaven en colles, encara que aquestes es van generalitzar posteriorment. També per raons de seguretat, calia ser extremadament reservat i discret, desconfiat fins i tot, ja que qualsevol imprudència, encara que fos involuntària, podia posar en perill al contrabandista. La seva activitat era, per definició, de caire individual. Així ho corroboren les paraules d'aquest andorrà, que com molts altres, havia fet de paquetaire:

> El contrabando es feie per viure i tenies que vigilar molt, i no dormir totes les hores que tenies son, i no fiar-te dels companys: parlen dels uns als altres..., ni fiar-te dels carrabiners. Com dir, val més un duro fals a la butxaca que ser amic d'un duaner. (EE-99, H-MA-3-A)

El contraban es practicava de forma irregular, depenent dels ritmes de treball de la pagesia i de les necessitats de la família. Els contrabandistes a temps complet eren molt pocs; més aviat es tractava de pagesos que feien el contraban durant la tardor, l'hivern o la primavera. Hi anaven sobretot els cabalers, perquè "una persona no anave al paquet quan es casave, havie de tindre... ere un cas de força major de que fes el paquet, pels perills que comportave" (EE-34, H-OR-5-A). Era un recurs per complementar els migrats ingressos de la pagesia.

La mercaderia per excel·lència era el tabac, que es portava compactat en forma de rajoles o en paquets de cigars. El tabac es

a la saca i, per la inferior, només el de la banda esquerra. A l'extrem inferior de la *bracera* dreta, s'hi lligava un cordill o cordeta fent anella; de la saca sortia un cordill o corda al qual es feia un nus, aproximadament a un pam del cap; aquest nus es recolzava a l'interior de l'anella de la *bracera* i, mercès al pes carregat, actuava d'eficacíssim sistema de tancament, amb l'avantatge que, quan calia desempallegar-se amb rapidesa de la mercaderia compromesa, estrebant del pam de cordill situat entre el cap i el nus, el *fardo* rodolava esquena avall".

La descripció segueix especificant les altres coses que calia portar: sabates de claus, roba d'abric i totes les provisions possibles per tenir autonomia i ser vist com menys millor. (E. Costa Savoia, *Viatges amb els pastors transhumants*, Barcelona, 1987).

cultivava des de feia molt temps (segle XVII) i encara que la qualitat era dolenta, es podia oferir a molt bon preu, ja que a Andorra no s'hi aplicaven les taxes amb què el gravaven a França i Espanya i això feia que tingués sortida. En els anys que parlem hi havia fàbriques a Sant Julià i a Andorra la Vella que feien picadura i cigars, i aquest era el producte que se'n duien els contrabandistes. En el cas de formar-se colles per transportar el tabac, els caps de colla eren els propietaris de les mercaderies, o bé n'eren co-propietaris juntament amb algun inversor andorrà, i el paquetaire cobrava a preu fet, un cop lliurada la mercaderia. En cas de perdre el paquet o, millor dit, d'haver-lo d'abandonar, era el paquetaire qui se'n feia responsable i el pagava.

Per acabar d'entendre tota la lògica en el seu conjunt, cal tenir present que els fabricants eren els més interessats en el fet que els cigarrets tinguessin sortida en el mercat, ja que d'això en depenia l'existència i els guanys. Els pagesos de Sant Julià i d'Andorra dedicaven part de les seves terres al conreu del tabac i el venien a les fàbriques i, tant pagesos com paquetaires, tenien també interès directe en el fet que l'activitat es mantingués. En aquestes parròquies es tractava, doncs, d'un fet social total, ja que integrava els diferents sectors de l'economia andorrana del moment. El cultiu, la producció i el contraban de tabac van créixer en importància en el transcurs dels anys i encara que el contraban va incorporar moltes altres mercaderies, el tabac ha continuat mantenint un paper central en el sistema econòmic andorrà.

Aquestes eren les formes de contraban tradicionals. En els viatges podien afegir-se altres mercaderies, tant a l'anada com a la tornada. D'Andorra, per exemple, sortien també llumins (mistos). El propietari d'un dels comerços més antics d'Andorra havia obtingut la concessió d'importar fósfor amb franquícia, a condició que la producció fos per al consum intern del país. El contraban sistemàtic de llumins provocà l'enuig del govern espanyol i la posterior retirada d'aquesta concessió.[39] Una altra de les qüestions que provocà conflictes diplomàtics, tant amb França com amb Espanya, fou el trànsit il·legal de ramat que feien els pastors transhumants.

39. Com recorda bé un dels nostres informants, "ell va fer una fàbrica de mistos, però per fer el contrabando a Espanya. De manera que quan el govern espanyol se'n va donar compte estave indignat, perquè a ell li havien fet un favor aixíns, perquè va anar allà desesperat que no podie fabricar, i después tots els mistos aquests els portaven allà per fer la competència" (EE-127, H-AN-2-A)

Les obres d'electrificació van provocar una demanda de mercaderies que era superior als contingents que estaven permesos introduir a Andorra. Això va implicar la necessitat de recórrer a importacions franceses i al seu lliure trànsit per l'Estat espanyol, cosa que s'autoritzà l'any 1931. Un any abans el govern francès també havia fet una concessió basada en principis molt similars.[40] Les bases estaven posades perquè mitjançant el lliure trànsit de mercaderies poguessin arribar a Andorra tota classe de productes que després sortirien en forma de contraban. Però això tindria rellevància uns pocs anys després.

El contraban en temps de guerres

> I després, doncs, les coses es van anar arreglant malgrat tot. De França la gent va portar menjar i coses... i lo que no podien portar doncs ere material que hi havie a l'Ospitalet, coses... I un em va dir: "Si em portessis això..." I, mira, m'hi vaig acostumar, i allavors vaig fer molt temps això. Podeu comptar, pues portàvem, pues... coses, làmpares, recanvis, jo que sé, tot, ere indiferent, i guanyaves unes pessetes. (EE-36, A-AN-2-A)

Els viatges que inicialment serviren per anar a buscar menjar foren la base dels contactes que després canalitzarien el contraban d'altres tipus de mercaderies. La guerra d'Espanya i la posterior etapa d'autarquia econòmica, i la Segona Guerra Mundial, amb l'ocupació alemanya de França i dels països centroeuropeus originà l'escassedat de determinats productes i, per tant, una forta demanda per cobrir les necessitats. Tal com assenyala M. J. Lluelles, la duplicitat de proveïment andorrà, afavorida pels trànsits a través d'Espanya i de França, originava a Andorra una abundància de certs productes que, en canvi, mancaven en algun dels països veïns.[41] Les necessitats eren complementàries i Andorra es convertí en un lloc d'entrada i sortida constant de mercaderies.

Durant la Segona Guerra Mundial s'originà per part de França i dels països ocupats pels alemanys una forta demanda de determinats productes alimentaris i, sobretot, de llana.

40. M. J. Lluelles, *La terciarització de l'economia....*, pàg. 60-61.
41. M. J. Lluelles, *La terciarització de l'economia....*, pàg. 61.

> P - Passant pel Port vostè deuria veure de tot.
>
> R - Ui, els camions passaven com si fos ara, obrien la barrera a la nit, i feien moltes peles. Estave prohibit passar avellanes i ametlles pel Pas de la Casa. Això ere cap el quaranta-cinc i fins el cinquanta. Pues al de matí hi havia camions d'en PRIETO carregats d'ametlles, que els portaven per França cap a Suïssa, a les cases de xocolata, i cap a Alemanya. (EE-77, H-ES-2-A)

E. Costa Savoia indica que en aquells anys la llana es pagava als ramaders a uns preus elevadíssims, ja que s'havia arribat a les cinquanta pessetes per quilo.[42] Si aquest era el preu en origen, en arribar a la seva destinació, després d'haver passat per nombrosos intermediaris, aquella quantitat havia augmentat vertiginosament. Andorra es convertí en un dels llocs privilegiats en el subministrament d'aquest producte, que no sols provenia dels mateixos ramats, sinó també dels de totes les comarques de l'entorn. La cadena era la següent: la llana arribava a Andorra des d'orígens molt diversos i calia portar-la fins a l'Ospitalet, cosa que obligava a passar necessàriament pel port d'Envalira. Un cop en la localitat francesa els paquets de llana eren transportats per tren cap a diferents destinacions.

Una persona d'Ordino explica com a través de la muntanya arribaven pagesos des del Pallars portant llana, que ell comprava i feia arribar a Andorra i fent només aquesta part del transport, es treia uns guanys que ell mateix considera força grans:

> Jo sé que de vegades trovàvom a la muntanya algun que portés una saca de llana o dos, li compràvom i només agafar-la allí i baixar-la abaix a Andorra hi doblàvom los diners. (...) Si mos costave vint duros en fèvem quaranta. Aquí en petit, mira, fèvom només que entretenir, lo qui ho feve en gros guanyave quartos, però naltres, mira, com que naltres no ere el nostre negoci aquest, lo que s'escaive, ho fèvem així. (EE-27, H-OR-2-A)

Ell mateix defineix quina era la classe de gent que portava la llana, tant venint de fora com d'Andorra mateix, i en recorda també la destinació:

> La portaven molts, gent com nosaltres, pagesos, en portaven dos o tres saques al coll, aquí la veniven, i hi havie uns que l'arramassaven i l'enviaven cap a Suïssa. Feven lo comerç a enviar-la a Suïssa, allavons el canvi era molt bo i es guanyaven bé la vida. (EE-27, H-OR-2-A)

42. E. COSTA SAVOIA, *Viatges amb els pastors...*, pàg. 101.

El transport dins d'Andorra es feia en camions, però durant l'hivern la neu tallava les carreteres i el port era intransitable (aquesta situació podia durar pràcticament sis mesos, des de la tardor fins a ple mes de juny). El subministrament no es podia tallar i, en aquestes circumstàncies eren paquetaires qui transportaven aquest producte. El més freqüent era sortir des del veïnat de Soldeu, situat a 1.825 m. d'altitud, i des d'aquest punt s'emprenia el camí cap el port d'Envalira (a 2.400 m.) fins arribar al Pas de la Casa, el lloc fronterer. Uns altres paquetaires prenien el relleu i portaven la llana fins a l'Ospitalet. Com en aquest cas tot el trajecte era de baixada, les saques es posaven sobre trineus que arrossegaven les persones. Calia ser molt expert a caminar per la muntanya sobre la neu, amb temperatures baixíssimes i portant un paquet que podia pesar fins a quaranta quilos. Hi havia moments en què les condicions meteorològiques eren molt adverses i era essencial comptar amb l'experiència dels bons coneixedors de la muntanya:

> Anàvem amb un que sí entenive del temps. Abans portàvem llana i un dia vam marxar, per l'àrea de Soldeu i érem dalt a les bordes d'Envalira i esmorçàvem. I no feie gaire bon temps, i el port estave tapat i tot això. Va començar a fer una borrufa i un vent!... i ens vam ficar allí a una borda a esmorzar, anant rient, i anant menjant, i anant fent broma. I aquell home estave sortint a la porta, guaitave amunt i avall, anave i se'n tornave. "Quin temps que pinta! Tornarem cap a casa". I al cap d'un moment torna a guaitar i diu: "Bueno, nois, si volem anar al Pas de la Casa acabeu, plegueu-vos el paquet que farà dos o tres hores de bo i no en tenim més, que a la tarda es tornarà a girar el temps". I sí, sí, vam marxar. Vingue, carreguem! I tots vam marxar i vam arribar al Pas de la Casa on ens quedàvem a dinar. I ell diu: "Avui no ens podem quedar a dinar, podeu fer una mossegada i tornem". I quan vam arribar al cap del Port, del Coll d'Envalira, ja es va girar el temps, i una borrufa!... I va fer tot aquell dia una tempesta de por. (EE-11, H-CA-3-A)

Es desprèn d'aquestes dues cites que hem reproduït que els paquetaires anaven en colles. Anar sol en les condicions meteorològiques que es podien trobar haguera estat una imprudència, però és que, a més, aquesta classe de contraban requeria una complexa organització. De fet, a partir de les guerres les colles es van enfortir com a forma d'organització del transport de mercaderies, i difícil-ment el contraban es feia individualment. La figura dels intermediaris era essencial: ells eren els que compraven la llana, contractaven els paquetaires i tenien els contactes per fer-la arribar al seu destí.

El Pas de la Casa funcionava com un dels llocs nuclears en l'intercanvi de mercaderies. No sols hi arribava la llana que transitava cap a França, sinó que, circulant en sentit invers, hi arribaven tota una sèrie de mercaderies que serien transportades cap a Espanya, també mitjançant el contraban: productes de merceria, recanvis d'automòbils i de maquinària, pneumàtics, essència de perfums, rellotges, productes farmacèutics. També entraven camions, que es matriculaven com andorrans, passaven a Espanya i ja no tornaven:

> D'aquí d'Andorra sortien camions, mira, jo n'he anat a buscar, que el meu jefe em va fer anar dos viatges a Alemanya a buscar camions, d'aquells Mag, d'allò tan gros, de l'exèrcit, destartalats, arribaven aquí, baixaves a comprar i s'evaporaven... s'evaporaven.
>
> I pneumàtics!... Jo estave esquiant tot sol per allà per la carena, per dalt, de cara a la vall d'Incles, i hi havie boira, bastant espesa, i vaig sentir "buffffff, buffffff". "Ostres! què és això, unes esbufades així?" Carai, i veig com una serp... "una serp no pot anar axís, què pot ser això?" Oh, és que feie cinquanta metres de llargada, no és una cosa petita, eh?... De cop vaig sentir "Mecagondéu, no arribarem mai", "Ui, això parle". Em vaig acostar. Eren trenta-dos tios, que portaven trenta-dos pneumàtics de camion! I el pneumàtic de camion el portaven en una fusta a l'esquena, i de l'esquena sortie un tros de roda, i jo només veie allò, com una anella, que anave axís, una darrera l'altra, pujant i baixant. N'hi havie trenta-dos, esbufant i pujant! (EE-77, H-ES-2-A)

Els paquetaires que portaven la llana podien tornar, doncs, amb d'altres coses, o bé podien anar-les a buscar expressament. La gent podia arribar a anar fins a l'Ospitalet, Tolosa o Perpinyà per anar a buscar gènero. Un cop entrades a Andorra, aquestes mercaderies eren portades cap a Espanya per uns altres paquetaires. Molts d'aquests productes arribaven legalment a Andorra com a part dels contingents que es permetia importar pel consum del país i sortien mitjançant el contraban.

> En aquell moment, que teniva dinou anys, pues vaig començar a anar a l'Ospitalet a buscar essència de perfumeria, que ja venive de França, legalment, i ulleres, i després encara hi havie altres coses, lo que no me'n recordaré... I allavons aquí ho deixàvom al puesto que podive arribar lo cotxe a buscar-ho i hi havie vegades que ho havíem de portar des de l'Ospitalet fins a Canillo. (...) I ho vaig fer deu anys. (EE-108, H-CA-2-A)
>
> Aquí es comprave de tot. De Sants Cristos de plàstic, en van passar mils i mils... de França cap a Espanya, que a Espanya no hi havie res, tot venie de França. Motllures d'ulleres, en van passar! Mils!

> De puntilles en van passar mils també. Tot cap a baix. Ho carregaven en camions, o ho posaven a esquena d'home per travessar la Rabassa i anaven cap a Espanya, saps? I hi havie gent que els denunciave. Hi havie qui denunciave un carregament, l'agafaven, el posaven a subhasta, i el que ho havie denunciat anave a la subhasta i ho comprave. (EE-77, H-ES-2-A)

No sols els andorrans feien de paquetaires. Alguns dels refugiats es trobaven en una situació econòmica molt precària i van haver d'integrar-se en els circuits del contraban. Els qui seguiren vinculats a aquesta activitat passarien després a fer d'intermediaris, que és el que els proporcionaria diners. Així ho explica l'esposa d'un home que va ser contrabandista professional i que quan va deixar el contraban va poder viure sense problemes del que havia acumulat:

> Ell va començar a treballar sense cobrament, només els donaven la vida. I, clar, es va haver d'espavilar. I allà va conèixer gent que feia contraban i ell també va començar a fer contraban. (...) És que al principi era l'únic medi que tenies, no n'hi havia cap més. Aquí no hi havia res: hi havia quatre botiguetes que també en feien. Però al principi de tot, a l'època del temps de la guerra, que allavons aquí no hi havia res, el que volia treballar havia d'anar de mosso, o bé fer contraban. Era l'única manera. I primer els fardos, i portar paquets a l'esquena, i era així. I llavons ja anaves tu pel teu compte, i després ja coneixes gent d'abaix. Ell feia d'intermediari, però, clar, va haver-hi un moment que feien moltes denuncies, es denunciava. Primer això era més fàcil perquè et podies recuperar molt més ràpid i es guanyaven bastants diners, però després va ser més difícil, es va complicar. Llavons ell ho va deixar, i quan ho va deixar no va fer res. Però fa molts, molts anys. El meu marit ara fa set anys que és mort, i potser feia més de deu que no ho feia. (EE-132, D-AN-3-C)

En un article sobre Andorra, G. Gaskill parla d'un altra classe d'intermediaris: els qui tenien algun establiment (tipus fonda, bar, o casa de menjars) que s'utilitzava com a lloc de repòs habitual pels contrabandistes.[43] En aquests llocs s'hi feien transaccions i sovint els propietaris negociaven també amb determinats productes, que oferien als paquetaires pel seu transport. Alguns comerços havien complert també aquesta funció. Els intermediaris eren, de fet, un esglaó essencial en la cadena del contraban, ja que ells eren els qui dominaven l'organització dels intercanvis, negociaven els preus dels

43. G. Gaskill, "Andorra, paraíso de los contrabandistas", *Meridiano*, núm. 55, 1947, pàg. 50-55.

productes, els emmagatzemaven i distribuïen d'acord amb les demandes i, evidentment, ells treien molts més guanys que els paquetaires, que eren els que s'arriscaven en el transport. També entre els intermediaris cal parlar de graus, ja que n'hi havia d'abast més gran o més petit, i d'acord amb això variava també les condicions que podien negociar. És interessant reproduir un fragment de l'entrevista d'un home que s'havia introduït en el món del contraban i pretenia fer una compra gran de goma de merceria. La seva iniciativa va quedar contrarestada per la d'un altre intermediari, molt més potent que ell, que aconsegueix el mateix producte a meitat de preu. El nostre informant havia anat a reclamar diners que l'altre li devia:

> I ell em va dir: "I tant us interesse, que no en teniu a casa de quartos?". Dic: "No, i per això m'heu de pagar, i después tinc la intenció de poder fer un negoci ara, de fer vindre goma de França, perquè ara m'han de fer vindre una partida de goma i no tinc quartos, i els necessito, i a més aquests són guanyats meus". I em va dir: "Goma també feu vindre?". Dic: "Sí, però em falten els quartos". Diu: "Veniu aquí. A quant compreu la goma? A quin preu la porteu d'allà?" Dic: "A vint cèntims el metro". Diu: "Anem cap allà". Em fa anar a una habitació i ere atestat fins a dalt de caixons, de la mateixa goma que li havia dit. Diu: "Veus aquesta goma? A mi me coste deu cèntims el metro". Dic: "Ja està bé, aixís vosaltres també feu negoci". I allavons ve el vell, que també ere per allà, i diu: "No sé que dir-li, empleem lo nostre i lo que no es nostre, no els tenim i no us els podem donar". Ha estat mesos i no ha volgut pagar-me, collons, i negociave lo meu i lo d'un altre. (EE-84, H-ES-1-C)

En tot aquest període, el tabac va continuar essent un producte essencial dels intercanvis. Justament durant els temps de guerres va augmentar espectacularment la demanda i els propietaris de les fàbriques de tabac enfortiren notablement la seva posició. Eren l'últim esglaó dels agents que participaven en la cadena del contraban i els qui obtenien més beneficis, encara que no participessin directament en la part més dura i perillosa, la de transportar les mercaderies i travessar amb elles la frontera. Alguns dels fabricants de tabac també negociaven amb altres productes i, posteriorment, el control de les "llicències d'importació" els permetria a ells mateixos, o a la gent a la qual subrogaven aquestes llicències, controlar bona part de les mercaderies en què s'establiria el posterior creixement comercial d'Andorra. Les antigues fàbriques artesanals deixarien de tenir raó d'existir i, en canvi, prendrien nova embranzida les que incorporarien maquinària nova, importarien tabac ros de l'estranger i fabricarien cigarrets sota la patent de firmes estrangeres. L'acumulació de capital tingué lloc en els anys de guerres i l'impuls definitiu es produirà quan Andorra comença a rebre nombrosos visitants-compradors i el tabac esdevé un dels productes-reclam. Les noves fàbriques funcionen en règim de societat (anònima o limitada). Un nou oligopoli, diferent al que regia la societat agrària, s'estava configurant: els fabricants de tabac no sols participen també en altres negocis: banca, hoteleria, importació-exportació, gasolineres, etc., sinó que passen també a posseir el poder polític del Principat. El present i el futur immediat de la nova Andorra estaran estretament lligats a aquests nous emprenedors que, juntament amb inversionistes catalans, canvien els destins del vell país.

Les noves formes de contraban

> "I m'hi vaig tornar a emmerdar. 'Quan guanyes?' 'Tant'. 'Pues jo et dono tant'. És allò que passa, guanyes cinquanta i jo et dono vuitanta. Ja hi som. Aquí em van tornar a enganxar, el burro. Bueno, ara m'he desconnectat del tot." (EE-104, H-ES-4-C)

Les guerres i els seus efectes posteriors a Espanya i a França van originar un flux de mercaderies inusuals respecte a les dels períodes precedents i van obrir noves possibilitats a la pràctica del contraban. Val la pena que resseguim la trajectòria d'aquesta activitat malgrat que ens allunyem del període que tractem.

Comerç, compradors i contrabandistes

Paral·lelament a l'auge del contraban, i lligat a les mateixes causes que el van motivar (la demanda de determinats productes) comença a produir-se un altre fenomen: l'establiment de botigues dins mateix d'Andorra. Tota la lògica que hem explicat fins ara es modifica a mitjans dels anys quaranta. Comença a donar-se una important afluència de francesos, que van directament a Andorra a comprar el que necessiten per al seu ús personal o per a les seves botigues o establiments. El Pas de la Casa i les Escaldes comencen a omplir-se de botigues que venen tots aquells productes que no existeixen a França: aliments, conserves, teixits, roba confeccionada. Són tantes les sol·licituds d'obertura d'establiments i de permisos de residència, que l'any 1947 el Consell General suspèn les concessions. Durant aquests mateixos anys comença a posar-se de manifest el desig d'invertir a Andorra per part del capital espanyol (català), i temerosos de possibles represàlies per part dels països veïns, es dicten unes normes molt restrictives a l'expansió que s'estava produint.[44] S'havia iniciat, però, una dinàmica que ja no s'aturaria:

> Sí, en aquella època, del quaranta-dos al quaranta-cinc que hi vaig estar jo, Sant Julià era un centro de contrabandistes. Era un període que portaven la llana que compraven aquí (...) I llavorens els contrabandistes baixaven el tabac, potser en molt poca escala el tabac, i altres articles que venien de França: botons de nàcar, perfumeria, pintes... Potser llavorens va ser el període que es va començar amb el niló i les fibres sintètiques. Sí, hi havia un moviment. Sant Julià sempre ha sigut un centro. Después ja va passar... és curiós els temps com canvien!... después el moviment contrabandista va passar aquí a Escaldes, a Escaldes més que a enlloc. Quan es va acabar al quaranta-cinc la Guerra Mundial, els francesos estaven necessitats de teixits, flassades i gabardines. Moltes botigues d'Escaldes actuals van començar en aquell període que els francesos tenien necessitat de gabardines, de cortes de traje, calçats, mitjons i de tot, de totes les necessitats de vestir, i el comerç d'Escaldes llavorens va ser el període que va començar. (EE-96, H-ES-3-C)

Mentre que les botigues de les Escaldes s'especialitzarien en roba i teixits, les del Pas de la Casa vendrien sobretot productes alimentaris. Del fenomen del Pas de la Casa en parlarem en el proper capítol. Continuem ara amb aquesta nova etapa. Entre 1950 i 1953 va haver-hi una frenada en el ritme de creixement econòmic: molts exiliats retornen cap al seu país, desapareixen les condicions especials de la postguerra, s'inicia la competència espanyola i el capital s'inverteix en consum improductiu o en l'especulació de terrenys.[45] Immediatament, però, es produeix la reactivació i el comerç pren caire internacional, amb productes d'importació procedents de Suïssa, la Gran Bretanya, l'Amèrica Llatina, els Estats Units, Alemanya i el Japó. Tant França com Espanya van haver d'admetre el lliure trànsit de productes fins a Andorra.[46] Cal preguntar-se si el manteniment dels privilegis d'Andorra per part dels països veïns va ser resultat d'un simple reconeixement de l'estatut especial de la història d'Andorra, o de l'interès per l'existència d'una plataforma mercantil i financera. O de la suma de les dues coses... El cas és

44. M. J. Lluelles, *La terciarització de l'economia...*. pàg. 65.
45. J. M. Bricall i altres, *Estructura i perspectives...*, pags. 22-23.
46. J. Sermet, *Problèmes actuels...*, pags. 55-59.

que a partir d'aquest moment arriben a Andorra més i més compradors (ara procedents d'Espanya també) i són ells els qui corren el risc i els problemes amb la duana. Els visitants-compradors van a Andorra per adquirir productes a millor preu, i articles innovadors: molts d'ells no saben que quan s'emporten les olles de pressió, la roba de tergal, les vaixelles de Duralex i els cartrons de tabac estan fent de contrabandistes; uns pocs, però molt significatius compradors en són, en canvi molt conscients i van a comprar a Andorra amb finalitats clarament especulatives:

> En aquelles èpoques fèiem caixes de tres i quatre milions de pessetes diàries en joies. Déu-n'hi-do! Es venien els Rolexs, els Cartiers, els brillants de cinc i sis quilats. Jo n'he muntant de brillants de quatre i cinc quilats, i vendre'ls davant meu. I ere sobretot gent de fora. La gent del país també, però sobretot gent de fora. (EE-104, H-ES-4-C)

El vell contraban segueix especialment dirigit cap a Espanya, i ara s'incorporen nous productes que se sumen als antics: niló, mitges, puntes, medicaments, joies, essències, articles d'esport, espècies... Molta gent fa contraban, rics, pobres i no tan pobres, perquè ara ja no cal fer de paquetaire. Amb la generalització dels automòbils i amb el pas quotidià de milers de turistes per la frontera, és relativament fàcil passar les mercaderies. Les estratègies per eludir el control duaner són múltiples i variades. En recollim a continuació algunes, en paraules dels mateixos protagonistes, i encara que alguna cita és una mica llarga, crec que val la pena recollir-la pel seu valor testimonial:

> Quan la gent ha vingut a buscar aquí les coses ja no ha calgut fer el contrabando. La gent es va enterar que podien venir a comprar les pilotes de golf, ja no calia que jo els hi portés. Mentrestant jo els hi havia de portar; ho portava de contrabando... i tornava a buscar el gènero i pagava, i no va quedar mai cap contrabandista que no quedés bé. (...) Jo mateix, quan vaig començar a fer-ho una miqueta, com tothom, amb això de les pilotes, i tot lo que podia, no? Per exemple, el senyor Calvet, em va començar a portar les pilotes de golf i pilotes de tenis, i jo les baixava en dobles fondos plens cap avall. Però en això no hi havia cap problema, perquè clar, són coses que no fan mal a ningú. I tot lo que s'ha arribat a baixar d'aquí de contrabando cap avall, pues era una cosa tan lògica i tan normal, que em penso que l'únic cotxe que no tenia doble fondo d'Andorra potser era el del Sr. Síndic, en aquella època un senyor vellet. (EE-157, H-ES-3-A)

> Venien a comprar puntilles, pels que s'havien de casar, per fer contrabando a Barcelona, venien a comprar puntilles, se les

enrotllaven pel cos les dones... i a vegades els hi prenien a la duana. (EE-132, D-AN-3-E)

H - Si això ha sigut un país de contrabando. I tant, home! El contrabando, ens tenim que desenganyar, que tothom ha fet contrabando, i en aquest article [joieria] lo que vulguis: rellotges, anells, medalles i calers, lo que vulguis. A més, que és un article fàcil de baixar i pujar. Això t'ho poses a les mans, t'ho poses a la munyeca, t'ho posses a la butxaqueta...

D - Jo he passat... Posa't aquestes arrecades... sí. Calers també pujàvem.

H - I sense grans problemes. Però si foties en un cotxe tres persones i cadascú portava algo, podies baixar molts calers...

D - És que treballàvem per l'empresa.

H - Claro! Si ho haguéssim fet per la nostra compta, potser sí que haguéssim fet calers, però treballant pel jefe, res, justet, et pagava l'hotel, i a final de mes et donava el mateix sou (...) Jo treballava, feia lo meu. I ell deia: "Mira, ara descansarem aquesta setmana, farem un viatge, descansarem del taller. Venga, acompanya'ns, que ens anem a Niza, o a Cannes, o a Burdeus... Sí, bona vida, però pocs calers a la butxaca. L'acompanyàvem, fèiem les gestions i ja està. Bons hotels, bons restaurants, bones juergues i cap a casa. Ara, jo, l'obrer, jo, el desgraciat. El risc era important, que si et foten a la presó, vull dir, havia calers per pagar la fiança, perquè això estava estipulat: Noi, si et passa algo, no pateixis, que sortiràs." (EE-104, H-ES-4-C / D-ES-5-O)

Arribave a vegades el dia vint que no sabia on eren els diners per acabar de passar el mes. Què feia llavors?, contrabando. Ah, no havie més remei, però honradament.(...) Vaig aprendre a conduir i sí, sí, cap a la Seu. Quan anava a buscar els nens baixava contrabando i quan els pujava havia de tornar-lis a pujar, tornar a baixar contrabando, i així... Per fer contrabando havies de tenir uns medis. Jo en el bar sentia algunes converses, i jo vaig pensar: prova-ho. Vaig dir-ho a un parell de senyors i em van dir si ere de confiança. Dic: "Home, jo ho faig per necessitat". "Pues vinga, endavant".

Una vegada em van donar una figura d'una índia, així, assentada. I em diuen: "Mira, només de baixar-la a la Seu, 25.000 pessetes, però pensa que l'han pujat tres vegades". Dic: "Bueno, mira, ho intentaré perquè necessito els diners." Diu: "Te l'emboliquem". "No, no, fiqueu-la aquí darrere, al seient". Bueno, i jo fent-me la tonta, arribo allà, "¿Qué lleva?", "Pues no lo sé"... perquè si dius "nada" i et troben, l'has fotut. A darrere portava porcelana, no en portava gaire, però, bueno, fent còmputo, unes trenta i pico de mil pessetes. Digo: "No sé, mírelo". Y llega el sargento: "¿Y esto qué es?" "Pues mire, será mi hermana, que se me ha quedado aquí". Dice: "Mira, márchate". Anava carregada!... Mira si parlo d'anys, i anava carregada a tope, a tope. La vaixella és lo que miraven més.

I un altre dia, eren les tres de la tarda, les tres i pico i no hi havie ningú, i pensave: "Bueno, ara passaràs". I vaig baixar en el jeep, i vaig veure que miraven l'altre. I pensava: "Pobra de mi! Avui sí que l'hem palmat!... I aquesta conversa la va sentir un conseller i després aquest conseller la va explicar al Consell. I no me'n dono vergonya, jo davant dels quartos no tinc vergonya, perquè els necessito, i com no tinc terreno per vendre he de fer el que puc. I passo per allí i em diuen: "Anda, señora, qué coche, ¿eh?" I va vindre un tot xuleta, jove, venie a xulejar-se. "Señora, ¡qué coche!", "Le gusta, ¿verdad que sí?", "Pero escuche, escuche -i els altres estaven allà al darrere- ¿no es demasiado coche para una mujer?" I me'l miro de dalt a baix i digo: "Pues yo pensaba que era demasiada mujer para tan poco coche y, si no, dentro de una hora le espero detrás de la Catedral y le explico si soy mujer o no". Es va quedar tan fotut aquell tio!... I els altres estirats a terra rient, estirats a terra.

No sé què arriscava, de moment que em prenguessin el gènero, però si me'l prenien, a la botiga ja estave concretat que jo no tenia res que pagar. No em van prendre mai res. Una vegada baixava de plata, com una salsera, preciosa. I em diuen: "Això no pot passar". Dic: "Hombre, es un regalo de boda. Mire, si he de pagar algo...". Diu: "Va dona, va dona, si tu no has passat mai res". Que no havia passat res!... Lo que havia passat, un camión detrás de otro!" (EE-41, D-MA-4-C)

Evidentment, hi havia moltes altres estratègies a més de les que aquí s'han descrit, i l'enginy podia arribar fins a punts fins i tot grotescos. Com fou el cas d'un que volia portar roba de niló a Barcelona i la va posar enrotllada en la cambra de les rodes del camió: va quedar desfeta. Però, bromes a part, el contraban fet per andorrans i residents a petita o gran escala, més el fet pels compradors-visitants origina un ingent moviment de mercaderies que només es pot entendre pel paper de plataforma de distribució que va adquirir Andorra en aquests anys.

Últimes tendències del contraban

La pràctica del contraban ha adquirit noves formes, especialment la relacionada amb el tabac. La percepció existent (no en tenim dades directes) és que es tracta d'un contraban a gran escala, que és controlat per organitzacions especialitzades en el tràfic il·legal. Sembla que la mercaderia es transporta en cotxes tot terreny que circulen a la nit per les pistes de muntanya, travessen la frontera i dipositen els paquets en magatzems situats als voltants de la Seu, des d'on es distribueix cap a les grans ciutats, especialment cap a Barcelona. Les caravanes van precedides sempre per un cotxe o una moto que no porta res, que inspecciona el terreny per comprovar que no hi hagi policia, i que avisa els altres per ràdio o telèfon de qualsevol eventualitat. A causa de les característiques d'aquesta classe de tràfic, és molt difícil poder tenir la versió directa dels qui hi participen. Per això preferim limitar-nos a constatar l'existència d'aquests noves formes de contraban mitjançant alguns titulars de premsa espanyola que s'hi refereixen i que serveixen per destacar quins són els tòpics que, almenys en el context espanyol, es fan servir. A Andorra aquesta qüestió es veu de forma molt diferent. El contraban és una pràctica que existeix fa molts anys, ja ho hem comentat, però quan es tracta d'aquest contraban recent a gran escala, altament organitzat, s'insisteix que són estrangers qui el realitzen. En el capítol corresponent al cultiu i producció de tabac tindrem ocasió de valorar el significat econòmic d'aquesta classe de contraban, que avui està perseguit i penalitzat per les mateixes lleis andorranes.

Montañas de contrabando
Los secretos y las rutas de la entrada ilegal de tabaco
a través de la frontera andorrana

Los "gallegos" llegan a Andorra
La presión de la policía desplaza el comercio ilegal de tabaco a los Pirineos

La Vanguardia, 10 de setembre de 1990

Los tiroteos, persecuciones i accidentes son habituales
Los contrabandistas de Andorra atemorizan a los
pueblos fronterizos

El contrabando de tabaco se ha convertido en la manzana de la discordia de las relaciones entre Andorra y España. Trasladar cajas llenas de cartones de rubio sigue siendo un negocio floreciente y las autoridades españolas acaban de advertir a las andorranas que deben poner freno a esta actividad, que además de suponer un fraude a la Hacienda pública española, tiene atemorizados a los pequeños pueblos del Alt Urgell.

El País, 22 de setembre de 1997

El teniente coronel de Lleida tiene la orden de elaborar un plan contra los contrabandistas
La Guardia Civil envía una unidad antiterrorista al Pirineo
para combatir el contrabando de tabaco

Ajustes de cuentas con muertos incluídos, coches a toda velocidad por caminos y pueblos próximos a Andorra, intervenciones de alijos de tabaco de contrabando. Este es el panorama que en los últimos años se ve en las montañas y pueblos de los alrededores de Andorra, en los que actúan bandas de contrabandistas profesionales. Para poner coto a estos desmanes, La Guardia Civil ha nombrado al teniente coronel Luis Garrido nuevo jefe de la comandancia de Lleida y le ha dado una orden prioritaria: elaborar un plan de lucha frontal contra el contrabando de tabaco. Como primera medida, la Guardia Civil ha enviado a las montañas pirenaicas una unidad antiterrorista etarra.

El País, 3 d'octubre de 1997

Rubio con filtro

Guardias civiles entrenados contra ETA impermeabilizan la frontera con Andorra para impedir el contrabando

El dinero del contrabando

El tabaco rubio de contrabando entra en España por Algeciras, proveniente de Gibraltar; por las costas gallegas, a las que llega desde pequeñas embarcaciones que se abastecen de barcos situados en alta mar, y desde Andorra. La diferencia entre los tres puntos es que el tabaco de Andorra se fabrica en el pequeño Principado, que sólo hace pocos años que se dotó de instituciones democráticas. Andorra tiene siete grandes fábricas de tabaco en las que, bajo licencia, se manufactura rubio de las marcas Winston, Marlboro, Camel y Lucky Strike. Es un tabaco cuya calidad los expertos no dudan en calificar de ínfima, pero como Andorra es un paraíso fiscal, prácticamente no tiene impuestos.

Las siete fábricas pertenecen a las familias de la oligarquía político-financiera que desde siempre ha controlado los resortes del poder en el pequeño país. Son estos fabricantes quienes abastecen a las grandes organizaciones contrabandistas de decenas de millares de cajas de rubio.

En el estanco, el tabaco legal cuesta hoy 350 pesetas. El precio que paga un contrabandista por una cajetilla de rubio andorrano es de unas 100 pesetas, pero esta cantidad puede verse muy rebajada si la partida a comprar es elevada. Esta misma cajetilla es vendida en las calles de Barcelona o Madrid a 300 pesetas. Un margen de negocio muy suculento para fabricantes andorranos y contrabandistas. Mientras, el Estado deja de ingresar cada año más de 125.000 millones por este fraude fiscal.

El País, 2 de novembre de 1997

Los GAR ponen fin al estado de inseguridad que vivía el Alt Urgell

El alcalde de La Seu acusa a Andorra de no reprimir el contrabando de tabaco

Los alcaldes de poblaciones del Alt Urgell vecinas a Andorra protestaron del peligro que suponían para los habitantes de sus pueblos las andanzas de las organizaciones de contrabandistas de tabaco. La presencia en las montañas de la frontera de una compañía de los Grupos de Acción Rural (GAR) de la Guardia Civil, ha cortado de raíz las tropelías de los contrabandistas. El alcalde de La Seu d'Urgell, el socialista Joan Ganyet, acusa a las autoridades andorranas de pasividad en la represión del contrabando.

El País, 3 de novembre de 1997

La Unión convoca al Gobierno del Principado a una reunión

La UE exige a Andorra que declare delito el contrabando del tabaco

La Unión Europea pone en cintura a la Administración andorrana. Ayer dos altos cargos de la UE, el español Alberto Oyarzábal y el responsable de la oficina de lucha contra el fraude, se entrevistaron con Marc Forné, jefe del Gobierno de Andorra, y le explicaron que si el país pirenaico no quiere verse marginado por la UE en futuros acuerdos comerciales, tiene que cumplir inexcusablemente dos condiciones: reconvertir y autorregular su sector tabaquero y tipificar el contrabando como delito.

El País, 18 de novembre de 1997

I, encara que sigui reiteratiu dir-ho: sempre omnipresent, el tabac.

CAPÍTOL VI

La nova frontera en la frontera: el Pas de la Casa

Un lloc de pas, una terra de ningú

"Mon Dieu... ça c'est la fin du monde!" (general De Gaulle).

Diuen que el general De Gaulle va pronunciar aquestes paraules el 23 d'octubre de 1967, quan, de retorn a França després de visitar el Principat, va albirar des de l'edifici de Ràdio les Valls emplaçat en el pic Blanc, l'extensa panoràmica que abraça el pic de les Abelletes, la vall de l'Arieja, les Serres dels Pessons i la Vall del Valira. A poca distància d'aquest indret es troba el Pas de la Casa, just en la frontera francesa. Aquesta anècdota, que expressa en tot cas, la llunyania, la immensitat i també el caràcter inhòspit d'aquesta part del territori andorrà, està recollida en un llibre escrit per Jaume Brugat i Martí, un dels primers habitants del Pas de la Casa, en el qual explica les seves experiències amb relació a la història d'aquest poble.[1] Aquest document, d'elevat valor testimonial, ens serveix, juntament amb les entrevistes que nosaltres hem realitzat, per analitzar el procés de construcció d'una "altra Andorra" dins d'Andorra.[2] I és un "altra Andorra" en el doble sentit que pren aquest terme: com quelcom diferent de la resta, però també com allò que representa de forma extrema al conjunt.

El Pas de la Casa està en un lloc impossible per viure-hi, on mai hi havia hagut res més que una simple cabana per al refugi de pastors. El veïnat més proper és Soldeu, a 13,5 quilòmetres de

1. J. Brugat i Martí, *El Pas de la Casa. Història d'un poble sense història,* Figueras (1968)

2. Una de les persones entrevistades és la filla de Jaume Brugat, que ens va mostrar manuscrits del seu pare, que completen les parts ja publicades.

distància i per arribar des d'allà fins al Pas cal remuntar primer el port d'Envalira, a 2.400 m. d'altitud, i emprendre després el descens fins trobar una petita plana i el riu Arieja (a 2.048 m d'altitud). Durant l'hivern, que dura pràcticament set mesos, aquests indrets queden totalment coberts de neu. Avui en dia els accessos per carretera es mantenen oberts gràcies a les màquines llevaneus, però temps enrere el camí quedava tancat durant mesos i el lloc restava pràcticament incomunicat.

Actualment el Pas de la Casa té una població estable d'unes 3.000 persones, un 95% de les quals són estrangeres. Igual que a altres llocs d'Andorra hi proliferen els comerços adreçats a compradors estrangers, bàsicament de nacionalitat francesa, i l'activitat hivernal està definida per l'existència d'una important estació d'esquí que atrau nombrosos practicants d'aquest esport. Es va començar a poblar l'any 1946, a partir d'un petit nucli de persones format per una majoria d'exiliats, bona part d'ells catalans. El creixement del Pas de la Casa es realitzà de forma molt desordenada, a mesura que s'hi afegia nova gent, sense que hi hagués cap previsió ni ordenació urbanística. Els edificis no fan cap concessió a l'estètica ni a la qualitat, els carrers estan plens de gent i de cotxes i en dies punta el trànsit està col·lapsat. De forma equivalent, el teixit social està molt poc articulat i el sentit de comunitat és pràcticament inexistent. L'actual població del Pas està formada per conglomerats de francesos (alguns dels quals només parlen francès), catalans, espanyols, portuguesos, als quals s'hi sumen uns pocs andorrans. "Allò és el Far West": així s'ha qualificat des dels seus inicis al Pas de la Casa, i així segueix qualificant-se en l'actualitat.

La història del Pas de la Casa representa típicament la història de les noves fronteres, dels territoris on hi arriba població diversa sense comptar amb cap substrat inicial, ni amb cap norma de convivència prèvia. Tot es construeix a partir de zero, des de la primera casa fins a les infraestructures i equipaments. Durant molts anys no va existir cap mena de planificació, perquè ningú del país es podia imaginar que aquell nucli inicial pogués arribar a créixer ni a tenir cap entitat. Estava lluny de tot, físicament i també conceptualment. Era un *no man's land* ocupat per uns quants aventurers, que no semblava tenir massa futur. Però la consolidació del turisme comercial i, sobretot, el dinamisme econòmic derivat de la presència de l'estació d'esquí faria canviar les coses i faria obrir els ulls als habitants d'Encamp, parròquia de qui depèn el territori on se situa el Pas. Els encampadans van començar així a invertir en immobles i locals comercials, i el Comú va començar a regular l'accés a la propietat, a establir normes per a la construcció i a ocupar-se de les infraestructures urbanes. El servei religiós és el que arribaria més aviat. Més endavant s'aconsegueixen altres serveis: transport regular, manteniment i obertura de la carretera, escola, servei mèdic, etc. La història del Pas de la Casa, que aparentment sembla una història apart de la de la resta d'Andorra, representa en canvi de forma molt significativa la història recent d'Andorra, ja que aquí es concentren les principals forces que contribueixen al creixement econòmic del país i que provoquen un canvi radical en la seva societat i formes de vida.

L'indret on s'ubica actualment el Pas de la Casa s'havia convertit en el lloc de pas habitual per transitar entre Andorra i França, especialment des que el 1899 s'emprengué la construcció del camí que hi arriba des de Soldeu, i des que l'any 1905 el Ministeri de Treballs Públics del govern francès es feu càrrec de l'enllaç d'aquesta carretera amb l'Ospitalet. En aquests anys s'hi passava a peu i a cavall i el control duaner se situava sis quilòmetres més enllà, en ple territori francès, en el punt de bifurcació de la carretera que va cap a Foix i Tolosa amb la que, passant pel Puimorens, arriba fins a Puigcerdà. Durant la Segona Guerra Mundial el trànsit per aquest indret s'incrementà notablement, a causa del fet que durant el període bèl·lic hi hagué un flux constant de mercaderies entre França i Espanya. En els mesos d'hivern, quan la comunicació es feia més dificultosa, hi arribaven els paquetaires, que deixaven en el Pas de la Casa les seves mercaderies i altres els prenien el relleu en el seu transport cap a França. En aquell moment només hi havia al Pas unes poques edificacions molt senzilles. Una era el refugi que havia construït Miquel Montanya, *Calones,* un veritable pioner que fou l'antecessor de tots els que s'instal·larien posteriorment. L'altra edificació era la del refugi dels Isards, i hi havia també uns quants barracots i una cantina per als obrers que construïen la carretera per encàrrec de FHASA. Finalment, s'hi podia trobar el nou edifici de la duana, ja que el control fronterer s'hi havia traslladat feia poc temps.

I res més. Per trobar algun altre ésser humà calia anar fins a Envalira. A peu del port hi havia el refugi d'Envalira, que era un lloc ideal per descansar abans o després de passar pel port i que era utilitzat de forma habitual pels paquetaires. En el cap del port mateix hi havia una altra barraca, el refugi de Fra Miquel, que havia estat construït com a cantina i aixopluc dels obrers de Firmes y

Construcciones. Alguns dels qui van portar l'explotació d'aquests refugis acabarien anant després cap al Pas de la Casa, ja que al cap del port ningú hi volia habitar, atesa la solitud que comportava.

En el Pas de la Casa hi havia doncs tan sols aquells dos refugis que hem esmentat; no hi havia botigues, no hi havia res més, però era un indret que en els anys de guerra ja va començar a actuar com un lloc on es produïa un volum important d'intercanvis d'aliments i d'articles de primera necessitat que no es trobaven a França.

Els pobladors de la nova frontera

> "Va ser bastant dur, però va ser en un ambient molt familiar... Dintre de les dificultats que hi havia, pues compartíem els problemes i tot lo que teníem. Érem com una família" (EE-114, H-EN-3-E).

Un dels primers nous pobladors del Pas de la Casa fou Baltasar Borra, popularment conegut com el doctor Borra o, simplement, com el Borra. Ell fou tinent metge durant la Guerra Civil Espanyola i hagué d'exiliar-se a França, on formà part de la resistència. Vivia en un poblet de l'Arieja, però es desplaçava constantment per tot arreu per atendre malalts i en alguna de les visites a l'Ospitalet va sentir parlar del Pas de la Casa, com a lloc on es venien aliments i altres coses que es necessitaven a França. Es va traslladar al Pas el 1946, però un any abans ja hi havia construït una barraca on venia de tot: sabates, queviures... Tal com expressa el seu nebot, Joan Borra, en *Juanito,* també un dels primers pobladors del Pas que hi arribà l'any 1948 cridat pel seu oncle, en Baltasar Borra va entendre de seguida que allò seria un punt comercial important. Abans de ser metge havia estat comerciant a Barcelona i potser això li donava un olfacte especial per a aquestes coses.

Un altre republicà exiliat era n'Amadeu Cirici. Va allotjar-se al refugi Calones, ja que atesa la situació política preferia estar en aquell indret apartat més que en la mateixa Andorra la Vella; s'acabaria casant amb la filla del propietari del refugi i quedant-se al Pas. En Pere Garcia, *Pedro,* era un altre refugiat, que es va associar primer amb l'Amadeu Cirici i que després s'establí pel seu compte. En Jaume Mas era també un exiliat, un antic mestre que arribà a Andorra amb la seva dona i una filla; juntament amb Ramon Capdevila es va fer càrrec del refugi dels Isards. En Font havia sigut capità del Cos de Carrabiners de la República; aquest va treballar inicialment en el solitari refugi de Fra Miquel, però després va fer-se una barraca al Pas de la Casa, que portava amb la seva dona i que batejaren amb el nom de Refugi Català. Na Maria Martí era una andorrana de les Escaldes que s'havia casat amb un espanyol; van arribar el 1948 i van construir el Pic Mari, un dels primers hotels del Pas, que ha regentat juntament amb la seva filla Elisabeth. De l'Àngel, el que treballava com a dependent a la barraca coneguda com la de la Sra. Trini, i de la Maria, que regentava el Pic Mari, no se'n sabia pràcticament res. En Giménez, casat amb una andorrana d'Encamp, era un antic guàrdia civil, que s'establí al Pas amb la seva esposa. En José Mesas, Pepe, i la seva dona Maria, eren originaris d'Almeria, van estar uns anys al refugi d'Envalira i després van posar un restaurant al Pas. Els Mesas acabarien essent una de les nissagues més nombroses, perquè van fer venir força parents del seu poble. Els germans Vives, originaris del Pallars, havien estat, com molts altres, membres de l'exèrcit republicà i també lluitaren a França contra els alemanys. I, un altre republicà: en Jaume Brugat, que ja hem anomenat, per ser qui escriu sobre aquestes persones i la situació que van viure.[3] Ell havia estat cap de premsa de la Generalitat, era també un exiliat, que va viure primer a Perpinyà i després a Porté-Puymorens i que a l'any 1946 s'establí amb la seva dona al Pas de la Casa i acabà regentant un hotel.

Aquest fou l'embrió inicial del nou poble: l'any 1950 hi havia els dos refugis primigenis, vuit noves barraques, més la cabana del vaquer, amb un total d'una vintena de persones. En els anys següents s'hi afegiria l'Ausenci Martínez, un aragonès que també havia estat combatent de l'exercit republicà, que va treballar un temps al Fra Miquel i que aviat s'adonà que el Pas de la Casa progressava i també s'hi va construir una barraca de fusta. En Joanet de Pordiós, no era cap refugiat polític, sinó un andorrà de les Escaldes que posà la seva barraqueta botiga al Pas i tenia com a dependent Manuel Fernández, conegut com l'Asturiano, que aquest sí que era refugiat. També cal esmentar el matrimoni Deu, que arribà al Pas amb els seus dos fills per encarregar-se del refugi d'en Viladomat, a peu de les pistes d'esquí. I alguns altres que ens deixem, a més dels que van viure poc temps en aquestes terres. No tots s'hi acabarien quedant per sempre, ja que la vida al Pas de la Casa era molt dura i hi mancaven moltes comoditats i tots els serveis.

3. En el seu llibre, Jaume Brugat dóna molts detalls respecte a aquests primers habitants del Pas de la Casa i explica moltes de les situacions que va compartir amb alguns d'ells (J. Brugat, *El Pas de la Casa....*).

Podem comprovar, a partir de la relació anterior, que la major part dels primers pobladors del Pas de la Casa eren refugiats polítics, molts dels quals havien participat també en la lluita contra l'ocupació alemanya. Havien deixat darrere les seves feines o professions, els béns que poguessin tenir i el seu país. El resultat de la Segona Guerra Mundial els donava l'esperança que la situació d'Espanya hauria de canviar, que el règim de Franco no podia durar en el context d'una Europa en què el triomf havia sigut dels aliats i, per tant, dels règims democràtics. Tots creien que la seva situació era provisional i que en un moment o altre podrien tornar a la seva terra. Però la història va anar d'una altra manera i amb el transcurs dels anys es van acabar les esperances i van haver de resignar-se a un exili llarg, indefinit. El Pas de la Casa no era un paradís, però allà havien començat a refer les seves vides, l'activitat comercial anava creixent i els qui tenien refugis també se'n sortien bé, cada vegada millor. Legalitzar la seva situació a Andorra, ampliar el negoci, construir un habitatge i un establiment en condicions són passos que, un a un, portarien a molts d'aquests primers pobladors a fer del Pas el lloc definitiu on treballar i viure.

> Per què anar a un altre lloc si aquí més o menos estaven en família i cadascú va crear el seu comerç, o...? Un, una botiga; l'altre, també botiga; l'altre, restaurant; l'altre, habitacions; l'altre, hotel... i jo què sé! Bueno, tothom va fer lo seu, però estaven tots junts, no? I aquí es va crear com una amistat... Tots eren exiliats i refugiats, suposo que es deurien trobar bé entre ells, i és això. Esperant que s'acabés, però no es va acabar. Uns van marxar després, però els altres es van quedar tots aquí. (EE-112, D-EN-4-F)

Els primers anys van ser summament difícils per a aquests primers pobladors de la nova frontera. Efectivament: els relats inicials són força èpics i donen compte d'unes condicions de vida molt precàries, en què calia fer servir l'enginy per superar les dificultats i ajudar-se molt els uns als altres, la qual cosa fa que tots els primers pobladors destaquin que en aquells anys eren com una família, en contrast amb èpoques posteriors, en què predominarà l'individualisme i la manca d'implicació col·lectiva. A més, gairebé tots eren refugiats, cosa que comportava la col·laboració mútua i l'exercici de la solidaritat.

> Ningú tenia res perquè venien de fer la guerra a França i els van deixar sense res. No tenien res! Econòmicament no tenien res. Aquí ens ajudàvem els uns als altres. Quan arribava una persona, que moltes arribaven com els Vives, que no tenien res, pues treballaven

a casa d'un, menjaven a casa de l'altre, se'ls ajudava, i quan podien s'instal·laven per ells i ja està. I així funcionava la cosa. (EE-112, D-EN-4-F)

Els primers edificis eren barraques. Així anomena tothom les precàries edificacions de fusta, que difícilment permetien combatre el fred i les inclemències meteorològiques. Ben aviat, però, l'any 1948, el Comú d'Encamp va prohibir aquesta classe de construccions i obligà que totes fossin de pedra:

La primera obra que van fer va ser el Pic Mari, que la van fer en dos etapes i la primitiva ja la van fer en obra. Les altres no, les altres eren típicament barraques de fusta. Inclús hi havia la més gran, que era la dels Isards, que tenia un pis a sobre, però allavons aquesta barraca dels Isards estava lligada amb quatre cables perquè es bellugava. I una nit estaven els dos socis i estaven passant comptes, i va haver una ventada d'aquelles tan tremendes que, es miren l'un a l'altre, i havia saltat tot el teulat sencer, i el va enviar aquí dalt, potser uns cinquanta metros, tot sencer. Va agafar el bloc del teulat i el va aixecar tot, la neu que hi havia a sobre també. Eren unes ventisques... (EE-114, H-EN-3-E)

Per suposat, no hi havia aigua corrent, ni electricitat, ni telèfon, ni calefacció, ni llocs on comprar el que faltava. Tampoc abundaven les coses habituals de parament d'una llar i mancaven estris molt elementals. A l'hivern, insistim, aquestes mancances es feien notar molt més. I no és estrany que la gent de Canillo i dels pobles veïns, que eren els que quedaven més propers, trobessin incomprensible que aquests nouvinguts poguessin subsistir en un lloc tan inhòspit en les condiciones en què es trobaven. La descripció que en fa Jaume Brugat és prou gràfica:

Aquells van ser uns anys en què els dies i les nits es feien més llargs, sense llum, sense telèfon, amb el subministrament a trenta quilòmetres, sense calefacció. Mai se sabia d'on venia el fred, ni la mateixa bruíxola sabia on era el Nord. Semblava talment que el fred sortia de la terra. I les parets de fusta, amb el fred, quedaven petrificades. L'aigua del riu es glaçava i les balceres de neu cobrien les barraques. Al matí hi havia vint centímetres de neu pols, infiltrada per les escletxes, sobre les flassades del llit. Es vivia a 20° i a 25° sota zero. Per rentar-se i cuinar s'havia d'anar al riu a trencar la capa de gel que el cobria i, a corre-cuita, ben depressa, s'havia de portar el recipient d'aigua al foc, abans que es gelés pel camí. Per arribar al riu calia obrir pas a cops de pala i fer una trinxera de dos metres d'alçada. Per rentar roba i per altres serveis, es feia fondre la neu en una perola, per no haver d'anar al riu. Les llaunes buides de sardines servien per fer un llantió, que es penjava

> amb un filferro a la mida que calia. Per ble, un tros de beta d'espardenya perquè fes la seva servitud i, amb un raig d'oli, ja es tenia la llum, que lluïa però no enlluernava.[4]

Els articles de primera necessitat s'anaven a buscar al refugi d'Envalira, on s'hi podia fer quatre i cinc viatges en un sol dia, però a l'hivern calia arribar fins a Soldeu, que era on deixaven els paquets amb les provisions que venien des d'Andorra. La compra de la llenya, del vi, de les patates, o dels productes que es podien conservar era menys complicada, perquè s'encarregaven amb temps i els portava un transportista; en aquest cas, però, els problemes derivaven del seu emmagatzematge, ja que es requeria molt d'espai i no hi havia altre remei que deixar la llenya i les bótes de vi a l'aire lliure encara que la neu els cobrís. Aviat es va establir bona relació amb els qui transitaven regularment pel Pas, com era el cas de pastors i de paquetaires, i aquests els portaven la correspondència. Els carrabiners francesos també s'oferien per fer petits serveis, i sovint portaven pa o petites coses des de l'Ospitalet. El problema era el subministrament regular de productes quotidians, especialment a l'hivern, quan la carretera quedava tallada i no hi havia altre mitjà de transport que anar a peu o amb esquís. Llavors calia desplaçar-se fins a Soldeu o a Canillo. Les grans nevades, tempestes i, sobretot, el perill d'allaus, dificultaven encara més la penosa marxa que calia fer per anar i tornar d'un lloc a l'altre.

> Cada setmana teníem que fer dos o tres viatges [a Soldeu]. Esquiant, és clar, no teníem altre remei. Allavons per baixar anava molt bé, ràpid, oi! Després per pujar teníem que posar la carga de vint quilos, trenta quilos... Un any hasta recordo que vaig pujar un sac de ciment de cinquanta quilos, que era per acabar el restaurant. (...) Aquella vegada ho vem fer a peu perquè passaven bastant els portadors de tota la mercancía que venia d'exportació de França, i havia grupos de portadors de cinc, deu, vint persones. Allavons es feia un camí de peu a través de la muntanya i era més fàcil que no anar-hi amb els esquís, perquè, és clar, baixar-hi amb els esquís era només un moment, en canvi, després tenies que pujar la carga més els esquís. (EE-114, H-EN-3-E)

Les infraestructures bàsiques (llum, telèfon, aigua corrent) eren inexistents i va caldre anar-les solucionant a poc a poc, sovint a partir d'iniciatives particulars i de la coordinació conjunta entre els pocs veïns existents. Els propietaris de l'hotel Cimes i del Pic Mari, per

4. J. Brugat, *El Pas de la Casa...*, pàg. 47-49.

exemple, es van posar d'acord per fer una canalització i conduir l'aigua fins als respectius hotels. Van demanar permís al Comú per treure aigua d'una font i van construir pel seu compte les canonades i un dipòsit de 16.000 litres. Amb uns motors de diesel aquesta aigua es feia arribar fins a les dutxes i banyeres amb què havien equipat els seus hotels.

Haurien de passar encara alguns anys perquè es solucionessin totes aquestes coses tan bàsiques, que provocaven força incomoditats, problemes i sobresalts. No és, doncs, gens estranya la reacció de sorpresa i impotència que tingué, per exemple, el matrimoni que va ser contractat per regentar el refugi que hi havia al peu de les noves pistes d'esquí. La família Deu, que procedia de Vilassar de Dalt i que tenia experiència en el ram de l'hoteleria perquè havia portat una fonda, no podia avenir-se de la situació que va trobar aquí. Era l'any 1957 i al refugi hi acudien nombrosos esquiadors durant la temporada hivernal. Les condicions per atendre'ls no es pot dir que fossin òptimes:

> Quan vam arribar aquí la meva mare es posava les mans al cap, perquè no hi havia absolutament res, ni aigua... Arribar aquí i comparar les condicions en què estaven allà i com estaven aquí, bueno, la meva mare es desesperava. El que passa és que el meu pare estava molt convençut, i van anar canviant l'estructura i l'interior de l'hotel, bueno, del refugi, i es va anar arreglant la cosa. Jo no em considero vella i puc dir que he conegut des de la llum d'espelma fins a la llum elèctrica, passant per totes les etapes que han passat les generacions de la història de la llum, no? (EE-123, D-EN-5-A)

La solució de l'enllumenat de les cases va ser tota una epopeia i, efectivament, en pocs anys es van passar totes les fases de la història de l'electricitat, tal com ens deia l'anterior informant. Els primers llums eren de llantió i aviat van ser substituïts pels de carbur; el problema era el subministrament d'aquest combustible,que havia de provenir d'Andorra la Vella i que mai estava assegurat. Durant alguns anys es comptà amb la contribució de miners de Puimorens, que anaven al Pas de la Casa a buscar provisions. A ells se'ls va demanar que portessin llums d'acetilè i després tot el carbur que poguessin transportar.[5] Després va procedir-se a la construcció d'un grup electrògen, que només funcionava unes hores i tenia molts

5. J. Brugat, *El Pas de la Casa...*, pàg. 74; EE-114, H-EN-3-E.

problemes de manteniment i més endavant es van fer instal·lacions de gas que funcionaven amb botelles de butà. Finalment, FHASA subministrà la instal·lació elèctrica, que en els primers moments també va funcionar amb moltes deficiències. De tota manera no tothom va tenir accés a la llum elèctrica al mateix temps i alguns van passar directament de les espelmes al llum de gas.

En Joan Borra havia estat l'encarregat del grup electrogen. La seva construcció va ser iniciativa del seu oncle, el popular doctor Borra. Es va buscar un desnivell perquè l'aigua tingués pressió, es va muntar una turbina i una dinamo i es va poder subministrar llum a les vuit barraques que hi havia llavors, que podien tenir així una o dues bombetes de seixanta watts com a màxim. Les alternances estacionals afectaven el subministrament d'aigua i el funcionament d'aquesta petita central. Però el principal problema derivava dels embussaments que es produïen en el riu pel fet que la gent hi llençava la brossa i les llaunes acabaven obstruint el pas de l'aigua i provocant avaries constants. És interessant incloure el relat del mateix Joan Borra, perquè expressa una altra de les dificultats que hi havia en aquells anys, la de desfer-se de les deixalles, així com la manca d'implicació col·lectiva que ja es detectava en aquells moments:

> A la rampa aquesta que tocava amb el riu s'hi tiraven els envasos de conserves. Allavons ho arrastrava l'aigua i com tenia unes rejilles que es deixaven molt cerrades, se solaven i no passava l'aigua. I si les deixàvem una mica obertes allavons passaven les llaunes i embussaven l'embut aquest... En el moment en què la llum baixava ja sabíem que havia entrat una llauna, oi! Recordo que hi havia catorze tornillos, calia destornillar-los, treure la llauna, tornar-ho a posar... i no havia arribat a aquest punt que ja n'havia entrat una altra. No hi havia res a fer. S'anava casa a casa... "Que si tireu les llaunes passa aquest problema", però no hi va haver res a fer. Hasta que vam instal·lar la llum de gas, i ja vaig dir: "Bueno, ja en tinc prou d'aquest show de llaunes, ja no m'en cuido". I vaig plegar de baixar a cuidar-me de la llum i allavons la centraleta ja va deixar de... ningú se'n va cuidar. I allavons tothom va fer les instal·lacions aquestes de gas. (EE-114, H-EN-3-E)

Un altre problema a solucionar era el de les comunicacions telefòniques. Ja hem dit que el correu es resolia gràcies a la col·laboració de paquetaires o de pastors, però la sensació d'incomunicació que donava el fet de no disposar de telèfon era molt gran, especialment quan la neu els deixava aïllats durant mesos. Per poder telefonar calia anar al refugi d'Envalira, des d'on es connectava amb Soldeu, de Soldeu a Canillo, de Canillo a Andorra la Vella i d'Andorra allà on es truqués. Tot plegat feia molt difícil arribar a aconseguir comunicar amb el número que es desitjava, fins a tal punt, que en alguna ocasió s'havia arribat a anar fins a la mateixa Andorra per tal de poder assegurar la realització d'una trucada. Aquestes dificultats van estimular la petició de línia telefònica fins al Pas de la Casa, cosa que s'aconseguí, amb la condició que el veïnat es fes càrrec de la meitat dels costos de la instal·lació. I així fou com l'any 1957 s'instal·laren els set primers telèfons del Pas.[6]

No sols era el fred, ni les duríssimes condicions de vida el que turmentava els primers pobladors del Pas. També hi havia la solitud, la sensació d'aïllament i la incertesa davant el futur. Malgrat l'existència d'una forta convivència, de les reunions vespertines en el Calones, de les partides de botifarra, de les matances del porc, de les vetllades cantant al ritme de la guitarra, de les petites celebracions i de ser tots com una gran família, aquells sentiments es feien forts en moltes ocasions. Perquè a l'estiu, que era el moment de més moviment, quan tots els clients marxaven al vespre, el poble quedava tan solitari que arribava a impressionar. I a l'hivern era molt pitjor, perquè quotidianament es revivia la tristesa de quan desapareixia la llum del dia, hi havia jornades senceres en què no es veia a ningú i la incomunicació es feia una realitat palpable. D'aquí el mèrit de tots aquests pioners que amb les seves ganes de viure i la seva perseverància van fer néixer un poble en aquell indret inhòspit que era una terra de ningú.

Les primeres activitats

> "Les caixes de conserves que compraven els hi feien de taulell, i al cap de dos hores ja estava tot venut. Allavons tot el que arribava es venia. La duana era bastant tolerant, i així va començar". (EE-114, H-EN-3-E)

El creixement del Pas de la Casa deriva en els seus inicis de l'activitat comercial i, associada a ella, de la necessitat de cobrir les necessitats d'allotjament o de menjades que tenien els qui es desplaçaven fins a aquest indret. La Segona Guerra Mundial havia deixat a França mancada de productes molt bàsics, com aliments i articles de vestir. Aquestes necessitats ja s'havien deixat sentir durant la guerra, i el Pas de la Casa ja havia funcionat com un lloc

6. J. Brugat, *El Pas de la Casa...*, pàg. 87-89.

de trànsit de mercaderies i on s'efectuaven molts intercanvis. Aquest paper del Pas es reforçà amb l'acabament de la guerra. Comerciants, majoristes i intermediaris anaven fins al Pas de la Casa per veure què hi podien trobar. Els productes arribaven des d'Espanya i alguns d'ells eren encara romanents dels estocs que havien quedat en les casernes des de la guerra. Tot el que es portava es venia ràpidament: cafè, sucre, arròs, xocolata, conserves de tota mena, llegums, bacallà, begudes, roba, calçat... No es donava abast a la demanda, que era molta.

Tot aquesta activitat comercial tenia lloc a l'estiu, quan feia bon temps i la gent podia arribar al Pas sense problemes. La venda es feia a l'aire lliure, o en les barraques de fusta que s'havien construït. No hi havia aparadors, ni taulells ben posats i sovint el gènere s'acumulava a terra; de vegades no hi havia ni temps de col·locar-lo bé, tal era la velocitat amb què es venia. Val la pena incloure una descripció que fa Jaume Brugat de la seva primera anada al Pas de la Casa, i de la impressió que li va causà comprovar de quina manera es realitzaven les vendes:

> A mitjan 1945 vaig fer un viatge a Andorra. En aquella època encara vivia a Perpinyà. En arribar al Pas de la Casa, vàrem voler entrar al xalet Borra —una barraqueta de fusta— que era la primera que es trobava així que s'entrava al poble, al costat esquerra. No hi vàrem poder entrar. La porta prou que era oberta, però fins a la seva llinda, hi arribava una muntanya de sabates, i barrant-ne el pas, una munió de gent que tafanejava. Moments abans havia arribat un camió amb aquesta mercaderia que descarregà a l'entrada mateix del xalet. La veritat és que no hi havia cap més lloc per a destinar-lo com a dipòsit. Però aquell espectacle no té nom. Potser, per tal de buscar-ne alguna similitud, podríem dir que era el que en aquests casos se'n diu correntment "el Mercat de Calaf".
>
> Blanques, negres, rosses i de totes les mides, n'hi havia de sabates en aquell pessó! Gairebé totes eren de dona. Quina barreja! Quan en trobaves una que t'agradava, la feina era trobar-ne la pairona. Sovint en trobaves dues del mateix color, però d'un número diferent. Tothom triava i remenava (...) En Borra havia posat un rètol que deia: "A 10 francs el parell. Trieu i remeneu".[7]

És lògic que en aquestes condicions, en Baltasar Borra fes arribar als seus parents que vivien a Barcelona, la necessitat que tenia que algú l'ajudés i convidant a fer-ho. El seu nebot, que igual que ell era originari d'un poblet del Pirineu aragonès, no s'adaptava

7. J. Brugat, *El Pas de la Casa....*, pàg. 129-130.

a viure a Barcelona, on, per altra banda, repercutien les seqüeles de la postguerra, i s'animà a pujar. Durant cinc anys va estar treballant amb el seu oncle sense cobrar cap sou, però a canvi ell el va ajudar a fer la seva pròpia barraca, que ja van construir de pedra, i després es posà a treballar pel seu compte. Ell ens fa una reconstrucció del Pas de la Casa en els inicis dels cinquanta, del moviment de clients que hi havia en aquells moments i de com es repartien entre els diversos comerços i fondes existents:

> Si era l'estiu venia algun autocar, pocs, i gent particular. La gent particular venia en cotxes. Alguns anaven fins a Andorra. Molts es quedaven aquí a la frontera, inclús no passaven el cotxe, deixaven el cotxe a l'altre costat de la frontera i pujaven a peu. Aquí no hi havia res encara. Cosa curiosa, hi havia una barraca on actualment és l'hotel Cimes, que estava més apartada que les altres. I les altres estaven... la de més a prop era la del curs d'aquí, però més avall. Aquí hi havia el Pic Mari, i davant hi havia dos barraques, la del Calones i la del Giménez d'Encamp, que també es va instal·lar aquí en aquell moment, i la de l'oncle. I ja no hi havia res més... I la de l'Aleix, que també tenia una barraca aquí. L'Aleix, *el Pordiós,* que estava amb un soci que li deien *el Asturiano.* I allavons es quedaven amb els quatre turistes que anaven arribant, pues si havia arribat un autocar ja havies fet la setmana. Llavorens tres o quatre dies sense veure ningú, pues ja es limitava a uns quants turistes que venien entre setmana i, sobretot, després era els dissabtes i els diumenges, que es treballava amb el personal d'aquesta mina de Puimorens, que venien, i allavons potser hi havia un centenar d'obrers. Venien el dissabte, es quedaven aquí o bé tornaven a la mina. O sigui, es treballava també a base de la mica de turistes i miners aquests, pues que donaven vida. I aquesta barraca que li dic que estava on ara hi ha el Cimes, que era d'un tal Ausencio Martínez, doncs aquest treballava amb algun contrabandista i amb els miners aquests, però después amb els turistes no feia res. (EE-114, H-EN-3-E)

Per fer-se una idea del volum de visitants compradors que tenia el Pas de la Casa en aquests anys i de com aquest volum anava creixent exponencialment, val la pena presentar les dades referents al flux d'entrades enregistrades a la frontera francesa: l'any 1947 van entrar des de França 1.591 persones; l'any 1948 van ser unes 3.000; l'any 1949, 26.000, i l'any 1950 la xifra s'elevà a 121.750. Cinc anys més tard, el 1955, es calcula que entraren al voltant de 200.000 persones.[8] Aquests valors estan molt lluny encara dels que hi haurà

8. M. J. Lluelles, *La transformació econòmica...*, pàg. 358.

anys després, però permeten apreciar l'arrencada del flux turístic cap a Andorra i l'impacte sobre el petit nucli inicial del Pas de la Casa. A mesura que passaven els anys es condicionaven les botigues, la major part de les quals eren com una mena de basar on es venien productes molt diversos. I també a mesura que passaven els anys s'incorporaven mercaderies noves, sempre orientades a la demanda dels compradors francesos.

> Aquí es venien conserves, molta conserva. Els alcohols, sempre. Venien amb barrils grans i s'embotellaven a les botelles; molts es portaven ja les botelles i les garrafes. La duana era bastant tolerant i es venia molt alcohol: aperitius, vins... La conserva i tot el que era alimentació, i vestir inclús. Es venien sabates, i inclús aquí s'havia venut una mica de bijuteria i rellotgeria. Els alcohols, i tonelades de sucre cada setmana. I veníem ja articles de record: mocadors, panderetes, guitarres, mantilles. O sigui, jo venia de tot, de tot! El tipus de basar típic espanyol. (...) Jo havia començat a fer bar i hi havia de tot, aquí trobaven peces de joier. Hi havia un basar que es va especialitzar en rellotges i es venien a centenars els rellotges cada setmana. Tot el que allavons entrava a la venda marxava tot, no quedaven racons, eh? (EE-114, H-EN-3-E)

No sempre es va mantenir l'activitat comercial en el mateix nivell. Algunes temporades van ser més baixes i coincidien amb aquelles en què des de França es posaven dificultats per accedir a Andorra. L'any 1945 es requeria salconduit per entrar a Andorra, mentre que l'any 1949 es liberalitzà l'accés i només s'exigia el document nacional d'identitat. Com a conseqüència d'això, augmentà considerablement l'afluència de visitants, que ja no eren només comerciants i majoristes, sinó també particulars que acudien atrets per les notícies que a Andorra es podia comprar a molt bon preu. L'any 1953 es limità de nou l'entrada, exigint passaport i visat i això tingué repercussions negatives, ja que la forta demanda dels anys de la postguerra havia baixat i el comerç havia començat a dependre dels compradors turistes més que dels comerciants i majoristes. Havia canviat la classe de clients i per això les mesures restrictives per creuar la frontera limitaven considerablement l'accés de compradors i va suposar un fort descens de les vendes, cosa que encara es recorda:

> Allò va ser com un tancament de fronteres, perquè eren molt pocs els francesos que anaven amb el passaport. L'any següent ja es va arreglar, i es va tornar a engegar més o menos, potser no amb l'eufòria d'entre el quaranta-cinc i el quaranta-vuit. Però ja les coses anaven arreglant-se. (EE-114, H-EN-3-E)

La nova frontera en la frontera: el Pas de la Casa

L'any 1954, efectivament, es va anul·lar l'exigència del passaport. A partir d'aquest moment s'iniciaria l'auge i l'expansió de l'enclavament comercial del Pas de la Casa, que es complementaria més endavant amb el turisme associat a la instal·lació d'una estació d'esquí. L'afluència de compradors es fa cada vegada més gran i arriben tant en cotxes particulars com en autocars. De tota manera fins a la dècada dels anys seixanta el Pas de la Casa es manté encara amb poques botigues i amb pocs refugis o hotels.

> Tot aquest comerç era de cara a França, l'espanyol aquí no venia. (...) Érem un carrer només, i anava molt bé. Ara, a partir del moment en què es va fer més gran ja va perdre tot el seu encant. Érem dos o tres hotels. Hi havien tres o quatre botigues, però potser una es dedicava més a la conserva, l'altra es dedicava més al queviure, l'altra es dedicava pues a la pesca i coses d'aquestes. Però això era una cosa entre nosaltres mateixos, vull dir, entre la mateixa gent del Pas. Era com una associació, diguéssim. (EE-112, D-EN-4-F)

En aquest context, de nous clients i nova demanda, els comerciants han d'adaptar-se contínuament. Un dels més imaginatius sembla que era aquell Baltasar Borra que tantes vegades hem esmentat i que en el Pas de la Casa era molt popular i apreciat per tothom. De tant en tant marxava per anar a buscar gènere i sovint arribava amb coses sorprenents, que malgrat l'escepticisme dels altres acabaven venent-se bé i que llavors tota la resta imitava. Una vegada eren sabates, una altra panderetes i castanyoles, que feia portar en quantitats tan grans que no li cabien a la botiga i havia de penjar-les pel sostre i per les parets. Tothom va quedar esparverat el dia en què va arribar amb un camió carregat d'alls, però resulta que els turistes els compraven profusament i s'emportaven forques senceres. Després van ser els llegums, verdures i fruites fresques en àmplia varietat. En un altra ocasió invertí en alabastre i després en terrissa. Finalment ningú ja s'estranyava del que aquell home podia arribar a portar, però el cas és que ho venia tot i tant ell com la seva família anaren prosperant.[9]

La gent que anava a comprar eren a la vegada clients dels hotels i refugis, que a més d'habitacions tenien bar i restaurant. Quan més es treballava era els caps de setmana, igual que passava de fet amb el comerç. Amb la instal·lació dels primers remuntadors per esquiar, l'activitat es va eixamplar també a l'hivern, ja que acudien gent des

9. J. Brugat, *El Pas de la Casa*.... pàg. 134-135.

de l'Ospitalet. Des d'Andorra, en canvi, no es podia arribar al Pas, ja que la carretera quedava tancada quan queien les primeres nevades. L'any 1957 el Consell General va decidir atorgar una concessió per netejar de neu la carretera i mantenir-la oberta, i això va ser sens dubte decisiu per a la història del Pas, ja que acabaria amb el seu aïllament i seria accessible des d'un costat i l'altre en qualsevol moment de l'any. També repercutiria en altres poblacions d'Andorra, ja que a partir d'aquell moment hi arribarien més compradors francesos.

> Nosaltres teníem una mena de refugi. A les dos del matí [es refereix al migdia] arribaven els clients del senyor Capdevila i anaven a l'Isard. Els clients del meu pare venien pues a casa nostra i s'estaven dissabte i diumenge, i marxaven. I d'aquesta manera s'anava treballant. Después van començar també els camions que passaven cap a França, a l'estiu, anaven a buscar mercaderies i tornaven. Paraven aquí al Pas de la Casa, a la duana, i venien a menjar. I tot això va crear un moviment. Allavorens havies de tindre restaurant i bar, perquè la gent passava, es parava i venia. (EE-112, D-EN-4-F)

En aquests primers anys l'organització del treball es fonamentava en la família. Els matrimonis estaven especialment units per les situacions difícils que calia afrontar. Anaven tots a una i els fills o filles s'incorporaven aviat a treballar, primer durant l'estiu, que era quan tenien les vacances escolars i al Pas hi havia més feina, i després ja a temps complet. La migradesa dels recursos inicials i la quantitat d'esforç i treball que va caldre desplegar per reconvertir les barraques en edificis dignes i en condicions obligava a aprofitar al màxim la força de treball familiar. En aquest context era important la col·laboració de tothom, d'homes i dones, de pares i fills. Més endavant, amb el creixement de l'activitat comercial i dels hotels i també amb la seva ampliació com a negocis es passarà a contractar personal de forma sistemàtica, però en els primers anys això ni es plantejava.

La vida dels primers pobladors del Pas de la Casa estigué plena d'esculls, treball i sacrificis, i com sol passar en els relats èpics, els homes apareixen pràcticament com els únics protagonistes, mentre que les activitats de les dones resten invisibles o en un segon pla. Elles, les dones, van haver de solucionar els problemes que suposava encarregar-se de la família i de resoldre les necessitats quotidianes comptant amb uns mitjans molt migrats. Elles estaven també al capdavant de botigues, fondes i restaurants i feien tantes o més hores que els homes. Però com ens diu una informant, les dones quedaven a l'ombra:

> Les dones van seguir els homes, van quedar a l'ombra, però elles van aguantar el mal temps, el fred, i elles eren les que portaven la casa, clar. L'home potser a l'hivern, per exemple, anava a buscar a peu la mercaderia, però la dona estava a casa i feia funcionar el negoci. Perquè, per exemple, els homes marxaven a una reunió que tenien, marxaven vuit dies, i es quedaven les dones, i elles feien funcionar el negoci, i anava tot bé, eh? (...) I en un hotel encara més, la dona era la que ho portava, eh! És ella que feia funcionar el negoci i que si necessitava personal, agafava una noia, agafava una altra. L'home potser tenia la preocupació dels problemes més importants, els crèdits, els diners, les construccions i aquestes coses. Però lo fundamental de la casa era la dona, que ho portava tot. (EE-112, D-EN-4-F)

En un manuscrit, avui en mans de la seva filla, Jaume Brugat fa un recompte de les persones que hi havia al Pas l'any 1954: trenta en total i fins pràcticament els anys seixanta aquesta xifra no va variar. Tots eren adults, no massa entrats en anys i els qui tenien criatures petites (com el mateix Brugat, els Borra, els del Pic Mari, els Deu, que arribaren uns anys més tard que els altres) les havien de tenir vivint a fora la major part de l'any, perquè poguessin anar a l'escola i no patir, d'altra banda, les difícils condicions en què s'havia de viure al Pas, especialment a l'hivern. De fet, la manca d'escola era un dels problemes més greus que haurien d'afrontar els qui s'establirien al Pas de la Casa, ja que això obligava necessàriament que els nens i nenes haguessin de marxar per estudiar. Vegem com es resolia:

> Al trenta-nou [els meus pares] van passar a França i jo vaig néixer al quaranta allà. I llavors al quaranta-sis ells vénen aquí. Jo tenia sis anys. Aquí no hi havia col·legi, no hi havia res; és clar, llavors què feien: em deixaven amb unes famílies a França i jo anava a col·legi i m'estava a la pensió. Em venien a buscar a Nadal, a Pasqua, Carnaval... les festes. Però, si no, sempre he viscut a França. (EE-112, D-EN-3-F)

> Jo vaig néixer al cinquanta-dos, o sigui que [al venir aquí] tenia cinc anys. Com que aquí no hi havia escola, pues vaig anar cap a Prada. Jo vaig marxar cap a Prada, perquè pujava aquí el director de l'escola de Prada, del Lycée, que era un esquiador d'aquests que pujava moltes vegades a peu. I doncs és ell que va dir que hi havia una escola de monges allà, que per lo jove que era hi podia estar molt bé, i me'n vaig anar cap allà. El meu germà, que tenia tres anys més que jo, ell baixava a Encamp, anava a estudi a Encamp

> i s'allotjava a ca l'Alís, feia de pensió, amb deu o dotze anys ja estava com un home instal·lat a l'hotel. Bueno, és clar, aquella gent tot era molt familiar. I després ja vam anar juntament a Prada tots dos. Jo vaig començar a anar a Prada que tenia set anys, encara no. (EE-123, D-EN-5-A)

La primera d'aquestes dones es va incorporar a la feina de casa quan tenia disset anys. Havien decidit construir un hotel d'obra (per substituir l'antiga barraca de fusta) i, per afrontar aquesta despesa, calia reduir personal i treballar conjuntament tota la família. Tant l'una com l'altra quan arriba l'estiu ajuden el que poden en el treball del negoci de casa seva, que en els dos casos es tracta de refugis, després convertits en hotels. La segona dona va continuar els estudis a Barcelona, com a secretària de direcció, ja que, com ella diu, li interessava fer una cosa pràctica, que li pogués servir directament per a l'activitat hotelera.

Així com a l'hivern, els fills i filles estudiants estaven fora de casa, a l'estiu la família estava al complet, però els records d'infantesa i joventut dels qui visqueren aquests primers anys són més o menys agradables en funció de si hi havia o no altra gent de la mateixa edat. Així, per exemple, EE-123 (D-N-5-A) recorda que de petita se sentia molt sola i destaca que la principal distracció que tenia era vigilar que les vaques no es mengessin la roba, passejar per la muntanya i jugar amb el seu germà. És ben diferent, en canvi, aquesta altra evocació de la infantesa, que es recorda amb molta tendresa:

> Passava tot l'estiu aquí, tres mesos. M'havia encarinyat molt aquí al Pas de la Casa. A l'estiu, de petiteta, anava amb el pastor; anava amb ell per la nit a casa seva per tornar a posar la sal al bestiar a les pedres. Després hi havia els fills dels Borra, hi havia l'Elisabeth de la Maria. Bueno, érem pocs, eh!, però ens trobàvem a l'estiu aquí. Jugàvem per aquí darrera a les pedres, anàvem a fer excur-sions. No sé, m'he encarinyat molt aquí. (EE-112, D-EN-4-F)

Haurien de passar pocs anys perquè aquest panorama idíl·lic però duríssim per viure-hi, replet de tranquil·litat però també d'una gran solitud canviés profundament. Les set o vuit barraques inicials han quedat gravades en el record dels primers pobladors i enregistrades en fotografies, però han quedat esborrades definitivament del paisatge urbà del Pas de la Casa. Avui hi predominen els blocs de pisos i apartaments, els cotxes i el soroll, les botigues, els supermercats, les gasolineres, els restaurants. Compradors, esquiadors i gent de pas s'hi apleguen els caps de setmana i en les èpoques de vacances. En molt pocs anys el Pas de la Casa va fer una mutació extraordinària; la llavor l'havien posat, sense saber-ho, aquells primers pobladors.

L'impuls definitiu

"Tot va anar molt de presa, va prosperar molt de presa, la quantitat de gent que venia!... hi havia molt ambient..." (EE-123, D-EN-5-A)

Si bé l'activitat comercial va ser un factor clau per al naixement del Pas de la Casa, el que li donaria l'impuls definitiu i el convertiria en el que és ara, és la construcció d'una estació d'esquí i les mesures per assegurar que la carretera d'accés es mantingués oberta durant tot l'any. Tots dos factors són importants.

L'obertura permanent de la carretera

Comencem per la via de comunicació. La carretera que travessa el Pas de la Casa és la que permet transitar des d'Andorra cap a França, i a l'inrevés. Es tracta, doncs, d'un dels eixos de comunicació més importants del Principat, especialment des del moment que es desenvolupa el comerç i el turisme, en què esdevé vital. Recordem que aquesta carretera ha de passar pel port d'Envalira, situat a 2.400 metres d'altitud, i que les primeres neus ja el cobreixen i el fan intransitable. Cada any, la carretera quedava tallada des del mes d'octubre fins al mes de maig i, d'aquesta forma, el Pas de la Casa quedava aïllat respecte a Andorra, i tot el conjunt del Principat veia interrompuda la seva comunicació amb França.

Ja hem tingut ocasió de veure anteriorment com es superaven aquestes dificultats, tant per part dels paquetaires com dels habitants del Pas de la Casa. Els desplaçaments havien de fer-se a peu, amb esquís o raquetes i calia estar pendents també del perill de noves nevades, tempestes i allaus. Es procurava mantenir la carretera oberta fins al veïnat de Soldeu i era el Consell General qui en pagava les despeses.

> Llavontes no estave obert el Port en aquell moment, estave tancat. S'obrive la carretera fins a Soldeu, que nevave més. Llavors només hi havie un animal del Consell de la Vall, del Juanito de l'Arajol, de la gasolinera, i com tenia poca força, obrien unes zanjes... i l'animal aquell anave pujant. Jo hi havie treballat en això. Tres dies per obrir des de Sant Joan de Caselles o Canillo fins a Soldeu. Ho pagave el Consell això. Se'n cuidave el conseller de carreteres de

> la parròquia. Normalment s'obrive fins a Soldeu, més amunt ja no. Estave tancat. (EE-92, H-AN-2-A)

Quan arribava el mes de maig, el mateix Consell subhastava la "trenca de les neus" del Port d'Envalira, per tal d'obrir tota la carretera. Un cop fets els treballs, s'establia un horari oficial de circulació, es limitava la càrrega dels camions i només es permetia circular en una sola direcció.[10] De forma corresponent, un equip de neu francès netejava la carretera des de l'Ospitalet. Amb tot, sempre podien sorgir problemes derivats de les inclemències del temps i de tempestes no previstes, que calia superar amb l'ajut i l'experiència dels qui estaven acostumats a transitar per aquests paratges. Qui més qui menys ha patit incidents en aquest tram:

> Allavons el Port el passàvom malament. L'aubriven a cops de pales i homes... Allavons [es refereix als anys quaranta] anàvom a buscar vi, que portaven d'Algerie, i farina, de tot arreu. Anàvom amb camions petits, de tres tonelades, i carregats de gènere. I es passave. Però una nit... es va posar a nevar, nevar, i fins allà a la tarda no vam marxar, que va vindre el Lluís Duró, amb un *chasse-neige*, un camionet, no res, no feie més que arrimar, i vam anar pujant, i no podíom pujar. I alguns van tenir que descarregar els bocois pel camí, i gràcies a sortir ells vam arribar al Cap del Port, i anant trencant cadenes, però vam arribar. Coi, que vaig espatllar el camion, però vaig arribar aquí prou bé. (EE-92, H-AN-2-A).

Descripcions com aquesta ens poden fer adonar de la incertesa i perills amb què se circulava fins i tot quan la carretera estava oberta i es podia passar pel port. D'aquí que hagi estat essencial la decisió presa pel Consell General l'any 1957 de fer una concessió en arrendament de la neteja de neu del port d'Envalira, i d'aquí que tothom se'n recordi de la persona que la va obtenir i va mantenir des de l'any 1958, l'Andreu Claret, popularment conegut com l'"home de les neus", i també com el "Ieti".[11] Fem-nos càrrec del que va suposar

10. M. J. Lluelles, "Comunicacions terrestres a Andorra", *Andorra. Anuari socioeconòmic. 1996*, Andorra, 1996, pàg. 79.

11. Andreu Claret és un altre dels exiliats catalans que va anar a parar a Andorra. Aquí se'l coneixia també com *el Fusteret*, a causa de la principal activitat que havia tingut a França, que era l'explotació forestal i fer carbó. S'havia instal·lat a La Beneche, en el Departament de Tarn i Garonne i va esdevenir un pròsper empresari forestal. Ell estava vinculat a Unión Nacional, resultant d'una escissió d'ERC i conformada per comunistes. L'any 1941 es va traslladar a Osseja, on feia també treballs forestals i on va adquirir una asserradora. El motiu del trasllat era estar més a prop de la frontera, per ajudar a passar cap a Espanya els evadits dels nazis, alguns dels quals eren importants polítics republicans. Va mantenir bona relació amb els duaners i guàrdies alemanys, però aviat

obrir la carretera el primer any en què Claret se'n feu càrrec: la carretera tenia sols tres metros d'amplada, no estava enquitranada i no tenia cap senyalització.[12] El gruix de la neu (que arribava a espessors de més de dos metres) no deixava veure els límits de les voreres i era molt fàcil en aquestes condicions que la màquina es precipités a fora del camí, i això en un lloc on predominen els forts desnivells. Aquell primer any els mitjans tècnics de què disposava Claret eren insuficients i obrir la carretera va suposar molts sacrificis i dificultats. Després es dotaria de màquines amb turbines expulsadores de la neu que farien el treball més fàcil i més eficaç.[13] Tothom parla de l'amor propi que tenia n'Andreu Claret de mantenir permanentment la carretera oberta i tan bon punt havia nevat sortia ja amb les màquines per netejar el camí. Quan ho aconseguia calia superar un altre escull, i és que els funcionaris de *Ponts et Chaussées* francesos fessin el mateix per la part que els corresponia, ja que pel que sembla no acostumaven a donar-se massa pressa.

La concessió per obrir el port i netejar la carretera de neu es va fer a canvi del dret a cobrar un peatge pel pas de vehicles. Les tarifes eren les següents: 150 pessetes els autocars i 25 els turismes. La importació de camions es taxava en 500 pessetes la unitat, i la de cotxes a 300 pessetes. També calia pagar pel pas de mercaderies, per unitat de pes: 2 pessetes fins als 500 quilos, 1,5 fins als 1.000 quilos, 1 pesseta fins als 3.000, 0,5 pessetes fins als 5.000 i 0,25 pessetes a partir dels 5.000 quilos. Per controlar el peatge es va posar una barrera a la sortida del Pas de la Casa. Dos anys després es va estendre el peatge al pas de bestiar.[14]

van descobrir la seva activitat en favor de la resistència francesa, dels aliats i dels republicans catalans. El van empresonar durant tres mesos i després va viure en semiclandestinitat. Quan va acabar la Segona Guerra Mundial va romandre encara un temps a França, fins que es traslladà a Andorra (D. Arasa, *La guerra secreta....*, pàg. 187-188). La seva experiència en el treball forestal i coneixement de l'alta muntanya el van orientar cap a l'activitat per la qual tan conegut serà a Andorra, la de portar màquines llevaneus i mantenir les carreteres obertes.

12. Aquesta carretera es va enquitranar finalment l'any 1959. Més endavant es farien successives obres de millora, per eixamplar-la i peraltar-la adequadament.

13. J. Brugat, *El Pas de la Casa....*, pàg. 148-149.

14. L'edicte que regulava el peatge del bestiar establia el preu en 25 pessetes per cap, en cas que anés a cavall [és a dir, en camions], mentre que era gratuït si passava a peu. Això originà a la pràctica portar el ramat en camions fins a la frontera i passar-la caminant fins un altre punt en què es pujava de nou el ramat a un altre camió (J. Brugat, *El Pas de la Casa...*, pàg. 151-152).

El Consell va decidir rescindir el contracte d'aquesta concessió l'any 1962, adduint que no sempre quedava assegurada la comunicació amb França a l'hivern. Tal vegada això explica l'afirmació que "al Claret li feven la vida impossible alguns, però jo l'apoiave, perquè deie: deu-n'hi-do els treballs que fa, perquè, si no, no passaríem el Port" (EE-92, H-AN-2-A). El cas és que el Consell General va decidir prendre càrrec directament del manteniment del port d'Envalira, suprimir el peatge i tancar el pas del port a la nit. L'obertura a la circulació il·limitada i permanent s'estableix l'any 1965. Fins a l'any 1972 les despeses les sufragava el mateix Consell, més les taxes de peatge que es feien pagar exclusivament als importadors de mercaderies i carburants.[15] A partir de 1972 es va suprimir tota classe de peatge.

> Els anys en què es va anar augmentant potser més en ferm va ser cap els anys seixanta, quan es va començar a obrir el port. Va ser quan va començar primer en Claret amb les màquines, después ja ho va agafar el Consell de la Vall, després... El Viladomat ja va començar a muntar l'estació, i va ser tot així. Llavons ja va anar creixent bastant, bastant de presa. Va ser tot un plegat, oi! Va ser muntar l'estació el Viladomat i obrir la carretera. (EE-114, H-EN-3-E)

L'obertura permanent de la carretera va ser essencial tant per al Pas de la Casa com per a tot el conjunt d'Andorra, perquè va assegurar l'afluència dels turistes francesos, alguns dels quals es queden en la localitat fronterera del Pas de la Casa, però molts altres penetren en el país i arriben fins a les Escaldes, Andorra la Vella o altres localitats. Les entrades de visitants des de França es van incrementar notablement a partir d'aquell fet.[16] No hi ha dubte que,

15. M. J. Lluelles, "Comunicacions terrestres...", pàg. 79.
16. Presentem a continuació les xifres de les entrades de visitants des de França per poder avaluar el seu creixement (M. J. Lluelles, *La transformació econòmica...*, pàg. 662-663, i M. J. Lluelles, "La crisi andorrana...", pàg. 5):

Any	*Entrades des de França*
1950	121.759
1955	200.000
1961	700.806
1965	697.390
1970	1.158.329
1975	2.520.610
1980	2.862.046
1985	2.494.203
1990	3.921.608

pel que fa al Pas de la Casa, en concret, va tenir repercussions molt directes, ja que deixa d'estar aïllada i s'hi pot arribar tant des de França com des de l'interior d'Andorra. La instal·lació de l'estació d'esquí serà un important desencadenant d'aquests desplaçaments en doble direcció.

L'estació d'esquí

L'estació d'esquí del Pas de la Casa va ser promoguda per Francesc Viladomat. Ell és fill d'un conegut escultor, Josep Viladomat, republicà, exiliat a França després de la Guerra Civil Espanyola i que es refugia a Andorra l'any 1942, quan es produeix l'ocupació alemanya, on es reuneix amb la seva dona i fills i on es queden definitivament a viure. En Francesc Viladomat és una d'aquelles persones amb un alt esperit emprenedor, inquiet i també aventurer, que representa el *self made-man*, que ha fet fortuna a Andorra a partir del seu esforç, iniciativa i treball personal. La mateixa instal·lació de l'estació d'esquí al Pas de la Casa és un exemple de com amb molt treball, una gran confiança en el futur i també sentit d'oportunitat s'aconsegueix tirar endavant un projecte ambiciós que tindrà profundes repercussions no sols en la vida d'aquest home, sinó també en el destí del Pas de la Casa i en bona part també d'Andorra. En l'entrevista que vam realitzar, ens va explicar les múltiples ocupacions i iniciatives en què ha participat, començant per la primera feina com a aprenent en una fusteria, l'afecció pels esports de neu, el treball com a monitor d'esquí, les aventures amb el muntatge dels primers teleesquís, la instal·lació de la primera botiga d'articles d'esport i les successives ampliacions, l'impuls d'urbanitzacions com la del Tarter, les fases d'ampliació de les estacions del Pas de la Casa i del Grau Roig, així com els projectes d'extensió cap els Cortals d'Encamp. De forma desenfadada i sense embuts comenta les dificultats que sovint li suposa entendre's amb l'administració i especifica de forma molt planera el seu suport a determinats polítics. De totes aquestes dimensions, en aquest apartat ens referirem a les que fan referència a l'estació d'esquí del Pas de la Casa.

La història dels Viladomat a Andorra representa, d'altra banda, un exemple prototípic de com la família ha estat la base per la formació i consolidació del capital i dels negocis, inicialment perquè funcionaven com una unitat d'acció i més endavant pel tipus de distribució i reproducció dels recursos i activitats. Les iniciatives de Francesc Viladomat van ser clarament impulsades i ratificades pel seu pare, l'escultor. En Francesc Viladomat, estretament vinculat al món de l'esquí, no sols es llança a la instal·lació del teleesquí del Pas de la Casa: juntament amb una de les seves germanes instal·la una botiga, i mentre elles treballen cosint per a les clientes o fent de dependentes, ell s'encarrega d'adquirir roba de conegudes marques internacionals i de fer-ne arribar a Barcelona, cosa que aviat desemboca cap a la venda d'articles d'esport de tota classe, especialment els relacionats amb l'esquí. Amb l'expansió del nombre de botigues i del nombre de teleesquís, decideixen repartir el negoci; les botigues passen a ser regentades per les seves germanes i seguides pels nebots, mentre que ell s'orienta cap a l'estació d'esquí. I encara que l'empresa acaba essent d'economia mixta s'hi incorporen un nou soci (Ramon Albareda, avui desaparegut) i els quatre fills, que actualment hi continuen treballant.

En Francesc Viladomat es va calçar uns esquís per primera vegada als onze anys. Recorda que va ser en Josep Alzina qui els hi va posar i com esquiava a les Escaldes mateix, en el Prat de l'Hoste. L'afecció per l'esquí el va portar no sols a practicar-lo com esport, sinó que va fer un curs com a monitor a la Molina, i en va exercir durant diversos anys, va participar en diverses competicions representant l'equip andorrà i va guanyar deu campionats d'Espanya. Però tornem als inicis de la pràctica de l'esquí a Andorra. En Josep Alzina (un altre refugiat català, que havia estat també membre de la resistència) era de l'Esquí Club Envalira i ell va introduir molts joves andorrans en la pràctica de l'esquí. Aquest club s'havia fundat l'any 1945 i encara que en aquells moments no hi havia remuntadors mecànics ni equipaments, s'organitzaven sortides per esquiar i per fer *randonnées*, principalment al port d'Envalira, al coll d'Ordino i al coll de la Botella.[17] Una de les persones que hi havia anat explica en què consistien aquestes sortides, en el fet que anaven acompanyats per l'Alzina, com tothom li deia:

> L'esquí allavons era una cosa molt precària, perquè anàvem, bueno, era com una expedició quasi. Amb un autocar ens portaven al refugi d'Envalira, baixàvem cap el Pas de la Casa, ens menjàvem un bocata al Pas de la Casa, o sigui, que la baixada l'aprofitàvem, eh! Perquè és l'únic que podíem fer! Llavons después de dinar tornàvem a agafar

17. L'Esquí Club Envalira tenia com a precedent l'Esquí Club Andorra, que s'havia creat l'any 1933, però que durant el període de les guerres va interrompre les seves activitats.

> els esquís a coll i cap amunt, i llavons baixàvem cap a l'altre costat també. Són dos baixades al dia... i, bueno, si teníem temps, que dius ara vaig a fer una altra baixada, pues l'havíem de pujar primer a peu, però com que ja teníem la tornada pujada que... pujave, eh! de baix del Pas de la Casa a dalt del Port, deu-n'hi-do!... I sort que llavons l'altra baixada ere llargueta, perquè ere al refugi aquest que teníem, i de vegades hasta Soldeu. (EE-53, D-A-4-A)

En aquells anys hi havia, doncs, l'embrió de l'afecció per l'esquí i és en aquest context que Francesc Viladomat, juntament amb Bernat Boixeda, s'anima a muntar un *fil de neige* al Pas de la Casa, una mena de sistema d'arrossegament que facilitava la pujada. Era l'any 1952; el sistema no estava massa perfeccionat, i el fet que el port es mantingués tancat no permetia que arribés gaire gent. El projecte va fracassar, però seria el precedent del que vindria després:

> A partir d'estar ficat en la cosa de l'esquí, pues ve que a l'any cinquanta-dos en Bernat Boixeda i jo vam posar un *fil de neige* que se'n diu, que és un teleesquí molt petit, portàtil. Tot plegat pesava cinc-cents quilos. El vam tenir al Pas de la Casa, després el vam posar... Però, és clar, era molt difícil, perquè el port estava tancat, pues ens el vam haver de treure de sobre, i el vam baixar a Espanya.
>
> Allavorens, ja fins l'any cinquanta-sis, perquè el meu pare insistia: "Aquí hem de fer teleesquís, aquí hem de fer telesquís", però, és clar, es necessita diners per fer telesquís. I allavors, a tranques i barranques vam fer el primer telesquí que jo vaig tenir, però també entre socis, però que finalment s'anaven retirant, i vaig fer el primer telesquí de debò. (F. Viladomat)

L'any 1956 es van iniciar els treballs d'aquest primer teleesquí, que tindria 2.000 metres de longitud i aniria des del pla del Pas de la Casa fins al pic Blanc, el que implica salvar un desnivell de 500 metres. Procurem imaginar-nos ara el que deuria suposar el muntatge d'aquest enginy i portar al cim del pic Blanc tot el material que es necessitava per muntar-lo. El mateix Francesc Viladomat acompanyava sempre el mestre d'obres, en Carles Mariné, i feia de xofer i de transportista. Calia evitar enfonsar-se en els terrenys empantanegats, evitar el pedregam i superar els desnivells del terreny, cosa que no era fàcil. Quan va començar a arribar el mal temps calia fer front, a més, a dues dificultats: el fred i la curtedat del dia. En Jaume Brugat explica l'odissea de com se les van haver de compondre per muntar les pilones del teleesquí. Van decidir que seria més fàcil fer-ho de dalt cap a baix i no a l'inrevés. Per tant, van pujar amb el tot terreny cap al refugi de Fra Miquel, però es van trobar amb una desagradable sorpresa:

> Quan el jeep havia avançat uns cinquanta metres fora de la carretera, costa amunt, unes ombres van fer parar el vehicle i se'ls van presentar (aparentment ho semblaven) dos canons d'escopeta, un per cada finestra de la cabina, i no els deixaren continuar el viatge. Allò era terreny de la Concòrdia i no es podia passar sense permís. Al Sr. Mariner i al *Quiquet* [Francesc Ubach] els sortien els ulls dels caps. No varen sofrir un infart per casualitat.[18]

La instal·lació del teleesquí comptava amb l'autorització del Comú d'Encamp, però per arribar al pic Blanc calia travessar la Concòrdia, que és un terreny que des de fa segles és objecte de disputes entre Encamp i Canillo i que per fer-hi qualsevol cosa precisa de l'autorització dels dos comuns, cosa que no deixa de ser complicada. Tot això en Viladomat no ho sabia, o ho havia obviat. El relat d'en Brugat s'atura en el punt en què l'hem deixat, però en Francesc Viladomat, en l'entrevista, explica la continuació. Va haver de demanar l'autorització al Comú de Canillo, que la va donar a condició de transportar-ho tot a bast, o amb el sistema d'arrossegament. Impossible pujar així les pilones, l'aigua, el ciment, la pedra, els ferros i tot el que es necessitava, però aviat ho van poder solucionar. Qui era aleshores capità de deseners va comentar, com qui no vol la cosa, que ell a les sis plegava. Conclusió: tot el transport de materials el van fer de nit. Però l'últim dia va començar a nevar, no es van voler arriscar a esperar la vesprada i, com ell diu, rient, "em van enganxar".

> Ens van enganxar els de Canillo. "Bueno, ara ja no podem dir que no t'hem vist, i som aquí tres testimonis". Però el Comú d'Encamp em va salvar fent un document conforme jo treballava pel Comú. Vaig anar a Canillo i vaig dir: "Mireu, feu lo que vulgueu, però no foteu, aquí hi ha aquest paper amb el sello del Comú d'Encamp, jo soc un treballador del Comú d'Encamp". Allavorens van fer marxa atràs. (F. Viladomat).

El relat dels inicis de l'estació d'esquí ha sigut una mica llarg, però crec que valia la pena incloure els detalls perquè hi ha elements molt significatius: les dificultats èpiques de la instal·lació del teleesquí, els problemes de relació estructural entre Encamp i Canillo, i l'etern tema no resolt del terreny de la Concòrdia. Considerem tot això, a més, en el marc del gran interrogant que suposava el projecte, ja que encara no es podia accedir al Pas de la Casa des d'Andorra

18. J. Brugat, *El Pas de la Casa...*, pàg. 109.

a l'hivern, perquè la carretera quedava tallada i no seria fins ben entrat l'hivern següent (era ple mes de desembre) que el Consell General de les Valls decidiria concedir en arrendament la neteja de neu de la carretera.

En definitiva: el novembre de 1956-57 es va posar en funcionament el nou teleesquí i va ser un èxit. Com diu Jaume Brugat, "les accions Viladomat feien com el dòlar avui, no paraven d'augmentar. Era el triomf de la seva vida".[19] Dit això en perspectiva és totalment cert, però pensem que en aquell moment hi havia el problema de la carretera i s'hi afegia la manca de qualsevol classe d'infraestructura hotelera. Recordem que al Pas de la Casa no hi havia aigua corrent, ni calefacció, ni llum elèctrica. Calia donar un pas de gegant, i es va fer. El mateix teleesquí va haver de funcionar de forma ben inusual:

> El primer hivern, clar, com no teníem electricitat al Pas de la Casa, pues va funcionar amb un camion posat de recules allà, amb les rodes de radere aixecades. I después a l'estiu trèiem el camion d'allà. (EE-157, H-ES-3-A)

En els transcurs dels anys es van anar ampliant les instal·lacions i el 1967 ja hi havia cinc teleesquís. Aquell mateix any 1967 el Comú d'Encamp va formar una societat, SAETDE (Societat Anònima d'Equipament Turístic i Esportiu de la parròquia d'Encamp), amb el concurs d'uns quants particulars, per explotar uns altres teleesquís. Aquesta concurrència no debia ser massa favorable, perquè el mateix any van proposar a Francesc Viladomat comprar-li tots els seus teleesquís a canvi de la seva participació en accions de la societat. Ell va acceptar, va aconseguir comprar accions fins tenir-ne un bon paquet i va passar a ser el conseller delegat. Es va formar així una societat mixta, en què el Comú d'Encamp participava amb un terç de les accions.

L'estació del Pas de la Casa es va anar ampliant fins arribar a enllaçar amb el Grau Roig. Actualment és l'estació més important d'Andorra i una de les més grans del Pirineu, amb 600 hectàrees de superfície esquiable i unes instal·lacions compostes per 29 remuntadors mecànics (24 teleesquís i 5 telecadires), que permeten moure un total de 26.865 esquiadors cada hora. Hi ha 42 pistes de diferent dificultat, amb un recorregut de 58 quilòmetres. Disposa, a més, de

19. J. BRUGAT, *El Pas de la Casa...*, pag. 109.

264 canons de neu i 10 quilòmetres de circuit per a esquí de fons. L'ampliació natural d'aquesta estació d'esquí seria cap al pic de les Abelletes, però es veu limitada per dos factors: pel risc d'allaus que hi ha en el clot de les Abelletes i pel contenciós amb el municipi francès de Porta, ja que hi ha un sector on la frontera no està reconeguda i encara avui està en litigi. Tenint en compte aquests problemes, l'aspiració de Francesc Viladomat és estendre el domini esquiable fins als Cortals d'Encamp i fer bascular cap a aquesta població una part de l'afluència turística que actualment es concentra al Pas de la Casa. En aquest cas, però, hi ha una altra dificultat, i és que cal que les instal·lacions passin pel terreny de la Concòrdia i fer que els Comuns d'Encamp i Canillo es posin d'acord. Una altra possibilitat d'ampliació és enllaçant amb l'estació veïna de Soldeu-el Tarter, que pertany al Comú de Canillo, però això implica l'acord amb una altra societat i també ho fa complex.

Per avaluar la incidència de l'estació d'esquí sobre el Pas de la Casa, cal dir que actualment aquesta població rep una càrrega turística entre dotze mil i catorze mil visitants per dia en època alta. La capacitat d'allotjament per als turistes està formada per unes dues mil places hoteleres i sis mil apartaments de lloguer curt.[20] Com podem comprovar, aquestes instal·lacions no tenen res a veure amb les que hi havia al mateix Pas de la Casa quaranta anys enrere. La transformació ha sigut tan gran i tan radical que aquells primers pobladors i les seves barraques semblen haver-se difuminat en la llunyania del temps com si fossin els protagonistes d'un típic mite d'origen. I tal vegada ho són.

La reconquesta del Far West

> "Al principi no tenien confiança de què hagués cuajat, però quan es van donar compte que anaven errats, llavors tothom va agafar parcel·les, i a fer negocis, i a llogar-los... Llavors ja van veure que tot això representava una font d'ingressos molt important, oi!" (EE-114, H-EN-3-E)

A partir de la dècada dels seixanta, el Pas de la Casa comença a experimentar un creixement exponencial en el tamany i vertiginós en el ritme. S'instal·len nous hotels i restaurants, s'amplien els antics,

20. M. J. Lluelles, *La terciarització de l'economia...*, pàg. 55.

es multiplica el nombre de botigues, i comença a construir-se blocs de pisos frenèticament. L'especulació comença a ésser el pa de cada dia. El Pas de la Casa, aquella mena de Far West (que era com tothom l'anomenava), passa a ser considerat com un lloc interessant per establir negocis i s'inicia la conquesta. Una conquesta que es fa en sentit invers a la d'aquell Far West llegendari que donà lloc al naixement d'una part dels Estats Units i sobre el qual s'han fet tantes novel·les i pel·lícules. Perquè en el Pas de la Casa els antics pobladors no eren indígenes sinó forasters i la conquesta d'aquest estrany Far West (que, per cert, en la geografia d'Andorra està a l'orient i no a l'occident) la realitzen els qui com a indígenes (andorrans) tenen drets sobre el territori i passen a exercir-los: es tracta, per tant, d'una reconquesta. No hi ha lluita, perquè no cal que n'hi hagi; hi ha simplement l'arribada dels qui abans no hi eren, amb l'establiment de noves regles del joc. Tot això va acompanyat d'una reorganització dels criteris constructius, de l'establiment de normes urbanístiques, de la construcció d'infraestructures, de la dotació d'equipaments i de la redefinició de la forma d'accés a la propietat. No són coses que es facin de cop, sinó que van apareixent en el transcurs dels anys i sovint intentant donar solució a fets ja consumats.

Els protagonistes de la nova conquesta són els veïns d'Encamp, ja que el territori on se situa el Pas de la Casa pertany a aquesta parròquia. En són els legítims propietaris i comproven que s'està produint un creixement important de les activitats econòmiques i, lògicament, no ho volen desaprofitar. Els encampadans comencen a invertir en la compra de parcel·les, en propietat immobiliària i en negocis, cosa que no implica traslladar-se a viure al Pas. Els qui ho faran seran més aviat estrangers, alguns dels quals establiran també els seus negocis i molts altres que treballaran com a assalariats en els nous comerços, hotels i restaurants. Els antics pobladors perceben l'arribada de la gent d'Encamp, de "la gent de baix", com els anomenen, amb una barreja d'acceptació lògica i de ressentiment. Es considera lògic que s'estableixin, ja que tot allò és ben seu, però els dol també que en aquest procés no tinguin massa en consideració tot el que aquells pioners havien fet.

> Els d'Encamp han vingut a comprar parcel·les, i s'han fet la casa, i s'han fet el comerç, i s'han fet el negoci. Però qui ho van arrencar són els pioners. Quan van vindre [els pioners] no hi havia ni llum, ni telèfon, ni aigua, no hi havia res, i tot això ho van fer. (...) Llavons van dir: ara us posarem aigua potable; van destruir tot lo que havíem fet i ho van fer ells, i llavons teníem problemes perquè no arribava

> l'aigua, no tenies aigua... coses d'aquestes, moltes. I la llum. Et quedaves dos dies sense llum quan ens la van posar, però pagant nosaltres també. Perquè deien, us posem la llum, però heu de pagar la instal·lació, a cada un toca tant; llavons tots els primers a pagar per tindre la llum... Llavons, si érem deu famílies, partit per deu toca tant. Llavons, después, van vindre els senyors d'Encamp a comprar el terreny, a posar... però ja tenien la llum, ja tenien l'aigua, ja tenien tot això que van pagar els pioners. Vull dir, que tot això s'ha suat, s'ha suat fort i duro, i es mereixen... no sé... I els altres han vingut quan la cosa ja estava feta. Van veure que això era un negoci que donava. (EE-112, D-EN-4-F)

Aquesta és una percepció arrelada entre els antics pobladors, que tenen el sentiment d'haver creat el poble amb un esforç titànic, i que, més enllà de les consideracions més materials, tenen un sentiment d'identificació molt gran amb els llocs que han sigut els referents de la seva infantesa i de la seva vida. Per això, la mateixa informant anterior, s'emociona profundament quan rememora la destrucció d'aquells referents:

> Jugàvem per aquí darrera a les pedres, anàvem a fer excursions,... No sé, jo m'he encarinyat molt aquí. Lo que passa és que cada vegada que venia aquí al Pas de la Casa, quan ja es començava a construir, deia: mira, aquesta pedra ja no existeix, una pedra on havia jugat, ja no existeix, ja començaven a fer una casa, i així va créixer el Pas de la Casa. Sí, tots aquests racons que tenies, on anaves a jugar... [s'emociona i fa interrompre la gravació] Pues, sí, jo he vist canviar tot el Pas de la Casa i em sabia greu de veure com es feia tan gran. M'agradava més el Pas de la Casa petit, però, bueno, això ja són coses de la vida i no s'hi pot fer res. (EE-112, D-EN-3-F)

El que s'expressa en aquest paràgraf no és una simple qüestió de gustos, sinó d'identitat i sentiments. Implícitament s'està dient també per part d'aquesta dona que els encampadans, encara que són els propietaris del Pas, no participen d'aquesta identificació amb el Pas, perquè no hi han viscut mai, ni l'han fet amb les seves mans com fou el cas d'aquells primers pobladors. Per ells és tan sols el lloc on tenen els negocis i poc més; el Pas els queda a vint-i-cinc quilòmetres, però simbòlicament està més lluny, perquè se situa al marge de tot el substrat que dóna sentit a l'arrelament com andorrans; el Pas està en territori d'Andorra, però és "una altra Andorra", amb la qual no se senten identificats.

Aquests sentiments d'estimació per part d'uns i de desafecció per part d'altres tenen la seva explicació en les experiències diferents de cadascun dels grups que intervenen en la història del Pas de la

Casa: primers pobladors, encampadans i estrangers. El fet que el Pas de la Casa hagi estat percebut per encampadans i nous residents com un lloc simplement on fer negocis i on guanyar diners ha contribuït al fet que hagi tingut un creixement caòtic i desordenat, amb edificis amuntegats, un urbanisme deficient i molt poca cura de l'estètica. Actualment el Comú d'Encamp procura que no hi hagi distincions gaire fortes entre les infraestructures i serveis que s'estableixen al Pas de la Casa i els que es doten a Encamp i els seus veïnats, però abans no era així i hi havia diferències molt grans entre un lloc i l'altre. Com expressa un encampadà, "temps enrera s'havia separat una mica, únicament s'entrava la fruita i l'arbre es deixava" (EE-129, H-EN-6-A), fent clara referència, amb la metàfora que utilitza, que el que interessava del Pas era recollir els fruits, però no cuidar l'arbre. El problema del Pas de la Casa, per tant, no és que s'hi hagi afegit molta més gent a la que ja hi havia, sinó la manera com s'ha produït aquesta addició.

> Va ser un canvi bastant important, però també va anar relacionat amb el progrés de la gent que venia també, oi? O sigui, que es van incrementar els comerços, però també es va incrementar el turisme. Això donava per tots. Després van començar a especialitzar-se perquè tot aquest temps era tipus basar, i ja van començar a fer-se que si les perfumeries, els restaurants,... o sigui, va quedar una mica catalogat, ja va agafar la forma d'un poble. La llàstima és que no s'hagués fet un pla d'urbanisme i s'haguessin fet les construccions com cal. S'haguera pogut fer una cosa més bonica, de cara a donar-li un sello del país, diguéssim, sobretot la pedra. Així com ara es comença a treballar la pedra, allavons... no es va definir un pla d'urbanisme. I és clar, les cases ja veieu com estan: una pujant, l'altre baixant... Els carrers tampoc estan ben adreçats, però en fi! (EE-114, H-EN-3-E)

De fet existeix un pla urbanístic, que va ser aprovat pel Comú d'Encamp els anys 1965-66 i ampliat posteriorment, però no ha estat respectat mai, com tampoc les normes de construcció i en la pràctica s'ha funcionat via subhasta especulativa que fa el mateix Comú.[21] Les normes de l'any 1948 que havien limitat l'alçada de les construccions a planta baixa i un pis (i que obligaven també a construir en pedra) van ser derogades per unes altres que permetien edificis de 25 m d'alçada i són aquests els que van començar a proliferar i defineixen l'actual paisatge urbà del Pas de la Casa. En la concessió

21. M. J. Lluelles, *La terciarització de l'economia...*, pàg. 56.

de llicències per edificar no es va tenir en compte que aquesta zona està sotmesa al risc d'allaus, i malauradament l'any 1971 un allau va sepultar tres xalets i en va malmetre d'altres i va provocar també la mort d'una persona, accident evitable si s'haguessin fet previsions respecte a aquesta classe de riscs naturals.[22]

La figura jurídica que regeix la propietat és el cens emfitèutic. Però abans d'explicar en què consisteix, tirem una mica enrere en el temps i tornem als primers pobladors, per veure com va regular-se el seu establiment en aquell territori.

El Pas de la Casa era domini comunal i, recordem-ho, no hi habitava ningú. Els nous pobladors van demanar permís al Comú per establir-se i en aquell moment no hi havia cap altre requisit que fer la petició, especificar l'espai que es necessitava i que des del Comú es mesurés i enregistrés. Cap altra cosa. No era corrent que ningú demanés terra en aquesta classe de terrenys de pastura i sí hi havia com a precedent, en canvi, el cas de les boïgues, és a dir, terres que el Comú deixava cultivar a qui ho demanés. S'apliqués o no aquesta classe de costum, el cas és que el relat dels primers pobladors és sempre coincident. Incloem el del qui ho especifica amb més detall:

> La botiga jo la vaig començar aquí, però l'oncle primerament em va... Ell va agafar poc terreny, perquè llavons al Comú d'Encamp només teníem que demanar el terreno que volíem, i ens avisaven i venien el dia que... "Pues, mira, que podríem agafar un tros de terreno allà dalt". Tenia que venir la comissió del Comú d'Encamp. Ens anaven seguint: "Quants metros voleu?" Pues, jo recordo que quan el meu oncle va dir: "Jo vull per fer una barraca pel meu nebot, pues agafarem 12x10 metros". "Bueno, si voleu més terreno podeu anar fins a la muntanya", perquè, és clar, allavons hi havia muntanya, diguéssim. De traspassos no se'n va pagar cap, oi! Allavons, si les coses les haguerem sapigut potser ens haguéssim espavilat una mica i haguéssim agafat una mica més, però no hi pensava ningú que pugués agafar l'increment i l'amplitud que se n'ha fet després. (EE-114, H-EN-3-E)

És interessant aquest testimoni, sobretot perquè mostra que en aquella situació, en què hi havia molta abundància de terreny, però molta incertesa en el futur, la gent va ser prudent a l'hora de demanar, i la petició se cenyia al que es considerava necessitat estricta. Cap afany especulatiu; tampoc hi havia les condicions. Però

22. J. Brugat, *El Pas de la Casa...*, pàg. 156-157.

això desmenteix una idea ben arrelada com és que de forma natural la gent tendeix a acaparar quant més millor quan es tracta de recursos comunitaris. És el que en les ciències socials s'ha expressat com la "tragèdia dels comuns", defensada per Garrett Hardin, que veu molts inconvenients a l'ús col·lectiu dels recursos i advoca per la propietat privada com a forma més racional de la seva gestió.[23] Aquí es mostra el contrari d'aquesta tesi: és la possibilitat d'especulació el que genera l'acaparament i no a la inversa. Però això ens porta cap a altres dimensions.

El cens emfitèutic es va imposar l'any 1960. Consisteix en una venda o lloguer que té una duració màxima de setanta anys; la venda a un tercer a la meitat del contracte permet renovar la concessió per setanta anys més i en aquest cas el Comú percep un 5% de l'import de venda. Cal pagar un cens o lloguer anual per metre quadrat. De fet aquesta classe de vendes no generen la propietat, sinó el dret d'utilització a canvi del pagament del cens. Es va aplicar així una mesura que era prototípica de l'època medieval, per tal d'assegurar que el Comú no perdés mai el domini eminent sobre terrenys de naturalesa comunitària. Era una fórmula que, a més, permetia recaptar ingressos. Una persona força entesa en aquesta classe de contractes ho explica així:

> Els cens emfitèutic és l'únic Comú que ho té. Perquè en un cert moment van ser llestos, van veure que hi havie oportunitat de vendre, d'urbanitzar una part de lo que ere comunal i, mira, es va fer. Van començar a vendre drets sobre parcel·les, no propietats, drets. Es va cobrar una quantitat de diners, es van fixar tota una sèrie de clàusules sobre els contractes que s'anaven fent, i això ha esdevingut la font d'ingrés més important del Comú d'Encamp. Sobre cada transacció immobiliària del Pas de la Casa es cobra un tant per cent, cada any es cobren unes pensions sobre cada comunitat immobiliària, a més, es cobren taxes, tributs i serveis. Ha sigut molt important, molt important. És una bona font d'ingressos. I és únic. Bueno, és únic a nivell públic. (...) Això es va fer sota el règim d'emfiteusi perquè els drets comunals no s'acostumen a vendre. Allavons aquí, sota aquest règim, si vols, es va amagar la venda, perquè la propietat és sempre del comú i els que compren tenen únicament dret sobre aquestes unitats. (EE-129, H-EN-6-A)

És interessant aquesta constatació empírica de com s'utilitza un instrument jurídic medieval per regular un creixement urbanístic

23. G. Hardin, "La tragedia de los espacios colectivos", H. Daly (ed.), *Economía, Ecología y Ética*, México, 1989, pàg. 111-130 [ed. original 1968].

i comercial plenament insert en la lògica mercantil i especulativa. I aquesta és una altra de les claus per entendre com es donava la convergència entre els interessos particulars amb els del Comú i com aquesta convergència desembocà en l'actual configuració urbanística del Pas de a Casa.

En la dècada dels anys seixanta comença a produir-se un fort creixement, però l'impuls definitiu serà el dels anys setanta i vuitanta, que és quan es produeix el "boom" turístic i comercial del Pas de la Casa, amb un perfil molt peculiar, ja que combina l'activitat turística de l'estació d'esquí, que atreu nombrosos practicants dels esports de neu, amb el comerç massificat de llaunes, rellotges, articles de moda o records de viatge, que atrau un públic molt diferent de l'anterior. Això provoca una fluctuació important entre hivern i estiu pel que fa a la necessitat de places hoteleres i uns fluxos d'afluència turística molt diferenciats entre les dues estacions. En els inicis d'aquesta nova etapa calia solucionar sobre la marxa la manca de serveis i infraestructures existents:

> Hi ha anècdotes com les del servei mèdic... Apart del problema de la llum, doncs hi havia també el dels metges i tal, que quan va començar a haver-hi més gent hi havia un practicant, que era el Conrado. Primer hi havia hagut algunes temporades la senyora Borra, que era comadrona, que alguna vegada si teníem una mica de problema anàvem a ella. Jo me'n recordo que aquí al refugi, bueno, a l'hotel, hi havia una botiga d'esports, i en un racó de la botiga hi havia un armari d'aquests macos de talla de fusta, que separava un quartet i allà hi havia una camilla, hi havia un armariet amb coses de primera assistència, una cortina i, bueno, els malalts i els ferits arribaven allà, a aquella botiga i el Conrado els cuidava. (EE-123, D-EN-5-A)

El primer hotel que es va construir d'acord amb aquestes noves demandes fou l'Hotel dels Isards, que es va inaugurar l'any 1961 i que reemplaçava l'antic refugi que portava el mateix nom.[24] Els altres refugis preexistents s'anaven ampliant i modernitzant i, al mateix temps sorgien noves necessitats que inicialment es resolien de forma ben precària.

> Sí, al principi hi havia quatre o cinc habitacions i al final n'hi havien quaranta ben bé. [El refugi] va seguir una evolució conforme anaven evolucionant les pistes. (...) Allavons el meu pare va fer aquest altre hotel, i aquell el van guardar uns tiets que vivien amb nosaltres

24. J. Brugat, *El Pas de la Casa...*, pàg. 147.

> i també ens ajudaven. Durant uns anys el van explotar ells. Nosaltres vam venir aquí quan es va fer la primera fase, i al cap de dos o tres anys de casats vam fer la segona fase d'aquest hotel. Això era... entre el 73 i el 76, o el 78, però, clar, allavors entre aquí i l'altre hotel no hi havia res. Tot es va construir molt, molt de presa, aleshores sí que hi va haver un boom de la construcció enorme. (EE-123, D-EN-5-A)

Aquesta dona continua explicant que poc temps després els pares es van retirar i ells es van fer càrrec de l'hotel. El seu germà, que havia estudiat i exercit com a enginyer, també acaba instal·lant-se al Pas de la Casa i establint un altre hotel. Aquesta dedicació de membres d'un mateix grup familiar a un mateix tipus d'ocupació i la transmissió dels negocis de pares a fills es dóna de forma força recurrent entre els descendents dels antics pobladors que romanen al Pas de la Casa. En el seu cas, tenen l'hotel obert durant la temporada d'hivern i a l'estiu el tanquen, motivats per la fluctuació tant en el volum com en la qualitat del turisme que hi ha a cada temporada:

> És que a l'estiu és un turisme molt barato i has de rebaixar moltíssim els preus. Ho vam fer algun any. Però has de tenir la calefacció engegada, és gent que moltes vegades... ara potser ha canviat una mica, però se'ns emportaven les tovalloles i ens ho destrossava tot. Tenir personal actualment, en les condicions tal com està, vull dir social i tot el que s'ha fet amb la reforma laboral, sense tenir l'hotel ple no pots. No es treballa a l'estiu aquí, es treballarà en algun restaurant que ho portin molt en família, per anar-te mantenint; treballaran les botigues perquè és gent de pas, mengen un bocata per fora, vénen al matí i se'n van el vespre... No hi ha incentiu aquí a l'estiu. (EE-123, D-EN-5-A)

És interessant, d'altra banda, la caracterització que aquesta mateixa dona fa de l'evolució del tipus de turisme que arriba al Pas, tal com es reflecteix en la clientela de l'hotel. Quan hi havia el refugi, hi acudien el que anomena com a "muntanyencs purs", que es conformaven amb les condicions precàries de les instal·lacions que hi havia en aquell moment. Era quan el port quedava tancat i calia arribar a peu o esquiant i que valoraven per sobre de tot la pràctica de l'esport. En una segona etapa arriba la gent vinculada als clubs de muntanya o als clubs d'esquí, alguns dels quals vénen de diversos punts d'Espanya i de França, i que reclamen més comoditats, encara que predominava, segons diu ella, un cert esperit d'aventura. Després ve gent amb més mitjans, francesos primer, espanyols després, afeccionats a l'esquí quan aquest esport estava reservat encara a una elit, que vénen molt ben equipats i també exigeixen serveis de millor qualitat. Finalment, quan l'esquí es popularitza, arriba gent molt diversa i de forma massificada, a través d'agències de viatge. I això coincideix amb un canvi d'actituds i d'ambient: "És molt més exigent la gent d'ara; s'ha perdut el caliu aquell en què tot era família, els clients, el personal, tothom".

El Pas de la Casa, poble o gent de pas?

"Sembla que estiguem separats en sectes aquí: francesos, espanyols i altres, és veritat". (EE-112, D-EN-4-F)

L'increment turístic i comercial va provocar l'increment d'hotels, botigues i immobles. S'han solucionat molts problemes d'infraestructures, encara que alguns queden per resoldre, però actualment hi ha també nombrosos serveis que fa pocs anys eren inexistents: escola, metge, farmàcia, correus, banca, perruqueries, etc. L'any 1992 hi havia al Pas de la Casa 2.729 habitants, als quals cal sumar unes 400 persones més que hi acudeixen cada dia a treballar i que en la temporada d'hivern arriben a ser 650 més.[25] Hi predomina la gent jove, o d'edat adulta, ja que molta gent gran marxa cap a llocs de clima més benigne i, d'altra banda, arriben constantment nous treballadors, que són gent força jove. En el Pas de la Casa predominen els estrangers, en una proporció molt més elevada que la de la mitjana existent en el conjunt d'Andorra i la de qualsevol de les seves localitats. Les dades que tenim respecte a la composició de la població són una mica antigues, de 1989, però reflecteixen molt bé aquest *melting pot* existent al Pas. Els andorrans s'hi troben representats tan sols en un 4,9%; d'espanyols n'hi havia un 39,9%; francesos, un 35,8%; portuguesos, un 14,8%; asiàtics, un 2,6% i altres nacionalitats, un 2%.[26]

No sols la composició de la població és diversa, també hi ha una gran fluctuació i mobilitat de gent, que arriba al Pas de la Casa, hi treballa un temps i després marxa. El nucli de residents permanents es queixa de les dificultats per tirar endavant iniciatives comunes, sigui de tipus social o cultural. El teixit social del Pas de

25. M. J. Lluelles, *La terciarització de l'economia...*, pàg. 55.
26. R. Calvo, G. Martínez i N. Guasch, *Recull estadístic...*, pàg. 138.

la Casa està fortament desarticulat. Continua tenint, doncs, les característiques de la nova frontera, amb referents normatius molt diversos, que a uns els produeix la sensació de desestructuració i a altres, en canvi, de llibertat d'acció. Així s'expressa en aquesta conversa amb una dona que resideix al Pas des de l'any 1984 i que el percep com un indret on existeixen molts comportaments alternatius. Ella ho concreta en la relació de parella.

> A partir de aquí he ido haciendo mi vida, con mi compañero, que no estamos casados, digo mi marido pero no estamos casados. Esto es normal aquí. Y desde entonces hemos estado muy bien juntos, desde el año 87. Ahora hemos tenido una nena.
>
> P - ¿Por qué has dicho que no es habitual aquí lo de casarse?
>
> R - Aquí no, casi nadie está casado en el Pas. Esto es una jungla. Hay bastante gente junta y, aparte, igual dejas a tu amigo hoy y mañana tienes otro, aquí... rapidísimo.
>
> P - Hablando claro, ligar es muy fácil aquí.
>
> R - Facilísimo. Sí, sí. No sé si es por el frío, o porque la gente... de verdad. La gente se encuentra muy sola, no sé, aquí. (EE-113, D-EN-5-E)

Gent que se sent sola, que està sola, relacions molt fluïdes, manca d'implicació en les relacions personals i, lògicament, també en les comunitàries: no hi ha sentiment d'identitat ni pertinença a la comunitat en el Pas, excepte en el cas d'aquell petit nucli descendent dels primers pobladors i d'algunes altres persones que s'hi han incorporat després, algunes de les quals fan esforços considerables per aconseguir fer quallar iniciatives de caire col·lectiu i fer vida de poble (associacions, organització de festes majors, corals, activitats culturals, etc.). La segmentació social en funció del lloc d'origen és molt forta, i aquesta segmentació es reflecteix en les formes de participació i actituds de la gent:

> Fas una reunió de poble per parlar de les coses del poble i et vénen més aviat els espanyols, la gent d'aquí de parla catalana i tot això. Voldríem unir tots aquests... portuguesos, francesos, espanyols. Bueno, ja que visquim aquí tots i que estem tot l'any, pues al menos tenir una compenetració entre tots. Sembla que sempre hi ha les barreres aquestes que ens separen. (EE-112, D-EN-4-F).

En opinió d'aquesta dona, una de les primeres pobladores i de les constants dinamitzadores de la vida del Pas com a poble, el grup menys integrat és el dels francesos. Considera que la seva actitud és molt diferent de la dels residents catalans primigenis, "que tenen la consciència que Andorra és Andorra, i que vénen a Andorra", mentre que els francesos consideren que es troben en la pràctica en territori francès. El domini de la llengua catalana serveix com a factor per mesurar el grau d'integració i, en el cas dels francesos, això es produeix en pocs casos:

> Més d'una vegada ho he hagut de dir a algú, que això no és una colònia francesa, que això és Andorra. Una senyora em diu: "Es que yo hace quince años que vivo aquí". Digo: "Pues no estás asimilada". "Por qué?" "Perquè no parles el català". "Oh, és que els meus fills els he criat aquí". "Sí, dic, però tu no parles la llengua d'aquí del poble", "És que jo... a mi m'haurien de considerar". "És que pensi que això no és una colònia francesa, això és Andorra; ni és Espanya ni és França, això és Andorra". Mentalitzeu-vos així els francesos primer i después ja veureu que aneu equivocats en moltes coses. (EE-112, D-EN-4-F).

Vam entrevistar un matrimoni francès. Dels dos components de la parella, ella viu al Pas de la Casa des de 1969 i ell des de 1974. L'entrevista es va fer en català, que tots dos parlen, però ella el barreja amb el francès i canvia ràpidament de codi. Com molta altra gent, van arribar per estar tan sols uns pocs mesos i finalment s'hi van quedar. Es poden considerar dels francesos integrats i consideren que és l'escola un factor d'integració important:

> Ces enfants de Pas de la Casa avant quittaient l'Andorre, maintenant ils sont integrés en Andorre et je trouve que c'est très important. (...) Parce que avant ils n'avaient plus de copains, amics, andorrains; maintenant ils se sont vraiment integrés avec des amis andorrains. C'est très bien le Pas de la Casa, est plus integré à l'Andorre parce que avant c'était una mica separat, et maintenant je pense que c'ést plus associé par rapport a l'Andorre. (EE-136, D-EN-5-F)

Podem comprovar que les formes d'integració s'entenen de forma diferent segons la situació de cadascú. En aquest cas el factor lingüístic no es considera crucial i sí, en canvi, les xarxes d'amistat i relació. Una resident de nacionalitat espanyola, considera que la integració es prova a través de la participació en les activitats del poble:

> El Pas me encanta, me gusta muchísimo, y me he integrado con la gente y con todo, con el trabajo y con todo. Pero hay gente que llega y que no se integra, que trabajan todo el día, que viven cinco o seis familias en un apartamento. Entonces esta gente, al no integrarse, pues también lo dejas un poco más de lado y parece que esto sea más frío, digamos. Porque en el Grup Sociocultural

> se propone hacer muchas cosas y la gente no participa: no ves ningún portugués por allí, franceses ves dos, ves los cuatro andorranos o cuatro catalanes que se han integrado aquí y no ves a nadie más, ¿no? (EE-113, D-EN-5-E)

El Pas de la Casa és un lloc de pas obligat per entrar o sortir d'Andorra camí de França, i com a poble hi ha també molta gent de pas, que hi viu i hi treballa uns anys fins trobar un altre indret més satisfactori. És Andorra el Pas de la Casa? Administrativament no hi ha dubte, però la seva composició poblacional, l'escassa vertebració de les relacions socials, així com determinades pràctiques i usos lingüístics, fa que sigui percebut com una part d'Andorra que no és pròpiament Andorra, perquè no es correspon amb el que existeix en la resta del país. Així es reflecteix en els comentaris d'aquestes dues persones, estrangera d'origen l'una, andorrana l'altra:

> Mi impresión al llegar al Pas de la Casa fue terriblemente negativa. O sea, una cosa es llegar a Andorra y ver una pequeña ciudad, y otra cosa es llegar y... Yo llegué a finales de abril al Pas de la Casa, estava nevado a tope y yo pensé que había llegado a Andorra. Y me dijo: "No, no, es el Pas de la Casa, bastante más arriba". Y llegas allà, mi primo con botas de nieve, con gorro porque estaba nevando, no se veía el asfalto, estaba todo cubierto de hielo, y me parecía otro mundo, eh? Había una niebla terrible, cuatro casas allí incomunicadas, encima portugueses, franceses, de todo... Madre mía, ¿esto qué es? Es completamente diferente. Cuando yo bajé aquí era una gloria comparado con lo que encontré allá arriba en el Pas de la Casa. (EE-47, H-ES-5-E)

> Allò és el Far West... Ara, vas allà, prens un cafè, "tants francs". Ai, coi! però que no estem a Andorra? I això a mi em xoque. És completament artificial allò. Jo no sé com s'han apanyat, però hi ha tota la gent més artificial que pugui haver-hi per instal·lar-se allí. Perquè realment és molt fort. (EE-53, D-AN-4-A)

Hem acabat parlant de formes d'entendre la integració i de la identitat, així com de la percepció de si el Pas de la Casa és prototípicament Andorra o no ho és. No és que hagim marxat de les dimensions econòmiques, que són l'objecte de la nostra anàlisi, sinó que hem tractat de mostrar justament com el sistema econòmic està estretament relacionat amb les relacions socials i la identitat. El Pas de la Casa és avui el que és, precisament per la peculiar evolució de les activitats econòmiques que s'hi han produït. D'on no hi havia res, va sorgir un poble, un poble que participa plenament de les característiques de les noves fronteres, amb una població fluctuant, un urbanisme basat en l'especulació, una forta segmentació laboral, un teixit social poc trabat, manca de referents normatius comuns i formes d'identitat molt diverses. El Pas de la Casa és Andorra, evidentment. Representa de fet, de forma extrema, el que s'ha produït en el conjunt del país de forma més amortida però amb alguns elements comuns amb els que hem descrit. I és que Andorra també és avui el que és pel peculiar desenvolupament econòmic que s'hi produeix quan esdevé una zona franca enmig dels Pirineus i, per tant, un país que viu de la frontera.

CAPÍTOL VII

Les dècades prodigioses

El naixement d'una edat d'or

> "Tot lo que tenim ha sortit d'aquests deu dits de les mans". (EE-88, D-MA-3-A)
>
> "Los quartos... los primers són mal d'això, perquè has de capejar, però después ja ragen sols". (EE-164, H-EN-2-A)

En la dècada dels cinquanta comença a produir-se un creixement fulgurant de l'activitat comercial. L'any 1955 entren 250.000 turistes per la frontera francesa i 100.000 per l'espanyola i, per tant, als compradors francesos s'hi afegeixen ara els catalans. Antigament el comerç es feia portant les mercaderies cap a França o cap Espanya, però ara s'inverteix aquesta tendència i són els clients els qui es desplacen i van a buscar els productes venuts a Andorra.[1] Salvador Llobet destaca ja que la carretera que va des les Escaldes a Andorra la Vella està plena de botigues i que les dues viles formen una sola aglomeració. Es venen productes d'importació procedents de Suïssa, la Gran Bretanya, Alemanya, França, els Estats Units i el Japó, a més dels articles que ja s'havien fet corrents en els anys de les guerres: aliments, tabac, roba.[2] Els països veïns van haver d'admetre de nou el lliure trànsit de mercaderies fins a Andorra, i va prendre relleu la figura jurídica de la "llicència d'importació", que era el que permetia importar determinats productes sotmesos a contingents. A mesura que augmentava el nombre de visitants s'incrementava també el nombre d'establiments comercials i, en correspondència, també el de fondes, hotels, bars i restaurants. Els andorrans es van abocar

1. M. J. Lluelles, *La transformació econòmica...*.
2. S. Llobet, *El medi i la vida...*, pàg. 5.

cap a les activitats comercials i turístiques i no per això abandonaren la pagesia; d'això en parlarem més endavant. Cal dir que molts catalans es van instal·lar a les Escaldes i a Andorra la Vella i també s'aprofitaren de l'edat d'or que s'inicià en aquests anys.

Francesos i catalans acudien a Andorra motivats per demandes diferents i l'impacte d'uns i altres també fou diferent. Recordem que en els inicis dels cinquanta, França va posar traves per entrar a Andorra en imposar l'exigència de visat, i no fou fins l'any 1954 que se solucionà aquest impediment, permetent l'entrada amb la simple presentació del document nacional d'identitat. El turisme francès s'incrementà a partir d'aquesta data, però bona part d'ell no passava del Pas de la Casa i en l'interior del país només es feia notar en els mesos d'estiu, ja que durant l'hivern el port d'Envalira quedava tancat. Els espanyols havien d'accedir amb passaport, o bé obtenir un passi especial que lliurava el Govern Civil de Lleida i que es podia sol·licitar des d'una comissaria de policia del lloc de residència. Encara que a l'estiu hi havia una major presència de turistes catalans, també a l'hivern hi acudien i tal vegada per aquest motiu es notaven molt més. Recordem que en aquells moments hi havia a Andorra un bon nombre d'exiliats i, per tant, les seves famílies es desplaçaven a Andorra per visitar-los. Coincidia, a més, que en aquells anys s'havia començat a representar el pessebre vivent, sota els auspicis d'Esteve Albert, que es feia a Engordany entre l'1 de novembre i finals de gener, i aquest fet servia també com a motiu que justificava l'anada a Andorra davant les autoritats franquistes que havien de donar el permís. És difícil saber si realment hi anava moltíssima gent a l'hivern, però com en tot cas els catalans eren els únics forasters que hi havia, la gent se'n recorda molt:

> Quan van obrir el port es va notar [l'arribada de turistes]. Va ser l'època del nylon, i va començar a venir gent a comprar nylon; después va vindre l'època del Duralex i van vendre Duralex, i així. Un dels artífexs que va portar gent per primera vegada, jo crec, és l'Esteve Albert amb el pessebre. El pessebre vivent de l'Albert va ser la primera injecció que va portar gent en aquí. I a l'obrir el port més o menys s'anava passant i venia gent, i com que a baix i a dalt estaven en una situació precària d'haver sortit de les guerres, pues el comerç... (EE-169, H-AN-2-A)

En el context andorrà, "a baix" és Catalunya i, genèricament, Espanya, i "a dalt" és França. Però abans de seguir, veiem una altra referència, que prové d'una persona que pot concretar més encara, ja que malgrat la seva joventut, ja estava venent a la botiga de la seva família quan es donaven les circumstàncies que estem esmentant. Ell parla de l'any 1960 en concret:

> Jo me'n recordo que tenia dotze o tretze anys, i dissabte pues havia estat treballant a la botiga fins a les dos o les tres del matí. Hi havie allò del pessebre... El boom d'Escaldes i Andorra va ser el pessebre vivent, va ser... Allavons la gent, el que tenia diners pujava en 600, en motos amb sidecar, o... venien aquí, anaven al Pessebre, después del pessebre anaven a sopar, i después de sopar anaven a comprar. I clar, les botigues treballaven el dissabte a la nit i el diumenge al matí fins allà a les onze o les dotze, i durant tota la setmana no es feie ni un duro. La nostra, i totes les botigues que hi havie allavorens a Escaldes i Andorra, els dissabtes tancaven a les dotze o a la una [de la matinada]. Jo me'n recordo dels dissabtes sortir del cine i trobar la botiga oberta. (EE-118, H-ES-4-A)

El comerç actuava com un reclam, ja que la major part de gent que anava fins a Andorra ho feia per comprar. En els aparadors lluïen tota una sèrie de productes que a Espanya eren impossibles de trobar (màquines d'afaitar elèctriques, vaixelles de Duralex, roba de niló i tergal) o que eren molt més cars (articles d'òptica, rellotges, màquines de fotografiar, etc.). En un article publicat en aquells anys es descriu molt bé l'ambient del comerç, amb tota una gamma de productes que es consideren veritables "curiositats" que atrauen l'atenció dels visitants:

> Les curiositats comercials: És el que crida més l'atenció de la gran majoria de turistes que visiten Andorra. Entren i surten dels innombrables establiments amb l'ansietat visible de comprar el que sigui o amb la satisfacció d'haver comprat una cosa o altra. Van i vénen sense parar, d'una botiga a l'altra, matí, tarda i nit, car a Andorra els comerços no tenen cap horari, ni feiner ni festiu. La veritat és que a Andorra hi troben els millors productes francesos, alemanys, americans, espanyols, suïssos i d'arreu del món. Andorra és una mena de fira de mostres contínua, amb llibertat de vendre tot el que llueix en els aparadors i fascina el visitant.[3]

En aquests anys s'iniciava una mena d'edat d'or que ja no s'aturaria. Estaven posades les bases per a un increment constant del comerç turístic i també es desenvolupava paral·lelament el turisme associat als esports d'hivern, però aquest es consolidaria més tard. Es començava a guanyar diners, molts més dels que mai

3. A. Forné, "Andorra turística", *Andorra*, núm. 3, 1958, pàg. 21-25.

s'havien pogut veure. Amb tot, aquests primers anys eren molt durs per als qui s'havien introduït a les noves formes de comerç. Ja hem vist que l'horari comercial era molt llarg, ja que s'adaptava als ritmes i conveniències dels turistes; els caps de setmana i en els mesos d'estiu es treballava les hores que fos; vacances no n'hi havia tampoc. El mateix es pot dir pel que fa a l'hoteleria, restauració i serveis turístics, que depenien de l'afluència de compradors que es concentraven en determinats dies i èpoques de l'any. Els ritmes de treball arribaven a ser frenètics, la vida no era gens assossegada, però, en compensació, els diners entraven en el calaix.

> La vida a Barcelona ere molt més plàcida. [El pare] treballave al matí, més o menys anave tirant, no es podia fer mai ric, però bueno les condicions per viure... I el canvi aquí va ser bastant brutal, perquè es treballave dissabtes i diumenges, estius, festes, i quan la cosa va anar-se embalant, treballar totes les hores que hi havie de dia i alguna que no. O sigui, que va ser un canvi bastant fort. (EE-126, H-ES-4-A)

Ens parla el fill d'un andorrà que havia emigrat a Barcelona, que retorna a inicis de la dècada dels anys seixanta i estableix una botiga. El canvi, com ell explica va ser fort, però mentre que a Barcelona "no es podien fer mai rics" i "s'anava tirant", a Andorra aquesta dimensió canvia també i s'acaba prosperant. Es fan diners, ningú ho nega, però la major part de gent treballa molt i molt dur. No hi havia una tradició comercial arrelada a Andorra i les botigues que s'improvisaren durant la guerra no tenen res a veure amb el que vindria pocs anys després, on comptava molt la presentació del producte, els aparadors vistosos, el tipus de tracte amb el client. Calia afrontar, a més, el problema de l'adquisició de mercaderies, que estava controlada pels qui tenien llicències d'importació i d'aquests es depenia. Els qui van actuar com a emprenedors en aquesta etapa subratllen molt la quantitat de treball que van haver de desplegar. Són persones que coneixen les estretors i austeritat de la pagesia o del treball a jornal i que tenen una ètica del treball basada en el valor de l'esforç personal, que ara veuen compensat amb l'obtenció de guanys materials visibles. La gent feia diners en proporcions molt variables, naturalment, ja que era molt important el punt de partida de cadascú com a primer condicionament, a part de saber aprofitar millor o no les oportunitats que s'obrien. "Tot el que tenim ha sortit d'aquests deu dits de les mans", ens deia una dona de la parròquia de la Massana, avui propietària d'un hotel, i amb aquesta frase hem volgut iniciar aquest apartat. En termes similars s'expressa aquesta altra dona d'Andorra la Vella, filla d'un menestral, que té l'orgull d'haver aconseguit guanyar-se bé la vida gràcies a l'esforç personal i que els seus fills tinguin també mitjans per seguir endavant:

> Tot el que hem anat tenint és fruit de molt i molt treball, de molts sacrificis, de molta feina. No ens han regalat res. Als qui tenien patrimoni, sí, però nosaltres érem fills de gent senzilla, no teníem res. (EE-53, D-AN-4-A)

El benestar material procedent de l'esforç personal i del treball fet en el dia a dia es considera legítim; no s'entén en canvi que es puguin guanyar diners sense aquest esforç i amb la pura especulació, sense entrar en el caràcter moral o no d'aquesta especulació, que en bona part és perfectament assumible des dels criteris mercantils i financers actuals. Guanyar diners ràpidament i de manera fàcil és font de sospita, perquè, des de l'òptica establerta en la mentalitat pagesa i menestral, difícilment poden provenir del treball fet amb constància i honradesa.

> Ha vingut gent aquí, que ha vingut amb una sabata i una espardenya, i avui no saben lo que tenen, t'ho juro, eh? I jo penso: com s'ho han fet? Treballant, com es poden fer aquests diners? Gent estalviada han vingut aquí que s'han fet d'or. (EE-90, D-ES-2-A)

És cert, d'altra banda, que n'hi ha que ho han tingut més fàcil per prosperar. Les generacions posteriors a aquests primers emprenedors han pogut comptar sovint amb un context més favorable, perquè, tal com ens deia aquell informant de les Escaldes, el ritme d'activitat es "va anar embalant" i, a més, ells no han partit de zero si han tingut l'ajut dels pares, per exemple, i els han subministrat el capital inicial per poder-se establir. Hi ha gent que, per diversos motius, s'ha enriquit ràpidament: això també s'ha donat a Andorra. Una persona d'Encamp ens ho explica respecte al seu fill que, quan va acabar els estudis als vint-i-pocs anys (havia estudiat a Prada i a Perpinyà), va manifestar que "volia fer el comerç", i ell li va deixar els diners inicials per establir-se al Pas de la Casa, que és on va començar.

> Si ha pujat com un carabasser! I no és pas que l'haiga... sí, el vaig ajudar al primer temps, però quan va haver fet els primers [diners]... Perquè això és com aquell que treu la gasolina d'un bidon: la primera xupada et fas un fart d'escupir, però després surt sola, i los quartos també són igual, els primers són mal d'això, perquè has de capejar, que aquí que allà, però después ja ragen sols i ja... és com tot. (EE-164, H-EN-2-A)

El primer negoci del seu fill el va fer amb la compra d'un camió sencer d'ampolles de whisky. El pare, que no veia massa clar què se'n podria fer d'aquest producte si no s'aconseguia vendre tot, pensava que era una operació arriscada, però veient la confiança que tenia el fill en allò li va deixar els diners que requeria. Se'n van sortir: ho va vendre íntegrament en molt poc temps al doble de preu del que ho havia comprat. En vuit mesos va aconseguir tornar tots el diners al pare i establir-se pel seu compte. Amb orgull, l'home comenta que "ja no m'ha hagut de menester més a mi" i explica que actualment el fill té vuit comerços distribuïts per Andorra, i dos més a Espanya, i per mostrar que té un nivell de vida elevat comenta que s'ha fet un xalet que li ha costat més de cent setanta milions de pessetes. Efectivament, la imatge que utilitzava era molt gràfica: "ha pujat com un carabasser", i altres també ho han fet com ell.

Si la lògica de la vida pagesa es basava a fer front a les necessitats i a estalviar, la lògica mercantil que s'imposa és molt diferent i suposa tot un canvi de mentalitat, ja que es tracta de propiciar els beneficis i, per tant, invertir, fer treballar els diners. Això implica estar disposat a córrer certs riscs (com el perill de no vendre un carregament de whisky, en l'exemple anterior, que és un producte que no té cap utilitat pràctica) i, en comptes d'estalviar, implica invertir en allò que previsiblement pot fer augmentar els guanys. Així ho expressa clarament una persona que té un negoci relacionat amb els esports de muntanya:

> És que vola el temps, sobretot quan fas la meva feina, que l'estiu se't fa curt i l'hivern també. A l'hivern perquè has de fer diners per invertir a l'estiu, i a l'estiu no tens temps, perquè comença a nevar. (...) I veus que necessitaries més diners per poder invertir, no per guardar, perquè guardar no serveix per res. O sigui que aquest és el problema que es faigui tant de presa la vida, per tothom, però per nosaltres que treballem per la temporada encara més: no tens temps, ni a l'estiu ni a l'hivern, i allavons te'n dones més compte. (EE-157, H-ES-3-A)

Aquesta concepció, com podem veure, és diametralment oposada a aquella lògica de la pagesia basada en l'estalvi: aquí guardar no serveix per a res. A aquest pròsper empresari li falta temps per poder invertir: no ens està dient que necessiti més diners per viure sinó per superar els reptes del creixement constant de l'empresa que ell dirigeix. És una gran diferència de mentalitat i de plantejament. Alguns dels nous emprenedors, especialment els que vénen de l'estranger, ja tenen aquesta lògica; però per als andorrans que provenen de la pagesia o del món del oficis suposa tota una adaptació i una altra manera de veure les coses, i seran més aviat les noves generacions les que es socialitzaran amb aquesta altra mentalitat.

Sort, intuïció, sentit de l'oportunitat? Segur que totes aquestes coses influeixen d'una manera o altra. Ara bé, en el moment d'arrencar, va comptar també el fet de disposar o no d'un capital inicial. Els qui tenien patrimoni i van vendre algunes terres ja van tenir molt guanyat.

Vendre terres, pujar pisos

> "A después ha vingut una ventada que tothom ha edificat. Han venut los terrenos dolents al preu de bons, i de molt bons. No han suat gaire per fer diners". (EE-145, H-EN-2-A)

La forma més generalitzada de constitució de capital inicial per part dels andorrans ha estat la venda de terrenys per edificar. I en aquest punt s'ha mostrat una forta dualitat entre el pes de la tradició, que impedeix vendre, i el desig de seguir els signes dels nous temps, que obliga a fer-ho. Aquesta dualitat s'expressa també com una tensió entre continguts morals i pràctics que sovint es resol amb una combinació d'ambdós.

Vendre terres implica desmembrar el patrimoni que de forma immemorial s'ha anat transmetent d'una generació a una altra; és una amputació de la casa i representa una ruptura respecte a la situació tradicional. La importància que a Andorra s'atribuia a la possessió de terres, feia que la venda es realitzés únicament si aquest acte representava l'única possibilitat per poder subsistir. En aquest cas quan es realitzava una venda, revestia generalment un caràcter momentani, ja que hi havia l'esperança de poder-la recuperar com més aviat millor. Les vendes es feien sota la figura jurídica de la carta de gràcia. La venda a perpetuïtat existia també, però J. A. Brutails precisa que entre 1844 i 1847, de les 74 vendes que es van enregistrar, un 65% eren a carta de gràcia i en molts casos el venedor conservava explícitament la propietat dels arbres per evitar que es tallessin i garantir-ne la continuïtat.[4] La venda no revestia mai un caràcter especulatiu i, a més, la possibilitat de recuperar aquella terra no prescribia en el temps. Finalment, cal assenyalar que la venda a perpetuïtat no acostumava a implicar un canvi d'utilització d'aquell

4. J. A. Brutails, *La costume d'Andorre...*, pàg. 203-204.

terreny, que seguia conservant les activitats relacionades amb la pagesia.

L'evolució econòmica que ha tingut Andorra amb el sorgiment del sector comercial, contribueix al fet que mantenir la integritat del patrimoni sigui una qüestió secundària. Això té com a conseqüència dos fets: el repartiment de les terres a parts iguals entre els fills (cosa que no impedeix seguir anomenant formalment un hereu i transmetre-li a ell la casa pairal i les parcel·les més importants) i la venda d'una part o, en alguns casos, de la totalitat del patrimoni. Contràriament al que succeïa temps enrere, la venda revesteix avui en dia caràcter de perpetuïtat i no està motivada per raons d'estricta supervivència sinó per incrementar el capital. La venda revesteix un caràcter cada vegada més especulatiu i en determinats indrets d'Andorra la Vella i les Escaldes arriben a pagar-se preus astronòmics pel sol urbà.

L'adquisició de terrenys per estrangers, d'altra banda, no sols compromet el patrimoni familiar, sinó també el patrimoni nacional. Per evitar aquest fet, un decret del 11 de juny de 1939 prohibia als estrangers comprar immobles i construir cases. Més endavant, el 28 de juny de 1955 es promulga un altre decret que autoritza els estrangers a adquirir fins a mil metres quadrats de terreny.[5]

L'auge comercial suposa un canvi molt important en la fesomia dels carrers i dels pobles. Centrem-nos en el cas d'Andorra la Vella. L'any 1940 el nucli constituït per Andorra, les Cases del Puial i les Cases de Tobira formaven un conjunt urbà que aplegava 549 habitants.[6] La parròquia tenia un total de 1.058, ja que integrava també altres veïnats, com Sant Coloma, la Margineda, les Escaldes, Engordany i Mas del Noguer. Predominaven els espais dedicats a l'agricultura i el que avui és un contínuum urbà, llavors eren camps:

> A l'avinguda Meritxell llavors només hi havie cal Muixó, i después hi havie la casa del Torrellardona, aquella que hi ha ara una botiga d'esports, i después ja ere fins a mig camí quasi el xalet de la Font. No hi havie res més. Quan passave per aquest carrer, que ere al fi de la guerra, a la nit no hi havie llums ni hi havie res... quina por! (EE-73, D-AN-3-A)

Una andorrà nascut l'any 1945 que vivia en la recent creada avinguda Meritxell, fa un repàs de les cases que ell recorda en la seva infantesa: cal Botiguer Nou, cal Cadiraire, una casa de cal

5. G. Chapeau, *La mise en valeur...*, pàg. 3-4.
6. J. M. Vidal i Guitart, *Institucions polítiques...*, pàg. 22.

Nyerro, cal Llovera, l'Hotel Modern, Cassany, el garatge de l'Isern (on en Reig hi tenia despatxos i venia tabac), ca la Maria del Costa, cal Muixó. A l'esquerra, al costat, la caseta de Maria del Pau i cal Cinto del Blau. L'última de les cases era dels Amigó. Calia fer un trajecte una mica llarg per arribar a la serradora del Cintet, cal Trist Pobre, el xalet dels Serra, ja a les Escaldes, i la farmàcia Guerrero. I en fa la valoració: "Ere molt bonic, perquè els ramats encara es passejaven a dintre d'Andorra, hi havie vaques, hi havie eugues, hi havie una vida ramadera d'aquelles de somni. (...) Ere molt terra-terra" (EE-34, H-OR-5-A).

És secundari si aquesta relació és exacta i si falta o sobra alguna casa. L'important és que avui en dia quasi ningú seria capaç de descriure edifici per edifici de l'avinguda Meritxell i molt menys encara identificar-ne tots els habitants. En la dècada dels cinquanta Andorra la Vella havia començat a créixer i això implicava, per força, que s'havia produït la venda de terrenys i l'edificació corresponent, cosa que més endavant s'incrementaria a un ritme vertiginós. En aquells anys, el progrés s'identificava amb edificar i l'actitud conservadora de no vendre s'entenia que anava en contra d'aquest progrés. Es confrontaven així dues concepcions oposades respecte al sistema de propietat i a la utilització dels patrimonis. La lògica mercantil no tenia res a veure amb la lògica de la pagesia. Modernitat i tradició semblaven estar d'esquena. Així queda reflectit en el text que reproduïm en una vinyeta apart i que correspon a un programa de la Festa Major de l'any 1956.[7] L'autor, A. Forné, es lamenta que hi hagi gent reticent a vendre, perquè entorpeix el creixement d'Andorra; alaba, en canvi, l'actitud de qui anomena un "gran patrici" que amb la venda progressiva de les seves propietats va facilitar la construcció de nous edificis. Precisament el patrici a qui ell es refereix ens explicava en una entrevista com va començar a vendre, com s'enorgulleix de ser l'artífex del creixement urbanístic d'Andorra i com la seva actitud era mal vista per l'altra gent:

> Aquí a Andorra hi havie la gran mania, a les cases importants d'aquí, de que el vendre terreno era una cosa pejorativa... i que al pobre no se l'havie d'ajudar, no. I la meva mare deie: "A la propietat hi ha molts trossos que no són aptes pel cultiu, però són molt aptes per edificar, sobretot al costat de la carretera, que no hi pots llaurar

7. A. Forné, "Evolución económica y social de Andorra", *Andorra*, núm. 1, 1956, pàg. 36-40.

allà, pues això ho has de vendre". I vam començar a vendre, i això va desagradar molt a la gent que allavons manave.

No va agradar, eh? de manera que a cal PERET... la gent important d'aquí més aviat se'ns va girar d'esquena, i sobretot van procurar de què l'enemic número u nostre fos sempre el Quart, el Quart d'Andorra. Bé, allavons la meva mare va començar a vendre, va començar a fer aquesta cèlebre avinguda Meritxell, que els primers que van començar a comprar semblaven una mica aventurers, allò de la caseta i la botigueta, d'això, però al veure que donave un resultat extraordinari, la gent va anar comprant,... i allavons amb això ja vaig començar a edificar aquí. Vaig fer primer l'hotel i després van venir les demés edificacions que vaig fer, ja està. I vam anar seguint d'aquesta manera. Evidentment, jo penso que part de la urbanització d'aquí, un dels pioners més importants vaig ser jo, perquè jo m'ho vaig dibuixar, ho vaig vendre i després vaig tenir una certa previsió. (EE-127, H-AN-2-A)

El creixement d'Andorra la Vella

Andorra la Vella és una vila que ha crescut enormement en els darrers anys, havent doblat gairebé la seva població tradicional i aspirant a continuar creixent d'una manera irreprimible i ràpida.

Fins ara aquesta vertiginosa expansió ha estat possible, en la més gran mesura, gràcies a que l'antic propietari de gairebé tots els terrenys on s'ha edificat -que és un gran patrici, amb tot el que això comporta de dignitat personal, de senyoriu autèntic i de veritable categoria social-, va accedir a vendre paulatinament tots aquests terrenys, a mesura que els hi sol·licitaven, facilitant així la construcció de nous edificis, amb el conseqüent engrandiment de la població.

Dissortadament, aquesta conducta exemplar no ha estat compartida per altres grans famílies patrícies d'Andorra la Vella, propietàries de terrenys enclavats en la zona urbana o llindant amb la mateixa, on prefereixen plantar-hi naps i cols, per dir-ho així, treient-ne un rendiment insignificant. Resulta difícil de comprendre aquesta actitud.

Ens trobem, doncs, que els terrenys edificables són "tabú", és a dir, prohibits, vedats en quant a edificació. I com que no en queden d'altres, si no es posa remei a aquest estat de coses, aquesta localitat, que amb tanta embranzida ha vingut creixent, es quedarà estancada, reduïda als límits actuals, en definitiva aturada i sense pervindre.

És aquest resultat lamentable el que desitgen els que s'oposen al creixement d'Andorra la Vella? No ho crec. El que passa és que no deuen haver meditat sobre la grandesa de la seva pròpia funció social. Senyoriu i patriciat volen dir posar-se al davant del progrés d'un poble i ajudar-lo a orientar els seus destins. Les classes privilegiades, si no volen quedar al marge dels esdeveniments, postergades i humiliades, han de posar-se al davant, aportar al bé públic tota llur experiència i saviesa per a millor endagar la cosa pública. Especialment a Andorra, el patriciat andorrà pot continuar exercint una alta funció social directiva, orientant el poble en les difícils tasques d'adaptar el país i les seves velles institucions al canvi potser massa sobtat, però imperiós i inevitable, que experimenta en aquest transcendental període de la seva Història. Val la pena que aquests grans casals andorrans meditin sobre la conveniència d'adherir-se al moviment d'expansió impetuosa que viu Andorra en aquests moments i que en facilitin l'esclat, accedint a desprendre's, a preus pel demés remuneradors a ultrança, dels terrenys urbans necessaris per a l'edificació i per la construcció de carrers i places.

Andorra es desperta, després de llargs segles d'estancament i d'una pobresa infinita. Andorra fa ara la seva aparició en el món i la seva gran bellesa atreu les mirades i les visites de milers i milers de persones cada any. I aquest inesperat èxit del Turisme, que es pot dir que ens ha caigut del Cel, com un "manà", significa benestar, comerç, treball, riquesa, creant un alt nivell de vida a les Valls, i donant lloc al creixement continu de les poblacions. Assistir i contribuir a aquest creixement, a aquest canvi benhaurat, que comporta la desaparició de la misèria, l'extinció saludable de les cartes de gràcia i dels censals i, en conseqüència, de les cessions de béns, tan freqüents antigament a Andorra; assistir a aquest procés de recuperació, de renaixença d'un poble, és una de les coses més agradables que es pugui imaginar. Com és possible que algú s'oposi a aquesta esplèndida manifestació de la puixança creadora del poble andorrà?

A Andorra la Vella s'estan creant barris nous sencers i esdevé indispensable obrir carrers i places; la vila s'està convertint en una ciutat; la capital de les Valls va adquirint categoria i personalitat; seria admirable que qui més pot contribuir al progrés de la pròpia població no solament no hi posi obstacles, sinó que ajudi i fomenti amb els seus poderosos mitjans aquest magnífic creixement. Encara hi són a temps a merèixer la consideració i la simpatia de tothom. Encara hi són a temps de contribuir al progrés del seu propi país. Encara hi són a temps de prestar un gran servei a Andorra.

A. FORNÉ

Programa de la Festa Major. Any 1956

El procés de venda de terres no va seguir un ritme regular ni en l'espai ni en el temps. Fora d'aquest propietari fort, la resta no va voler vendre inicialment. En canvi, els petits propietaris no tingueren altre remei que desprendre's de tot o part del seu patrimoni i transferir-lo als promotors immobiliaris. Els qui van vendre abans, d'altra banda, van fer menys negoci que els qui van poder esperar, ja que la plusvàlua dels solars va anar augmentat considerablement amb el transcurs dels anys. F. Taillefer considera que aquesta actitud de resistència a vendre per part de les cases fortes (que eren les que tenien les parcel·les millors i més grans, i no la manca d'espai), és el que ha originat un tipus d'urbanització molt particular: construcció d'edificis alts en parcel·les petitíssimes, que en origen pertanyien a petits pagesos, en pendents escarpats i difícils d'accedir, o en indrets molt marginals.[8] Les grans parcel·les irrigades de la plana han conservat així el seu ús agrícola. La resistència a vendre primer, i l'increment dels preus pagats pel tabac després, explica que actualment puguin trobar-se camps de tabac en plena aglomeració urbana.

Vendre terres conserva encara aquest significat de desprendre's d'una part substancial de la casa i hem pogut comprovar com, sobretot en les parròquies altes, que han mantingut durant més temps la pagesia, és un tema pràcticament tabú. Si en alguna entrevista s'ha comentat que tal casa o tal altra ha venut terres (especialment si es tracta de tot el patrimoni) se'ns ha demanat després que no especifiquéssim aquesta classe d'informació, perquè consideren que és pejorativa per a la casa en qüestió. A la resta de parròquies, aquest tema no té tanta trasncendència i se'n parla amb més naturalitat. El que ha fet molta gent, i això no tenen cap inconvenient en explicar-ho, és vendre algunes parcel·les i conservar-ne d'altres. Moltes famílies andorranes han continuat mantenint les activitats de la pagesia malgrat introduir-se en les noves ocupacions i, guiades per un fort sentit pràctic, s'han desfet dels terrenys més marginals per ells i han conservat en canvi aquelles parcel·les que consideren més importants o més definidores del patrimoni de la casa. S'obtenen així diners i, al mateix temps, es conserva allò que atorga identitat i sentit de continuïtat. Se salvaguarda a més aquell sentit de moralitat basat en l'obligació de conservar el patrimoni heretat dels avantpassats i amb la tranquil·litat de consciència que això atorga, es té legitimitat per criticar els qui han venut en proporcions tan grans que s'han quedat sense res o amb molt poca cosa. Vegem com aquest home explica primerament els principis de la lògica de no vendre i afirma que ell no ha venut mai res, per passar a continuació a especificar quines parcel·les han estat objecte de transacció.

> Tot allò encara és meu, perquè l'any passat van vindre per Nadal i em van dir si ho volia vendre. Van dir: "Si ho vol vendre li pagarem bé: mil dos-cents milions". I vaig dir que no. Ja en tinc bastants de quartos.
>
> P - Així, no n'heu venut de terres?
>
> R - No, no, no. Hi ha un refrany que diu que "el vendre fa mal amo". És allò que quan es va fer l'herència, el pare que em va fer l'hereu diu: "Mira, ets l'hereu, però no voldria mai que venguessis això i allò", perquè si ho ven és que ja no ho és. És lo que dive

8. F. Taillefer, "Le paradoxe andorrain", *Revue Géographique des Pyrénées et du Sud-Ouest*, núm. 62, 1991, pàg. 117-138.

> el meu avi sempre: "Déu nos dona amos dolents a cases bones", perquè si hi ha un amo dolent s'ho ven i aleshores sempre se n'aprofite un o altre.
>
> P - I els xalets dels fills els ha fet en terrenys de la casa, no?
>
> R - Sí, sí, sí, de casa. Jo encara en vaig vendre una mica allí, quan vaig fer aquella casa que hi ha vint pisos. I com diu que fa mal amo de vendre els vaig comprar [els pisos]... On vam vendre una mica, però poca cosa també va ser a baix, a Andorra.
>
> I bueno, aquest prat l'any tretze [el va comprar el seu avi] valie 4.800 pessetes i ara lo que quede, perquè he fet lo xalet de la nena i he fet la casa de vint pisos, ara me'n donaven 1.200 milions de pessetes, del que quede, uns nou mil metros de terreno. (EE-164, H-EN-2-4)

Cal reconèixer que ha de costar resistir-se a vendre amb aquestes ofertes i aquests preus de mercat, si no és, com és el cas d'aquest home, que no es necessitin els diners. La terra, a més, sempre és un bé que queda, una mena d'assegurança davant possibles eventualitats no previstes. El vessant de sentiments-identitat i la materialitat no es desvinculen tan fàcilment. Els qui no han venut terres, o molt poques, consideren que han estat més fidels a l'esperit de la tradició i a les bases de l'andorranitat, cosa que no treu que reconeguin al mateix temps el valor de mercat del seu patrimoni. Un encampadà (EE-162, H-EN-2-A) ens comentava que se sentia molt orgullós de no haver venut mai un pam de terra, considerava que sense terres la casa desapareix i expressava molt fermament que els qui s'han venut les terres "han perdut els drets a ser andorrans". Comprèn que ha estat necessària una certa evolució, però que això no implica vendre's el patrimoni; si ha pogut viure fins ara i els seus fills tots tenen una ocupació, perquè necessita tenir milions al banc? Està convençut que les terres són riquesa i que cada cop valdran més i que si mai passés res al món, almenys ells podran conrear alguna cosa. Fixem-nos doncs que fins i tot en el fet de no vendre hi ha càlcul i que, en pura terminologia mercantil, no vendre suposa una inversió. Lògicament, la dimensió sentimental i identitària té un primer pla en el discurs i en la forma de pensar.

La gent amb menys recursos s'ha plantejat aquesta qüestió de forma molt més pràctica i, de fet, en el seu cas gairebé no hi ha hagut possibilitat d'elecció. Sovint vendre terres, per poques que fossin, ha suposat un canvi significatiu en el nivell de vida. A aquest altre andorrà, per exemple, és evident que li surt molt més a compte vendre l'hort que seguir conreant-lo:

> Allí hi havie un hort, i allavons jo vaig veure l'amo un dia, "Home, Joan, m'hauríeu de deixar fer una botiga". "No, a fe de Déu, no, perquè hi cullo patates, hi cullo cols i d'això", dic. "Mireu, que amb lo que jo us pagaré de lloguer, us faré un edifici i a uns anys determinats quedarà vostre", diu. "Home, això potser sí", dic. "Cony, per fer sacs de patates no cobrareu tant". I vam fer un tracte. (EE-92, H-AN-2-A)

La dimensió sentimental també està present, certament, en les cases que tenint pocs recursos es veuen pràcticament obligades a vendre el poc que tenien. Això es manifesta especialment en les noves generacions, que trobant-se en millor posició econòmica que els seus antecessors valoren altament el patrimoni i la casa com a factor d'identitat:

> Nosaltres de patrimoni no en tenim, però sí que tenim alguna que altra terra que no s'hi pot accedir, són terres agrícoles, terres sense valor... molt poca cosa, eh! Però, bueno, sempre dius doncs si venc un terreny, encara que sigui només un dels dos que hi ha o tres, doncs faig una mica de diners per arreglar la casa. Però hi ha una mica de barreja d'orgull i d'amor propi que fa que... Bueno, jo sé que es van vendre un prat i la borda als anys setanta, i a mi m'ha sapigut sempre molt greu que s'hagués venut tot. Tot i que penso que va ser per una qüestió de necessitat que els meus padrins ho havien de vendre. Ho respecto moltíssim, però cada vegada que passo per allí doncs em fa un pinsament el cor. I ara penso que si amb la poca cosa que queda jo encara venc un terreny de més per arreglar la casa, doncs em sabrie molt greu. (EE-109, D-CA-6-A)

Els qui no tenien terres, o molt poques, van partir d'una situació més desfavorable per aprofitar l'estructura d'oportunitats que s'havia creat i, en alguns casos, l'esforç va ser a l'inversa: intentar comprar i fer-se amb terres. Encara avui, la terra es considera com un patrimoni segur, a diferència dels negocis que estan basats en una forta dependència respecte a l'exterior, en l'especulació i en una base considerada com molt més feble i insegura:

> De vegades ho dic: naltros hem ben pencat, nos hem estat de moltes coses; ara mateix nos vam fer una caseta aquí a baix, nos vam empenyar, maldecaps que vam tenir, tants anys de ser casats. Però, això sí, en ves de vendre hem hagut de comprar, perquè no teníom terrenos. Jo no sé, aquesta gent... n'hi ha que s'han venut tot lo que tenien de terreno, i jo penso, mira, s'ho han fet perdre. Moltes cases s'ho han venut tot; jo no sé pas, perquè tantes coses que pot passar que no sabem mai: no tindrem cap trosset de terreno per sembrar cap patata ni sembrar res aquí a Andorra, i a veure què

> farem, de què viurem. I si ve una guerra, què? No sabem lo que pot venir, jo sempre m'ho miro així. (EE-90, H-ES-2-A)

L'increment demogràfic d'Andorra la Vella ha sigut molt gran. Recordem que l'any 1940 tota la parròquia tenia 1.058 habitants. Vint-i-cinc anys després, el 1965 en tenia 8.793. L'any 1979, un cop desagregada la parròquia de les Escaldes-Engordany respecte a la d'Andorra la Vella, la població de tot aquest aglomerat en el seu conjunt era de 20.532 habitants, que van augmentar fins a 31.248 l'any 1989 i que el 1995 eren 37.244 habitants. És a dir, en el transcurs de cinquanta-cinc anys, la població s'ha multiplicat per 35: realment espectacular.

Si l'augment demogràfic ha sigut tan fort, el constructiu encara ho ha estat més, perquè el nombre de xalets i apartaments edificats és molt superior al que requereix la població d'Andorra, ja que molts d'ells han estat comprats per estrangers no-residents. S'entén així que el sector de la construcció hagi tingut uns anys molt pròspers, perquè no sols ha hagut de fer front a la demanda interna del país, sinó també a l'externa. L'increment del nombre d'empreses així ho reflecteix: n'hi havia 7 l'any 1950; 13 l'any 1960; 52 l'any 1970; 233 l'any 1980, i 331 l'any 1990. El nombre d'assalariats del sector aquest mateix any 1990 era de 3.200 persones.[9]

A inicis dels anys seixanta, les edificacions no solien sobrepassar els deu apartaments per bloc ni les cinc plantes d'alçada, però a partir de 1965 es liberalitza la legislació, es permet comprar habitatges als estrangers i augmenta considerablement la febre constructiva. Les dècades dels setanta i dels vuitanta són anys d'or per als constructors; l'any 1977 es construeix el doble d'habitatges que l'any anterior, ja que passen de 958 a 1.620; els edificis són cada cop més grans, amb quaranta i cinquanta apartaments. Paral·lelament disminueix l'oferta de pisos de lloguer, en favor dels que es posen a la venda.

El més significatiu d'aquestes dades globals, és que a finals dels anys setanta, entre el 80% i el 90% de les vendes es fan a estrangers que no resideixen de forma fixa al Principat. La major part d'ells són espanyols, catalans en concret: són anys que coincideixen amb l'anomenada "transició democràtica" a Espanya, i sembla que tant la incertesa política del moment com el desig d'invertir provoquen

9. D. Mas, *Oficis i indústries a Andorra*, Andorra i Barcelona, 1998.

aquest fenomen d'adquisició de nombrosos apartaments o xalets a Andorra. Les repercusions pel mercat local són nefastes, ja que es produeix un enorme encariment dels preus dels habitatges. En aquests anys, tan sols un 10% de les compres són efectuades per residents a Andorra; destinats en la seva major part al lloguer, la construcció i compra d'habitatges té un caràcter marcadament especulatiu.[10] D'altra banda, i tal com assenyala David Mas la construcció deixa de ser un "sector induït" respecte als altres sectors de l'economia andorrana, per passar a tenir un caràcter independent, amb una oferta i una demanda pròpies.[11]

Aquesta fal·lera constructiva, que es produeix sobretot a Andorra la Vella i a les Escaldes-Engordany genera un procés que s'ha donat també de forma generalitzada en altres llocs. La gent, a mesura que té diners, abandona els habitatges antics i prefereix passar a uns altres més confortables. És corrent que la casa vella o la de pagès sigui derruïda, es llogui, o se cedeixi com a habitatge a algun masover, mentre els propietaris passen a viure a algun xalet o apartament gran, dotat amb cuina i bany moderns, parets llises, rajoles a terra, calefacció, etc. No tarda, però, a produir-se l'efecte invers a aquesta tendència: a mesura que es massifica la construcció, s'homogeneïtzen els estils dels edificis i els andorrans es dilueixen entre la multitud d'estrangers que viuen a Andorra, pren molt més valor el caràcter distintiu de la casa pairal, la construcció a l'estil del país i la conservació d'un edifici que, més enllà de les seves característiques, té un elevat valor i sentimental i d'identitat. L'associació Velles Cases Andorranes es crea justament amb l'objectiu d'estimular la conservació de les cases pairals en un moment en què se'n constata la progressiva degradació o destrucció.

Exposarem a continuació dos exemples de revalorització de la casa pairal, que en els dos casos havien estat un temps deshabitades i que es recuperen després de fer-hi obres i adaptar-les a les necessitats modernes. El primer cas correspon a casa Simon, de Santa Coloma. El seu propietari actual procedeix de la pagesia mitjana del país, ha tingut un elevat nivell de participació política i actualment és un pròsper empresari (EE-165, H-AN-4-A). Explica com a finals dels anys cinquanta la família va vendre algunes terres per

10. A. Armengol, J. M. Bartumeu, J. Batlle, J. Canut i J. Font, *Estudi sobre el sector de la construcció*, Andorra la Vella, 1980.

11. D. Mas, *Oficis i indústries...*

poder-se fer una casa nova dotada amb totes les comoditats del moment, i s'hi van traslladar. A la casa pairal s'hi van quedar els masovers. Ell mateix s'havia dedicat poc a la pagesia (únicament els mesos de vacances escolars), però li agradava acostar-se a les terres, departir amb els masovers i participar en la matança del porc. En una d'aquestes ocasions, "vaig tindre una gran decepció, perquè aquella casa vaig veure que s'estava degradant". Decideix arreglar la casa i li diu al seu pare. És interessant l'actitud contraposada de les dues generacions: el pare s'oposa totalment a fer qualsevol reforma d'aquella casa, que no considera viable per viure i que associa a èpoques d'estretors materials; tot plegat el fa ser partidari d'enderrocar-la. El fill, pel contrari, s'entossudeix a reformar-la, imposa els seus criteris amb tenacitat i constància, fa traslladar els masovers i emprèn les obres de la casa. Finalment aconsegueix guanyar la voluntat i el sentiment del pare quan l'home veu la casa ja acabada en una celebració de Nadal:

> A desgrat del meu pare vaig voler començar a fer la reforma, una reforma molt onerosa, perquè l'interior de la casa estava en una degradació total, i he volgut conservar lo que era realment la identitat de la casa. I, bé, vaig treballar alguns anys. (...) I me'n recordo de què, clar, va veure aquella casa, perquè amb mi no havia entrat mai, i quan va entrar... és clar, amb les quatre coses que fan l'edifici, i l'interior... I quan vam dinar, al final, com amo diria jo, com responsable d'això, vaig voler aixecar la copa de xampany per brindar per la salut. Érem deu o dotze de família i vaig veure que el meu pare tenia els ulls plorosos. Dic: "He guanyat". Ara, pobre, s'ha mort, però parlava a tothom d'aquesta casa: "veniu, us ensenyaré la casa del nen". És a dir, ell l'anava ensenyant quasi com un museu. I, després, si voleu, us l'ensenyo. (EE-165, H-AN-4-A)

Identitat, satisfacció i orgull per haver recuperat la casa, que reconstrueix aplicant el criteri de conservar les seves característiques originals.

L'altre exemple correspon a una dona de Canillo (EE-109, D-CA-6-A), que també ha estat vinculada a la política. Pertany a una família que tot i tenir algunes terres es va anar empobrint en sintonia amb l'empobriment de la pagesia entre els anys 1950 i 1980 i que va marxar d'Andorra, com altres emigrants, en un moment difícil. Quan retornen els pares s'instal·len en una pis d'Encamp i la filla, recent casada, viu un temps a Andorra la Vella fins que decideixen arreglar la casa de Canillo. Ella s'ho planteja com un repte personal, ja que en el desig de tornar a la casa que havia sigut dels seus pares (ella no hi havia arribat a viure mai perquè va néixer a l'estranger) es barreja el gust per l'antic i propi d'Andorra, la identitat associada a aquestes dimensions i el pes de la història familiar: com els seus pares van haver de marxar del país i passar per moltes vicissituds, desitja que ara "puguin tornar a casa seva amb el cap ben alt". Malgrat que no li sobren els diners, renuncia a vendre les poques terres que els queden, cosa que els suposa haver de fer un considerable esforç econòmic per arreglar la casa i fer possible "tornar-hi nosaltres, però sobretot permetre que els meus pares hi tornessin i també permetre que els meus fills hi nasquessin i hi visquessin". La continuïtat generacional, factor important en el sentiment de pertinença i en la transmissió de la identitat es troba aquí especialment reforçada, ja que es tracta de rehabilitar i ampliar una casa que pràcticament no havia estat habitada pels components actuals d'aquesta família. Igual que en l'anterior cas, refer una casa vella comporta més despeses que fer-ne una de nova, però les obres s'emprenen sense cap mena de dubte respecte al tipus de resultat que es vol obtenir: la fidelitat al nucli familiar de base, a través de la reestructuració de la casa original.

> La casa ens haurie costat menys diners tirar-la a terra i tornar-la a fer nova, que no pas desfer les lloses del llosat i guardar-les; les pedres, guardar-les; l'aigüera vella, guardar-la; l'escudeller,... A més a més, d'una casa pobra i empobrida pel pas del temps per la poca atenció que s'hi havie vingut fent. No només a casa nostra, sinó en moltes cases d'Andorra. Vull dir, que no ho hem mirat amb una visió economicista. Ho hem mirat més amb una visió sentimentalista que no pas economicista. (EE-109, D-CA-6-A)

Hem començat aquest apartat comentant com la venda de terres havia generat la possibilitat d'obtenció d'un capital inicial per moltes famílies andorranes, que van poder emprendre així noves activitats comercials o turístiques, reformar-se o canviar de casa i acabar obtenint un nivell de vida elevat, i hem acabat fent al·lusió a dimensions identitàries, referides en aquest cas al valor afegit que s'atorga a la conservació del patrimoni i de les antigues cases pairals. I és que així es plantegen les coses a Andorra. Abocar-se a la modernitat ha suposat destruir molt del que ha estat constitutiu d'aquest poble, amb una reformulació constant de què significa en aquest context tan heterogeni i mudable el fet de ser andorrà.

El comerç i el miracle andorrà

"Com que a Espanya no hi havie res, i a França tampoc, pues es va començar a notar aquí a Andorra. És quan es va fer tot el comerç i es va engrandir tot, i tothom es va espavilar". (EE-73, D-AN-3-A)

S'ha dit moltes vegades que el petit comerç està en la base del "miracle andorrà". Això és cert sols en part: hem insistit en diverses ocasions que el punt d'arrencada de la nova Andorra ha sigut el seu paper com a plataforma comercial i financera i en això hi han contribuït els inversionistes grans, més que la petita empresa familiar, el capital estranger més que l'andorrà, almenys inicialment. Els temps de guerres van crear les condicions per a la conversió d'Andorra en una zona franca i el capital català va donar l'impuls necessari. És evident que aquesta dimensió és la més difícil de reconstruir i, sobretot, de documentar. Els mateixos andorrans fan constar freqüentment que les majors fortunes a Andorra han estat fetes per estrangers; no sols per catalans, és veritat, però fonamentalment per ells i també, cal dir, per alguns andorrans. Ja hem indicat més amunt que alguns dels industrials catalans van trobar una sortida a les necessitats que tenien d'aprovisionament de matèries primeres i de determinats productes i elements tecnològics en el fet de poder-los adquirir a través d'Andorra, ja que l'autarquia econòmica d'Espanya dificultava les importacions, que calia supeditar a un complicat sistema de llicències segons el qual s'obligava a exportar productes manufacturats per igual valor del que s'importava. Bona part del contraban, el més substanciós en l'etapa de les guerres i de la immediata postguerra era el relacionat amb els recanvis d'automòbils i de maquinària, el transport dels camions, alguns materials bàsics per a determinades produccions (essències de perfums, articles de merceria, etc.) i també, sens dubte, el tabac.

El que es produeix a partir dels anys cinquanta és una mena de convergència entre aquests interessos de més gran abast i les condicions que possibiliten la creació de petits comerços orientats a un mercat de consum en expansió. Hem pogut veure en el capítol anterior, dedicat al Pas de la Casa, com en aquest indret es desenvolupen les activitats comercials a partir de la demanda generada per l'escassedat d'aliments i de roba a França, el que atreu a nombrosos compradors particulars. Un cop superades les difícils condicions de la postguerra, a França primer i a Espanya posteriorment, es genera un mercat de consumidors més gran i una demanda de productes molt més àmplia, que és abastida per un sistema comercial caracteritzat pel petit establiment comercial que fa ús intensiu de la mà d'obra familiar.

El comerç, que és el fonament de la vida dels negocis a Andorra, es divideix en tres classes: les grans cases comercials, els intermediaris (els majoristes) i els petits comerciants. Aquests últims són els més nombrosos, però els primers són els que obtenen més beneficis. Aquestes diferències tenen relació amb el procés de selecció social que es produeix en els anys de formació del capital andorrà i que conforma unes formes d'estratificació social noves que no es corresponen amb les que existien en la societat agrària, ja que es donen les condicions perquè algunes persones s'hagin pogut enriquir. El contraban practicat en els anys de guerres va ser un d'aquests mecanismes; la venda de terres, tal com hem analitzat en el capítol anterior, en fou un altre, i aquí sí que el fet de poder comptar o no amb un patrimoni previ tingué importància. Un cop iniciada l'activitat comercial, a aquests factors se n'afegirien d'altres: el control de les llicències d'importació i el de les noves formes de contraban.

Pel que fa a les grans cases comercials, cal destacar que el seus propietaris no es concentren en una sola activitat, sinó que diversifiquen les bases dels seus negocis: tabac, banca, importació-exportació, supermercats, hotels... Citarem un parell d'exemples, malgrat que en podríem incloure més; però del que es tracta aquí és d'il·lustrar aquesta diversificació dels negocis i, també, les circumstàncies que contribueixen a la consecució d'una posició econòmica privilegiada. Es tracta de Julià Reig, conegut polític i empresari amb una gran projecció pública, i de RAMON ALEU (per a qui utilitzem un nom fictici). Amb el resum de les dues trajectòries no volem reflectir ni l'exactitud de les dades que ens han estat subministrades ni valorar les activitats desenvolupades, sinó mostrar quins són els elements que han estat seleccionats per caracteritzar la biografia de cadascun d'ells. En Julià Reig ens explicà ell mateix les seves activitats, que completà donant-nos un fulletó commemoratiu que va ser publicat amb motiu de la celebració del centenari de la fàbrica de tabac. La trajectòria d'en RAMON ALEU va ser relatada pel seu nét, a iniciativa pròpia, que es mostrava orgullós de poder explicar la història de la seva casa i del seu avi, que és qui li dóna renom.

La coneguda família Reig constitueix un dels exemples. Qui va establir la primera fàbrica de tabac, origen de la fortuna d'aquesta família, és Rafael Reig Sans, l'any 1880, però qui va modernitzar l'empresa van ser els néts d'aquest primer fundador, instal·lant-hi nova maquinària i obtenint la concessió de marques de tabac ros (Winston i Camel). A més d'aquesta fàbrica, la família ha mantingut la possessió d'un banc (la Banca Reig), terres de cultiu, hotels, cinemes i apartaments per llogar. Van establir a més una fàbrica de tabac a Canàries per a la fabricació de cigars. En l'entrevista que vam mantenir amb Julià Reig (EE-33, H-SJ-2-A) ens comentava la seva irritació perquè tothom suposa que la base del negoci amb el tabac és el contraban, i que si va fundar la fàbrica de Canàries l'any 1969 ho va fer motivat "perquè no sigui dit que els tabaquers només viuen del contrabando". Una oficina a Madrid i setze representants s'encarreguen de la distribució de la producció per Espanya. Julià Reig va ser síndic general i, per tant, ostentà la màxima representació política a Andorra.

Un cas diferent és el de Ramon Aleu, procedent d'una família humil, que tenia molts fills. El seu pare era menestral i la seva mare portava una petita botiga. Va estudiar a Toulouse, va treballar a un temps a Barcelona i quan va esclatar la guerra civil va tornar a Andorra. Durant el període de guerres en Ramon Aleu va dedicar-se al transport de vehicles, que eren matriculats a Andorra i introduïts després a Espanya com si fossin andorrans. Va passar després a comerciar amb material de guerra per al seu desballestament i recuperació, que comprava a França i a Bèlgica i que venia a Espanya. Això li reportà importants guanys, de tal manera que quan deixà aquesta activitat va dedicar-se a la importació i reexportació de diversos articles. Amb una part dels guanys va comprar terrenys i va construir-hi apartaments. Avui és una persona molt coneguda a Andorra per la seva participació en la vida econòmica i associativa del país.

Hi ha diversos aspectes que són comuns en les dues persones, malgrat haver tingut una trajectòria biogràfica molt diferent. Les dues nissagues tenen un fundador, que en el cas dels Reig es situa més lluny en el temps que l'altre, però que en ambdós casos es tracta d'un *self-made-man*, que parteix d'una situació inicial de pobresa i que aconsegueix sortir-se'n a força de treball, enginy i sentit de l'oportunitat. Els dos participen en diferents tipus de negocis, encara que ells mateixos s'identifiquin i siguin identificats per la seva relació predominant amb algun d'ells. Cal afegir, finalment, que tots dos tenen un reconeixement social com a prohoms que han contribuït a forjar el país des de la seva participació en institucions polítiques, econòmiques, culturals o esportives. D'una manera o altra, tots dos representen un vessant del que ha sigut la construcció de l'actual Andorra.

En el desenvolupament del comerç van tenir especial relleu les llicències d'importació. L'entrada de mercaderies a Andorra des de França va ser regulada per la llei promulgada en el país veí el 21 de juliol de 1950. D'acord amb aquesta llei s'exigia l'obtenció de permisos especials (llicències) per poder importar productes de països comunitaris, que havien de transitar per territori francès per arribar a Andorra. Es produïa de fet una mena d'afrancesament de les mercaderies que s'importaven, el que permetia reglamentar els trànsits a partir de les mateixes normes que regulaven les exporta-cions.[12] Segons indica M. J. Lluelles, era una mesura preventiva per evitar el tràfic il·lícit de mercaderies, i per aquest motiu l'obligació de sol·licitar aquesta classe de permís s'aplicà als productes que eren considerats "sensibles": tabac, rellotges, encenedors, plomes estilogràfiques i bolígrafs, articles de niló i tergal, etc.[13] S'establien contingents màxims per a aquests productes i mitjançant les llicències es distribuïen als adquisitors. Les llicències eren atorgades per la Prefectura dels Pirineus Orientals. Una comissió revisava les sol·licituds que s'havien fet arribar a la vegueria, que era qui les tramitava, i feia el repartiment dels productes sensibles entre els diferents peticionaris.[14] La llei de 1950 substituïa els decrets promulgats l'any 1939 que regien els trànsits. Fins aquell moment era la mateixa Direcció General de Duanes qui controlava les llicències i la comissió que les repartia estava a París (l'any 1974, però, ja van passar a tramitar-se a través de la Vegueria francesa).

Situem-nos ara a Andorra: en tota aquesta etapa fou essencial assegurar l'obtenció de llicències i fins a tal punt era important que alguns andorrans es desplaçaven regularment a París per seguir més de prop aquesta qüestió. Es pot deduir fàcilment que es tractava dels qui tenien un volum de mercaderies sol·licitades suficientment rellevant com per preocupar-se directament d'aquests afers. Ells

12. El resultat immediat de l'aplicació d'aquesta mesura fou que les importacions franceses superaren amb escreix (arribaren fins i tot a quadruplicar) les procedents d'Espanya, que sempre havien estat majoritàries (J. M. Bricall, *Estructura i perspectives...*).

13. M. J. Lluelles, *La transformació econòmica...*, pàg. 195.

14. La comissió estava constituïda pel delegat permanent francès, que n'era el president, el veguer francès, el director general de Duanes, un representant de *Renseignements Généraux*, l'encarregat de la policia de fronteres i el director de Comerç Interior i Preus (M. J. Lluelles, *La transformació econòmica...*, pàg. 195).

mateixos dominaven millor que ningú els mecanismes administratius i polítics per a l'obtenció de llicències, i quan van passar a tramitar-se en la mateixa vegueria encara es van simplificar més les coses. D'aquesta manera s'establí una mena d'intermediació entre els qui tenien més facilitats per obtenir llicències i els petits comerciants que les necessitaven per poder comprar els productes d'importació; els primers revenien les llicències als segons, cosa que instituí un nou sistema de clientela que s'establí en unes bases diferents al que existia en el context de la pagesia. Els qui controlaven l'obtenció de les llicències i les revenien després obtenien uns beneficis econòmics addicionals, al mateix temps que reforçaven la seva posició en la nova estructura de poder.

> Les llicències de tabaco i moltes altres llicències en general les donaven a la Vegueria. Los quins ho teniven més ben ordenat teniven més bona part, i a naltros, els quins no en tenívem tant ens en donaven menos, però ni havie alguns que... no sé, per amistat, o pel que fos... I després es va canviar, i quan vam tenir amistats amb les autoritats de la vegueria ens tractaven bé i los quins faltaven ho tenien de comprar. Guanyaven més ells venent la llicència que el que naltros nos emportàvom. (EE-92, H-AN-2-A)

Aquest home dóna molta importància a l'amistat en l'obtenció de llicències. Afegeix també que els que les venien a altres eren els qui obtenien més guanys. No es tracta d'una percepció aïllada o particular d'aquesta persona. El Consell General es queixava repetidament dels abusos que generava aquest sistema, fins al punt que l'any 1971 va demanar al copríncep francès que l'abolís, argumentant en el memoràdum que li van presentar el seu "caràcter anticomercial, corruptor i deplorable des de tots els punts de vista" a causa del mercat de revenda que s'havia generat. Demanava al mateix temps la llibertat de trànsit de mercaderies perquè poguessin aplicar-se els principis de la lliure competència. La petició va haver de ser reiterada en diverses ocasions, ja que no va tenir resposta favorable. De tota manera va iniciar-se un procés de liberalització respecte a les mercaderies procedents de països del Mercat Comú que va canviar els mètodes comercials. En un avís als exportadors (26 de juny de 1974) s'especifica que ja no cal l'obtenció de llicències, excepte per a determinats productes: alcohols i begudes alcohòliques, tabacs elaborats, aparells de radiodifusió i televisió, aparells de reproducció de so i imatge. Finalment, dues lleis (de l'any 1978 i 1983) van derogar el sistema de llicències de trànsit, tot i que el tabac va ser sotmès a un permís especial. A partir d'aquest moment totes les mercaderies comunitàries entrarien lliurament a Andorra i només les procedents de Països Tercers haurien d'abonar una taxa.[15]

Ens hem detingut una mica en el tema de l'obtenció de llicències, perquè va contribuir a establir les bases d'una nova estructura de clientela i perquè va condicionar el funcionament de l'economia andorrana. La base del sistema comercial andorrà consistí en la importació legal de productes, que es reexportaven mitjançant el contraban, bona part d'ell assumit pels turistes-compradors que eren qui portaven a fora d'Andorra els productes adquirits en el Principat.

Tornem al contraban, perquè l'obtenció de llicències no impedia que algunes de les mercaderies que arribaven al Principat ho fessin mitjançant el contraban, sigui perquè es portaven en una quantitat superior a la permesa, sigui perquè afectava determinats productes que es considerava millor no declarar. Vegem-ne un parell d'exemples. El primer el relata un antic conseller, que estava preocupat pel fet que s'importés carburant en quantitats superiors a les permeses i argumentava aquesta preocupació perquè es deixava d'ingressar la taxa corresponent del que no es declarava:

> En SAUMELL portave gasolina, en portave poc allavorens, tres mil litros, i en declarave mil. Un dia un xofer d'ell, que ja és mort, va arribar allí al Pas de la Casa i hi havie un control, un control descontrolat, i diuen "Quants litros de gasolina portes?". Diu: "Tants. Hola, bon dia". I portave un altre paper a la gorra, i portave tres mil litros. Això també ho vam sapiguer, i al sapiguer-ho vam dir: "Això ho hem d'arreglar, això no pot ser. Com ho farem?" (...) Dic: "No saps què farem? Agafarem aquests camions que porten gasolina, aniran a FHASA i els hi cubicarà la cuba, i tant si la porten plena com buida pagaran igual, pel control. (EE-92, H-AN-2-A)

L'altre exemple és interessant també perquè l'entrada de mercaderies mitjançant el contraban es fa a una escala molt petita, però és ben significativa de la lògica del sistema. Es tracta d'una persona que havia posat una petita botiga de sabateria i reparacions de calçat, i que incorpora la venda de maletes de viatge que aconsegueix d'una botiga que havia tingut abans d'arribar a Andorra. Eren els inicis dels anys quaranta i refugiats en passaven molts: possiblement era doncs un article que tenia la seva demanda:

> Anava fent viatges de tant en tant i en cada viatge portava una maleta o dos de les que tenia a la botiga allà i les posava aquí per vendre també. I quan un client que passava deia: "Oh, quina maleta que

15. M. J. LLUELLES, *La transformació econòmica...*, pàg. 195-198.

tens aquí. Què es pot vendre?" Com que la tenia darrera, allà a la botiga... Dic: "Sí". "Quan val?". "Tant". I així vaig començar l'article de viatge. Aquí no hi havia ningú a Andorra que vengués maletes. (EE-42, H-AN-2-A)

Sigui mitjançant uns canals o altres, els productes que arribaven a Andorra no s'hi quedaven, sinó que eren reexportats quasi en la seva totalitat. En alguns casos era el mateix comerciant qui obtenia el subministrament per a la seva botiga i una part d'ell continuava el seu camí fins arribar, via contraban, a alguna destinació fora del país. Així ho relata aquesta altra persona en relació a articles d'esport, una part dels quals es quedaven a la pròpia botiga i altres els feia arribar fins a Barcelona:

Cases de Barcelona em feien dipòsits de coses de senyora, faldilles, *shorts*... coses que copiaven de la moda de París, però que aquí no s'havien vist mai. I de mica en mica, clar... Aquest senyor pues em deia, per exemple: "Ara lo que m'has de portar, per exemple, és la chemise Lacoste, de França", i jo vaig portar les primeres chemises Lacoste a Espanya i ell les va fabricar. Després Fred Perris, aquell que fa la corona. Bueno de mica en mica em vaig anar introduint en tot lo que era Amèrica i França. Perquè, clar, si no tenies televisió ni tot això havies de viatjar, i aquest senyor perquè jo li baixés de contrabando tot això, pues jo anava de fiancer per unes peces a la botiga. (...) I allavorens deia: "Totes aquestes les deixarem a la botiga i aquestes cap a Barcelona". I així vam emplenar la botiga. Clar que ho feia per diners, perquè primer ho pagava jo, no? I aixís va anar la botiga començant. (H-157, H-ES-3-A)

Però no es podria entendre el desenvolupament del comerç a Andorra sense considerar la seva part més massificada, la que va donar origen a la multiplicació de moltes i molt petites botigues i a la presència de nombrosos compradors turistes, cada vegada en nombre més important, que conscientment o inconscientment actuaven com a reexportadors dels productes que primer havien entrat a Andorra. Aquests compradors eren individus particulars que de forma ben innòcua se'n duien productes per al propi consum, així com altres persones que n'adquirien més a l'engròs per revendre'ls després. Els articles de joieria i rellotgeria, a causa del seu elevat preu i escàs volum, eren uns dels més propicis a aquesta classe de contraban. L'altre exemple refereix a articles d'esport, que es valoraven per la seva qualitat, diversitat i, lògicament també (i això s'aplica en tots els casos), pel seu preu avantatjós:

Al començament el que marxave més ere el rellotge. Els rellotges els veníem com a xurros. Feie una compra, la portave aquí, la posàvem a l'aparador, i al cap d'una setmana ja s'havie de tornar a comprar perquè s'havie venut. (...) Eren gent que compraven, diguéssim, per tornar a vendre a baix. Va ser una època de contrabando, que baixaven cap a Espanya; venien molts contrabandistes i compraven coses també. Les baixaven cap avall. Però el millor client va ser en un cert temps el francès, en rellotge i en joieria, els mesos de maig, juny, juliol, agost i setembre, que es passave el Port. (EE-166, H-AN-3-A)

Primer hi va haver un moment que aquí a Andorra no hi havia ni una rata, es portava tot per les muntanyes i com es podia cap a Espanya. Després hi va haver un moment donat que la gent t'ho venia a buscar, i encara que es continuava portant coses t'ho venien a buscar. Per exemple, et venien a la botiga a comprar-te una dotzena d'anoracs, que això no era per un senyor sol, era per tornar-los a vendre. Feies un bon descompte i d'això... i a lo millor et venien a comprar trenta parells d'esquís, perquè era algun que ja els tenia compromesos i si li feies un bon descompte i ell se'ls passava per la duana, pues endavant. (EE-157, H-ES-3-A)

L'auge del comerç possibilità que molta gent, sense cap experiència prèvia en aquest camp, establís la seva pròpia botiga. No podia ser d'altra manera, ja que el context hi abocava. Els qui eren pagesos no poden deixar de contrastar la dificultat que suposava poder viure de les feines del camp amb aquesta espècie de mannà que rajava per tot arreu i que tothom aprofitava:

Sí, ere un dia que estava fent de pagès, que treballava allà a un prat, amb un sol que feve i llàstima que no tenie mànega, i em vaig quedar plantat, amb la forca, així: "Siràs fotut que no pugos posar un comerç o una cosa o altra?" I em va venir la idea aquesta, d'agafar un tros d'hort per fer-hi una botiga. I allavons va ser quan vam posar la botiga. I primer anava a aquests que tenien les importacions: "Ven-me uns paquets de tabaco". I allavons, quan me vaig posar jo allí i ja vaig sapiguer la font, ja anàvom a compra'l directe. Obrir un comerç això no coste res. Posar un comerç és tenir la idea. (EE-92, H-AN-2-A)

En els primers anys les botigues eren molt senzilles; seria després quan s'atorgaria més atenció a la presentació dels productes, tant pel que fa a l'interior de l'establiment com, sobretot, a l'aparador. Moltes eren tipus basar, on s'hi venien coses molt diverses; l'especialització també seria posterior. Cal destacar, finalment, els continus canvis que es podien fer en la classe d'articles que es posaven a la venda: "Primer podia tirar molt un article, i después quan tirave un altre pues es canviave molt fàcilment" (EE-118, H-ES-4-A):

> Primer era el forn sol, i pa. I després va ser licors, i llavons va començar els queviures també, amb productes enllaunats, diguéssim, després formatgets, coses aixís més aviat envasades. Després, pues... I junt amb això també hi havia lo demés, eh?, o sigui, els perfums, els bolsos... (EE-53, D-AN-4-A)

> Jo feia el comerç que feia tothom aleshores: quan va ser moda el niló, el niló; quan va ser moda el Duralex, el Duralex, igual que tots. És clar, jo tenia poc capital: comprava als majoristes. Oh, sembla que importaven molt Duralex aquests majoristes, potser deu o dotze galons moltes vegades; sí, unes quantitats enormes. Però una vegada ens varem atrevir i varem importar un galó. Els representants em venien a veure. Varem posar... Teníem de tot. Rellotges varem posar. I també hi havia un representant que servia per cases de pastís. Es venia molt. D'Espanya venien a comprar molt. (EE-42, H-AN-2-A)

Tots els comerciants reconeixen que en aquests anys (fins als vuitanta, pràcticament) hi hagué una gran prosperitat derivada de l'augment constant de la demanda. "Compressis el que compressis marxave tot. Allavons es podia posar un comerç, es guanyave pessetes" (EE-92, H-AN-2-A). Andorra era el lloc on podien adquirir-se a bon preu productes que a Espanya o a França eren molt més cars o, simplement, inexistents. No deixa de ser interessant la metàfora religiosa que s'utilitza per referir-se a aquesta època, qualificada com el "miracle andorrà". Si hi hagué miracle és perquè s'havia produït l'"aparició" d'unes circumstàncies que eren impensables pocs anys enrere, el mannà, que provocà la peregrinació de milers i milers de persones que es desplaçaven a Andorra per ser testimonis directes i protagonistes d'aquell context d'abundància material i de modernitat.

La dècada dels vuitanta suposarà una inflexió en el sistema comercial andorrà, després de la davallada econòmica que es produí entre 1979 i 1983, i dels desperfectes que ocasionà una brutal riuada que l'any 1982 destruí bona part dels establiments d'Andorra i de les Escaldes. Superada la crisi d'aquests anys, s'obre una nova etapa caracteritzada per un procés de concentració que afectà negativament el petit comerç. Aquest procés es concreta en la instal·lació de grans magatzems i supermercats (situats molts d'ells al costat de la frontera) i per la conformació de cadenes comercials a partir del monopoli de marques de renom internacional. Aquesta concentració, que es produeix en paral·lel a una expansió global de l'activitat comercial, es correspon amb la major afluència turística que s'ha donat mai a Andorra. Ja no són sols espanyols i francesos els que s'hi arriben per comprar; també es dóna el fenomen dels turistes europeus que van de vacances a Espanya i que travessen Andorra per comprar a l'anada o a la tornada. El tancament d'establiments anirà acompanyat de l'obertura de molts altres, amb una gran mobilitat. El turisme d'oci, associat als esports d'hivern, fa arribar també una altra classe de públic.

La dècada dels noranta suposa serioses dificultats per al comerç, ja que la constitució de la Unió Europea fa desaparèixer bona part dels avantatges aranzelaris que tenia Andorra i anar-hi a comprar no resulta tan avantatjós. En tan sols quatre anys l'afluència turística es redueix a la meitat (de dotze milions de turistes que entraren l'any 1989 es passa a tan sols cinc milions i mig l'any 1995) i aquesta reducció afecta lògicament el comerç.[16] "Ara vénen les vaques magres", ens deia un informant. D'aquí la preocupació existent actualment per reorientar l'economia andorrana cap a una altra direcció. Però parlar d'això seria entrar en el debat que tècnics i polítics estan tenint actualment. Caldrà veure en perspectiva com es resol.

El turisme, una mina d'or?

> "Venia aquí a les muntanyes i llavorens, clar tot era molt verge. Escaldes-Engordany era quasi bé inexistent: des d'Andorra la Vella li deien les Bordes. Inclús algun, per exemple, et deia: 'Però què hi vols anar a fer allà?, no hi ha res!' I sí que recordo que no hi havia res, perquè quan veníem d'excursió no trobaves ni un lloc per fer una cervesa". (EE-91, H-ES-3-C)

L'any 1951 es va crear a Andorra el Sindicat d'Iniciativa, que agrupava el ram de l'hoteleria i bona part dels comerciants, amb l'objectiu d'impulsar el turisme. En aquells moments ja havia arrelat el sector comercial, però no tenia encara el volum que prendria anys després. Un dels seus impulsors, Antoni Forné, considera, i així ho escriu en un article titulat "Andorra turística", que Andorra és coneguda i presenta un especial atractiu a casa de les seves belleses naturals, del fet de ser un país independent, de les seves velles institucions, del seu folklore i del seu contraban.[17] Tot plegat fa que Andorra tingui un aire de llegenda i fantasia que cal canalitzar cap a un increment de l'interès turístic per aquest país.

16. M. J. Lluelles, "La crisi andorrana..."
17. A. Forné, "Andorra turística"...

En aquest mateix article, publicat l'any 1958, Antoni Forné especifica que a Andorra hi ha uns setanta establiments hotelers i enumera les principals distraccions que pot trobar el visitant:

— Els monuments (les esglésies romàniques).
— Les excursions, sigui a peu o en autocar per contemplar les magnífiques panoràmiques de l'alta muntanya.
— La pesca i la caça (es lamenta de la disminució que ha experimentat).
— Les diversions. Especifica l'existència de quatre *danzings*: La Rotonda i el Saló Rosa a Andorra la Vella, l'Hotel Rosaleda a Encamp i el Coto a Sant Julià de Lòria, i també de quatre cinemes: el Principal i el Modern a Andorra la Vella, el Valira a les Escaldes i el Principal a Sant Julià. Esmenta també els esports i molt especialment l'esquí, que es pot practicar al Pas de la Casa.
— Les curiositats comercials, amb la venda d'articles de tota mena.
— El folklore. Esmenta els esbarts, les corals i el pessebre vivent d'Engordany.

Amb aquesta oferta s'intenta atreure l'interès del turista perquè visiti Andorra. França i Espanya ja havien recuperat la normalitat després de les guerres i es donaven les condicions perquè la gent es desplacés en èpoques de vacances. Anys enrere, Andorra ja havia sigut un lloc on hi acudien turistes, que hi anaven atrets pel paisatge, per les aigües termals i les esglésies romàniques. A inicis dels anys trenta hi havia a les Escaldes cinc hotels termals, que acollien sobretot turistes espanyols. Durant l'estiu visitaven el país dos o tres autocars procedents de França, que se'n tornaven el mateix dia.[18] L'excursionisme aplegava l'interès de gent que valorava la possibilitat de recórrer els bells indrets d'un paisatge de muntanya pràcticament intocat. Tot plegat feia que els turistes fossin pocs en nombre i que tinguessin poca incidència en l'economia del país.

En la dècada dels cinquanta s'inicia a Andorra la presència d'un turisme massiu i popular. Forné fa una caracterització d'aquests nous visitants, i en referir-se als pertanyents a les dues nacionalitats més nombroses indica el següent:

18. M. J. Lluelles, *La terciarització de l'economia...*, pàg. 16.

> Els francesos, que són els més, vénen a Andorra amb senyores i criatures, a reposar a bon preu o, si més no, a un preu *convenable*, hi compren sabates o es fan fer un vestit per la mateixa raó. Els espanyols hi vénen cada vegada més, amb les senyores però sense les criatures, no a estar-s'hi sinó amb el visible propòsit de comprar el que sigui, les coses més insospitades.[19]

Andorra rep els turistes a través de les seves dues portes d'entrada: el Pas de la Casa i la Farga de Moles. L'any 1955 s'havien enregistrat 350.000 entrades; als inicis dels anys setanta s'arriba quasi als tres milions de turistes i els espanyols comencen a ser més nombrosos que els francesos. Allò que destacava Forné d'anar o no "amb senyora i criatures" marca les diferències en les motiva-cions que es tenen per anar a Andorra. El caràcter popular del turisme francès és molt evident: els baixos preus existents a Andorra com a resultat de la triple exoneració fiscal que hi ha en el país (duanes, taxes i impostos), són un incentiu perquè famílies obreres i de classe mitjana vagin a passar-hi les vacances a l'estiu i aprofitin per comprar alcohols, llaunes i roba de vestir. El turisme espanyol es reparteix al llarg de tot l'any i, en tot cas, és l'únic que es fa visible durant l'hivern. La finalitat prioritària és comprar i per això no s'hi va amb la família al complet. Els temps d'estada són més curts però, en canvi, compren productes de preu més elevat: aparells de fotografia, joies, també roba, vaixelles, etc. Mentre que el francesos són clients majoritaris dels hotels, els espanyols ho són més dels restaurants; els comerciants, per la seva banda, consideren els espanyols millors clients que els francesos.

No és gens estrany que es facin intents per aprofitar el potencial turístic que significa l'entrada d'un nombre cada vegada més gran de visitants al Principat. Què és el que agrada a aquest turisme massiu que, com encertadament indica Forné, "és menys poètic i poc entusiasta dels cims"? Què se li pot oferir? L'atractiu que presenta el comerç desplaça el que havien sigut els màxims valors turístics d'Andorra: el paisatge i el termalisme. El turisme massiu, de ciutat, no aprecia el tipisme ni la rusticitat, sinó que li agrada veure reproduïts els patrons de vida i oci a què s'està acostumat i li sorprèn no trobar-los al Principat, quan, per altra banda, Andorra encarna el paradigma de la modernitat, ja que s'hi pot comprar les últimes novetats en fotografia, òptica, teixit o estris per a la llar.

19. A. Forné, "Andorra turística"..., pàg. 22.

"Què hi vols anar a fer allà?, *no hi ha res!*", li diuen a aquell excursionista (veure el paràgraf inicial d'aquest apartat) que busca els llocs "verges" i les fondes a l'antiga. No és això el que valora la major part de gent que va a Andorra i que troba a faltar els bars per prendre un cafè o una cervesa, les sales de ball i els llocs d'espectacle.

No hi havia bars, efectivament, i això ben bé fins als anys seixanta. El que hi havia eren els antics cafès on es reunien els homes (i només els homes) a jugar a cartes o al dominó, i no eren la classe de llocs on anaven els turistes. Per prendre el que actualment ofereix qualsevol cafeteria calia anar als hotels. Els salons de ball (La Rotonda i La Rosaleda eren els més concorreguts) s'orientaven clarament cap als estrangers, encara que també hi anava el jovent local, i per això Antoni Forné els inclou en el conjunt de l'oferta turística. A l'estiu obrien cada dia i, a més de ball, es feien espectacles: el fet d'incorporar el flamenc indica ben a la clara que devien ser turistes francesos, bàsicament, els qui hi anaven:

> A La Rotonda també hi havíem anat, quan funcionava, al principi, hi havíem anat molt a ballar amb el meu marit i amics. Durant les festes majors també. Però més que res a l'estiu, que cada dia es feien balls i es feien coses pel turisme. Hi anava molt el turisme allà, estava ple. I feien atraccions, quasi sempre flamenc, perquè sobretot pel turista es feia bastant flamenc. Anàvem força allà a La Rotonda. (EE-132, D-AN-3-A)

Aquesta classe de locals eren freqüentats per un turisme popular que apreciava ambients refinats, però també hi havia una altra classe de demanda. La Cava Benito, a Engordany, la recorda molta gent, perquè s'havia construït abans de l'expansió urbanística de les Escaldes i perquè el local tenia unes característiques particulars, que el feien molt diferent del típic cafè o fonda de poble:

> Cal Benito llavors tenia habitacions a dalt, igual que ara, però abaix només era com un bar, amb uns bocois, unes bótes de vi, pernils penjats... (EE-91, H-ES-3-C)

Era un lloc que agradava molt als excursionistes per l'existència d'un ambient rústic, franc i desenfadat que el feia entranyable. També va ser descobert pels turistes, tal com ens ho explica la filla de qui va fundar aquest local i el va portar durant molts anys:

> Tots els francesos coneixien la Cava Benito, i sortien amb unes merles que deixa-los anar... però pujaven de Sant Julià, de tot arreu, i llavons jo també ajudava al meu pare... i allí venent litros, i vasos... (EE-93, D-AN-3-A)

El progressiu augment del nombre de visitants a Andorra contribueix a crear en paral·lel al comerç tot un altre sector orientat a oferir els serveis que aquests visitants requereixen: hotels i fondes, bars, restaurants, cafeteries, pubs, discoteques, etc., que inicialment es concentren a Andorra la Vella i a les Escaldes i en menor mesura a Sant Julià; després s'estenen per totes les Valls, especialment quan la construcció de les pistes d'esquí genera una demanda molt més gran en aquest sector. Igual que va passar amb els comerços, la major part d'establiments hotelers va començar amb unes instal·lacions molt senzilles, que més endavant es van anar reformant, fins a incorporar bany a totes les habitacions i uns serveis homologats respecte a altres llocs. De basar-se inicialment en la ma d'obra familiar van passar també, a mesura que s'engrandien, a contractar treballadors per la neteja, servei d'habitacions o cuina. Va ser una evolució creixent, que implicà una reestructuració progressiva dels establiments.

> Lo que passa és que ha evolucionat. Cada any et demanen més i als càmpings els han exigit més, és com els hotels. Antes amb els hostals i els hotels foties un wàter al cap del pasillo, i el bany al cap del pasillo, i ara no ficos cap habitació d'aquestes, que ningú te les vol, doncs és la primera cosa que et pregunten: "Suposo que hi ha bany"... Ara ja ni t'ho demanen tampoc. (EE-89, H-CA-3-A)

L'any 1973, el geògraf André-Louis Sanguin escrivia que el turisme a Andorra estava patint d'una crisi larvada, ja que el que podia donar de si el comerç i l'allotjament popular havia arribat a un punt de saturació.[20] Comentava també que existia una certa desafecció dels turistes, que no quedaven excessivament contents la seva estada a Andorra i responsabilitza de les autoritats del país de la deficient situació de les infraestructures i serveis turístics: manca d'aparcaments, mediocritat dels restaurants, soroll provocat per les activitats de construcció, absència de distraccions, embotellament dels carrers principals pel trànsit. Tot el que indica Sanguin era una realitat en aquells moments, però s'equivoca pel que fa a les previsions de futur. El turisme no sols no va deixar d'anar a Andorra, sinó que augmentà de forma encara molt més espectacular que en els anys anteriors, cosa que contribuïa a agreujar alguns dels problemes que ell detecta. Per poder-ho avaluar en xifres: si l'any 1971 havien entrat a Andorra tres milions de turistes, l'any 1989 ho farien dotze milions.[21] En aquells anys ningú podia preveure que l'increment

20. A. L. Sanguin, *Les micro-états d'Europe...*

seria tan gran; com ningú podia preveure tampoc la gran davallada que es produirà en la dècada dels noranta.

Ja que en parlar del comerç ens hem mogut bàsicament per Andorra la Vella i les Escaldes, anem-nos-en ara cap a les parròquies altes, ja que en el seu cas, els canvis que s'hi produeixen estan directament associats a la presència del turisme relacionat amb els esports d'hivern. Actualment hi ha sis estacions d'esquí a Andorra que relacionem segons el seu ordre d'aparició; indiquem també el nombre de forfets que van ser venuts en la temporada 1992-93, d'acord amb les dades subministrades per A.L. Sanguin i per M. J. Lluelles:[22]

— Pas de la Casa - el Grau Roig. L'estació inicial es va ubicar al Pas de la Casa, l'any 1957 i després va ser ampliada amb els accesos pel Grau Roig. Està en el terme d'Encamp, però els pobles, veïnats i urbanitzacions que estan més a prop (excepte el mateix nucli del Pas de la Casa) són de la parròquia de Canillo. És la més gran d'Andorra. Forfaits: 800.000.
— Soldeu - El Tarter. Es va crear el 1963. Se situa a la parròquia de Canillo. Forfets: 165.000 la temporada 1990-91.
— Arinsal. Va ser creada l'any 1973 i es troba situada en el terme de la Massana. Forfets: 166.000
— Pal. Creada l'any 1982, se situa també en el terme de la Massana. Forfets: 200.000.
— Arcalís. Va inaugurar-se en la temporada 1983-84. Està situada en el terme de la parròquia d'Ordino. Forfets: 220.000.
— La Rabassa. Va inaugurar-se l'any 1994. Està situada en la parròquia de Sant Julià i en aquest cas les pistes són d'esquí de fons.

La parròquia de Canillo rep directament l'impacte de la creació de dos estacions (una d'elles la més gran d'Andorra), que són les més antigues en el país. Això va contribuir que en aquesta parròquia es realitzés una adaptació cap a les activitats turístiques en la dècada

21. Vegeu M. J. Lluelles, "La crisi andorrana...". De fet el nombre real de turistes és inferior a aquesta xifra, ja que està calculada a partir de les entrades de gent per la frontera i, per tant, integra també les persones que viuen fora d'Andorra però que s'hi desplacen cada dia per anar-hi a treballar.

22. A. L. Sanguin, "L'Andorre ou la quintaessence..."; M. J. Lluelles, *La terciarització de l'economia...*

dels seixanta, mentre que a la Massana i a Ordino es produiria el mateix de forma més pausada, en la dècada dels setanta i sobretot en la dels vuitanta. La neu, que antigament es considerava com una mena de càstig, passa a ser una font d'ingressos important. Es construiran hotels i restaurants i alguns terrenys s'adaptaran com a càmpings per acollir el turisme a l'estiu. A Canillo, on tot aquest procés va començar més aviat, els hotels treballaven tot l'any, perquè rebien tota la clientela d'esquiadors, així com el turisme familiar dels francesos, que era bàsicament estiuenc.

> Hi havie molts francesos i ara no n'hi ha cap. O sigui, que quan jo vaig fer l'hotel l'any seixanta-tres, tenive quasi tots francesos; algun espanyol, però molt pocs. No em podie treure els clients del damunt. Antes, dels 365 dies de l'any emplenave dos-cents i pico. Això ha canviat molt en vint anys. Ja et dic, els francesos reservaven amb temps i ara de francès quasi no en veus cap. (EE-89, H-CA-3-A)

En els inicis s'utilitza bàsicament la mà d'obra familiar, encara que no tingués experiència en hoteleria o restauració. De fet, aquests primers hotels feien una cuina molt casolana, dispensaven un tracte familiar als clients i, en alguns casos, només oferien el servei d'habitacions.

> Lo que passe és que jo teniva la família, teniva la dona, la cunyada, la neboda i jo, tots quatre. En aquell moment teniva trenta anys, que és el moment que pots rendir, i rendíem al màxim. Si havies de fer dotze hores o tretze feies dotze o tretze hores, i llavons tenives els accessoris. (EE-89, H-CA-3-A)

Els "accessoris" eren les persones contractades per fer feines secundàries, com la neteja general, ajudar a la cuina, o arreglar les habitacions. Els hotels més grans i més estandaritzats que s'implantarien després haurien de contractar a més una altra classe de professionals: cuiners, cambrers, *maîtres,* encarregats, gerents... El problema sempre ha sigut a Andorra la manca de persones amb formació especialitzada en el camp de l'hoteleria i això ha obligat a recórrer a agències estrangeres, primer espanyoles i més endavant portugueses. Però excepte els hotels de més categoria, el més corrent ha estat contractar personal no especialitzat. La incorporació de nou personal es va fent a mesura que s'amplia el negoci, quan es comença a tenir una clientela establerta i quan l'augment de la competitivitat obliga a oferir més serveis i de millor qualitat. Però quan es parteix de poc capital per muntar un negoci d'aquesta mena, el treball personal és la base essencial per poder-lo fer arrencar. Vegem-ho en el cas d'un restaurant de la parròquia de la Massana:

> M'he hagut d'espavilar, i lluitar i lluitar. Al principi no tenia cap cambrer, ningú, o sigui que jo cuinava, jo llimpiava, jo fregava els plats, per acabar servint al migdia. I pues tota la tarda a fregar plats, perquè no tenia màquina de fregar plats. Vaig començar comprant-me la màquina de fregar plats, después, quan vaig anar fent, vaig començar amb un cambrer, después una dona de fer feines i així fins ara, que hi ha quatre empleats i el meu fill i jo. És allò de pujar-lo a pols. (EE-41, D-MA-4-C)

Segons les dades subministrades per X. Sáez, actualment hi ha a Andorra 272 hotels, amb una oferta de 12.153 places (temporada 1995-96). 45 són de luxe o categoria alta, 140 són de categoria mitjana-alta i 87 de categoria mitjana-baixa (no existeix a Andorra la mateixa classificació que a altres llocs).[23] En les categories més altes predominen els establiments grans, amb un nombre elevat d'habitacions (una mitjana de 73) i de serveis. Cal afegir, a més, els apartaments de lloguer curt i les segones residències. Entre l'hoteleria i els serveis turístics treballen un total de 4.763 assalariats (any 1995), alguns dels quals són contractats amb caràcter estacional. La infraestructura turística s'ha ampliat considerablement amb l'existència d'un centre de congressos, poliesportius, el Palau de Gel de Canillo i, com a realització més recent, el centre termolúdic de Caldea, a les Escaldes-Engordany. La combinació del comerç amb els esports de neu constitueix la base que sustenta l'activitat turística.

Amb l'actual configuració de l'oferta turística, els pioners, aquells que van "pujar a pols" restaurants i hotels i feien ús del treball familiar, semblen haver quedat molt lluny en el temps. Per això volem rememorar-los mitjançant un parell d'exemples.

Organitzar excursions, fer conèixer el país

He cregut interessant reproduir a tall d'exemple la creació i desenvolupament d'una empresa de serveis turístics que funcionà entre els anys cinquanta i setanta, perquè tot i sortir-se del que era predominant en aquest sector (hoteleria i restauració), representa molt bé com alguns andorrans van adaptar-se amb els mitjans que disposaven a un nou context que possibilitava crear noves alternatives

23. X. Sáez, "Informe sobre l'economia...", pàg. 44.

ocupacionals i representa també una determinada forma de practicar el turisme per part d'aquells visitants que no buscaven tan sols preus barats i comprar. Es tracta d'una empresa que es dedicaria a organitzar excursions.

La motivació de crear aquesta empresa partí d'un jove matrimoni andorrà que no tenia recursos propis, ja que ell era fill de masovers i s'havia dedicat al transport i ella era filla d'uns forners. Era l'any 1956, l'home s'havia quedat sense feina i hagueren de pensar com resoldre la situació que se'ls presentava. Aleshores tenien un jeep de cinc places i se'ls va acudir que el podien utilitzar per fer excursions de muntanya, ja que ell n'era un bon coneixedor. I així van començar, de forma molt artesanal i utilitzant el mateix pis on vivien com a oficina. La dona s'encarregava de l'organització i ell de conduir el jeep. Portaven els turistes (francesos en la seva majoria) cap al Serrat, per exemple, i arribaven fins als llacs de Tristaina fent part de l'itinerari a peu; algunes vegades portaven costelles per coure allà mateix, que menjaven acompanyades de pa i vi, i els turistes, lògicament, "quedaven encantats".

"No és que ens féssim rics... però anave sortint tot sol", ens diu ella, que és a qui hem fet l'entrevista (EE-53, D-AN-4-A). Això els va decidir a adaptar el jeep per fer-lo més gran i un carrosser els va fer l'ampliació fins a vuit places. La demanda va anar augmentant i, encara que es van constituir altres empreses d'aquest mateix tipus, ells hi podien viure bé, fins al punt que van haver d'augmentar el nombre de vehicles. Van arribar a tenir set autorcars grans, oberts, que després van substituir per uns altres amb vidres, quan van ampliar l'oferta també a l'hivern. Aquesta ampliació va implicar la necessitat de contractar treballadors perquè conduissin els autocars i guiessin les excursions. Inicialment l'empresa havia tingut un caràcter estrictament familiar i sempre existia una clara delimitació de les feines que feia cadascú de la parella.

> Ell ja estave en el món del transport, ere un home que ademés li agradaven molt els cotxes i això de les excursions li anave més al peu. I a mi m'anave molt bé també la part d'organització. Perquè, clar, jo no podia fer les dues coses. "No, tu fes lo teu i jo faré lo meu. Jo t'organitzaré la gent, els llocs,... i tu, el cotxe". I de moment ell ho feie, però después, clar, ja es va agrandir, es va agrandir... I l'organització, sí, la tenie tota jo.

Ella s'encarregava de "fer reclam", per mitjà dels hotels, on deixava talonaris d'excursions. També ho tenia anunciat a la porta de casa i la gent es podia apuntar directament. Aquesta coincidència entre el domicili familiar i la seu de l'empresa feia que constantment les qüestions relacionades amb l'organització d'excursions s'interferissin amb la vida de família:

> Ere una cosa molt esclava, això. Perquè els meus fills sempre em retreuen que a casa nostra no fèiem mai un menjar sencer, perquè sempre ens picaven per telefono, o ens picaven a baix, que teníem un timbre, i llavons sortia, baixava, i què voleu. Oh!, a lo millor volien una excursió, però a lo millor no, demanaven qualsevol altra cosa... general, que deies, bueno!, perquè he baixat dos pisos?, però ja estava a baix llavors.

S'oferien diferents itineraris, amb excursions de mig dia o de dia sencer. La que tenia més èxit era la que anomenaven *Les trois vallées,* que consistia a anar a Pal, Arinsal i el Serrat. També oferien rutes per Ransol i la vall d'Incles, així com cap a la Rabassa. Unes altres excursions consistien en visitar l'ermita de Meritxell i la de Canòlic. "Ho teníem com un pundonor fer conèixer el país". Aquest era l'objectiu que guiava les visites: que els turistes apreciessin la bellesa dels paisatges i dels pobles andorrans, per la quan cosa no es limitaven a fer un simple recorregut, sinó que donaven explicacions sobre el que es veia i intentaven que la gent disfrutés:

> Jo tenia interès que veguessin els poblets petits, perquè allavons encara eren poblets. Pal encara s'ha aguantat bastant, i hi havie tots aquests poblets fins el Serrat, que en aquella època encara... La Cortinada, Llorts, eren poblets que no s'hi havie fet molta cosa, eh! A més, quan hi passaven pues ja els hi anàvem explicant coses de cada poblet. Ademés el paisatge ere maco; és maco, vaja.

Quan van ampliar la flota d'autocars, van dedicar-se també a transportar esquiadors a les pistes, en alguns casos en coordinació amb agències de viatge, en altres a partir del tracte directe amb la gent. Hi havia molts que preferien que els portessin ells per no haver de posar cadenes al cotxe i conduir en condicions dolentes.

Van tancar aquesta empresa l'any 1978. Addueixen com a motiu que ells s'havien fet grans, que els fills no tenien interès per seguir-la i, sobretot, que la generalització del cotxe particular va fer disminuir considerablement la demanda d'aquesta classe d'excursions. Aquesta dona ens comenta que encara hi ha força gent que amb posterioritat els han escrit o que si s'han trobat li han expressat el bon record que els quedava d'aquelles excursions.

> O sigui, tenen encara el gust del país, encara, eh! Ens agradave molt que estiguessin al nostre país, que hi veguessin la part bona.

I aquest és el principal orgull d'aquesta dona: haver fet una activitat que no sols els ha permès viure sinó que també ha tingut un important vessant humà i ha contribuït que determinada gent conegués una Andorra diferent de la de l'avinguda Meritxell; tal com ella expressa, "la part bona del país".

Pujar un hotel fins arribar a dalt

La idea de construir un hotel no vingué del matrimoni, sinó d'un cosí de la dona (EE-88, D-MA-3-A), que era arquitecte. Ells vivien de la pagesia a la parròquia de la Massana i les "modernitats" que s'estaven produint a Andorra la Vella i les Escaldes no havien arribat fins a aquells indrets. Però el país estava en ebullició i qui més qui menys s'adonava que les noves activitats comercials i turístiques s'estendrien cap a altres llocs. En tot cas, ells no s'havien plantejat de moment fer cap canvi. Tant era així, que es donava la circumstància que els havien expropiat un tros de terreny i amb els diners que els havien donat van pensar que els aniria bé construir un cobert per guardar-hi els carros i la llenya. En aquestes estaven quan arribà un familiar que era arquitecte i tenia una visió clara de com podrien anar les coses, perquè quan li van explicar el seu projecte es posà les mans al cap:

> Allavons el meu cosí ens diu: "Redéu de Déu! Tan joves que sou i hi vols fotre un cobert aquí, carallot? Perquè no hi fas una mica d'hotelet?". I el meu home diu: "Oh, hotelet, vós ho teniu clar, i d'on voleu que els trega?". "Collons! Tens bestiar, tens terres...! Què cony!, no hi facis aquí un hangar, que jo et faig los planos. Jo et faré los planos". I sí, pobre home, ens els va fer. Ens va fer sortir per pis set habitacions, set habitacions i un quarto de bany. Allavons ja hi havie molt, perquè ara demanen una habitació i un quarto de bany, però llavons ficaves un quarto de bany al passillo i allí bó, ningú et protestave. I, sí, sí, ens va fer els planos: va fer abaix la cuina, lo bar, lo menjador, i a dalt dos pisos d'habitacions i les golfes. I ho vam fer sense sapiguer com.

No havia fet res més que començar un període d'angoixes. Van aixecar les parets i posar la teulada, però se'ls van acabar els diners i malgrat haver-se empenyorat no van poder acabar-ho. Van decidir deixar passar un temps per pagar els deutes i després continuar, però aquell familiar, que vetllava per l'evolució de l'obra, no ho va voler de cada manera. Els va aconsellar que acabessin, encara que s'endeutessin més, perquè era amb l'hotel funcionant com ho podrien pagar tot. Una altra casualitat els va permetre sortir momentàniament d'aquesta situació difícil. Va passar per allà un home que es va interessar pel que estaven fent i quan li van explicar com es trobaven els va fer una oferta que van acceptar: els deixaria els diners que requerien per moblar el pis de baix i la primera planta. Van fer el tracte sense establir terminis per tornar els diners i confiant cadascú en la paraula de l'altre. Però calia encara acabar una bona part d'obra i per fer aquesta feina s'hi van posar tots dos. Cal tenir en compte que mentrestant seguien portant també les terres.

> La volta de les escales ens la hem fet tots dos. Jo feva de manobra igual que els homes: l'arena, el ciment, posar els calders d'aigua allí i anar remenant aquella bassa, que allò m'encantave de fer. Lo que més me matave ere pujar els dos calders fins a dalt de tot, però també ho feva. Ara, avui, no ho podria fer. Ell de paleta, i jo de manobra. Va fer tots els tabics, i només va fer enguixar a un de les Escaldes.

Van moblar les set habitacions, el bar i el menjador i van poder inaugurar l'hotel un mes d'agost. Havien començat les obres l'any 1961 i van poder obrir el 1963. La dona recorda molt clarament els primeres diners que van guanyar:

> El primer any vam fer trenta mil pessetes! No hi havie ningú més feliços que nosaltres. Trenta mil pessetes, el primer any! *Mamma mia!*

Amb l'eufòria de veure diners ja volien tornar alguna cosa al senyor TERMES, però ell no ho va voler: "Nena, tapa d'altres forats, que jo no els necessito", li va dir. Durant tres anys van treballar amb les set habitacions, i el "soci" els va animar perquè habilitessin el segon pis. De nou va posar els diners necessaris per pagar els mobles sense voler ni sentir parlar del que li devien. Van tornar a posar-se a treballar de valent per acabar la segona planta. Durant el dia havien d'estar en el bar i durant la nit obraven, fent tots dos altra vegada de paleta. En TERMES els anava a visitar de tant en tant, els animava i donava consells: "Nena, ja has arribat a dalt, ara pareu-se, pareu-se que si no acabaràs malalta". "Nena, no tinguis por, que us en sortireu, que sou treballadors, no tinguis por, endavant". "Nena, ara para't, para't, perquè si no la salut la perdràs".

Tant aviat van estar en condicions de tornar els diners al seu protector ho van fer. No havien firmat papers i sempre van partir de la confiança mútua i de la paraula donada. Ell mai els va apretar perquè li tornessin res i per tranquil·litzar-los (el matrimoni estava neguitós d'estar en deute), els recordava que ell era ric i que li sobraven els diners. "Gràcies a aquest bon home vam anar endavant". Sempre li han estat summament agraïts per la seva actitud i la seva ajuda. Ell va ser providencial en la vida d'aquesta parella, com també ho va ser aquell cosí arquitecte que els va animar a construir l'hotel.

En els primers anys treballaven amb les habitacions i també amb el menjador, on hi anaven a dinar treballadors de la zona. Pel que fa a les habitacions, els clients eren bàsicament francesos, que hi començaven a anar ja per Pasqua i era a l'estiu quan omplien les catorze habitacions. Van tenir aquest hotel durant dinou anys i era ella qui s'encarregava de la cuina. Després van construir un hotel més gran i aquest el van arrendar.

Ella té la consciència d'haver passat tota la vida treballant intensivament i no entén que pugui ser d'una altra manera. Pujar aquell hotel fins arribar a dalt va ser tota una odissea. I quan ja va estar fet, no sols calia atendre l'hotel, sinó que no van abandonar mai els treballs de la pagesia, i encara avui s'encarrega de portar un hort i els animals de corral. "Jo sense fer res no m'hi puc estar". I en això hi ha diferències entre homes i dones, perquè

> amb lo meu home nos hem entès molt bé, però si ell ha pencat, jo he pencat deu vegades més, perquè una dona sempre és més...

No va acabar la frase, però se l'entén perfectament.

Pagesia, negocis i altres activitats

> "Ja ho podeu dir que heu parlat amb un pastor que té un ramat d'auvelles: en té a la motxilla, en té a casa i viu del ramat. Ja ho podeu dir francament, compreneu? Que no viu pas de res més". (EE-35, H-OR-4-A)

Viure només de la pagesia avui és una excepció a Andorra, cosa que es pot deduir de l'èmfasi que fa aquest home en remarcar que ell no viu de res més que del seu ramat d'ovelles. L'existència de la pluriactivitat i la diversificació de les fonts d'ingressos són una constant en les famílies andorranes. Però anem per parts, perquè no tothom es troba en la mateixa situació i per poder-ho explicar cal fer referència als orígens de les activitats relacionades amb el comerç i el turisme i al fet que quan aquestes s'inicien en el país només hi ha cabuda per als hereus o pubilles, mentre que la resta de germans han d'emigrar. La nova situació donarà lloc a dos canvis importants: la possibilitat que els fills segons puguin restar a Andorra i la reutilització i nou significat del patrimoni agrari.

Els andorrans que emprenen activitats comercials o turístiques ho fan inicialment com un complement a la pagesia, que no abandonen. En un article publicat l'any 1960 i que reflecteix, per tant, aquesta fase inicial però ja amb certa consolidació de l'activitat comercial a Andorra, l'autor, Carles Soldevila, sap captar molt bé aquesta compaginació d'activitats entre el comerç i la pagesia que es produeix en les famílies.[24] L'aspecte rutilant dels carrers comercials no oculta l'existència d'un altre conjunt d'activitats que es realitza en un plànol diferent i que no es percep fàcilment si no s'és per part d'un observador agut:

> Els comerços, graciosament instal·lats i atapeïts de gèneres de les més variades procedències, poden fer pensar en les ciutats turístiques de vella anomenada, en un Interlaken, en un Montecarlo, en un Gibraltar —tot i que el seu paisatge environant tingui un caràcter tan propi, tan inconfusible. La mateixa casa que té una façana moderna i lluminosa, si la volteu, us revela una eixida robustament pagesa que llinda amb els herbatges i amb el bosc, que mira les altes muntanyes on bona part de l'any fulgura la blancor de les congestes de les que s'escorre l'aigua a regalims més o menys abundants, on els ramats pasturen l'herba tendra, on no es difícil trobar una fadrina germana de la dependenta que tan finament atén al públic dels compradors a l'altre cap de casa, rera els vidres il·luminats dels aparadors, i que, dòcil a la tradició, muny unes vaques i tanca unes ovelles.[25]

Comerç en una part de la casa, la del davant, pagesia en la part del darrere. En aquest text hi ha determinades connotacions que és interessant destacar: mentre que el comerç representa el vessant urbà i modern, la pagesia es relaciona amb la ruralitat i amb la tradició; mentre que qui atén els clients ha de demostrar finura i delicadesa en el tracte, qui s'encarrega de les ovelles o de les vaques està plenament inserida en la rusticitat, i la valoració diferencial dels dos tipus de feina es tradueix també en la persona que les fa: la que s'encarrega dels animals és una dona fadrina; qui està a la botiga, doncs, és una dona casada, la mestressa de la casa.

24. C. Soldevila, "Andorra, aparador del món", *Andorra*, núm. 5, 1960, pàg. 49-51.
25. C. Soldevila, "Andorra, aparador..., pàg. 49-50.

El comerç és una activitat plenament visible, primordial, que respon als temps moderns; l'altra queda oculta, en segon terme, lligada al pes de la tradició. Soldevila afegeix una altra consideració:

> Aquesta dualitat de funcions fa pensar que els andorrans d'avui, tot i tan actius en l'explotació de la conjuntura econòmica que els ha ofert la seva extraordinària situació, tenen encara prou seny per no jugar cegament a una sola carta.[26]

Efectivament. Els andorrans, que han viscut durant segles d'una activitat pagesa autosubsistent, que necessàriament comporta la diversificació del que es produeix i la recerca, tal com hem tingut ocasió de comprovar, de fonts d'ingressos addicionals, no abandonen aquesta lògica quan es fa realitat la possibilitat d'inserir-se en una altra classe d'activitats que, a més, es poden exercir en el mateix país. Des d'un primer moment hi ha la consciència de la conjunturalitat del comerç i del turisme, encara que proporcioni major benestar material, i encara avui, que ja han passat molts anys respecte a aquestes etapes inicials es fa la mateixa consideració. "El patrimoni queda": aquesta és una frase que se'ns ha repetit reiteradament. Viure de la terra, en definitiva, pot ser menys rendible però és més segur i estable que viure d'activitats establertes sobre febles bases patrimonials i per tant especulatives i en una major dependència de factors externs. A això cal afegir que, a més, en el cas d'Andorra, la pràctica de l'agricultura no perd valor econòmic, sinó que, al contrari, l'augmenta. Les mateixes circumstàncies que propicien el desenvolupament de l'activitat comercial, són les que afavoreixen l'extensió del cultiu del tabac i el fan molt rendible.

Andorrans que venguin tot el seu patrimoni n'hi ha molt pocs. La major part destinen algunes parcel·les a posar-hi un negoci o a edificar-hi i en conserven d'altres que utilitzen per cultivar-hi tabac i també, en alguns casos, per al manteniment de ramats vacuns. En la mesura que els andorrans s'han anat incorporant al món dels negocis i de l'empresa, el cultiu de la terra es deixa en la mà de masovers o jornalers contractats. A les explotacions petites difícilment els surt rendible aquesta subrogació a una altra gent i, per aquest motiu, dins de la família es compaginen les diferents activitats que cal fer; en aquest cas, normalment són les generacions més grans les que s'encarreguen de la terra, mentre que els més joves es guanyen

26. C. SOLDEVILA, "Andorra, aparador..., pàg. 50.

la vida en altres ocupacions. També hi ha algun cas en què s'ha preferit optar per una activitat diferent de l'agrària, especialment si es considera prou consolidada perquè pugui ser duradora:

> A casa meva teníem una mica de tot; vull dir, teníem bar, teníem un comerç i també ens dedicàvem a la pagesia, teníem unes vaques. Allavons era el temps en què la meva mare es quedave a casa a cuidar-se del bar i la botiga, el meu pare anave al camp i els fills ens distribuíem segons les necessitats que hi havie a un lloc o a l'altre: un dia perquè hi havie més marcada la feina del camp perquè s'havie d'entrar herba i semblave que volie ploure pues ens dedicàvem més allí, después hi ha l'època de la collita, tant del tabaco com de les trumfes, i ja ere molt diferent perquè allavons ja havie baixat molt la feina, tant del bar restaurant com del comerç. (...) I va anar evolucionant, vull dir que com que cada vegada més tot coincidia, la feina del camp i el bar i la botiga era al mateix temps, pues vam anar evolucionant a anar deixant l'agricultura, perquè les terres tampoc eren les de la millor qualitat les de la meva casa, i anàvem deixant l'agricultura per convertir-nos més en... Allavons, sobretot l'any setanta-vuit (anteriorment ja havíem deixat de tenir les vaques, per exemple), l'any setanta-vuit ja teníem l'hotel i ja quasi ho vam deixar completament. La meva mare porte quatre horts i no gran cosa més. (EE-21, H-OR-5-A)

La dificultat, tal com ha quedat expressat, està en la compaginació de feines en els moments en què totes s'han de fer al mateix temps. És interessant també constatar una altra cosa: l'home es dedica a la terra, la dona a portar el bar i el comerç, mentre que els fills ajuden a uns o a altres. Aquest tipus de distribució de feines resulta ser molt comú, de manera que es pot afirmar que existeix una forta vinculació de la dona amb les activitats relacionades amb el comerç i l'hoteleria. Si no hi ha terres, o les porten masovers, l'home es pot dedicar a altres tasques, depenent de les condicions socials i del nivell d'estudis: transport, gestió, empreses de construcció, una professió lliure, funcionariat. El tipus d'activitat que acabarà fent cadascú depèn de les diferents variables que incideixen en la vida d'una persona: sexe, generació, ser hereu o cabaler, etc. Ara les presentarem.

Però volem indicar una altra cosa. Si abans hem dit que hi ha pocs andorrans que hagin abandonat totalment la pagesia, ara cal insistir que quasi bé ningú viu exclusivament de la pagesia. Fins i tot en les parròquies altes, que s'han incorporat més tard a les noves activitats, es dóna aquest mateix fenomen. "A Canillo, viure sols de la pagesia, em sembla que ningú" (EE-11, H-CA-3-A), ja que quan es va començar a expandir el turisme la gent va vendre algun terreny o va utilitzar algun tros de la seva propietat per construir-hi un hotel o apartaments, o posar-hi una botiga. Això ha donat com a resultat que pràcticament totes les famílies combinen diferents ocupacions i fonts d'ingressos. El mateix s'ha produït a Ordino, encara que més tard que en altres llocs i amb una menor proliferació d'establiments hotelers:

> Molta gent ha continuat la vida al camp i ha posat un hotel, que això els hi feie un complement en un moment determinat, però encara continuen amb la vida al camp, i a poc a poc han anat fent més gran el negoci de l'hotel. (...) Vull dir que no ha estat un trencament directe amb la terra, tenien les seves arrels a la terra i molts d'ells, a pesar que segurament ara no necessitarien estar a la terra perquè a ells el hotel els hi dóna prou per mantindre una vida amb un nivell més elevat que el que tenien a través de la terra, pues han continuat mantinguent-lo, perquè ere la seva vida, no? (EE-21, H-OR-5-A)

L'auge i expansió de les activitats comercials i turístiques han tingut com a conseqüència més important la interrupció del goteig emigratori cap a l'estranger dels fills segons, que eren els que no podien accedir a la terra. La tendència migratòria s'ha invertit i a Andorra hi ha arribat al seu torn molta gent forastera que s'hi ha quedat a treballar i a viure. Però tornem al cas dels andorrans. Els cabalers ja no caldrà que marxin i si ho fan serà per pocs anys, ja que a Andorra s'han obert moltes possibilitats per tenir feina.

Cal destacar que el fet de ser hereu o cabaler dóna a cadascú oportunitats diferents. Els hereus compten amb el patrimoni de la casa i la venda d'alguna parcel·la que els proporciona el capital inicial per poder establir alguna botiga o hotel; els cabalers i, en general els qui no tenen patrimoni, han d'acollir-se a feines assalariades, cosa que no impedeix que arribin a tenir alguna empresa o a exercir una activitat per compte propi.

Aquest tipus d'esquema es modifica amb el temps, perquè el sistema d'herència indivisa deixa d'aplicar-se de forma sistemàtica i algunes cases opten per repartir els béns. La divisió del patrimoni pot ser fruit de la voluntat dels pares davant el fet que la diversificació d'ocupacions resta importància a l'activitat agrària, cosa que coincideix, a més, amb un moment en què tots els fills poden restar a Andorra i se'ls pot atorgar un tracte igualitari; pot ser també resultat de la petició directa dels fills, que reclamen la "legítima" que els correspon o, fins i tot, la igualtat de drets sobre el patrimoni. Aquest trencament respecte al sistema tradicional es correspon amb l'existència d'un nou context en què el valor de la terra ha augmentat i es considera un recurs de capital més, cosa que sol anar acompanyada per l'exercici d'ocupacions alternatives a l'agricultura.

> Ja no es conserve la propietat. En aquell temps d'una propietat en podie viure en general una família i en general es feie hereus. (...) Però tots hi vam estar d'acord: es van fer les particions per llei, perquè un germà ho va demanar, i un perit va fer les particions. (EE-151, D-SJ-4-A)

Encara que no es va ser molt explícit sobre les motivacions i resultat de fer les particions, el que sí que queda clar en el raonament d'aquesta dona és que si ja no es viu exclusivament de la terra, també és lògic que es pugui repartir. La casa pairal havia estat convertida anys abans en un edifici de pisos i, ens destaca (potser perquè en el fons li sembla paradoxal) que en fer el repartiment la casa va anar a parar a les mans d'una cunyada seva, ja vídua, que justament és l'única persona forastera de la família, ja que tots els germans viuen en el país i estan casats amb andorranes o andorrans. Cap dels cinc germans es dedica a l'agricultura: o bé fan activitats assalariades o bé de tipus empresarial i ella en concret ha passat a dedicar-se plenament a la família.

De fet són poques les cases d'antecedents pagesos que han decidit vendre totalment les terres o, com en el cas anterior, fer-ne un repartiment estricte. Això últim ho fan més aviat els qui tenen negocis o béns mobles (diners, accions, empreses), mentre que els qui tenen patrimoni agrari opten més aviat per fer una síntesi entre el vell sistema i la nova realitat, fent el nomenament d'un sol hereu, però atorgant als altres fills mitjans per poder viure (cosa que de fet s'ha realitzat sempre). Les solucions poden ser múltiples, ja que l'existència de diferents activitats i fonts d'ingressos fan possible que les famílies intentin que tots els fills puguin tenir unes oportunitats similars.

> Mira, a casa a jo em van fer l'hereu perquè els altres es van quedar a França, van marxar a França, i allavons un o altre havie d'ajudar als pares, i vaig ser jo, mira, un o altre havie de ser. Jo vaig anar tirant endavant, treballant també. No demano res a ningú, també tenim medis de vida, també, no és que tinga molts, però ja tenim per anar visquent. Són així les coses. Ara, si es casessin la meva canalla, sí, allavons els hi arreglaria: a un lo farie l'hereu d'això i a l'altre li arreglarie, cony, miraria d'arreglar d'una manera o altre als dos, que fos una mica igualat. (EE-145, H-EN-2-A)

> Ara les famílies, la majoria d'elles, sobretot si hi ha hagut un desenvolupament en un costat o l'altre, dóna perquè a la família no només

> hi pugui viure l'hereu, sinó que hi pugui viure tota l'altra família, no? En certa manera, encara que els pares estiguin obligats a fer un hereu, aquest hereu pot donar un "modus vivendi" a la resta de la família, i això és normalment el que s'acostume a fer. Sí que els pares diuen: "bueno, d'acord, tu ets l'hereu, però amb la condició de què donguis això als teus germans, no? (EE-21, H-OR-5-A)

Quan aquest home d'Ordino parla de l'obligació de nomenar hereu es refereix a un deure moral o de tradició cultural més que legal. Però justament reflecteix molt bé una pràctica que ha estat molt corrent a Andorra en les darreres dècades: instituir un sol hereu però donar mitjans suficients als altres fills perquè es puguin establir. Un d'aquests mitjans, i ben important, han sigut els estudis i això tindrà molta incidència també, perquè els fills segons, els qui no accedeixen a la terra, seran els futurs professionals que s'establiran al país, sigui treballant pel seu compte, sigui com a funcionaris contractats per l'administració.

Més enllà de les dimensions materials, la casa com a institució que centralitzava la vida pagesa, ha elevat el seu poder simbòlic, ja que el fet de tenir casa esdevé un marcador de pertinença i d'arrelament. D'aquí la insistència d'alguns andorrans en la necessitat de nomenar un sol hereu i preservar la continuïtat de la casa.

> Jo de vegades ho dic aquí a casa, parlant, tenim converses i jo els hi dic: "Mira, si a mi el meu pare no m'hagués fet hereu, que ho hagués partit tot, jo ja també tururut, ja també hauria quedat a la lluna, també fora igual que els altres. En canvi, jo he representat aquesta casa, he procurat més aviat que pugés no pas que baixés. I demà si puc vull que continuï perquè també penso fer hereu, i els altres, mira, si tinc alguna cosa que els hi puga donar, no els vull pas tirar al carrer tampoc, però també vull que a la casa no pugon dir que jo he sigut lo darrer hereu i que ja no es parli més d'aquesta casa. És veritat, no? Que a Andorra si comença de repartir-ho per tots els germans o els fills... Si diuen que Andorra desapareixerà, jo crec que també li ajudarà molt a desaparèixer si no es fa hereus. (...)
>
> Perquè mira, si una família parteix per tots els fills o pels germans, i l'altre que ve al darrere també ja acabe anant partint tot, allavons a última hora ja et quede un bocinet aixís, i allavons ja no és ni cal PERE RAMON, ni ca L'ARTIGA, ni cal CANDI, ni cal ROBERT, ni cap casa: ja són moltes cases, i allavons ja poder els hi hem de posar un nom a cada una d'aquestes cases. És veritat, no?
>
> Jo penso que no hi ha ningú que s'estimo més un fill que un altre, però que se'n faci hereu, que se'n faci un, lo quin sembli (...) Mira, si té algun diner, als altros donar-los també lo que es pugo, i si

> lo quin quede hereu o pubilla de calers no li quede cap, que no li quedo, perquè si li quede una propietat li quede un pervindre i poder ja està bé, i si hi ha algun dineret a casa arreplegat, allavons el repartixos pels demés fills i allavons per lo menos quede la casa. (EE-162, H-EN-2-A)

Aquest home s'enorgulleix de tenir constància que la seva casa és molt antiga. Diu haver trobat documents que es remunten al segle XIII i, tal com es pot comprovar, reprodueix plenament la lògica del sistema social basat en la pagesia. En la mesura que ara hi ha més possibilitat de fer-se amb diners, considera que els fills segons poden quedar també protegits, però que res justifica dividir un patrimoni, ja que comporta la desaparició de la casa i, amb ella, la desaparició del país, disgregat per la pulverització de les seves unitats socials més importants. Els fills d'aquest home viuen tots a Andorra. Si haguessin pertanyut a la generació del seu pare el més probable és que hagueren hagut de marxar a treballar a fora, com el pare mateix ho va fer, així com els altres germans d'ell. Seguint la norma cultural tradicional, el primer fill baró d'aquest home serà l'hereu. Adaptant, però aquesta norma als nous temps, aquest fill viu en una casa independent de la dels seus pares, construïda al costat de la d'ells.

A partir de la dècada dels setanta començarà a tenir impacte el fet d'accedir a l'educació superior, ja que això permet exercir diversos tipus de professions. Quan es donen les condicions de poder prescindir del treball dels fills i contractar personal assalariat, els pares inverteixen en el futur de la generació més jove per mitjà dels estudis. Això suposa un elevat nivell de despeses en una família, ja que necessàriament els joves que segueixen estudis universitaris han de marxar a fer-los a fora del país. Malgrat aquesta dificultat, el benestar material que es viu en els anys d'eclosió de les activitats comercials i turístiques ho ha fet possible i el nombre d'andorrans amb estudis universitaris s'ha anat incrementant cada vegada més. Podem donar com a indicador el següent: en el curs 1994-95 hi havia 728 joves realitzant estudis universitaris; d'aquests, un 70% eren de nacionalitat andorrana. Per avaluar aquesta dada hem de tenir present que a l'any 1995 la proporció de persones amb nacionalitat andorrana era d'un 19,5% (si descomptem la categoria dels "nats a Andorra").[27] Les carreres triades amb més profusió són: empre-

27. Les dades sobre població universitària estan extretes de les *Estadístiques escolars i universitàries. Curs 1994-95*, publicades pel Ministeri d'Educació, Joventut i

sarials, econòmiques, dret, infermeria, medicina i informàtica. Aquesta classe d'estudis es correspon amb les professions que més demanda han tingut a Andorra en els anys de creixement econòmic i demogràfic, en què apareixen noves ocupacions vinculades al sector de serveis. Les necessitats d'escolarització, d'atenció sanitària, d'assessorament legal, de gestió d'empreses, i, en general, de serveis personals són cobertes pels nous professionals que han accedit a estudis superiors.

Cal indicar en aquest punt que l'administració pública ha estat un dels sectors que ha creat més ocupació en els darrers anys i, per tant, ha tendit a absorbir bona part dels diplomats en estudis superiors i universitaris. Per concretar-ho amb dades: l'any 1990 hi havia 1.624 persones treballant en l'administració (que representaven un 6,58% del total d'assalariats), mentre que a l'any 1995 es dobla la xifra i passa a ser de 3.274 persones (un 12% dels assalariats).[28] El salari mitjà era el 1990 de 202.350 pessetes i el 1995 de 217.201 pessetes, situant-se per sobre del salari mitjà de qualsevol altre sector, excepte el d'organismes financers i assegurances.[29] La major part són andorrans i si posem en relació les xifres anteriors amb les de la població, trobem que de cada vint persones una treballa a l'administració i, en un altre paràmetre, de cada sis andorrans un és treballador de l'administració (o, com es diu popularment, és "funcionari"). En la mesura en què el sector públic inclou activitats que en termes generals (i no sols a Andorra) estan molt feminitzades (com és el cas de l'ensenyament, sanitat, serveis socials i feines d'oficina), hi ha una elevada proporció de dones que hi treballen.

Tornant a les famílies: aquest nou context configura un tall generacional clar respecte a l'accés als estudis i a les ocupacions que exerceixen les noves generacions; també la diferenciació sexual

Esports. Respecte a les proporcions que hem esmentat, hem de recordar que els "nats a Andorra" són una categoria estadística que reflecteix la situació dels nens i joves fills de pares estrangers que han nascut a Andorra però que no han pogut adquirir la nacionalitat andorrana perquè el Codi de Nacionalitat vigent no els permetia fer-ho ja que eren nascuts amb posterioritat a l'1 de gener de 1975. Tenint en compte que la població universitària té una edat superior als divuit anys i, per tant, no pot incloure encara els "nats a Andorra", els 510 andorrans que consten com universitaris (aquests 70% del total) han de comparar-se amb el conjunt de població amb drets plenament reconeguts com a andorrans. Cal afegir aquí que després de la llei promulgada el 31 de gener de 1996, els "nats a Andorra" han pogut optar per adquirir la nacionalitat andorrana.

28. X. Sáez, "Informe sobre l'economia...", pàg. 29.

29. X. Sáez, "Informe sobre l'economia...", pàg. 33. El sector de l'administració comprèn els epígrafs següents: general, seguretat social, clíniques, foment, ensenyament, justícia, afers socials, serveis públics i altres serveis de l'administració.

té influència. Així, per exemple, en un matrimoni de mitjana edat, és força comú que la dona regenti una botiga o un hotel i l'home s'encarregui de les feines del camp i de la gestió del negoci. En un matrimoni jove és fàcil trobar l'home vinculat a l'empresa o a alguna professió i que la dona sigui treballadora de l'administració. Encara que sigui simplificar una mica, si distingim tres grups generacionals en una mateixa família (recordem que estem parlant de les d'origen andorrà) trobaríem la següent configuració:

Primera generació

— Activitats basades fonamentalment en la pagesia.
— Transmissió del patrimoni segons el sistema tradicional, amb el nomenament d'un sol hereu o pubilla.
— Excepte l'hereu o pubilla i els germans que es casen en alguna casa andorrana, la resta de germans marxen a l'estranger on es queden vivint per sempre.

Segona generació

— Pluriactivitat: pagesia, més alguna altra activitat vinculada al comerç, hoteleria, construcció, altres negocis.
— Diversificació en la transmissió del patrimoni. Predomina el costum d'instituir un sol hereu o pubilla.
— L'hereu es manté vinculat a la casa i combina les feines de l'agricultura amb les derivades del comerç o el turisme.
— Els cabalers, sense patrimoni o amb menys proporció que l'hereu, es vinculen a activitats assalariades, o constitueixen petites empreses que no impliquen tenir inicialment un capital gran (construcció, transport, comerç, etc.).

Tercera generació

— Pluriactivitat: pagesia, més alguna altra activitat vinculada al comerç, hoteleria, construcció, altres negocis, professions, funcionariat.
— Diversificació en la transmissió del patrimoni. Predomina el costum d'instituir un sol hereu o pubilla, però es proporcionen mitjans als altres fills per poder-se establir.
— Accés a l'educació superior i universitària.
— L'hereu es manté vinculat a la casa i és corrent associar-lo als negocis dels progenitors. Es conserva l'activitat agrícola, però les principals feines són fetes per mitgers o jornalers. Els diferents components de la família practiquen alguna activitat

vinculada al comerç, hoteleria, construcció, altres negocis, professions, funcionariat.

— Els cabalers, sense patrimoni o amb menys proporció que l'hereu, es vinculen a activitats assalariades, al funcionariat, empreses de diferents tipus, o professions liberals.

En l'estructura familiar els criteris de sexe, ordre de naixement i generació, que eren els que marcaven la diferenciació interna en la família, la divisió del treball i les formes d'autoritat, continuen tenint importància, però s'han reformulat d'acord amb les noves circumstàncies. La pràctica de vincular el fill gran als negocis dels pares, per exemple, constitueix una adaptació de l'antic sistema de transmissió a les noves formes de guanyar-se la vida. Però no sempre hi ha garantia que els negocis empresos pels pares siguin continuats pels fills, especialment si es tracta de petits negocis, ja que l'accés als estudis dóna lloc a ocupacions que poden tenir millor remuneració o cobrir més satisfactòriament les expectatives vocacionals. Penso, per exemple, en una casa d'Ordino que ha mantingut la pagesia i que tenen a més un restaurant, que porta la dona (EE-22, D-OR-3-A). Les filles han fet estudis superiors i estan ja establertes; el més probable és que cap d'elles continuï les activitats dels seus progenitors.

L'accés als estudis superiors comporta actualment un problema nou, i és la dificultat de poder trobar una ocupació viable a Andorra relacionada amb allò pel que s'està preparat. Malgrat l'enorme eixamplament de l'estructura d'oportunitats que s'ha produït en els últims anys, continua essent prou reduïda com per poder integrar a tothom. És el cas de les professions que per les seves característiques no hi tenen cabuda, així com d'aquelles que actualment es troben saturades i ja no fan possible integrar-hi més gent. Una de les entrevistes que vam fer ens proporciona un exemple del que estem dient. Els tres fills d'aquest home han obtingut un elevat nivell de formació i titulacions superiors en universitats franceses. La dificultat en el seu cas és poder exercir la seva professió a Andorra. Parlant de l'experiència dels seus fills es refereix a la situació creada en el Principat:

> Els meus fills tenen moltes ganes de tornar, però primer és el treball. Perquè, clar, una de les coses que pot passar dins d'aquest món andorrà és de que... La matèria gris, el que ha de fer Andorra és consolidar-la, perquè té de fer la seva aportació, pues malauradament es pot quedar fora d'Andorra. I jo penso que avui amb els recursos humans que tenim a Andorra no necessitem massa assessoraments

> forans. (...) Crec que avui tots els camps, per exemple, a nivell d'avogacia pues penso que està ben cobert, i si parlem en econòmiques o empresarials també. Lo que avui encara no s'ha potenciat prou és aquestes especialitzacions tan específiques com les dels meus fills, potser s'han complicat la vida, però han fet el que els ha agradat. (EE-165, H-AN-4-A)

Cal plantejar-se si realment activitats molt especialitzades tenen cabuda a Andorra, però el que sí que es planteja com a problemàtic és la dificultat d'inserció de determinats andorrans en el seu país, al mateix temps que tenen problemes per treballar a l'estranger (o al menys els tenen en el cas d'Espanya, justament per la seva condició d'estrangers). També l'estil de vida allunya alguns joves del Principat, en la recerca d'horitzons més amplis. La nova Andorra ha obert moltes possibilitats però ara es confronta amb els límits del creixement, que, lògicament, no pot ser indefinit.

CAPÍTOL VIII

Andorra creix

Camins que porten a Andorra

> "Veníem amb una il·lusió bàrbara." (EE-146, D-AN-4-C)
>
> "D'aquí al paradís hi havia un pas." (EE-141, H-SJ-3-C)
>
> "Yo me vine para 3 meses y llevo 31 un años." (EE-71, H-AN-4-E)
>
> "Yo aquí no me quedo." (EE-31, D-OR-6-P)

Quan Andorra vivia de la pagesia hi havia molts andorrans que irremissiblement havien de marxar a fora del seu país, perquè no hi havia mitjans de vida per a tothom. Els destins de les persones estaven condicionats per la casa on naixien i també pel fet de ser hereu o cabaler. Homes i dones cada any anaven a treballar a altres llocs per buscar ingressos complementaris a la migradesa de recursos que tenien les cases de pagès. Molts dels nois i noies joves que marxaven ja no tornarien a Andorra més que en comptades ocasions, per veure els seus familiars o passar-hi les vacances. Andorra era un país d'emigració. Els camins per transitar eren estrets i tortuosos i tots conduïen cap a fora.

En l'apartat 4.4. mostràvem que a inicis de segle, els andorrans marxaven principalment a Barcelona, a diferents pobles de l'Alt Urgell i, en el cas de França, cap a Béziers, Perpinyà i Tolosa de Llenguadoc. Pràcticament totes les famílies tenien parents en algun d'aquests llocs, perquè, a més, els andorrans, en la seva diàspora no es dispersaven fins a l'infinit, sinó que tendien a agrupar-se i a estar en contacte uns amb altres. En aquest sentit actuaven com fan la major part d'emigrants d'arreu del món: marxar on prèviament ja hi havia gent coneguda, ja que d'aquesta manera la indefensió d'una persona sola en un país que no és el propi queda compensada per les múltiples formes de suport i ajut que s'exerceixen entre persones vinculades per llaços socials. Les relacions de parentiu són les que de forma més eficaç es mobilitzen en aquests casos i molts andorrans seguien el model d'emigració en cadena. A través de les anelles d'aquesta cadena circulava la informació, la recerca de feina o d'habitatge, les visites i trobades regulars entre la gent, els consells, l'ajut en situacions de dificultat, etc. I totes aquestes dimensions són d'una utilitat inestimable quan algú s'ha d'enfrontar a l'important canvi que suposa en la seva vida anar-se'n a viure a un altre lloc i construir unes noves condicions per a la seva existència.

Però en el transcurs del nostre segle, Andorra viurà una mena d'edat d'or, conformada per tot el conjunt de circumstàncies que van desembocar en l'obertura de noves oportunitats i mitjans de vida durant els anys que hem qualificat com de "dècades prodigioses". Hi ha qui ha definit l'Andorra actual com una societat opulenta, encara que això lògicament no implica que tothom sigui ric. Però a diferència d'anys enrera és cert que avui a Andorra corren els diners, diuen que s'hi han fet grans fortunes i el nivell de vida és elevat. També hi ha marginació i pobresa, no cal oblidar-ho. De fet, hi ha molta diversitat en la situació concreta de les famílies i individus que viuen a Andorra, com es correspon a la complexitat d'una societat que en tan poc temps ha canviat tant. I el que volem destacar ara és com aquest context inaugura un fenomen pràcticament desconegut al llarg de tota la història del Principat, com és que deixa de ser un país d'emigració i passa a ser un país d'immigració.

És cert que en moments conflictius, Andorra ha sigut un país que ha proporcionat refugi a molta gent, tal com va passar durant la Guerra Civil Espanyola i la Segona Guerra Mundial, així com també en altres moments (alguns espanyols es van refugiar a Andorra per evitar anar a la guerra del Marroc, per exemple). Però, tot i que això és significatiu, aquesta classe de residents estrangers no són molt nombrosos i no són tampoc els que fan invertir la tendència migratòria del país. És, en canvi, la conversió d'Andorra en una plataforma comercial i financera el que modifica les seves condicions d'existència, la dinàmica de la vida social i la demografia.

En el transcurs d'uns pocs decennis Andorra passa de viure de la pagesia a especialitzar-se en el comerç, el turisme i les finances. Passa de tenir 5.000 habitants als voltants dels anys quaranta al quasi 65.000 d'avui; de ser una societat homogènia a tenir una població diversa en origen, llengua i cultura. En aquest context, no sols els andorrans ja no es veuen obligats a marxar (ja hem vist que els fills segons tendeixen a quedar-se en el país, a diferència del que passava temps enrere), sinó que també es produeix el retorn d'alguns andorrans que havien emigrat i, fins i tot, dels fills de segones i terceres generacions d'andorrans nascuts a l'estranger. I es produeix a l'ensems l'arribada de molts estrangers que s'estableixen en el Principat i s'hi queden a viure.

El nombre d'andorrans retornats no és molt elevat, però sí que és molt significatiu respecte a les noves condicions de vida i de treball que s'havien generat a Andorra. Alguns materialitzen el seu retorn durant els períodes de guerres, ja que el fet de tenir la nacionalitat andorrana els permet escapar d'aquelles circumstàncies difícils; la majoria ho faran en els anys en què es produeix el creixement econòmic d'Andorra. En tots els casos, no compta només el vessant material de poder guanyar-se millor la vida del que ho estaven fent, sinó que pesa molt també el vessant sentimental i emotiu de poder viure en el lloc on s'ha nascut. La decisió de tornar respon a motivacions molt diverses.

> [El meu pare] quan tenie dotze anys va baixar a Barcelona, més que res va ser quan va morir la mare; el pare i tots els germans van marxar. Ell sempre va mantenir el passaport. Jo vaig néixer a Barcelona, evidentment. I a partir d'un cert moment es va plantejar tornar aquí i vam venir aquí.
>
> En principi, en ser la segona generació nascuda fora tenie problemes amb el passaport. El meu pare tenie... (suposo que ara són tonteries) el risc de perdre el passaport i inclús una mica pel respecte al seu pare, que sempre l'havie mantingut. L'home, l'única solució que va veure va ser pujar aquí, comprar alguna cosa i posar una botiga perquè estigués clar que ell estave afincat aquí. (...) Va ser un canvi bastant fort, però ell, per les raons que fossin, moltes d'educació, li tirave molt el país. (EE-126, H-ES-4-A)

Aquesta família es va establir de nou a Andorra a inicis dels anys seixanta. El fet de voler establir-se a Andorra, tal com ho planteja (por de perdre el passaport), deriva de les disposicions vigents en aquell moment segons les quals calia traslladar-se a Andorra perquè els fills de pare andorrà nascuts a l'estranger poguessin conservar la nacionalitat andorrana, i aquest era el cas d'aquell home.[1] En aquest altre exemple, el d'una família que vivia a França, les coses van anar d'una altra manera:

1. Per gaudir de nacionalitat andorrana, els fills de pare andorrà nascuts a l'estranger, a la tercera generació havien de traslladar-se a Andorra (art. II, decret 1939).

> El Tinet de cal Ballestar sabia que el meu pare havie marxat una mica forçat per les circumstàncies, les familiars per un costat, però d'altra banda també hi havie la malaltia. Pensant que podien enyorar-se una mica fora i que sempre podrien estar pensant en tornar, doncs està clar que haurie de viure d'alguna cosa, haurie de treballar, aquest senyor, el Tinet de cal Ballestar, va contactar el meu pare. I sempre he sentit explicar això, que li va escriure una carta al meu pare que intentés venir, que es presentés a l'examen [com a funcionari en l'administració], que tot i suposar que es presentarien moltes persones i que només hi havia set places, doncs que ho intentés a veure si podie tornar. (EE-109, D-CA-6-A)

El pare d'aquesta dona va fer cas del consell, va aprovar l'examen en qüestió i així és com es produeix el retorn d'una altra família. Cada cas és una història diferent, però tots els casos formen part d'una mateixa història, la d'una Andorra que està experimentant un fort creixement i on és molta la gent que hi té cabuda.

El gran increment demogràfic d'Andorra prové principalment dels immigrants estrangers. Bona part d'ells són catalans, però n'hi ha molts altres que provenen de punts diversos d'Espanya o de França, i n'arriben també de la Gran Bretanya, Portugal, Holanda, l'Argentina, el Marroc, l'Índia, les Filipines... de tot el món. Com arriba a Andorra la gent que no hi havia tingut cap contacte prèviament? Què els motiva a marxar d'on vivien? Per què Andorra i no altres llocs? Les entrevistes que hem realitzat a residents estrangers mostren la diversitat de motivacions i situacions amb què s'arriba al Principat. Mostren en definitiva com els camins que porten cap a Andorra són molts i molt diversos.

Andorra havia començat a experimentar un gran benestar econòmic en un moment que a d'altres llocs, a Espanya en concret, encara es patien les dificultats de sortir d'una guerra, tant de tipus econòmic com polític.

> Jo vaig marxar al 45 per vàries raons. Primerament havia de fer el servei militar en un règim que no estava d'acord. I segon perquè es passava molt malament, havia molta misèria, moltíssima misèria, es pot dir que es passava gana. I bueno, quan em van cridar per fer el servei militar me'n vaig anar cap a França... Havia d'haver

En el decret de març de 1958 es va fer l'aclariment que es tractava de fills nascuts a l'estranger, de pare andorrà també nascut a l'estranger. Més endavant, el Codi de la Nacionalitat promulgat l'any 1977, ampliaria el dret a tenir la nacionalitat andorrana a la tercera o ulterior generació nascuts a l'estranger, fills de pare o mare andorrans i no se'ls exigeix la residència a Andorra (R. Viñas, *Nacionalitat i drets polítics...*).

> vingut a Andorra en lloc d'anar-me'n cap a França. Però bé, estava dintre de França i em vaig presentar a les autoritats. I bé, pues a França vaig treballar. (...) Jo ja coneixia Andorra, a més a més hi tinc un germà aquí a Andorra. I vaig dir: home, m'agradaria anar a Andorra. A més, a mi les muntanyes sempre m'han interessat molt. I vaig vindre amb la intenció de posar-me a treballar pel meu compte. (EE-70, H-ES-3-C)

El fet de tenir un germà a Andorra va influir en la decisió d'aquest home per traslladar-s'hi, després d'haver viscut vint anys a França. En els mateixos anys en què ell s'hi va traslladar (era la dècada dels seixanta), aquesta altra persona també decidia anar-hi. Ell no hi coneixia ningú: senzillament va respondre un anunci publicat en una revista, en un moment en què les seves expectatives personals es veien limitades per un context econòmic encara difícil a Espanya:

> Jo no volia ser mosso, volia muntar el meu negoci, però primer havia de passar per ser encarregat, sapiguer manejar el personal i tot això. I me'n vaig anar a Ribes de Fresser. Fins que un dia vaig trobar un anunci en una revista, que a Escaldes buscaven un pasteler i jo hi vaig escriure. M'atreia molt, sobretot que aquí es parlava en català. I només eren cent quilòmetres d'allí i en canvi no hi havia estat mai, i havia sentit a parlar molt d'Andorra, però encara no l'havia vista mai. Allò de dir, cony! parlen en català oficialment, i la gent sembla que... Ràdio Andorra feia molt, cridava molt. Allà sobretot s'escoltava molt ràdio Andorra (...) Això, doncs, també em cridava molt. I em va semblar que Andorra era un paradís. (EE-66, H-SJ-4-C)

En la dècada dels seixanta ja havia començat a difondre's que Andorra era un lloc on podia trobar-se feina fàcilment. "Anem-ho a provar": aquesta fou la motivació de molta gent que hi va arribar sense tenir un lligam previ amb el país i que el podia conèixer o no.

> Jo anava canviant d'empresa, (...) Però aquesta vegada un amic meu em va dir: "Per què no proves a Andorra? Dintre de tot és un país i potser hi ha més possibilitats, no cal tornar a fregar plats com fas sempre a la Costa Brava, no?" I vaig dir, doncs mira, anem-ho a provar. (EE-91, H-ES-3-C)

> Yo quería marchar para Francia, porque yo estaba trabajando allá, en el pueblo, y teníamos una finca arrendada, y... Yo decidí marchar para Francia. Y había uno allí que me dijo: "Oye, mejor será ir por Andorra, que allá se encuentra trabajo. Y me vine por Andorra para ir a Francia, y me quedé aquí." (EE-51, H-ES-3-E)

Aquest home va arribar l'any 1962. Com ell mateix indica, en aquell moment hi havia molta oferta de feina: "Había mucho trabajo y poca gente". Així doncs no va tenir cap problema per trobar treball i aviat es va situar bé en el món de la construcció i hi va continuar vinculat, sempre com a treballador assalariat. Era testimoni, al mateix temps, de les grans possibilitats que podia haver-hi per a altra gent de la seva terra, que no tenia sortides. No és estrany, doncs, que n'informés a parents i coneguts seus i que alguns decidissin, igual que ell, anar-se'n a Andorra. Al cap i a la fi, aquest home, com molts altres emigrants, estava fent servir els mateixos mecanismes que havien utilitzat els andorrans quan eren ells els qui havien de marxar a fora. Com immigrant antic es considera més legitimat que els recents i expressa els seus prejudicis contra el treballadors portuguesos arribats en els darrers anys. Fent servir un dels acudits que circula profusament per Andorra, descriu els mecanismes d'emigració en cadena que ell mateix propicia, però que caricaturitza en el cas dels altres:

> Los setenta fueron buenos para todos, pero a partir de los ochenta empezaron a venir portugueses y ya empezó a poblarse más. Porque aquí habíamos venido unos cinco o seis cuando yo me vine, y ahora habrá diez mil; pues si de Salamanca había diez o doce, pues ahora hay mil. Como dice el cuento: se muere un portugués, vienen sesenta al entierro y se quedan cincuenta a trabajar. (...) Y esto que te digo. A lo mejor estaba uno de Salamanca y venían después dos, o tres, o cuatro, o diez. Y de León yo traje también alguno, dos o tres nada más. (EE-51, H-ES-3-E)

Andorra havia començat doncs a aparèixer en l'exterior com un país on la feina abundava i els que fugien de la pobresa i de la manca d'oportunitats del seu lloc d'origen hi troben el que buscaven: treball. Però més enllà de les dimensions materials, Andorra representava també altres coses que es confrontaven amb la realitat viscuda i amb les aspiracions de cadascú. Andorra era un lloc on la utopia semblava fer-se realitat. Alguns la veien com un indret on es respirava pau i llibertat, on hi havia horitzons amplis de treball i de vida, lluny de les convencions i pressions que angoixaven. S'hi projectaven, paradigmàticament, les expectatives que els pobladors de les noves fronteres atribueixen a uns territoris que per ells són nous, on parteixen de zero i on totes les possibilitats estan obertes. Andorra funcionava en l'imaginari de molta gent com una mena de "Terra Promesa" on s'hi podien fer realitat els somnis i aspiracions. I algunes persones, fugint de les seves pròpies pors, problemes i circumstàncies negatives, hi van anar amb la il·lusió i l'esperança de trobar-hi el que desitjaven. I així es produïren molts èxodes individuals cap a aquesta terra de frontera. Un dels immigrats que va arribar a finals dels anys cinquanta, quan tot just començava a iniciar-se el creixement comercial, destaca com Andorra era apreciada per gent que, com ell, hi buscava una manera alternativa de viure:

> D'això al paradís hi havia un pas. La temença contínua era que s'acabessin els diners, però lo demés era una meravella. Jo no vaig ser l'únic que ho vaig descobrir. Per aquesta època hi havia sobretot americans, irlandesos, anglesos, d'una mena que han desaparescut. Que era una gent que havia decidit també trencar amb la seva manera de viure, i que amb la descoberta d'Andorra pues s'ho passaven de conya. I eren una gent fabulosa, perquè tots eren d'un nivell cultural excel·lent. (EE-141, H-SJ-3-C)

En els anys cinquanta Andorra havia estat "descoberta" per pintors, escultors, literats, viatgers. L'Andorra dels anys setanta és buscada, en canvi, per gent molt diversa, amb una altra classe d'aspiracions.

> Vam pujar aquí dalt tots dos, perquè la nena era molt petita, i vam pujar amb moltes ganes. Per nosaltres Andorra era la llibertat, que era mentida, perquè era una llibertat fictícia, ja que l'única llibertat que veníem a buscar potser era l'econòmica i la familiar. O sigui, sortíem d'un àmbit que no el podíem canviar perquè no teníem resol l'aspecte econòmic i sortíem en part per això. I veníem amb una il·lusió bàrbara. (EE-146, D-AN-4-C)

> Em vaig dedicar a fer de mensajero durant un any i la ciutat [Barcelona] se'm va enfonsar a sobre: cotxes, respirar tot el dia la porqueria dels tubos d'escape,... Vaig dir: "Fora! Aquí no aguanto més!" Tenia un conegut de casa meva que m'havia parlat d'Andorra i tal, i em vaig escapar. Vaig agafar la meva moto, que feia de mensajero, la meva vespa, i em vaig escapar un dia cap aquí a Andorra. Sol. I no havia vingut mai aquí; no sabia on era. Havia sentit: Andorra, Andorra, però no tenia idea de lo que era aquest país. I vaig entrar aquí en aquelles èpoques que era sensacional aquest país, sensacional. Va ser l'època que jo crec que aquí es van fer els cèntims. (EE-104, H-ES-4-C)

Podem comprovar que uns arriben a Andorra perquè hi tenien parents i coneguts; altres en canvi no coneixien ningú i decideixen anar-hi animats per la informació que els arribava. N'hi ha, també, que arriben per mitjà d'agències de col·locació especialitzades, i aquest és el cas sobretot del personal d'hoteleria, ja que a Andorra no hi havia professionals preparats i en molts casos cal recórrer a contactes o agències per aconseguir-lo.

> A Andorra yo me vine porque en Salamanca no hay mucho trabajo. Y hay una persona en Salamanca que se dedica a buscar trabajo a chicas y chicos en los hoteles de aquí de Andorra y de la costa. Entonces bueno, esta señora me dijo que había trabajo aquí. Y me vine en el 83. (EE-113, D-EN-5-E)

Finalment, hi ha persones que són enviades per l'empresa en què treballaven quan aquesta decideix obrir-hi alguna filial.

> Era un negocio nuevo que se abría aquí en Andorra, en el cual tenía participación la empresa para la que yo trabajaba. Y vine a trabajar aquí para enfocar el negocio durante seis meses, y ya llevo pues quince años. (...) La empresa me pidió como favor personal si podía venir aquí. No vine de muy buena gana, la verdad; en absoluto, porque yo tenía la vida hecha en Barcelona, yo tenía mis amigos hechos en Barcelona, tenía pues mi habitat en Barcelona, etc. etc. etc. Y por lo tanto venir... (...) Estuve trabajando en varios sitios y es curioso, porque con la empresa que yo vine a trabajar de Barcelona duré exactamente seis meses. Me salí porque me ofrecieron una cosa más retributiva y puse por mi cuenta. (EE-79, H-MA-4-E)

> Nos casamos en el años 72 o 73 y fuimos a vivir a Castelldefels. Y él había trabajado nueve años para un arquitecto, que le dijo: "Qué, ¿te interesa ir a Andorra?" Y yo dije: "¿Dónde está Andorra?", porque en el colegio no me habían enseñado donde estaba Andorra. "Pues está allá". "Bueno, vamos a verla primero". Y yo vi estas montañas tan altas y pensé: "Ay madre! Nada de contratos de diez años". (...) Y así llegué aquí. Y hace... pues veintiún años hará en octubre. (EE-148, D-AN-4-O)

Ja per acabar aquest apartat, vull incloure la perspectiva d'una immigrant recent, portuguesa, que sembla respondre als estereotips que la gent atribueix a aquest col·lectiu, com és la seva escassa integració al país, que utilitzen només instrumentalment per fer-hi diners durant alguns anys i tornar després cap a la seva terra. Aquesta noia s'ho planteja d'aquesta manera. Havia estat treballant un temps a Andorra en el ram de l'hoteleria i quan torna al seu país i es casa convenç el seu marit per anar-se'n tots dos al Principat.

> La intención no es quedarnos aquí y a mi marido le gusta un montón Portugal y tiene ya a su familia allí, que se han marchado de Francia porque lógicamente no quieren ser inmigrantes toda la vida. (...) Yo me podría ir ya ahora mismo, pero bueno somos jóvenes, digo

> yo, vamos a... Como el coche que queríamos comprar en Portugal vale casi el doble que aquí, o sea que aquí nos queda más barato y si tenemos esta oportunidad pues ganaremos aquí para el coche, y cuando lo tengamos pagado a lo mejor nos quedaremos más, un año, dos, yo qué sé. (EE-31, D-OR-6-P)

La intenció de molts immigrants en arribar a Andorra era estar-s'hi uns mesos, o uns pocs anys, com és el desig d'aquesta noia portuguesa, i alguns així ho han fet. Però també són moltes les persones que s'han quedat al país molt més temps del que es pensaven, tant, que es difícil ja per ells plantejar-se poder marxar a un altre lloc. Han començat a arrelar-se a Andorra, hi han tingut fills i la seva història és ja part també de la història recent del Principat. És cert que aquest arrelament no suposa compartir les experiències dels que ja fa moltes generacions que hi són, i que uns s'hi identifiquen molt més que altres. Però si Andorra és avui el que és també es deu en bona part al treball d'aquests "altres andorrans".

Retornats, forasters, estrangers

En aquest apartat presentarem diversos exemples de les trajectòries laborals i personals de gent que s'estableix a Andorra en aquesta etapa. Es tracta de resums de la seva biografia a partir del que cadascú ha explicat. Recordarem una vegada més que als efectes d'aquesta monografia no interessen els components individuals de cada cas, sinó que es tracta d'il·lustrar la diversitat de situacions que existeixen avui a Andorra i, per tant, les dimensions socials que representen. Per això en tots els casos hem canviat el nom i els elements més identificadors del perfil biogràfic per d'altres equivalents. L'ordre en què apareixen els relats respon a l'any en què cada persona va arribar a Andorra per viure-hi.

1948. Teresa (catalana, mestressa de casa)

> És una dona gran (70 anys) que es defineix com a mestressa de casa, que diu haver portat una vida "burgesa" i que "no ha fet res". Qui sí que havia treballat moltíssim era el seu home, que havia vingut de fora d'Andorra, d'un poblet de l'Alt Urgell. Ella va néixer a Sabadell (EE-132, D-AN-3-A)

En un viatge a Andorra, la Teresa conegué al qui seria el seu marit. Aquell jove s'havia introduït en el món del contraban per poder-se guanyar la vida i, tal com ella diu: "Va començar a fer uns dinerets, va ser així". El motiu d'anar a Andorra era per veure al seu tiet, que s'hi havia refugiat després de la guerra. Era l'any 1947 i "semblava que Andorra era un país... un país molt llunyà". Ella pensava que aquella era una bona ocasió per conèixer el Principat i que difícilment hi tornaria. Però un any més tard es casava amb el noi que va conèixer a Andorra i la parella ja s'hi quedaria a viure per sempre.

> I llavons ja vaig venir aquí, o sigui jo vaig venir aquí al 47, al primer, i després vaig tornar aquí a Andorra al 48. I com que allavons el meu marit feia el contraban, doncs... Jo estava a un hotel d'Escaldes: hi vaig estar un any allà i després vaig estar tres mesos de fixa per poguer tenir la residència. I de tant en tant feia alguna escapadeta, perquè això ofegava. Abans això era,... no hi havia res.

La TERESA havia estudiat piano i havia exercit com a mestra, però ho va deixar. "És que aquí a Andorra allavons això de la música, del piano, pues, escolta, com si fos jo una senyoreta que volia aspirar massa." Va començar a fer amistats i es va anar adaptant, tot i que "la gent de muntanya sempre són tancats". Malgrat que alguns aspectes de la vida a Andorra li desagradaven, altres la sorprenien positivament i així ho destaca.

> Jo sempre anava a buscar la llet a cal PANXUT, i ell no volia cobrar cada dia, deia: "Ja ens pagarà cada setmana o cada mes, ja ens pagarà". I allavons havia d'anar apuntant els litros. "Però -li dic- anirà malament perquè com baixo moltes vegades, si no vinc a buscar la llet et faré un lio". "Sí, home -diu- mira" (allavons quan havíem de passar per la duana ens marcaven el carnet de resident i, és clar, sabies quan entraves i quan sorties). Pues jo havia de mirar quan sortia, i quan acabava el mes: "Bueno, us dec tants litros". "Ah, molt bé". I no em feien ni rebut ni res. Estava sempre la paraula. Això és veritat. Això és curiós.

Ens freqüentàvem més perquè la vida era més familiar". La TERESA portava una vida gairebé ociosa, molt diferent de les dones de les cases de pagès de l'època o de les botigues que s'havien començat a instal·lar. La neu, que per a uns era un problema, per a altres com ella començava a ser una activitat lúdica. Va aprendre a esquiar als prats de les Escaldes quan tot just l'esquí es començava a promocionar. També va aprendre a conduir en un moment en què pràcticament no hi havia dones que ho feien.

> Després també jo vaig conduir, vaig aprendre a conduir al 54. I llavors, escolti, se me'n reien, i com que jo era més decidida, deia: "Jo tinc d'aprendre a conduir, a fer pràctiques al mig del poble, no m'importa què faci el trànsit, si se'm para, que es pari. Jo, pel

> mig. I un que feia de guardia, no sé qui era, em diu: "Les dones heu d'anar a fregar plats", o una cosa d'aquestes... [riu].

Ella recorda aquells primers anys com una època de canvis. La gent de muntanya veia com s'introdueïen noves formes de guanyar-se la vida, noves formes de diversió i nous comportaments. La Teresa recorda com la miraven quan anava a prendre el tè amb una amiga de Barcelona que també vivia a Andorra als cafès i bars que llavors només freqüentaven homes. També feia l'efecte que la criticaven per la seva manera d'anar vestida, que era més moderna i atrevida o, en tot cas, una mica diferent de l'estil de les dones andorranes.

> A nosaltres ens agradava fer el te a la tarda, i no hi havia manera; aquí no hi havia un lloc que poguéssim fer el te. I allavons vam anar a un hotel, que em sembla que es deia l'Enclar, i els hi vam demanar si a la tarda voldrien que anéssim, que si ens farien un te. I ens van dir: "Sí, sí". (...) Cada tarda nosaltres anàvem a fer el te, i érem soles. I veies que la gent passaven per allà i ens miraven, i només hi havia quatre homes que estaven a la barra i nosaltres dugues assentades allà. I no entrava ningú, no entrava ningú, i ens miraven. I de mica en mica va entrar algú, però va costar. O sigui, nosaltres vam ser les promotores d'anar a fer el te a la tarda, jo crec que sí, perquè no hi havia ningú més...

Amb el marit i altres amics anaven sovint a ballar a La Rotonda i ella diu que es divertia quan els turistes omplien els llocs d'esbarjo. Ella era una dona de ciutat que li tocava viure en una població de muntanya i buscava tot el que s'assemblés a l'estil de vida que a ella li agradava. Per això recorda positivament les innovacions que s'anaven introduint amb les noves formes de comerç i l'afluència de turistes. Mentrestant el seu marit seguia amb el contraban (essències, puntes, penicil·lina...). Primer havia fet de paquetaire, després ja va fer d'intermediari. Però amb els anys, l'edat i el fet que el contraban comencés a moure molts diners i a implicar més gent, sorgí una forta competència i els primers indicis de conflictivitat forta, i llavors va decidir retirar-se. Els beneficis obtinguts els van invertir en la construcció d'un parell d'edificis d'apartaments i van poder viure així dels diners que obtenien pel seu lloguer.

> Ell ho va fer [el contraban]; els paquets no, allavons ell havia buscat gent que li portessin. Ell tenia una relació amb Barcelona i amb França, i portaven els paquets els altres; ell feia d'intermediari. Però clar, va haver un moment que es feien moltes denúncies, es denunciava. I primer això era més fàcil perquè et podies recuperar

> molt més ràpid, es guanyaven bastants diners. Però després va ser més difícil, es va complicar. Allavons ell ho va deixar, i quan ho va deixar ja no va fer res. Ja dic, aquesta casa és nostra, n'hi ha dugues, una enganxada a l'altre que diem, i sempre hem anat vivim del que ens ha donat la casa.

Fent balanç de la seva vida a Andorra, la TERESA n'està satisfeta.

> Nosaltres aquí a Andorra, la veritat, tant el meu marit com jo, ens vam sentir molt bé i continuo sentint-me molt bé. Per a mi és a casa meva, porto més anys aquí que no pas al meu poble. I aquí no vam tenir mai cap dificultat. Sempre, no és per dir-ho, hem sigut sempre bons ciutadans, hem complert sempre amb les lleis que manen aquí, que de fet són com a tot arreu, i no ens han posat cap problema. Has fet sempre lo que has volgut. Què més vols?"

1950. ANTONI (andorrà retornat, botiguer)

Va arribar a Andorra als anys cinquanta. El seu avi era andorrà i ell conservava la documentació. (EE-42, H-AN-2-A)

"Jo sóc andorrà, però vaig néixer andorrà fora d'aquí". El seu avi, un cabaler d'una casa d'Andorra la Vella, va haver d'emigrar, com molts d'altres en aquells anys. Ell va néixer en un poblet a prop de Manresa al 1908. La situació familiar no era massa bona i ell, el més gran de quatre fills, va començar a treballar en una fàbrica als set anys. Després va aprendre l'ofici de forner i també sabia fer de cadiraire, ja que el seu pare i el seu avi ho havien sigut. Als onze anys ja va sortir de casa seva, va treballar en diversos tallers com a cadiraire i va viure en diferents pobles. En un taller de Manresa va aprendre les tècniques de marroquineria i l'ofici de sabater. Més endavant va treballar pel seu compte i va muntar un petit taller a casa seva mateix. En aquells anys de joventut es va interessar per la música i el ball; també es feu soci d'un centre excursionista i cantava a un orfeó.

L'any 1936 esclatà la guerra civil i aquestes activitats s'interrompirien. La guerra va modificar les demandes i les necessi-tats. Va comprar màquines, va llogar treballadores i es posà a fabricar elements útils per a la guerra i els soldats (sacs, motxilles). Però un bombardeig va destruir el taller i això va suposar un bon ensurt.

> De totes maneres com que jo tenia el passaport a la butxaca per a tota la família, aleshores no tenia pas por. Els vaig dir: "Sabeu què? Marxem, perquè aquí fins ara no ens ha passat res però..."

Andorra creix

L'Antoni va agafar la seva mare, el seu germà i la seva germana i se'n van anar cap a França. Van arribar fins a París amb un certificat del Consolat francès que avalava la seva condició d'andorrans. Ell i la seva germana van poder treballar en un taller de marroquineria d'un barri de París i quan va acabar la guerra van tornar a Manresa. El taller estava desolat. El va tornar a muntar i va fer una botiga. "Però allò ja no era la Catalunya que era abans", i va decidir anar-se'n a Andorra. Eren principis dels cinquanta.

> I jo em vaig establir aquí, que vaig posar una mica de botigueta de sabateria, de reparacions de calçat. Com que allà jo havia après també de sabater... (perquè la part de cosir a màquina, el sabater que tenien no en sabia, i això ho feia jo), llavors també feia de sabater, i llavors vaig aprendre de tapissar cotxes... Aquí vaig fer això... anava fent viatges de tant en tant, i cada viatge portava una maleta o dos de les que tenia a la botiga allà i les posava aquí per vendre també.

Va llogar la planta baixa d'una casa i quan va tenir diners va comprar un terreny s'hi va anar construint ell mateix una botiga a poc a poc i, damunt, hi faria una casa de pisos.

> I allà vaig llogar una entrada fins que un bon dia vaig recollir tots els cèntims que tenia, que havia pogut recollir fins llavors, i vaig comprar aquest solar. Aquest solar que ara valdria una fortuna, això és el millor d'Andorra, això és el millor del país comercialment.(...) Clar m'havia gastat els quartos amb el terreny, no en tenia per la casa aleshores. Em vaig posar a treballar-hi jo. Amb una pala i un pic i com que sortien rocs grossos, allà que jo no hi podia fer res, llavors vaig començar a llogar un que venia a trencar-los; que era... No me'n recordo com se deia... Doncs aquest era un operari i venia i trencava pedres així. Així com ara els destrossen amb tanta facilitat, aleshores es tenien que trencar a cops de malls amb punxons molt llargs i feia un forat molt llarg, hi ficaven cartutxos de dinamita, ho tapaven amb branques d'arbre que anaven a buscar al bosc; ara hi posen pneumàtics, i els feien explotar. I d'aquesta manera vaig fer els sòtanos d'aquí.

Va ser llavors quan es va casar. Havia conegut a la seva dona al centre excursionista quan vivia a Manresa. Ella tenia familiars refugiats a França i ja havia estat a Andorra en diverses ocasions.

Als anys seixanta la botiga es va anar adaptant a la demanda del moment: hi va incorporar el duralex, la roba de niló, rellotges... tot el que s'esqueia. Era una mena de basar orientat als compradors turistes espanyols on s'hi podia comprar una àmplia varietat de productes. Amb el temps va llogar la botiga. Actualment l'Antoni està retirat i viu amb la seva esposa. En el mateix edifici, aquella casa que va construir amb tant d'esforç hi viuen també els seus fills i ell està molt orgullós de poder estar junts.

> I aleshores, el segon, com que n'hi ha molt per llogar de coses així, no el llogo, a més a més tampoc he fet cap propaganda per llogar-lo. No m'interessava molt. O sigui que el segon el tinc lliure. Al tercer hi tinc el noi, i al quart hi tinc la filla, i aquí nosaltres. I al sisè també hi tinc uns llits i uns llocs per quan ens vénen els invitats, o amics, o d'això."

La seva vida a Andorra no es defineix només pel treball, sinó que ANTONI es va dedicar en cos i ànima a la creació d'una associació de caire cultural i és una persona que ha tingut un paper molt rellevant en la dinamització del teixit associatiu d'Andorra. Ell és un andorrà que va viure molts anys a Catalunya i que fa l'enllaç entre les tradicions que ell ha viscut com a pròpies i que considera que tenen una gran continuïtat respecte a les existents a la terra dels seus antecessors i on ell ha retornat.

1966. JUAN (castellà, cuiner)

Juan va sortir del seu poble molt jovenet i se'n va anar a la costa catalana. Sempre ha treballat a la restauració. Va arribar a Andorra casualment, va marxar-ne i finalment hi va tornar per a quedar-s'hi (EE-101, H-SJ-5-E)

Nascut al 1949 en un poble de Castella, el JUAN va deixar els estudis als catorze anys i es va posar a treballar. Com molts altres, va encaminar els seus passos cap a Catalunya. Vilafranca del Penedès, Comarruga o Platja d'Aro són els llocs on ha treballat i ha viscut. Sempre ha treballat com a cuiner a hotels. Als disset anys, algú li va parlar d'Andorra.

> Vinc a Andorra perquè un senyor que ens coneixíem va dir: "Pues vine a Andorra, allí entre muntanyes", "Per què no vas cap allà?", vaig pensar. "A veure, no?". I bueno vaig vindre a Andorra i em vaig ficar a treballar al restaurant... Vaig estar treballant un temps. (...) I me'n recordo que vaig entrar guanyant sis mil peles cada mes, i aleshores vaig veure el director al cap de quinze dies d'estar allí, dic: "Hòstia pues, vull cobrar aquest mig mes". Vaig anar a cobrar, i dues mil peles. I li vaig dir: "Vostè m'ha de pagar tres mil peles, perquè quinze dies és mig mes", "No, són dos mil peles". El vaig insultar, li vaig dir de tot. I aleshores vaig marxar cap a la Costa Brava una altra vegada.

Va marxar molt disgustat d'Andorra per aquella mala experiència. Anava d'un hotel a altre, fins que es va cansar de la vida que portava i va decidir tornar a provar sort a Andorra. "Allavons allà vaig decidir acabar aquest ofici de l'hosteleria, sempre amunt i avall, amunt i avall". Però malgrat aquestes intencions va continuar vinculat al ram de l'hoteleria com a cuiner. A l'any 1982 es va casar amb una noia del seu poble i comenta que per ella va resultar dur traslladar-se a viure a Andorra.

> Perquè la meva dona sempre havie treballat en administració... treballava a l'ajuntament... ere una administrativa. I és clar, al vindre aquí al país es va trobar amb un plan, que hosti,... La gent parlave un altre idioma aquí, m'entens. I allavons clar, trobar feina a l'administració... clar, ja no podie treballar a l'administració perquè el fet de l'idioma te condicione molt. Va començar a vendre gelats aquí baix i després... ja va trobar feina, a vendre joguines, i després va passar uns anys que va començar a aprendre l'idioma i allavons va anar cap a l'administració, en una empresa.

Considera que el fet de no parlar català ha condicionat molt la seva dona.

> Moltes vegades jo li dic: "Parla català". Però per lo que sigui, per falta d'integració, per tindre una cèdula d'identificació fiscal a nivell genético, no sé, no el vol parlar. "Has de parlar català per poderte integrar". Però... sempre està: "Sí, sí", però no.

Mentre va estar sol, a Juan no li va importar canviar de feina, viure on fos i anar d'un lloc a un altre. Però en casar-se i tenir dos fills, les coses canvien.

> Sí, bueno, jo abans de casar-me tenia una caseta, un apartament petit, allí al costat de Santa Coloma. I quan em vaig casar, evidentment vaig formar una família, algo important, serio. Allavons, és clar, vaig llogar un pis aquí a Sant Julià, perquè, és clar, comprarte un pis a Sant Julià en aquells temps almenys era impossible, i ara em penso que encara més.

Com passa a moltes altres famílies que viuen a Andorra, l'organització de la vida quotidiana es resenteix dels inconvenients derivats de l'amplitud i característiques dels horaris laborals del comerç i l'hoteleria, que dificulten trobar moments perquè tota la família pugui estar junta.

> És bestial, perquè és molt difícil, perquè jo per exemple puc fer festa un dimecres a la tarda i dijous, i la dona fa festa dissabte i diumenge. Allavons, és clar, jo faig les vacances al gener, i la dona

> les fa al més d'agost, i allavors és clar, no tenim temps ni... Agafes aquesta excusa de què ja saps de que va el món de l'hosteleria, que és un món que va al contrari del món normal, de la gent normal. (...) A casa meva és molt difícil trobar-nos, no? Quan tinc festa, a buscar els nanos a col·legi, a porta'ls cap a casa, estan amb mi. Ells s'han criat en guarderies, des de que tenien dos mesos i mig fins ara han anat a guarderies. Jo tinc que entrar a treballar a les cinc i mitja o les sis, la meva dona surt a les set i mitja, i han d'anar a la guarderia. És un país de serveis, però no està preparat per los obrers, o sea, per la gent que treballa als serveis.

El treball en el sector de l'hoteleria implica fer un tipus de feina que se surt dels horaris habituals i condiciona molt la vida diària. Marca un ritme molt diferent al que té l'altra gent, que acaba impregnant l'àmbit personal i familiar.

> Molt difícil. Molt difícil perquè mira, jo per exemple pel matí començo a treballar a les vuit i mitja surto de casa, a tres quarts estic allà, a les nou allà començo a netejar cuina, a les tres o tres i mitja plegues d'allà, tornes altre vegada a les cinc i mitja, i a les deu, deu i mitja surts, a vegades tens una taula més tard, a les onze. A les onze de la nit, quan arribes a casa la dona està dormint, los nanos dormint, i quina vida és aquesta? I allavons si no tens una altre cosa, pues mira, agafes aquesta vida.

JUAN té una forma particular d'entendre la situació de l'immigrant i té elaborada la seva pròpia teoria sobre perquè pràcticament no hi ha relacions entre andorrans i estrangers.

> No és que te marginin, perquè totes les cultures s'automarginen, no?, tu eres de fora i eres de fora i s'ha acabat, i és molt difícil la integració, aquí i a tot arreu, considero jo, agafar-se o relacionar-se amb la gent. Jo sóc un tio que no tinc problemes, m'agraden molt els llibres i la cultura, i he llegit, m'agrada la música de tota la vida també; ara, relacionar-te, això és molt difícil, que t'integris en aquest món que són quatre que lo controlen.

Es queixa de la manca d'associacionisme, de les relacions laborals existens i de la manca d'interlocutors vàlids per als treballadors.

> Aquí arriba un moment que potser el que hauríem de fer, ja no és parlar tant als bars, com es parla a nivell de bar, i començar a rossegar realment els nostres problemes en lloc d'anar cadascun a la seva. (...) Els sindicats han de servir per desarrollar una societat i fer una feina de control. (...) Això és potser perquè, primer, no hi ha una cultura, segon, perquè no hi ha una tradició de cultura associativa i, tercera, perquè molta gent puja aquí i tenen un ofici i són una gent competent i allavons, clar,... "Si et fiques en una associació te foto al carrer". I això crema.

El JUAN és soci de l'ARA, l'Associació de Residents d'Andorra, que va néixer com a fòrum de comunicació per als estrangers residents. També pertany al SAT, el Sindicat Andorrà de Treballadors. "Parlar és important, no? Penso que és una finestra al futur, que és important per defensar els drets. Jo no sóc ningú, però tinc aquests drets." Menys compromesa és la seva participació en l'associació de Castella i Lleó. "Home, és algo folklòric, algo de la terra, que està bé". El JUAN lamenta la conflictivitat existent en diversos sectors laborals, que s'estén a les relacions entre els mateixos treballadors, i que sovint té com a marcador el seu lloc d'origen (actualment aquesta conflictivitat s'expresa respecte als portuguesos, per exemple). Es queixa de la manca de professionalitat de molts treballadors de l'hoteleria, i n'atribueix la responsabilitat a determinades polítiques empresarials (o a la carència d'aquestes).

> El que està passant és una cosa: que ha vingut aquí gent que no tenen ni ofici ni benefici i la gent que està al món de l'hosteleria, eh? hi ha hagut alguns, diguéssim, que han vingut per fer peles, però és clar al gran capital lo que li convé és fer vindre aquesta gent que paguen lo mínim possible, per tenir uns guanys lo màxim possible, és que d'això es tracte, no? La societat està feta per guanyar peles. (...) Aquí és el capitalisme salvatge. (...) Les regles del joc no estan clares, no estan clares a nivell laboral. A nivell laboral un senyor si val, val i si no val, a prendre pel sac. Lo que no se pot tindre és un cambrer -i aquí està acceptat- que ni ha agafat mai un plat a la seva vida, ni sap de què va el rollo. Val més que en sàpigui una mica i sàpigui de què va la història, no? Ara jo a los portuguesos els tinc el mateix respecte que li tinc a un xino, a un francès i al que sigui, el racisme jo considero que és un tema que no és per mi, això no. Són gent que si han vingut aquí és perquè necessiten guanyar-se la vida com tots els que necessitem guanyar-nos la vida... Crea conflicte perquè hi ha molta gent que porta aquí trenta anys, i ara no tenen feina per culpa d'aquesta gent, allavors clar, això crea conflicte... Ara ja comença a haver conflictes amb els "porronxos", saps?

Tenir la nacionalitat andorrana o no, no li preocupa. Sí que li molesta no tenir dret a opinar respecte a l'administració local i que els seus fills, nascuts a Andorra, no tinguin el dret de ser andorrans en néixer. També pensa que als estrangers residents se'ls hauria de permetre votar en les eleccions parroquials:

> Com el que s'està fent a Europa, que a les administracions municipals tens dret a votar, per això pagues impostos, escolta. Poder votar aquest alcalde que considero més coherent amb lo que fa que l'altre, no? Per lo menos en unes municipals...

Aquests desitjos i reivindicacions són fruit del seu plantejament de vida. Avui ell viu a Andorra i ho vol seguir fent. "Inclús aquestes muntanyes me les he fet una mica meves jo".

1967. Marvin (britànic, grafista)

Un jove anglès pren la decisió de deixar Manchester i buscar nous horitzons. Arriba a Barcelona als anys seixanta. El camí de Barcelona a Andorra forma part de la mateixa història. (EE-147, H-EN-4-B)

El Marvin va néixer poc després de la Segona Guerra Mundial als afores de Manchester. Als 22 anys es planteja fer un canvi de vida, abandona el seu treball d'aparellador i marxa cap a Barcelona, on es posa a donar classes d'anglès i fa algunes traduccions. A Barcelona coneix a qui serà la seva esposa i quan l'acadèmia on treballava tanca les seves portes, decideixen anar a Andorra. Ell hi havia estat poc abans, per fer algunes compres, i es va enamorar del país. Volien descansar, portar una vida tranquil·la i Andorra li semblava el lloc ideal. S'hi instal·len l'any 1967 i els primers anys no van treballar, sinó que van viure de les rendes pròpies.

> És una mica perquè a nosaltres ens va agradar i era una cosa entre Espanya i Anglaterra. Jo tenia pensat de tornar a Anglaterra.

Viure a Andorra els va resultar fàcil. Eren anys de creixement i obertura, que afavoria també als forasters que hi arribaven. Recorda agradablement l'amabilitat de la gent i els aires de llibertat que es respirava al país, en contrast amb el que havia estat la seva experiència a Espanya.

> La gent per mi era... em tractaven carinyosament, hi trobava una família. I amb aquesta gent que vaig conèixer llavorens, encara som amics, i els tinc com una família encara. I a part d'això: al costat, a Espanya, hi havia la dictadura, i en canvi aquí la gent no empipava, no entrava en valoració.

Cinc anys després d'arribar, el Marvin s'expressa bé en català i també coneix el castellà, encara que el practica menys. Malgrat tenir resoltes les necessitats materials, tots dos es posen a treballar i ell comença a impartir classes d'anglès. Amb el temps s'introdueix en el món de les arts gràfiques. Per a ell, Andorra és una base per treballar i un lloc on viure, perquè la seva feina actual el manté en contacte amb diversos països. "La meva feina és més aviat fora que aquí". El MARVIN evoca l'Andorra "bucòlica" que va conèixer quan arribà al 67. Les seves aspiracions de joventut troben la seva projecció en el petit país, llavors ple de dinamisme i en plena transformació i, al mateix temps, replet d'humanitat, de naturalesa, de tradicions. Considera que l'Andorra actual és molt diferent de la d'aquells anys, que enyora. Ara s'ha produït un gran canvi, "la gent ha canviat molt, tothom va amb presses ara. S'ha tornat un lloc de dormir".

Els seus dos fills han nascut a Andorra. Ells tenen la nacionalitat andorrana i estan integrats plenament en la vida del país. El MARVIN també hi està integrat, fins el punt que no té massa contacte amb els anglesos que viuen a la parròquia de la Massana. Se sent satisfet de la seva vida a Andorra i li agradaria obtenir la nacionalitat andorrana, per una única raó de caire sentimental. "Jo ho trobo bastant natural, la meitat de mi vida he estat aquí".

1975. LOUIS (francès, farmacèutic)

A través d'una universitat francesa el LOUIS té l'oportunitat de fer-se amb un traspàs d'una farmàcia a Andorra, amb unes condicions assumibles. I s'hi trasllada. (EE-133, H-SJ-4-F)

Va néixer a l'Ariège l'any 1944. Acabava els estudis de farmàcia a Montpellier quan li van oferir l'oportunitat de muntar una oficina de farmàcia a Andorra. L'any 1975 es trasllada amb la seva família, la seva dona i dos nens petits. Es troba amb la sorpresa que no podia exercir una professió liberal com la seva de forma equivalent a com estava regulat a França

> Quan vaig venir a viure aquí, el qui em va donar la farmàcia va ser un francès, que s'havia instal·lat ja feia cinc anys. Però no me va explicar tot el tema de la situació de les professions liberals a nivell d'Andorra. I quan em vaig trobar aquí enganxat amb la farmàcia, em vaig donar compte de tots els problemes que hi havia, de l'autorització a nivell de la Casa de la Vall, de la reglamentació de les professions liberals. L'única solució que hi havia en aquell moment ere el prestanom. Allavors ell me servie de prestanom i jo vaig treballar sota el seu nom durant, a veure, vaig arribar el 75 aquí, i vaig estar cinc anys quasi amb el seu prestanom. Al cap de tres o quatre anys, al 78 o 79, es va editar la reglamentació sobre les professions liberals, i sobretot sobre la gent que venia de fora, dient que tota aquesta gent podia exercir a condició de demanar l'autorització a la Casa de la Vall. I la Casa de la Vall atorgave una autorització per deu anys que era la primera autorització i després

> es renovave indefinidament, diguéssim. Doncs com havie començat amb el prestanom, en el moment que va sortir aquesta reglamentació al 80 vaig demanar la reglamentació oficial a la Casa de la Vall, que me l'ha atorgat i que me l'ha donat per deu anys. Fins a l'any 90 he treballat més o menys sota aquest sistema de feina i vaig renovar l'autorització al 91 o 92, no me'n recordo exactament, i me l'han donat definitivament fins que em mori o fins que m'escapi d'aquí d'Andorra.

"L'adaptació va ser ràpida". Es van quedar el pis del seu antecessor de manera transitòria, ja que no s'adequava a la seva situació familiar. Els nens van començar els estudis al col·legi francès i ells van aprendre català. I la seva dona que era professora a França, va esperar dos anys que sortís una plaça al Lycée d'Andorra.

De jove, el Louis havia fet campaments de muntanya a Andorra i havia après a esquiar al Pas de la Casa. I com li passa a altra gent del seu país, es pensava que Andorra era una mena de colònia francesa.

> No sabia res en absolut, res. Vaig pujar aquí amb la idea que hi havie a França en aquell moment i és que Andorra era una propietat de França.

El treball de farmacèutic li ha permès prendre contacte directe amb la gent i l'ha plantejat com una activitat que va més enllà de vendre medicines i altres remeis. A ell li han interessat sempre els vessants de caire més social i tots els problemes que poden incidir en el malestar de la gent i que no són exclusivament d'ordre físic o patològic.

> La persona s'implicave molt més que a França, (...) aquí tenie les injeccions que es feien en aquell moment, miraves la pressió de la sang a la gent, bueno, feies les cures, feie moltes coses, parasocials si vols, que ere bastant interessant. I a mi m'apassionave això. Ere interessant. A partir de, bueno, ja fa dos o tres anys que han suprimit les injeccions, per exemple, i la relació és diferent. Trobaves una relació més d'ajuda social més que res, perquè veies gent que estava aïllada, que no tenen família, que estan sols a casa i que, bueno, no és francament un problema directament en relació amb la farmàcia, però per l'asunto dels clients, saps si aquesta gent té un problema i, si no, parlant una mica amb ells ja saps que poden tenir certs problemes i intentar ajudar-los, amb l'assistent social o el que sigui. Però la feina ha canviat d'estil si vols.

Fins als anys vuitanta no es va regular el sector farmacèutic. Quan es va crear el Col·legi de Farmacèutics i Biòlegs les competències van quedar més definides.

> Gent de fora, molt pocs, perquè repassant totes les farmàcies... tres o quatre... Hi ha gent que no tenen titulació però són pocs, són dos només últimament. I bueno vam decidir a nivell de col·legi que com ja feien tants anys que donaven el servei a la població que al final no ens vèiem animats tampoc d'obligar a la gent aquesta de posar un farmacèutic. I inclús vam decidir, i ho han fet, de posar un assistent, un ajudant, diguéssim, que sigui farmacèutic. Ara quasi tot està regularitzat...

Després de viure vint-i-un anys a Andorra se sent integrat en el país. El Louis té preocupacions socials, està vinculat a Càritas i participa de les activitats religioses de la parròquia.

> A Càritas només vaig a estones aquí, a nivell d'anar a recollir la roba, de fer la feina clàssica, si vols, i inclús si hi ha un tema social que s'hagi de participar, aviso a l'assistent social.

1976. Ingrid (belga, estudiant)

Era molt petita quan la seva família abandona la seva ciutat natal a Bèlgica i es traslladen a Andorra. La raó va ser buscar un lloc on no haguessin de pagar impostos. (EE-37, D-MA-6-O)

L'Ingrid arribava amb la seva família a Andorra l'any 1976. Venien d'un ciutat del nord de Bèlgica. El seu pare no volia estar sotmès al control fiscal que exercia el govern belga i com la seva activitat professional ho permetia, van buscar altres possibilitats on viure i Andorra els va agradar. Van comprar primer un apartament a la Massana i més endavant es van fer construir un xalet a Anyós, ja amb vista a establir-s'hi de forma permanent. El seu pare és director d'una empresa de publicitat que opera en diversos països europeus. La seva mare és mestressa de casa. Una noia gallega fa les feines de la casa. I l'Ingrid és filla única.

Un obstacle amb què es van trobar en arribar va ser la llengua. Van optar per aprendre una llengua útil i van triar el castellà. L'Ingrid va aprendre també el català a l'escola.

> Quan vaig venir aquí al CP, que és el primer any de primària de francès, no parlave ni una paraula ni de català, ni de castellà, res!... Bueno al principi sí, m'estave parlant la professora i no entenie res de lo que estave dient. Però desprès, amb els anys, ja ho vaig... No, el meu pare parle castellà, una mica de català i, clar, francès. I la meva mare parle el francès i castellà. Perquè clar, el català és bastant d'aquí d'Andorra i Catalunya, però després si vas a una altra part no et serveix de gran cosa, és per això que va dir, bueno vull aprendre castellà, així puc parlar aquí també i a Sud-amèrica...

L'Ingrid era molt petita quan va arribar i es va haver d'adaptar a un horari i un sistema escolar molt diferents dels que hi havia a Bèlgica. Ha estudiat al Lycée francès i recorda que la primera amiga que va tenir va ser una noia anglesa. Ella considera que viure a Anyós li ha significat un cert aïllament. Confessa, per exemple, que ha anat molt de temps al conservatori, no tant perquè li agradés la música, sinó per estar en contacte amb altre gent. I per raons similars es va fer sòcia d'una associació per a la protecció de la natura i els animals.

> Aquí a Andorra, comparat amb Bèlgica, hi ha molt poques coses a fer. Sí, aquí pots anar a esquiar, pots anar a la discoteca i fer una mica d'esport, però ja està. Jo he anat al conservatori no perquè m'agradés molt la música sinó per fer uns contactes socials i tot això. A Bèlgica és molt diferent. Aquí quan s'acaba el col·legi cadascú a casa seva. I els qui viuen a Andorra la Vella es poden veure, però si vius a Anyós, ja no els veus, als amics, després del col·legi. A Bèlgica clar, tens la bici, i això, i és diferent. Vas a casa d'un amic a fer els deures junts i és molt diferent. La vida social és molt diferent d'aquí a Andorra.

El seu pas pel Lycée li ha fet adoptar una posició crítica respecte a l'ensenyament francès a Andorra, que considera massa rígid i selectiu i que peca de manca de flexibilitat necessària per al jovent. Als seus dinou anys té clar el seu futur professional: vol estudiar publicitat a Holanda, o bé a Bèlgica, i seguir així els passos del seu pare.

No són gaires els belgues que viuen a Andorra. Juntament amb els anglesos, més nombrosos, i uns quants holandesos, tenen fixada la seva residència a la parròquia de la Massana. Es tracta de persones que han trobat en Andorra un lloc agradable per viure, un paisatge bonic i els avantatges de la falta de fiscalitat. Aquesta dimensió, decisiva a l'hora d'optar per residir en el país, comença a ser per ells objecte de preocupació, ja que alguns interpreten el canvi polític d'Andorra com el final d'un sistema lliure que els afavoria notablement.

> Al periòdic belga més important hi ha hagut un article sobre Andorra, petit, dient que ara a Andorra s'ha acabat la llibertat, tal i tal... Ara hi ha una Constitució que, bueno, ara ja està Andorra com els altres...Tothom pense que Andorra té la Constitució i que tindran que pagar impostos... tot això. Que s'ha acabat diguéssim el paradís fiscal.

La posició de la família de l'Ingrid sobre el tema és també molt clara. Si la situació canvia i a partir d'un determinat moment se'ls exigeix que paguin impostos, tornaran cap al seu país. Prefereixen esperar, això sí, que passi un cert temps, perquè en qualsevol cas ja tenien la intenció de retornar a Bèlgica, per tal de gaudir de més protecció social durant la vellesa.

> El meu pare s'interesse [per la política] més que la meva mare, clar, la cosa és que per nosaltres la veritat és que no canvie molt si és aquest partit o l'altre que està aquí a Andorra, perquè nosaltres no podem elegir res, no podem votar. Nosaltres, si Andorra canvia molt i pensem: ui!, que malament que posaran Andorra, marxem i ja està. Clar, si Andorra torna a ser com a Bèlgica marxaren una altra vegada. Si hem marxat de Bèlgica perquè no ens agradava perquè anar a un país que és idèntic a Bèlgica, el país d'on hem marxat?

L'Ingrid se sent d'Andorra però els seus referents de futur apunten cap a altres indrets, Holanda i Bèlgica principalment, on ja ha començat a fer cursos d'allò que li agrada, la publicitat.

> Tinc una relació amb Bèlgica, però jo com que he viscut aquí quinze anys, més o menys, tinc una relació amb Andorra també. He passat tota la meva joventut aquí, això també... Clar, m'he passat més anys de la meva vida a Andorra que a Bèlgica, això sí. He nascut a Bèlgica però per a mi el més important és Andorra, sí... Però m'agrada la publicitat i a Bèlgica o a Holanda és diferent que aquí a Andorra. M'ha agradat, l'any que ve ho faré una altra vegada.

1978. Isha (hindú, estudiant)

Va arribar amb la seva família quan acabava de fer quatre anys. Originari de Calcuta (l'Índia) la seva vida sempre ha transcorregut en un barri d'Andorra la Vella, on ha viscut dinou anys. (EE-131, H-AN-6-O)

Isha va néixer a Calcuta, l'Índia, ara fa vint-i-tres anys. Quan tenia quatre anys la seva família es va traslladar a viure a Andorra, on ja feia un any que hi residia el seu pare i on havia muntat un basar. Membre d'una família que ha viatjat per tot el món, l'Isha resideix en aquest país que és molt petit i hi està ben integrat, però el seu horitzó és molt ampli i s'estén més enllà de les muntanyes que conformen les Valls.

> El meu pare tenie tota la família a l'Índia, i ell ha tingut vàries feines. Va estar a Filipines, va estar a Singapour, va estar a Puerto Rico, i li va tocar aquí, es va passejar per aquí i com el comerç estave... va vindre per París. Va baixar a París i va veure: viatge a Andorra. Va fer el viatge aquest i... sempre anave d'encarregat

> de botiga o d'encarregat de grans centres... I va vindre per aquí. A l'any 1977 va vindre, i nosaltres a l'any 1978.

El pare va començar a treballar en un fàbrica d'objectes de decoració. Amb el seu anglès es va anar obrint camí en una Andorra totalment oberta al món comercial. A poc a poc, va anar aprenent el castellà. Per a la família va implicar un canvi radical deixar un tipus de vida oriental i urbana a la populosa ciutat de Calcuta i posar-se a viure en unes valls de muntanya tan tancades, amb un una societat i uns costums tan diferents dels seus.

> Solsament el clima, ja... Feie molt fred. Vaig arribar al juny, però el mes de novembre ja nevave. Jo al·lucinave, què és això? La meva mare el canvi lo va sentir més fort que jo. Perquè ella estave al centre, vivíem a Calcuta al centre, el típic centre, i llavors aquí unes valls tancades... Però com estave també la família de la meva àvia pues tampoc no ho va notar tant.

Ràpidament el seu pare va veure les possibilitats que oferia Andorra i com altres hindús va decidir obrir un petit comerç tipus basar. Van tenir la sort que hi hagués altres membres de la família a Andorra, ja que això va significar poder comptar amb un suport emocional i social importants, tenint en compte sobretot que la distància cultural era tan considerable.

> La meva tieta va arribar també aquí però fa... dos anys abans, al 75 arriba ella amb el seu home. El seu home estava a Canàries i vénen també a topar aquí. És que no sabíem que estaven aquí a Andorra també. El meu pare no ho sabie. La meva àvia viu molt lluny a l'Índia i no sabíem on estave. I la meva tieta, el seu home vivie a Canàries, i al tornar van entrar a Andorra i van treballar al Pyrénnées.

Són sis de família, els pares, els seus germans i ell. La germana va néixer a Andorra al 1977, però el Codi de Nacionalitat vigent en aquell moment no permetia que pogués tenir la nacionalitat andorrana, ja que els pares no comptaven amb el mínim d'anys requerits de residència.

> De moment té nacionalitat índia, però va néixer aquí al 78. Ara pues no sé, amb la nova constitució... Estàvem esperant, perquè abans era el 75 però ara amb la nova no sé. Però com que no té divuit anys tampoc no... setze és el recurs de nacionalitat. La residència la tindrà als setze.

L'Isha va estudiar al Lycée francès. El seu cercle de relacions, els companys de jocs i de joventut s'ha anat constituint al voltant de l'esport (la majoria espanyols o andorrans fills d'espanyols). Ara estudia a Barcelona, però abans havia estat un any amb la seva família a l'Índia i va aprofitar per conèixer part del país i estudiar. Si bé ell ha crescut en el ritme de vida i costums d'Andorra, igual que altres nens de la seva edat i condició econòmica, a casa seva es conserven molts costums i hàbits de l'Índia (alimentació, creences, comportament...). La seva mare és la salvaguarda de certs valors orientals que no volen perdre.

La seva família i una cinquantena de persones més conformen la comunitat hindú a Andorra. Han creat una xarxa de relació, una mena d'associació informal, que els permet retrobar-se amb molts aspectes de la seva cultura originària. Però l'ISHA no restringeix les seves relacions a aquest cercle, sinó que s'identifica més amb la vida d'altres joves de la seva edat i amb l'ambient cosmopolita d'Andorra la Vella.

> La gent jove sí, bueno hi ha grups que et relaciones i hi ha altres que no. És que també hi ha una disparitat d'edat. Perquè la gent jove hindú són tots menors de quinze anys, n'hi ha molt pocs que siguin de divuit o dinou. Que quan van vindre aquí va ser el 75 i 79, van tenir els fills después i són més petits que nosaltres. Molt pocs van venir amb fills. Ara per exemple la meva germana té moltes amigues en la comunitat hindú. Jo, per exemple, tinc dos o tres que conec de la meva edat que podrien fer les mateixes coses que jo. O ja són molt grans o ja són molt petits... Ara em relaciono amb tothom. Jugant a futbol, jugo a futbol sala, pues tinc amics del futbol, del col·legi, més o menys amb tothom. Amb el representants que vénen a la botiga...

La seva família té una cadena de petites botigues no massa especialitzades amb objectes molt diversos. A més, el seu pare ha muntat altres empreses en una població de l'Índia. El fill gran és qui està prenent el relleu en els negocis. Per part dels pares, l'opció de marxar algún dia d'Andorra no resulta gens fàcil, ja que hi queden els fills.

> El meu pare fa sis mesos aquí i sis mesos a l'Índia... La meva mare hi ha vegades que es quede, perquè el meu pare també té negocis allà. La meva mare quan veu que els meus germans no tenen exàmens ni res, pues marxe... És que depèn també, ja no és tan fàcil marxar, perquè visquent divuit anys o setze anys en un lloc també... A l'Índia també pues hi ha negocis i allò, però... la meva mare ja està en edat de voler retirar-se del tot. També esperant a veure com evolucionem nosaltres, jo tinc els estudis aquí, els meus germans també. Ara lo que no pots fer és cortar els estudis, per ells marxarien, ho tenen tot solucionat aquí i tot solucionat allà, no tenen problemes, però nosaltres sí que en tenim.

A l'Índia és costum que el fill gran continuï els negocis familiars i, si la situació econòmica ho permet, els altres fills poden continuar estudiant i dedicar-se a altres professions.

> És que també és la tradició, allà, per exemple, sempre veus que lo que fa el pare ho fa el fill, menys algunes famílies que ja volen que els fills surtin. Però quan el negoci va bé, sempre el fill, pues... També és el fill, no? que comence a passar dels estudis. No es pot dir que als pares t'obliguin, però acabes fent lo mateix, vulguis o no vulguis. Hi ha algunes famílies que volen que els seus fills arribin a... No, tots els fills. Els que volen estudiar...si tens les capacitats econòmiques per mantindre-lo... És que el gran sempre està més influenciat, sempre acabe... Al petit com que el deixen sempre al marge, tu estàs el petit, no fas res, no fas res, i si no estudie fa lo que vol. Però el gran sempre està més influenciat de lo que fa el pare, pues acabe amb el cap més ple que l'altre.

L'Isha se sent hindú, malgrat que els seus records d'infantesa estaran sempre lligats a l'Andorra dels vuitanta. L'ambient que respira a casa li fa recordar certs costums i les seves arrels (segueix els esdeveniments sociopolítics de l'Índia i té la bandera nacional a la seva habitació), però el carrer, els amics, les afeccions, l'ensenyament... el resituen en el seu espai vital. Res en el seu comportament indica el seu origen oriental, però les seves característiques físiques el delaten com a hindú, cosa que sovint comporta la incomprensió o senzillament donar per fet que ha de respondre a determinats estereotips que la gent té.

> Pues hi ha joves que sí. Del meu cercle, per exemple, pues no, però a nivell, per exemple, tu ets un asiàtic, pues ja et miren, no sé perquè, però ja et miren d'una altre forma... Sempre hi ha ignorants. Encara que jo no sigui,... però això ja és ignorància els que fan això, no sé. Jo et diré un cas: va guanyar el Barça la Copa d'Europa i vam sortir tots a festejar-lo, i em va sortir un tio allà i em diu: "Pero tú, ¿qué haces siendo del Barça?" O aquel tio ere del Madrid o no em tragave a mí del Barça. Una de dos.

Malgrat la seva joventut té clar que el futur a Andorra no és fàcil per a la gent que puja. Serà difícil obrir-se camí, sobretot amb determinades professions (per carència o per saturació). També és conscient que els immigrants tenen una situació més desfavorable, encara que portin molts anys vivint a Andorra.

> Ara es veu un progrés, que [Andorra] no és la mateixa que es quedave tancada. Ara podem mirar cap a la CEE. Es pot mirar de fer Andorra un país de turisme luxós amb el Caldea i tot això. Però també s'estan

> oblidant que si Andorra va créixer va ser pels immigrants, i ara se n'obliden totalment. Deixen que els lloguers pugin... No sé lo què volen fer, però el futur està molt... Potser Andorra pugui pujar molt, però si no els surt bé, pues serie una pena totalment. És un cas excepcional al món un país així. Tindrien que rumiar al fer les coses. I també a nivell d'eleccions. La gent que està visquent aquí, el govern els afecte a ells també, i que solament puguin votar els andorrans... Els residents, per exemple, els residents privilegiats, que ja et tracten de privilegiat, ja podrien votar. Ja porten anys i el govern no només afecte als andorrans, crec que afecte als altres també. Ara si ets un estranger que ve per dos o tres anys ja és totalment diferent. No tenen les mateixes responsabilitats, no tenen les mateixes condicions... Jo, per exemple, no puc tenir la mateixa condició que un tio que porta aquí dos o tres anys treballant. De moment, segons la Constitució tinc la mateixa...

A ell li agradaria poder optar a la nacionalitat andorrana, que no ho percep com un privilegi avui dia. S'ho planteja d'una forma molt senzilla i pràctica, com allò que resulta més lògic tenint present que és on viu, on ha passat la major part de la seva vida i que condiciona tot el que pot fer en el proper futur.

> Jo optaria per agafar la nacionalitat andorrana, perquè jo ara, de moment, la nacionalitat hindú, tot i que sigui la meva nacionalitat, no em dóne res, perquè jo no estic al meu país, no estic a un país on la nacionalitat hindú em serveixi. No ho dic perquè em privilegiï tenir la nacionalitat andorrana, no. Perquè tinc que anar a estudiar a Espanya o a França, que la nacionalitat... ja entres a la CEE, a nivell d'estudis és més important tenir una nacionalitat... Si ara et diuen al tercer any que redueixen el cupo d'estudiants estrangers, què?

1979. Anabel (catalana, representant de comerç)

És de Barcelona. Als 16 anys va marxar de casa seva i va anar a viure a la Costa Brava i, més tard, arribà a Andorra. Va començar vivint en un càmping, fins que va anar trobant certa estabilitat personal en el país. (EE-76, D-AN-5-C)

Anabel va néixer fa trenta-cinc anys a Barcelona. Va marxar de casa seva molt joveneta i se'n va anar Palamós, on s'encarregava dels nens d'una família. Tenia una germana treballant a Andorra, la va anar a veure i s'hi va quedar. Al poc temps va conèixer al que seria el seu marit, un noi andorrà de pares andalusos. "Me casé en seguida, y me casé por la iglesia porque tampoco había otra forma de hacerlo". Durant els primers mesos van estar vivint en un càmping.

> Mi hermana en sí no tenía casa, mi hermana vivía en un camping. (...) Antes, normalmente, la gente que veníamos aquí, como todos veníamos en un plan muy desenfadado, no teníamos casa, nos metíamos en un camping de momento. Como era una cosa pasajera porque no veníamos con ánimo de quedarnos... La gente venía aquí, estaba una temporada, pues si te salía... no había tanto problema para trabajar, tu podías trabajar la temporada, y o te metías en un camping o te metías en casa de algún amigo o... pero no había una vivienda fija. (...) Es que fue en verano. En invierno alquilamos una autocaravana y estuvimos unos meses, no recuerdo ahora bien, pero igual un par de meses o así.

Després van viure un temps amb la família del seu marit, però preferien buscar algun habitatge per a ells sols. "Queríamos coger un piso para nosotros y vivir nuestra vida. Yo empezaba a plantearme el querer formar una familia como algo más estructurado". Van trobar un pis a les Escaldes i al poc temps van tenir el seu primer fill i dos anys després un altre. La seva germana ja havia marxat: de fet, no va estar gaire temps a Andorra.

> Mi hermana se fue, a mi hermana no le gusta nada Andorra. Duró muy poco aquí, muy poco tiempo. Además la policía en aquella época,... Con las mujeres posiblemente más tolerante, pero con los hombres antes, años atrás, contínuamente veías a la policía pidiendo documentación ¿sabes? ¡Contínuamente! Era la retórica de siempre. Pero mujeres..., yo concretamente, no había tenido ese problema.

L'ANABEL mai no ha volgut tramitar la sol·licitud per adquirir la nacionalitat andorrana, malgrat que en casar-se amb un andorrà hi tenia dret. I no ha volgut fer-ho tot i ser conscient dels avantatges que li podia reportar.

> En principio no lo hice por pereza, luego dejas pasar el tiempo, las cosas tampoco están muy bien. Aparte, luego hubo otra cosa que mi ex-marido es andorrano pero antes había una ley que necesitabas pasar un examen de asimilación. Entonces toda una serie de problemas de papeles, no! Mi marido era también muy desastre en cuestión de papeles. Luego ya las cosas tampoco funcionaban muy bien entre nosotros y entonces ya quise... En un principio me interesó pero con ánimo de encontrar un trabajo porque había más facilidades para los andorranos en determinados puestos de trabajo. Entonces con ese ánimo sí, pero no por otra cuestión, o sea, un poco egoísta, no! Pero para mi lo veía así.

Va treballar com a dependenta en diversos hipermercats d'Andorra la Vella, fins que trobà una feina més estable en uns magatzems. Li era difícil compaginar el treball amb les responsabilitats familiars, ja que tenia uns horaris molt llargs i havia de treballar dissabtes i diumenges (feia festa entre setmana), cosa que suposava molts problemes per atendre els dos nens petits. La situació es va agreujar quan la relació matrimonial va començar a trontollar i quan finalment es va trencar, set anys després d'haver-se casat. Les criatures van quedar al seu càrrec i això l'obligava a dependre d'altra gent simplement per poder fer el ritme de vida quotidià que li exigia la feina.

> Y ahora porque los niños son mayores, pero mientras los niños han sido pequeños yo tenía que tener una mujer que me viniera a vestir a los niños por la mañana porque empezaba pronto, tenía que coger una mujer para los domingos, o sea, un montón de gente que me ha tenido que ayudar para cuidarme a los niños... pagada, pagada. (...) Jamás podía contar con un horario normal. Y bueno, hubo un tiempo que había una chica aquí en casa, y a ésta no le pagaba ¡eh! Era una chica que también se había separado y se encontraba en las mismas condiciones, bueno, pues te quedas en casa y entonces yo como trabajo los fines de semana pues te quedas con los niños. Me lo iba montando, pero siempre dependiendo de la gente.

La seva situació econòmica es va ressentir notablement amb la separació del seu marit, ja que en la pràctica es haver d'enfrontar ella sola al manteniments dels dos fills. La pensió econòmica que li passava el marit mai fou suficient ni contínua i, per tant, no podia confiar en el poc que ell aportava. L'elevat preu de l'habitatge encara agreujava més els problemes econòmics, que han sigut per ella motiu d'una angoixa constant.

> El hecho es que los salarios son muy bajos para como está la vivienda, ¿no? Date cuenta que en una tienda se pueden ganar cien mil pesetas, o cien mil y... No vamos a poner más, porque son cien mil. Entonces, si estás pagando sesenta y setenta mil pesetas de piso, o sea, con una pareja sí. Pero una persona sola es mucho cuesta arriba, ¿no? Si yo tuviera que volver ahora a venir a Andorra... no sé qué quieres que te diga, yo no...

Va començar a tenir problemes a la feina i va deixar els magatzems. L'Anabel no ha pogut parar mai de treballar, encara que en ocasions ha hagut de recórrer a altres persones i fins i tot a l'assistència social per demanar ajuda econòmica. Gràcies a aquestes relacions personals i al suport assistencial se n'ha pogut sortir. Ara és representant de comerç i aquesta feina li permet gaudir de més temps personal i familiar.

> Fui a pedir trabajo, o sea, entre gente que me conocía y me decían: "Vete aquí o vete allí"... Había mirado, de todas maneras, por mi cuenta porque yo quería trabajar de representante por el horario, por el fin de semana, para poder estar con los niños. Necesitaba un trabajo que tuviera libre el fin de semana. Era importante para mí, por lo menos compensar esa penilla de decir, pues me voy a buscar una cosa que me guste más y que yo me sienta mejor, ¿no?

La seva relació amb Andorra és contradictòria: li agradaria marxar, però la situació laboral a Espanya és molt més complicada encara per una dona com ella, de 35 anys amb fills petits. Considera, a més, que els nens són andorrans. Els seus sentiments i identitat han anat variant amb la seva experiència de vida.

> Antes, tiempo atrás, posiblemente me sentía de Andorra, pero mal. Porque claro, no era andorrana, no. Pero ahora pues me siento de España. O sea, es que a mí España me gusta, y posiblemente hay otra cosa, que eso de ser catalán o español ¡no! Y a mi ese término no me gusta nada. O sea, yo no soy una catalanista, ¡para nada! Nada catalanista, ¡no! No quiero decir que no me guste Cataluña, pero no me gustan los extremos. Entonces yo desde que estoy en Andorra, si antes estando en Cataluña me sentía catalana, ahora que estoy en Andorra me siento española, y soy catalana. Es una cosa rara ¿no? Pero el hecho de que no estoy en mi país pues me hace sentir más española que catalana posiblemente.

1981. Anita (filipina, servei domèstic)

Molts joves filipins intenten treballar a Europa. Aquesta jove va arribar a Barcelona a través d'una agència il·legal. Després la van portar fins a Andorra. (EE-104, D-ES-5-O)

L'Anita és d'un poble del sud de les Filipines. Va néixer al 1956 en una família pagesa. Mai havia sortit de casa, ni del poble, quan va decidir marxar com tants altres joves cap a Europa. "Vaig sortir sense saber a on, perquè no tinc experiència de res, perquè sempre a casa i al poble només". A través d'una agència que tramitava el viatge i el treball d'immigrants il·legals va arribar a Barcelona, oficialment com a turista.

> Sí, vam sortir de Filipines com a turistes, no per venir a treballar aquí, i després quan vam arribar a Barcelona no vam treballar de seguida, no vam trobar feina ni res. Amb agència vam venir. I després vam estar uns dies, una setmana o més, ja no me'n recordo...

Amb passaport fals, va treballar vuit dies en una casa de Barcelona, on feia tota classe de feines (neteja, cuina, servir...). L'Anita no sabia parlar català ni castellà i els primers dies se sentia aïllada, no comprenia res i s'ho passava malament. El sou corresponent a aquella primera experiència frustrada no li van pagar a ella, sinó a la persona de l'agència que l'havia col·locat. Sense cap explicació ni de què faria ni on aniria, la van fer pujar en un cotxe juntament amb altres noies i la van portar fins a Andorra. Va estar treballant en diverses cases i en elles va conèixer altres joves filipins.

> No, la tercera casa ja no. Ja me vaig apartar de l'agència. Perquè m'enviaven a Barcelona, que tornés a Barcelona. Però les amigues: que no, no. Amb una espanyola que és jefa de la meva companyera que ha vingut aquí, diu: "No tens que anar a Barcelona, perquè des d'aquí ja te buscarem feina". I ella, he anat a seva casa i tot, i m'ha buscat la feina.

La major part de dones filipines està vinculada al servei domèstic i la majoria també viu en les cases on es treballa. La tercera casa on va entrar a treballar l'Anita li va representar una notable millora de les condicions laborals: un sou mensual, dies lliures i les vacances corresponents. A poc a poc, l'Anita es va anar adaptant a Andorra. Va anar coneixent altres filipins i va fer molts amics. Ells han creat una mena d'associació informal i per poder-se reunir tenen un parell de pisos llogats que els serveix de base operativa: allà es troben, organitzen festes de tant en tant (amb menjar i música de Filipines) i parlen en la seva llengua, el tagal. Aquest pisos, a més, serveixen d'allotjament per als qui es queden sense feina o qui ho necessita esporàdicament. Existeix un fort sentit de comunitat entre aquest col·lectiu.

L'Anita ha treballat i viscut en diverses cases d'Andorra. Ho prefereix així, "perquè sempre en una casa te canses i havie de canviar una mica". A partir del que ha pogut observar, opina que les famílies benestants (tant a Andorra com a fora) prefereixen tenir filipins com a treballadors domèstics perquè "el tracte, el tipus de feina que fan, la manera que fan la feina a casa... el servei domèstic és més refinat". També reconeix que són treballadors poc reivindicatius, ja que es conformen amb sous més baixos que altra gent (ella guanya al voltant de les 90.000 pessetes, per sota del sou mínim) i fan tot tipus de feines.

Ella ha après a parlar el català, però comenta amb certa sorpresa que a les cases on ha treballat sempre li han parlat en castellà.

> —La tercera casa que he estat, ella m'ensenyave sempre l'espanyol... Però, quan parlaven ells, el matrimoni, sempre captava lo que diuen,

> lo que diuen lo entenc. I mira, sempre parlaven amb mi en espanyol, sempre en espanyol.
>
> —I entre ells català?.
>
> —Sí.

Va ser el seu marit qui li va ensenyar el català. En ROBERT havia arribat a Andorra l'any 1972, fugint de la ciutat, de Barcelona. Ha tingut treballs diversos i tots dos havien treballat al mateix temps per a una mateixa família. Es van casar l'any 1991. Gràcies al matrimoni han aconseguit trobar certa estabilitat personal, però troben difícil compaginar la feina amb la vida familiar perquè els horaris que tenen són molt dispars. No és un problema exclusiu d'aquesta parella, sinó que és molt comú a Andorra, ja que els horaris del comerç són molt dilatats i els dies de descans o de vacances difícilment són coincidents. Ja ho hem comentat en un dels relats anteriors, en què es donava la mateixa circumstància. El marit de l'ANITA es queixa d'aquesta situació:

> Això també és un problema social molt important, que quan ella fa festa jo penco. Bueno, això quantitat de matrimonis. Ella treballa, jo faig festa... Ara, avui tinc festa, per això podem estar aquí junts. I demà també tinc festa, però el resto de la setmana quan ella treballa jo dormo, o si no a l'inversa; dissabtes i diumenges jo penco. És un problema terrible, jo i molts matrimonis. Yo hago fiesta martes y miércoles ¿tú? Yo sábado y domingo.

La situació personal de l'ANITA ha millorat molt en els darrers anys. Actualment té concedit el permís de residència a Andorra i la seva vida s'ha estabilitzat. Amb tot, està molt preocupada pel seu germà i la seva germana, que han vingut fa poc de Filipines, encara no tenen feina i li han fet rememorar les dificultats que ha deixat enrere. A casa seva eren dotze germans i pels seus pares no era fàcil tirar endavant una família tan nombrosa. Ara, aquests dos germans, més joves que ella, intenten també poder aconseguir una feina i estalviar diners per enviar-los a casa. A Filipines aquests diners tenen molt més valor i han de permetre alleugerir la situació de la seva família. A en ROBERT li agrada molt el sistema de vida de Filipines, que coneix a partir de les explicacions de L'ANITA i dels amics filipins de la parella. Per això es plantegen que si poden estalviar diners hi aniran a passar algunes temporades. O potser quan es jubilin. De moment és tan sols una idea que els volta pel cap i un desig que els agradaria poder complir.

1985. Oriol (català, gerent d'hotel)

Passava les vacances a casa dels seus avis a Andorra i s'hi sentia millor que allà on vivia ell, a l'Hospitalet de Llobregat. Un dia va decidir quedar-se. I avui encara hi és. (EE-26, H-OR-6-C)

L'Oriol va néixer a l'Hospitalet de Llobregat i té trenta-un anys. Va estudiar a Lleida, on s'hi estigué fins als divuit anys. Totes les vacances escolars (estius, nadals, setmanes santes, ponts...) les passava en un dels veïnats de Sant Julià, a casa dels seus avis materns.

> Doncs, bueno, jo vaig néixer a Hospitalet, l'any 66, i aleshores tenia als pares de la meva mare, o sigui els meus avis, que vivien aquí a Andorra. Llavons pues sempre més o menys hi ha hagut una relació amb aquest país, sempre havíem pujat de vacances, cada any i llavons m'havia aclimatat una miqueta a lo que és Andorra. Aleshores quan vaig tindre us de raó vaig decidir que el meu futur estava en aquest país i vaig pujar a treballar a Andorra. Doncs ja fa deu o dotze anys que estic treballant aquí dalt.

Aquell estiu en què tenia divuit anys, va decidir quedar-se a Andorra. Va deixar els estudis (havia fet fins el BUP) i va entrar a treballar a un hotel de Sant Julià. De fet ell no havia buscat aquesta feina, sinó que li van oferir i la va acceptar. "Havíem fet una mica de relació amb la gent que treballava allà". I des de llavors, "sempre a hotels". Ha anat canviat d'uns llocs a altres, sempre dins del mateix sector hoteler i a partir de la consecució de progressives millores professionals i salarials. La seva trajectòria personal està molt marcada per una total dedicació a la feina. El cas és que tot i ser ben jove actualment és director d'un hotel. Però abans d'arribar a aquest punt ha passat pràcticament per totes les categories i feines:

> Aleshores vull dir, a l'any 86, em sembla que estava treballant a l'Hotel Pastor, amb un salari de 40.000 pessetes a l'època. Aleshores em van sortir les seixanta a l'Hotel Remei i vaig canviar, vaig estar allà dos anys, i de l'Hotel Remei em va sortir aquesta feina aquí dalt, a Canillo, ja fa cinc anys que hi sóc. I pràcticament, vull dir, sempre ha sigut per motius econòmics... M'han sortit les feines en diferents parròquies i he hagut de canviar de parroquians... A l'Hotel Pastor vaig fer de vigilant de nit, vaig fer de botones, vaig fer de recepcionista... i als ratos lliures, quan vaig començar, anava a la duana a repartir propaganda als clients de l'hotel. I al Remei pues també vaig fer de vigilant de nit i de recepcionista. I bueno aquí faig de director.

L'any 1988 li van oferir el càrrec de director d'un petit hotel de muntanya a Canillo, a prop de les pistes d'esquí. Només amb tres anys d'experiència en diferents hotels havia ja passat per totes les categories laborals inferiors a aquesta. El seu aprenentatge en el sector hoteler ha estat adquirit a partir de la pràctica.

L'hotel que regenta té una clientela constant i variada. La seva responsabilitat és que l'hotel funcioni, ha d'assegurar-se que no faltin reserves i que els clients gaudeixin dels serveis oferts. És un hotel petit on hi treballa poca gent, que fa un horari continuat. Tot el personal viu en el mateix hotel, en una part reservada per al servei. Entre els treballadors, són molts els que estan de pas, fins que troben una feina millor, i pocs els que es queden. Les hores de descans queden deslluïdes pel fet de viure relativament aïllats i aquest factor també ocasiona la forta mobilitat dels treballadors, que prefereixen altres condicions de vida, amb més independència personal i viure en poblacions més grans.

> Bàsicament són tots de nacionalitat portuguesa [els treballadors]... Bueno no sé el motiu però motiu econòmic suposo que no és, perquè s'ha provat amb gent d'altres nacionalitats... I els portuguesos, pues mira, són gent que aguanten, aguanten bastant bé, vull dir, que no tens gaires problemes. (...) Sí, vull dir, es va intentar de que, bueno jo no et dic que els portuguesos no siguin professionals, però es va mirar d'agafar gent acreditada. I aleshores quan van veure la feina que hi havia aquí, quan se'ls va ensenyar els planings, pues es van cohibir una miqueta com si diguéssim, i van marxar.(...) Molt esclava perquè pràcticament tens que estar sempre de servei. Perquè, clar, nosaltres aquí quan tanquem no tenim cap vigilant de nit; aleshores si mai arriba un client a les tres del matí, com que jo tinc les claus, pues t'has d'aixecar i obrir. Bueno, és diferent els clients que estan a l'hotel que surten, tenim un timbre i un porter automàtic i els obrim directament des de l'habitació. Però si arriba un client nou estàs obligat a llevar-te i donar-li les claus de l'habitació i fer la rebuda.

Els dies de festa els fa "quan es pot". I les vacances es concentren a la tardor, quan la gent no surt de vacances perquè ja fa fred i els esquiadors esperen la caiguda de les primeres neus. "És una miqueta vida de frare": així descriu la vida que fa a l'hotel. Han quedat enrera els seus amics de joventut, dels qui s'ha anat desvinculant amb el pas del temps. Li agrada la seva feina i això amaga els inconvenients. A més el mercat laboral a Andorra no és fàcil.

> Des de que jo estic aquí, a Andorra, millores a nivell d'obrer no s'han vist masses, no. Si tu tens un problema amb l'empresa no pots anar enlloc, sí pots anar al senyor aquest de l'oficina de treball i bueno aniràs a l'empresa i diran: bueno què. Aleshores vull dir no tens

> cap... No tens masses sortides aquí. Si estàs content amb la feina bé, si no, agafen un altre... La feina és complicada vull dir... el que passa és que clar, trobar una feina dins del que jo estic fent ara és molt complicat perquè no cada dia surten places de director d'hotel. Apart que bueno, jo aquí em trobo molt bé, vull dir, estic en el meu ambient.

A l'Oriol li agrada molt viure a Andorra. Va ser una opció que li va costar prendre en el seu moment i no se se'n penedeix. Mai ha pensat en marxar a un altre lloc. Li agradaria, això sí, poder accedir a la nacionalitat andorrana, cosa que no pot fer de moment.

> Home, hauria d'anar molt malament la cosa perquè volgués canviar. Estic molt a gust. Ja he dit que m'havia criat aquí dalt, aleshores estic fet al país. (...) Podríem dir que sóc andorrà de cor. A nivell de passaport és molt difícil, vull dir, que pugui obtenir la nacionalitat andorrana, pues no sé, quan tingui quaranta anys o una cosa així, si no canvien els sistemes. Aquest tema el discutíem amb varia gent del país, bueno o considerada del país, que estem a un país que es pot estudiar el tema persona per persona. Si tu vas a Casa la Vall i dius: "Escolta, jo vull ser andorrà". "Perquè vols ésser andorrà?" "Home, per tenir un passaport, per fer negocis..." "No. Jo vull ésser andorrà perquè em sento d'aquí, m'he criat aquí i bueno estic d'acord amb la filosofia del país, no?" Suposo que, bueno, es podria estudiar perquè tampoc hi ha tanta gent que es vulguin fer andorrans. A mi sempre m'han considerat del país.

L'Oriol creu que el fet de ser un bon coneixedor del que passa a la parròquia i de parlar en català són l'expresió concreta d'estar integrat a la dinàmica del país.

1988. Maria Rosa (argentina, cambrera)

Una jove argentina arriba per fer la temporada d'esquí com a monitora. Ara, uns anys més tard, s'ha casat a Andorra i fa deu anys que hi viu. (EE-105, D-SJ-5-L)

El 1988 la Maria Rosa tenia vint anys i va decidir emprendre l'aventura europea. La intenció inicial era que això havia de ser un parèntesi en la seva vida, que li permetés treballar, viatjar, conèixer una altra gent i altres llocs, per després, simplement, tornar cap a casa i viure de nou al seu poble i amb la seva gent. Però la història es va desenvolupar de manera ben diferent.

El poble natal de la Maria Rosa, Bariloche, viu del turisme hivernal. Ella havia après a esquiar des de petita i sempre havia treballat a les pistes d'esquí a l'hivern i com a guia turística a l'estiu.

Molts dels seus amics i companys compaginaven la temporada d'esquí d'aquella part de l'Argentina amb la temporada d'esquí de molts punts d'Europa. Però el passatge cap a Europa és molt car, la majoria han de treballar força i estalviar. En canvi, els diners que es guanyen a les pistes italianes, espanyoles, franceses o andorranes els permeten viure bé, viatjar, estalviar i tornar. Ella es va decidir per Andorra.

> Entonces allí había un chico que ya había venido otras temporadas aquí, a trabajar. Entonces claro, siempre hablas con tus compañeros y, bueno, éste se fue a Andorra, otros a Italia, otros a Francia... para muchos sitios. Vi la oportunidad y decidí irme para allá, a probar qué pasaba. Más que nada por el idioma porque si te vas a Italia, pues claro. Si te vas a Francia... pues en Andorra a última hora no tendré problemas con el español. Y a probar suerte. No sé si conseguiré trabajo, siempre con esa duda ¿no? A ver, cómo te va a ir. Cómo será la temporada. Que por cierto, fue una temporada muy mala.

Per als sud-americans viatjar a Europa resulta molt car, i se senten molestos pel rigorós control policial que s'exerceix sobre ells. En són molt conscients, però ho han d'intentar.

> Bueno, ya como que vienes mentalizada también. A parte, no sólamente en Andorra, tú cuando entras a España ya te miran el pasaporte y te miran mal ¿sabes? Cuando entras ya sabes: "Pasaporte, pasaje de vuelta, cuánto dinero trae". Y ves que a otras personas que vienen con otros pasaportes, no se lo preguntan. Eres tú. Eres tú y tus compañeros y: "A ver, allí, a un costado. ¿Cuánto dinero trae? ¿cuánto tiempo viene aquí?" Y claro, tú entras como turista porque no puedes decir que vienes a trabajar. Sí, puedes decir que vienes a trabajar a Andorra, pero tú no sabes si se lo van a creer o no. Entonces pues, como turista. "¿Cuánto tiempo va a estar?", me preguntaron a mí. "Pues un mes". Y yo, claro, yo traía mil cuatrocientos dólares, me acuerdo, que a mí me costó sudores reunirlos. Para mí era un dineral. ¡Imagínate!

A principis de novembre arribava a Andorra juntament amb altres joves argentins i van buscar-se un pis. Treballar a les pistes d'esquí és relativament fàcil per als argentins, ja que ja fa temps que en contracten. Però aquell any la neu no va acompanyar, la temporada va ser curta i dolenta i, lògicament, això va repercutir en els ingressos, que van ser més baixos del que esperava. Tot i amb això va decidir quedar-se per més temps a Europa. Tenia el bitllet de tornada, però no volia que la seva aventura fos tan curta. Amb els pocs diners que tenia va viatjar i conèixer diversos indrets de

Catalunya i França. Finalment va anar a visitar un germà que vivia a un poble d'Itàlia. La seva idea era continuar treballant a Europa. Però, on? "Y me quedé sin un duro, así que volví a Andorra otra vez, volví otra vez aquí". Encara era vàlid el permís de treball obtingut per treballar a les pistes. Obtenir un permís de treball per a un altre sector és molt difícil per a un sud-americà. Després d'estar un any a Andorra, va abandonar la idea inicial de treballar i gastar-ho tot en diversions, i va optar per estalviar amb la finalitat de muntar alguna cosa al seu poble, a l'Argentina. L'ambient de les pistes d'esquí li agradava. "¡Es otro ambiente! Vengas de Argentina o seas un andorrano. Los jefes son iguales en todos los sitios, pero tus compañeros es diferente. ¡Es diferente!" Però econòmicament no li convenia un treball temporer relativament mal pagat i amb una forta competència. "Vienen tanta gente que dicen: mira, pagamos esto. Si tu no quieres trabajar pues ya vendrá otro que lo hará por el mismo dinero o por menos". Llavors va buscar feina a l'hoteleria. Sabia que a molts empresaris del sector no els preocupava que els treballadors tinguessin o no permís de treball. I va estar treballant en un parell de petits hotels. Li va subministrar el primer contacte una altra monitora d'esquí, xilena. En el primer hotel va estar-s'hi un mes i mig, però en el que va entrar després hi porta ja cinc anys treballant. Durant aquest període se li havia esgotat el permís de treball i era molt difícil que n'obtingués un altre, ja que això depenia de les quotes d'immigració.

> A parte de esos nervios que tenía yo... estaba trabajando sin papeles ¡Yo estaba ilegal ya! Claro, yo a partir de ahí empecé a trabajar sin papeles... ni lo intenté porque no te los dan. Lo averigüé primero, fuimos a la Unió hotelera, pero un compañero mio del otro hotel, que era chileno, le habían dicho que sí, y al ir allí a renovar sus papeles le retuvieron su pasaporte, sabes, y lo echaron fuera. Entonces, claro, te das cuenta de que es una trampa, que es para que tu vayas. Yo al ver lo que le había pasado a este chico pues dije que no iba. Yo sigo tranquila, y así seguí dos años. Bueno, no sé cuantos años estuve sin papeles. Mira, son seis años... tres años casi. El récord, según la policía fui el récord. Porque claro después me pescó la policía.

El 1991, esgotada per la situació d'inestabilitat i d'il·legalitat en què es trobava va decidir marxar al seu país, però va conèixer un jove resident espanyol i va abandonar la idea. Ella és molt conscient de la importància d'aquest factor casual: de sobte va trobar un marit, algú disposat a casar-se amb ella, cosa que li permetria quedar-se. "Si no estuviéramos casados, yo no estoy aquí, estaría otra. Estaría en otro lado... Me dieron quince días." L'any 1992 el

José Manuel i la Maria Rosa es van casar ràpidament perquè ella no fos expulsada del país. La policia havia entrat a l'hotel on treballava per detenir les dues argentines que hi eren contractades. "Mi compañera se tuvo que marchar. Ella no encontró marido". Com que el seu marit sí que tenia permís de residència, ella automàticament el va obtenir quan es van casar i, amb ell, el permís de treball.

El José Manuel és fill d'immigrants andalusos residents a Andorra. Fa setze anys que hi viu, encara que legalment constin només catorze. La seva família, treballadors del camp, van marxar del seu poble i van emigrar a Andorra. El seu pare va treballar en la construcció i, la seva mare en un hotel. Els acompanyava la filla gran, mentre que a ell el van deixar intern en un col·legi del seu poble perquè no es desvinculés del seu entorn. Però el José Manuel no s'hi va voler quedar i al poc temps es va reunir amb els seus pares. Un cop a Andorra, es va adaptar de seguida al país. Va aprendre català perquè va veure els avantatges que reportava el fet de comunicar-se en aquesta llengua i diu haver observat que el tracte varia substancialment. No és aquest el cas de la Maria Rosa. La llengua del seu entorn és el castellà i no sent la necessitat d'aprendre català, però sí ha aprofitat per perfeccionar el francès. El seu marit, en canvi, va tenir molt clar des del primer moment que havia d'aprendre la llengua pròpia d'Andorra:

> Bueno, lo que está claro es que aquí en Andorra, por ejemplo, fue una de las primeras cosas que me di cuenta. Por eso, me obligué a mí mismo un poco a aprender el catalán... es que uno se va dando cuenta de ciertas cosas. Una de las primeras cosas de que me di cuenta es que si vas a pedir documentos, papeles o cualquier cosa, te atendían mucho mejor hablando el catalán que si vas hablando el castellano. Yo no sé si en otros lados será igual. En Cataluña no lo sé, porque también hay muchos andaluces y hay mucha gente de fuera. Pero aquí en Andorra me he dado cuenta que es una de las cosas que salta a la vista.

Ja hem dit que van decidir casar-se per evitar l'expulsió de la Maria Rosa, però les dificultats tot just acabaven de començar. A l'any 1992 no era fàcil trobar un pis amb un lloguer assequible per als seus sous. Van haver de viure en una habitació d'hotel en espera de poder aconseguir un apartament i d'una millora de la seva situació econòmica. Van haver d'esperar més d'un any.

> No haces vida familiar. Estábamos separados. Nos encontrábamos a la noche, me pasaba a buscar y a dormir. Al otro día nos separábamos para trabajar y ya está.

Finalment, van trobar un apartament i la seva situació personal ha canviat totalment. Malgrat que tots dos tenen feines amb horaris molt irregulars i que coincideixen poc, tenen al menys la tranquil·litat de tenir un espai propi. Els preocupa més aviat els problemes laborals: la manca de professionalització, la forta competència i la desprotecció laboral. El José Manuel participa d'una percepció molt extesa a Andorra respecte als treballadors portuguesos perquè consideren que desestabilitzen un mercat de treball que ja de per si és precari.

> A ellos lo que les interesa es trabajar. Trabajar a precios reventados ¡claro!. Tú tienes que sacar todo adelante solo, y éstos como son veinte personas, pues de esas veinte trabajan dieciocho y las demás cuidan a los niños. ¿Y qué pasa? Reparten gastos y tocan a diez mil pesetas por cabeza. ¡A ellos les da igual ganar ciento noventa que doscientas o que cien! Si tu estás ganando doscientas ellos por ciento cuarenta o ciento cincuenta lo hacen. Y si estás cobrando ciento cincuenta, ellos, por ciento veinte, y así. Ya te digo de aquí habría un montón de temas que hablar. Porque sí que entre tantos pues hay alguno de honrado, pero la mayoría..."

La Maria Rosa, en canvi, considera que els empresaris i propietaris hotelers tenen una major responsabilitat en aquest tema.

> Yo más que nada estoy enfadada, no se puede definir de otra manera, indignada por mi jefe o por la gente que manda ¿entiendes? No saben mandar. No quieren nunca problemas. No quieren problemas, pero claro, al no querer problemas como tratan de agachar la cabeza y no ver nada pues es cuando más problemas tienen.

La vida d'aquesta parella continua més enllà de l'àmbit estrictament laboral. La Maria Rosa ha trobat els seus amics entre els del seu marit. Quasi tots són espanyols o fills d'espanyols (molts d'ells andorrans de primera). Els agrada molt la muntanya i sovint surten junts a passejar quan coincideix que tots dos tenen festa.

El futur? "Trabajar, ahorrar. Hacer algo allí y con el tiempo y los años ya veremos." La seva vida transcorre entre la feina, el lleure i els seus somnis de cara al futur. Tenen com objectiu ferse un lloc en aquesta vida i qui sap si amb el temps anar-se'n a l'Argentina. Per tots dos la vida a Andorra es resumeix pràcticament en una sola cosa: "Aquí es trabajar. Aquí trabajas, trabajas y trabajas ¡Y ya está!" Ella no deixa de pensar en el retorn a la seva terra.

> Bueno, a la Argentina sí que nos iríamos encantados. Nos iríamos para allá, por eso sí que nos cambiaríamos.

1988. Carlos (portuguès, construcció)

Des dels 14 anys treballa a la construcció. Al seu poble, en el nord de Portugal, el treball escasseja i decideix marxar-ne. Li diuen que a Andorra és fàcil trobar feina. (EE-2, H-EN-5-P)

El Carlos, que té trenta-cinc anys, en fa vint-i-un que treballa a la construcció. Neix en un petit poblet de Portugal a prop de la frontera amb Galícia. Com no hi havia feina decidí provar sort a Suïssa, però no se'n va sortir i s'hi va estar poc temps. Fa nou anys que treballa a Andorra.

> Soy del norte de Portugal, cerca de Galicia... Mi padre trabajaba en una fábrica de madera y mi madre es doméstica. Bueno, tengo a mi hermano que es más nuevo que yo, un año, y trabajábamos los dos en la construcción... El mayor tiene trenta y nueve años; ahora está en EEUU, hace siete años o por ahí. Después tengo otra que tiene ahora treinta y siete, que está en la capital, en Lisboa. Después tengo otra que tiene ahora más o menos treinta y seis y que está en el pueblo, está casada. Y después estoy yo... que estoy aquí... Y tengo a mi hermano más nuevo que yo, que está en Portugal, está en casa. Estuve en Suiza, tres años o cuatro años, y entonces ahora, como tengo falta de trabajo estoy aquí.

Ara està satisfet amb la seva vida a Andorra. Té un bon treball com a encarregat d'obres en una empresa constructora i ha format una família pròpia, però fins ara la seva vida havia estat sempre plena de dificultats. Quan va arribar al Principat ja tenia feina emparaulada, que li havia buscat un amic, que és qui el va animar perquè anés a Andorra. Estava sol i l'opció més fàcil i econòmica va ser posar-se a viure en una pensió, on li resolien totes les coses quotidianes. Afrontar la despesa d'un apartament era impensable en aquell moment per un treballador com ell, que tenia una feina temporal i que ni tan sols sabia si es quedaria o marxaria i, per tant, vivia en la més estricta provisionalitat.

> Primero estuve en una pensión. Estuve allí tres años. Porque estaba soltero y entonces estuve tres años y... no se estaba mal, pero las condiciones... Después me casé, y entonces como me casé, tenia dos opciones: o casarme y quedarme o... Porque estaba aquí a trabajar y mi mujer trabajaba también. Y entonces con mucho costo, eh, cogí este piso. Bueno, este piso, este estudio vamos. Y bastante difícil porque los pisos aquí... Me pedían... por un piso de dos habitacions, sin nada dentro, sin mobles ninguno ni nada, 400.000 pelas de entrada. De entrada, de alquiler!... No, lo único malo que veo aquí en Andorra es que no hay ley de renta de los pisos, que

> es excesivo para un tío que trabaja, ¿no? Ahora yo estoy aquí porque pago poco, es pequeño, demasiado pequeño porque de aquí a uno o dos o tres años tendré que buscar otro piso, porque tengo una hija y no puede ser vivir como los gitanos. Entonces estoy aquí mediante lo que pago, 42.000 pelas, que non ten ni calefación."

Després de tres anys de viure a Andorra va decidir que s'hi quedaria més temps i va plantejar a la seva promesa, que estava al poble, que se n'anés amb ell. Es van casar a Portugal i, quan van tornar a Andorra, se'n van anar a viure amb un parent seu. No era la solució que desitjaven, ja que "un matrimonio se quiere solo" i mentrestant buscaven un apartament. Finalment, van trobar un pis petit. Quan va arribar a Andorra l'ANTONIA, la seva dona, només parlava portuguès. Malgrat això, aviat va trobar feina com a dependenta i més endavant entraria a treballar en un taller de confecció.

> Bueno, ella antes trabajaba en una fábrica de costura... Pero como había una mala forma de trabajar entre ellos, y mala comprensión entre el encargado de ellas y del jefe. Después retrasaba las pagas dos o tres meses. Y después llegó un punto que mi mujer estaba embarazada, y entonces gastos médicos. Y llegó una altura que a ella non pagaban la seguridad social, entonces non pagaba res, non tenia seguro y después tuvo que abandonar esto. Porque no se puede. Si ella trabaja, alguien se tiene que hacer cargo del crío.

Van tenir una filla i llavors van decidir que ella deixés la seva feina, ja que no podien pagar a ningú perquè se'n fes càrrec de la petita. Però necessitaven els dos sous, perquè a Andorra la vida és cara, especialment l'habitatge. Ara ella treballa per hores fent feines de neteja a diverses cases. Malgrat que se senten bé a Andorra i que ara per ara tenen feina tots dos, la seva condició d'estrangers els fa sentir en permanent situació de provisionalitat. "Un obrero nunca se siente seguro aquí", perquè si bé hi ha una oferta laboral àmplia, un dia pot faltar el treball i no hi ha cap mecanisme d'ajuda, cap mena de compensació ni subsidi d'atur i el nivell de vida és alt. En cas de quedar-se sense feina un estranger ha de marxar ràpidament. Per això la preocupació pel futur sempre la tenen molt present.

> Hay mucha gente que me dice a mí: "¿Por qué no te metes a comprarte un piso en vez de pagar?" Sí, señor. Lo compraría si hay un piso asequible. Y si me dieran el trabajo diez años, tranquilamente me metería a pagar un piso. Ara, si estás a trabajar, estás a pagar un piso, y de aquí a uno o dos años te falta trabajo,...

> porque aquí como no hay paro, aquí no puedes estar parado. Has de escapar de aquí, entonces tienes que escapar de aquí. (...) La vida de inmigrante es muy sacrificada, mucho ¡eh!. Lo que nosotros estamos aquí, estamos a pensar en el trabajo aquí, estamos a pensar en el futuro, que ese futuro... ¡Hombre! No voy a decir que me voy a quedar aquí porque... un inmigrante siempre sueña a hacer algo en su pueblo. Entonces allí termina su vida. Es lo fundamental. Lo que pasa es que es difícil perque aquí hoy en día prácticamente entre piso, comida y unas vueltas que das, no puedes ahorrar mucho. Mucha gente se queixa y con razón. Porque aquí está pagando...

El CARLOS se sent desprotegit com a treballador. No té cap garantia de regularitat ni de continuïtat. Quan hi ha poca feina, simplement li redueixen les hores de treball i el seu sou baixa estrepitosament. Ara que té una família això és objecte de preocupació. Amb el temps ha entès la lògica d'una cosa que inicialment el va sorprendre quan va arribar a Andorra i és que tot i haver demanda de treballadors, a ell li van posar molts problemes per a l'obtenció del permís de treball.

> Había personal a tope. Autocars ahí era una... entonces había la cuestión esta, subía gente, trabajaba, pero no tenía papeles. Yo subí aquí a Andorra porque había un amigo, de Portugal: "Si tienes un lugar para mí, tú". "Bueno, ya te diré algo." Y pasado un mes, me llamó por teléfono. Bueno, ya tenía pensión, tenía trabajo, no tenía papeles. Trabajé quince días, y pasados quince días controlado por la policía me han dicho: "Usted no tiene papeles, aire." Entonces ¿cómo pueden aceptar gente para trabajar? La policía no da permiso ¿por qué no hay control? Porque en un país pequeño como éste, podía tener más control ¿no? "Porque: "Tu què vienes a hacer, a trabajar, de turismo?", ¿no? Si dice: Voy a entrar para trabajar, tiene que tener un contrato, y mediante ese contrato, no tiene que entrar ocho o quince días, tiene que entrar dos o tres días antes nada más. Y para salir igual, termino el contrato hoy y tengo tres días para salir. Y me quedaba pensando: por qué.

Malgrat els començaments difícils i la sensació d'inseguretat present i futura, el CARLOS ha anat adaptant-se a la vida d'Andorra. Al cap de dos anys de ser-hi es va enregistrar en el Comú. Es va comprar un cotxe per poder tenir una certa autonomia en els desplaçaments, però sobretot volia "tener alguna cosa", quelcom que fos de la seva propietat. Ell és conscient de la imatge negativa que tenen els portuguesos a Andorra, però considera que entre els portuguesos hi ha de tot com a tot arreu.

> No sé, nosotros somos acusados de muchas cosas y hay una cierta diferencia... hay gente de muchos niveles. Hay mucha gente que

> debía estar acá y hay gente que no debía estar acá. Y entonces como no hay control sobre todo. Porque yo tengo un hermano a Suiza y allí hay más calidad, había más profesionales. Porque tú entras a Suiza y vas a trabajar tres meses, el primer contrato de tres meses, luego probar si sabes o si no sabes, si te portas bien o si no. Te portas mal pero sabes trabajar y tal, ya no te renuevan contrato y allí ya no entras más, porque hay más calidad. Lo que pasa es que aquí la frontera estaba abierta, y entras por aquí y sales por arriba, y vuelves a entrar y mucha gente que... Por eso te digo que fue uno de los problemas.

Com es pot comprovar, el CARLOS considera que caldria instaurar uns controls encara molt més rigosos sobre la immigració, tot assumint que el treball és l'únic que justifica haver de residir en un país que no és el propi i es tracta, per tant, d'una situació provisional. Dins d'aquesta lògica, ell aspira a tornar algun dia al seu poble, poder comprar alguna cosa (un terreny, una casa...) i treballar allà. Però ara té una família, té una filla, i en la decisió de quedarse a Andorra o marxar s'han de valorar moltes coses. Li preocupa sobretot que la nena no pugui rebre l'ensenyament en portuguès i que eventualment haguessin de marxar enmig d'un curs acadèmic.

> Mi hija empieza escuela. Tiene que estudiar. Tengo que pensar un poco si antes de empezar escuela ya hemos tenido que marchar, porque si no tenemos que aguantar aquí hasta que ella termine. Porque si aquí en Andorra hubiera una escuela de portugués ¿no? pues no hay problema. Tú estás aquí a trabajar, y entonces porque hay falta de trabajo o porque estás harto de estar aquí y quieres marchar, te vas a media de época o a final de época, y allí puede seguir porque sigue el mesmo idioma. Aquí hay una diferencia. La única cosa que hay es que tienes que marchar antes de que empiece la escuela o esperar a que termine la escuela. Es uno de los problemas que hay.

El present del CARLOS i de la seva família està a Andorra; el futur el desitgen a Portugal.

1990. CLARA (portuguesa, professora)

Originària d'Angola, va anar a cursar estudis universitaris de sociologia a Lisboa, on va encarrila la seva carrera professional i la seva vida. Però una relació sentimental la va portar fins a Andorra. (EE-155, D-ES-5-P)

L'any 1990, quan tenia trenta anys, la CLARA es trasllada a viure a les Escaldes. Ja havia estat a Andorra amb anterioritat. La seva primera impressió no va anar més ellà de la que se n'emporta un turista que va de compres, que surt a la muntanya, o sopa en algún restaurant... havia conegut la part més lúdica del país. Però un plantejament de vida més permanent, la va fer endinsar-se en la lògica del país. I és que en aquella primera estada a Andorra, la CLARA va conèixer l'home que acabaria essent el seu marit. Ell, de nacionalitat portuguesa, estava treballant com a informàtic i feia catorze anys que vivia al Principat. L'enamorament va ser tan fort que van decidir casar-se i que ella es traslladés a Andorra. Per ella això significava abandonar la feina que tenia (un gabinet d'anàlisi i estudis socials) i anar-se'n a un país desconegut. La integració en la vida d'Andorra va ser molt ràpida. La seva total immersió va venir propiciada per la seva mateixa actitud, pel cercle d'amistats que tenia i per la carrera professional que volia seguir exercint.

> Va ser el meu marit que em va conduir una mica, perquè ell coneixia més bé el país, va trobar-me un professor de català i als tres, quatre dies d'arribar al país estava aprenent el català; solament sabia una paraula, era: hola; no havia sentit parlar mai català a la meva vida, no parlo castellà, no. I per tant els primer contactes per mi eren una mica dolorosos perquè jo no parlava ni castellà ni català, per parlar amb la gent o parlava anglès o portuguès. Com el cercle d'amics del meu marit, no són portuguesos, són més aviat catalans, andorrans, gent d'aquí del costat, la cosa es tornave una mica complicada, perquè jo vaig estudiar moltes hores al dia, i vaig fer molts esforços per aprendre la llengua. Vaig pensar que amb la meva formació acadèmica no podia agafar qualsevol feina, i vaig proposar-me aprendre la llengua i la història del país, perquè vaig fer també història i geografia d'Andorra; vaig estar dos anys, tot aquest procés d'integració diguem. Solament al final de dos anys vaig proposar-me treballar una mica.

Quan va arribar, el cercle dels amics del seu marit va passar a ser el cercle dels seus amics. Aviat es va adonar dels estereotips que corren sobre els portuguesos i com la gent se sorprèn pel fet que ella no s'hi correspon. Ha après el català i el domina; en canvi no coneix el castellà, i comenta divertida com anècdota (ben significativa, per cert) que quan va a algun organisme oficial i presenta la seva documentació, la persona que l'atén té la tendència a parlar-li en castellà i és ella qui ha de demanar que canviï de codi i li parli en català. En aquests casos sempre comprova la reacció de sorpresa, però també de major acceptació, que té la gent.

> Vaig començar a adonar-me que la gent aquí a Andorra té molts prejudicis sobre el grup dels portuguesos. Home, jo aquí no he tingut

> molts problemes, perquè també jo no tinc el perfil del noranta per cent dels portuguesos que viuen a Andorra. I va una mica per aquí. La gent al principi em va dir: una portuguesa més. Però després amb el contacte mantingut s'adonen de la diferència cultural relativa amb la majoria de gent de la meva nacionalitat, encara que conec més d'un portuguès que viu a Andorra amb un nivell cultural força elevat. Home, jo penso que és una mica com la gent als altres països, per exemple; parlen de xenofòbia i jo penso que la xenofòbia és també molt social, normalment la gent no fa racisme entre gent de la mateixa classe social.

La facilitat amb què la Clara es va adaptar al nou context on vivia s'entén en l'àmbit del seu grup social. No va tenir cap problema per obtenir la documentació com a resident i va aprendre català de seguida, mentre esperava que li sortís un treball d'acord amb la seva preparació professional. La idea d'obrir un gabinet de sociologia dedicat a Andorra com el que tenia a Lisboa la va abandonar d'immediat, ja que la legislació andorrana obliga a tenir vint anys de residència per a muntar una empresa d'aquest tipus.

> Aquí és un problema perquè com estrangera no ho puc fer. Perquè la informació que m'han donat els professionals d'aquí, és que he de portar al país no sé si vint anys, quinze anys, per obrir el despatx amb el meu nom. Per tant això no m'ho plantejo, perquè amb trenta-nou anys, jo no puc esperar fins al seixanta per començar a tenir un despatx a Andorra; per tant és una cosa que he oblidat completament. Perquè jo penso quedar-me aquí al país, perquè el meu marit és una cosa que té molt cara, que vol quedar-se. Per tant jo per quedar-me aquí al país i fer la meva feina he de treballar per a altres.

Al cap de dos anys de viure a Andorra, va aconseguir una plaça com a professora. Això fa que estigui en contacte amb els nens i nenes que van a l'escola, que tenen diferents nacionalitats, i és també testimoni de les situacions de marginalitat que viuen algunes criatures. La Clara és conscient de les distàncies socioeconòmiques que existeixen en la societat andorrana.

> Jo estic segura que no és lo mateix parlar amb una família jubilada anglesa que està vivint a la Massana que parlar d'uns joves portuguesos que viuen a Encamp en un pis amb cinc o sis persones, en un pis petitet, així com parlar d'alguns holandesos que viuen aquí. Penso que hi ha realitats diferents, i molt distanciades.

El fet de tenir resolts els problemes materials no significa que obviï una realitat que, segons ella, es fa molt patent al carrer. A Andorra hi ha un nivell de vida elevat, però no tothom en pot gaudir:

només cal fixar-se en determinats detalls i reflexionar sobre què ocasiona les situacions de pobresa, solitud o marginació.

> El meu cercle social és normalment gent sense problemes, gent que viu al país fa molts anys, que tenen la seva vida muntada, gent normal, diguem, gent que trobem a tot arreu, a tots els països, gent que podrà tenir el seu dia dolent però, amb alts i baixos, però que viuen bé. Però això no és la norma. Jo pateixo molt, per exemple, un diumenge a la tarda que vaig a fer un tomb en cotxe i veig una colla de gent als jardins d'Encamp, allà tots plegats, i començo a pensar: serà que estan aquí solament per gaudir del jardí, o serà que han hagut de sortir de casa, perquè no tenien espai per a... No sé, són aquestes petites coses que jo moltes vegades penso.

La seva formació com a sociòloga i la seva experiència en el món de l'ensenyament li confereixen una visió crítica respecte a la intervenció institucional, i considera que es podria ampliar l'abast de les actuacions que des de diferents nivells i organismes s'enfronten a aquesta problemàtica social. Pensa que és bàsic millorar les condicions d'integració dels immigrants, i, a més de les dimensions materials que afecten l'estil de vida, atorga una gran importància al factor lingüístic.

> Jo no sé ben bé el que passa... Per exemple, jo encara no he entès bé com una població tan gran com és la població portuguesa, que som uns vuit mil o nou mil, per exemple, no són a català, a la formació d'adults. Jo vaig començar quan vaig arribar aquí, fa quatre anys, i generalment molt poques vegades he vist portuguesos en la formació d'adults. Alguna cosa falla dins d'aquest procés català, i aquesta comunitat específica. Jo estic convençuda de què si la gent té accés a la llengua nacional del país, també tindrà accés a altres coses, ara si la gent no parla la llengua nacional, i tampoc parla cap llengua molt bé, això també és una forma de quedar apartat, de quedar fora del cercle de la vida...

"La gent no ve a serveis socials, han de ser serveis socials que vagin a la gent". Li preocupa especialment la situació dels immigrants portuguesos a Andorra, sobretot la dels nens i nenes que es troben desarrelats. En el centre educatiu on treballa pot comprovar quotidianament les dificultats perquè es produeixi una integració efectiva.

> I els fills dels portuguesos no parlen portuguès. Nosaltres els nanos que tenim allà et diuen: "jo sóc portuguès". Comencen a parlar i ni una paraula és portuguesa, estan parlant castellà amb una accentuació així una mica diferent. I això realment si aquesta família algun dia torna al país, els nens seran uns desarraigats, i això és

> complicat. Perquè després no són d'aquí, no són d'allà, no són de cap lloc, això provoca problemes d'identitat molt forts.

Traslladar-se a Andorra ha significat abandonar la trajectòria professional que havia iniciat a Portugal, però sense el seu nivell de coneixements potser no podria estar ara desenvolupant la seva feina actual, ni la seva vida personal i familiar. Vol conèixer més a fons aquest país que l'ha acollit, sense renunciar però a la seva identitat, que està arrelada al país on va néixer i viure durant els primers anys de la seva existència.

> Si tu estàs aquí has de ser una mica andorrà, com molta gent diu, i jo penso que sí, que s'ha de ser així. S'ha de mirar el país, des de dins del país; per altres coses sí que és bo que tu diguis això és diferent. Hi ha coses meves: la meva identitat africana jo no la perderé, però jo penso que guanyaré si puc tenir contactes amb gent que ha viscut altres experiències, han viscut una guerra mundial, han vist passar els jueus, han vist passar els contrabandistes. Això són experiències de vida que per mi són noves i són enriquidores. No sé, jo ho veig així.

CAPÍTOL IX

La frontera imprescindible: la qüestió del tabac

El tabac, una agricultura fictícia

"El tabac s'ho menja tot." (Jaume Ros Serra).

El cultiu del tabac a Andorra experimenta un fort increment en les tres últimes dècades, que s'ha fet a costa d'antics prats i camps de conreu, així com de zones de bosc i de boïgues. Per això, diu Jaume Ros en un article periodístic que el tabac s'ho menja tot.[1] I no deixa de tenir raó, perquè en vint-i-cinc anys (entre 1970 i 1994) el nombre de tones de tabac produïdes a Andorra es multiplica per tres i això és un increment considerable.[2] Els fabricants de tabac compren la producció andorrana a un preu polític que està molt per sobre del preu del mercat. Cal dir que es tracta d'un tabac que no serveix per a la manufactura dels cigarrets rossos que es fabriquen sota patent de marques estrangeres: d'aquí que calgui importar tabac ros exòtic. Què se'n fa aleshores del tabac produït a Andorra? Doncs la major part d'ell es destrueix; només se'n conserva entre un 10% i un 20% de la producció que es destina a la fabricació de cigars.[3]

1. Vegeu l'article de Jaume Ros i Serra, "Tabac: la imaginació al poder", *Diari d'Andorra* del dia 20 de gener de 1996, pàg. 13.

2. Ja hem indicat en la introducció que la nostra anàlisi finalitza l'any 1997, que coincideix amb el moment en què les autoritats espanyoles efectuen una forta repressió del contraban, cosa que posa fre al cultiu del tabac i inverteix la tendència al seu increment.

3. La pràctica de destruir el tabac prové inicialment d'una condició que posava Espanya per permetre el lliure trànsit de tabac pel seu territori i és que es cremés una part del tabac andorrà equivalent a la que s'importava des d'Espanya, 80 t, que era el contingent que s'havia fixat. D'aquesta manera s'admetia la millora en la qualitat del que es produïa però no en la seva quantitat (J. M. Bricall, *Estructura i perspectives...*, pàg. 219). La destrucció anual del tabac s'ha fet davant de tot un conjunt de testimonis que ho avalen: representants de la Junta de Tabac (colliters i fabricants), un notari, el secretari de la Vegueria Episcopal, i un membre de la Delegació del Govern Espanyol

El tabac és doncs una agricultura fictícia, ja que es basa en el cultiu d'un producte que després no es fa servir en la seva major part.

De la mateixa manera que el tabac (pràcticament un monocultiu avui a Andorra) ha arrasat una quantitat enorme d'hectàrees de terreny que s'ha sostret a altres cultius o que s'ha restat dels boscos, també cal dir que el seu cultiu ha frenat la urbanització desenfrenada i ha contribuït sens dubte al manteniment de l'activitat agrícola que, si no fos lucrativa, com ho és en aquest cas, faria molt de temps que hauria desaparegut davant els avantatges competitius del comerç i del turisme. A altres llocs del Pirineu podem comprovar l'existència de nombroses terres de conreu abandonades, testimonis del que antigament (no fa pas massa anys, per cert) havien sigut antics camps de cereals o de farratge. A Andorra, en canvi, el paisatge agrari s'ha mantingut. Les mates de tabac es poden trobar en camps grans i en parcel·les molt petites, en antics horts, enmig d'edificis, en racons inusitats. Abans es feia sobretot a Sant Julià i a Andorra, però avui també se'n cultiva a les parròquies altes, tant en les terres més abrigades i a recer del fred com en altituds molt elevades.

Actualment el cultiu del tabac es fa amb mètodes molt moderns. Els agricultors han invertit en maquinària i també en assecadors. No sols s'utilitzen les antigues bordes i corts, sinó que s'han construït nombrosos edificis destinats a penjar les mates de tabac perquè s'assequin després de ser collides. Hi ha alguns pagesos que se'n cuiden ells mateixos, però són molts també els que arrenden o subarrenden els camps i bona part de la mà d'obra que s'utilitza és estrangera. L'atenció amb què es fan les diferents feines, l'orgull d'aconseguir fulles de qualitat, el patiment dels agricultors davant el perill de pedregades, la racionalització creixent de les explotacions i el seu funcionament com veritables empreses agràries no semblen correspondre's amb la destinació final que tindrà el resultat de tots aquests esforços i és que la major part de la producció sigui destruïda. Cap pagès admet de fet que el tabac que es crema o es tritura sigui precisament "el seu".

En aquests darrers anys, els fabricants han comprat el tabac andorrà a un preu elevadíssim, ja que a més de l'import acordat

vinculat a Tabacalera. El volum de tabac que passa a cremar-se o a triturar-se (en aquest cas es reutilitza com adob) augmenta en el moment en què els fabricants obtenen les patents estrangeres per fabricar cigarrets rossos i no els serveix el tipus de tabac que es produeix a Andorra.

per cada quilo s'afegeix un tant per cent més sobre el tabac que s'importa i és així que alguns anys han arribat a comprar una sola collita dos i tres vegades. Un dels majors fabricants, enutjat amb aquesta situació ens deia que ja estava fart de "treballar pels pagesos" (EE-33, H-SJ-2-A), però també cal dir que foren els mateixos fabricants els qui l'any 1974 van establir un acord amb els colliters que és el que després s'ha anat renovant. Alguns dels fabricants han mantingut el poder polític durant molts anys i no sols van promoure aquesta situació sinó que la van mantenir ben a consciència. De fet, l'acord entre els dos sectors només s'explica perquè resulta beneficiós a tothom.

La qüestió del tabac no és sols un afer intern d'Andorra. És un dels productes que amb més profusió ha estat objecte de contraban i fins a tal punt és així que de forma recurrent els països veïns (França i Espanya) han fet arribar la seva protesta pel que es considera un seriós perjudici econòmic i un frau fiscal, ja que són moltíssims els cartrons de tabac que han passat il·legalment la frontera i acabat venent-se fora d'Andorra a baix preu. I no es tracta de petites quantitats: hi ha el convenciment que són veritables grups organitzats de traficants els que han dominat aquesta classe de comerç que és il·legal des de la perspectiva d'Espanya i de França i actualment també per Andorra. L'any 1997 aquest tema es va tornar a remoure i va sortir diverses vegades en els mitjans de comunicació, especialment a partir del mes d'octubre, quan el govern espanyol envia a la frontera patrulles dels Grups Antiterroristes Rurals de la Guàrdia Civil. A més, la Unió Europea exigeix que Andorra declari delicte el contraban. Difícil situació per un país que viu justament de la frontera i on el contraban hi ha estat sempre present.

Aquests són els diferents nivells en què s'insereix el cultiu del tabac i la fabricació de manufactures de tabac. Dues dimensions considero que són rellevants a l'hora de presentar tota aquesta temàtica. La primera d'elles serà discutir la "racionalitat econòmica" d'aquest sistema, ja que aparentment no n'hi ha cap. No sembla que els fabricants de tabac actuïn guiats per la finalitat d'obtenció dels màxims beneficis, ni que els cultivadors prenguin les seves decisions d'acord amb la participació en un sistema de lliure concurrència. Si ho analitzem exclusivament des d'aquesta òptica, limitada per ser merament economicista, serem incapaços d'entendre la lògica del sistema. En aquest sentit, resulta pertinent la perspectiva de Maurice Godelier, que no parteix de l'assumpció d'uns pressupòsits predeterminats, sinó que considera que cal descobrir quina és la racionalitat específica de cada sistema econòmic i social. A més, centra la seva anàlisi en l'articulació entre diferents dominis per establir com contribueixen a la reproducció o no reproducció de tot el sistema.[4]

La qüestió del tabac, d'altra banda, no es limita a ser una mera peculiaritat d'Andorra ni és tampoc un tema purament anecdòtic, sinó ben central. Es tracta d'un d'aquells *fenòmens socials "totals"*, per utilitzar l'expressió de Marcel Mauss, en el qual s'hi imbriquen dimensions econòmiques, polítiques i ideològiques.[5] A més, per poder-ho explicar cal entendre la lògica de tota la societat andorrana en el seu conjunt i no sols la dels segments que hi estan directament implicats i cal entendre també l'articulació d'Andorra amb corrents econòmics de caire global que transcendeixen la lògica interna del Principat. Haurem de posar en joc, en definitiva, tots els instruments de l'economia política, perquè no es tracta d'un tema purament econòmic sinó també polític. D'aquí que sigui essencial analitzar la interacció i conflicte entre els diferents grups d'interès, així com el significat que implica la manca d'intervencionisme de l'Estat en aquest afer. El tabac ha sigut un dels pilars essencials del comerç oficial i oficiós d'Andorra i, tal com assenyala A.L. Sanguin, no sols és un cultiu molt original atès el lloc on es fa, sinó que també ho és perquè està altament polititzat, ja que és un dels pocs indrets del món en què el tabac es cultiva de forma lliure i no és un monopoli de l'estat.[6]

Característiques de la producció de tabac

> "La meva família abans tenia bestiar, ara no en tenen; abans feien el blat, ara fan tabac". (EE-22, D-OR-5-A)

El cultiu del tabac a Andorra sembla que es remunta ja al segle XVII, però la seva extensió significativa es produeix durant el segle XVIII, coincidint amb el moment en què Espanya converteix l'elaboració del tabac en un monopoli. Tradicionalment el cultiu del tabac s'ha donat sobretot a Sant Julià, Santa Coloma i Andorra la Vella, que són els llocs més protegits del fred i que pel seu microclima han tingut unes condicions més favorables.

S'acostuma a citar Tabacalera Andorrana com la primera fàbrica de tabac existent a Andorra, fundada el 14 de febrer de 1899.[7]

4. M. Godelier, *Racionalidad e irracionalidad en economía*, México, 1974.
5. M. Mauss, *Sociología y Antropología*, Madrid, 1974 [ed. original 1923-24].
6. A. L. Sanguin, *Les micro-états d'Europe...*, pàg. 252.
7. J. Font i J. M. Bartumeu, *Llibre blanc...* pàg. 6.

Però el llibre de commemoració del centenari de la fàbrica Reig indica que en data anterior, ja en el 1880, en Rafael Reig Sans va començar a fabricar tabac de polsar (rapè) i picadura en un indret anomenat Ca la Rossill, de Sant Julià de Lòria i posteriorment fabricà també escafarlata en l'edifici de Ca Miquel Dolsa.[8] Fins a la transformació de les antigues fàbriques artesanals en modernes empreses altament mecanitzades, el cultiu del tabac i la seva elaboració era molt conjuntural, ja que augmentava en temps de conflictes bèl·lics i en èpoques de pau disminuïa. A més de Tabacalera Andorrana i de la fàbrica Reig hi havia també altres fabricants (Polleta, Espel, Patau, Jaume, Agustinet), que elaboraven picadura, escafarlata, caliquenyos i cigarretes, partint d'un tabac negre, molt fort, de la varietat anomenada *tana*.[9] A partir d'una ordinació de l'11 de febrer de 1925, es va prohibir el cultiu de la varietat tana i es van regular les condicions del cultiu, producció i elaboració del tabac.[10] Un dels nostres informants recorda prou bé l'impacte d'aquesta disposició, que inicialment comptà amb la resistència de molts pagesos:

> Al principi hi havie el tabaco comú, que el feven molt per aquí, més que a on a Aixirivall, i a Sant Julià, i va arribar un moment que allavons va sortir aquest altre tabaco, el brasil, que va superar l'altre. I allavons va venir que molts de l'autoritat d'aquí, van ser els batlles que hi van platicar, que van passar un avís que ningú plantés tabaco tana, que plantés brasil. El pare, *que en paz descanse*, ere jutge, ere batlle, i va donar ordres que passessen amb homes a arrenca'l. I, claro, n'hi va haver que: "Si m'hi passe a la meva finca, els fotaré un tiro!" "Què faré, què diré!" I tothom va callar.

8. M. Mas i A. Morell, *Fills de Julià Reig. 1880-1980, 100 anys de desenvolupament*. Edició especial commemorativa 1er. Centenari. Andorra, 1980.

9. Els caliquenyos es feien amb les fulles que havien quedat més senceres, els *capots*, que s'estiraven i omplien amb la *tripa del tabaco*, les fulles més petites, o foradades: "Agafàvom i mullàvom la fulla, un grapat de fulles, i l'escurríom una mica; llavons la possàvom aquí [indica les cuixes], llavons l'esteníom, la tallàvom, tiràvom lo brut i fèiom lo puro [caragolant-lo sobre la cuixa]" (EE-140, D-SJ-4-A). Prèviament les fulles de tabac s'havien *espalillat*, és a dir, se'ls havia tret la tija i nervi principal, que es separava i amb les restes de fulles es feia la picadura, tot barrejat i tallat ben petit. L'escafarlata és el tabac tallat en fils per la pipa o els cigarrets. Es posaven en paperines, paquets o també en rajoles premsades per la seva venda. Amb l'escafarlata es feien cigarrets: "Amb l'escafarlata que ens portaven anaven com amb una tela, la cargolàvom, posàvom midó, i llavons s'havie de tallar amb unes estisores a cada cap, i allavons tenívom com uns caixons, els posàvom allà i amb una serra els tallàvom, i n'hi sortien quatre, i allavons els lligaves, i amb una ribota, com allò dels fusters, feves així i els empaquetaves, feves los paquets aquells de cigarrets. Jo sé que en quatre hores te n'empaquetave uns vint quilos. I és que tenie los dits molt llestos" (EE-102, D-SJ-2-A).

10. Vegeu M. Font i Bartumeu, *Llibre blanc...*, pàg. 7-8.

> Va passar el pare, amb dos o tres homes, i ana'l arrencant. "Planteu l'altre, del Brasil". O sigui, que aquell s'ha perdut i ara és aquest brasil amb dos o tres classes (EE-92, H-AN-2-A).

En el seu estudi sobre l'estructura de l'economia andorrana, J. M. Bricall constata que només una de les fàbriques existents en aquell moment es dedicava a empaquetar tabac de marques americanes, mentre que la resta continuava amb les elaboracions tradicionals.[11] Constata també que la producció de tabac havia anat tenint una tendència decreixent, cosa que atribueix a l'important procés d'urbanització que s'estava experimentant a les Valls i a la disminució de terrenys conreables. En aquells anys, el volum de la producció se situava entre les 250 i les 300 tones i difícilment es podia preveure l'espectacular augment que es produiria en els anys següents, en què aquests valors s'arribarien a triplicar. Vegem-ho en el següent quadre:

QUADRE 5
Collita de tabac (1962-1994)

Any	*Collita (en t)*	*Índex 1962 com a base 100)*	*Any*	*Collita (en t)*	*Índex 1962 com a base 100)*
1962	315,0	100,0	1980	265,9	84,1
1963	197,0	126,0	1981	263,7	83,7
1964	354,0	112,4	1982	349,9	111,1
1965	225,0	71,4	1983	323,3	102,6
1966	257,0	81,6	1984	419,3	133,1
1967	221,6	70,3	1985	538,2	170,9
1968	287,9	91,4	1986	599,1	190,2
1969	281,2	89,3	1987	642,7	204,0
1970	318,6	101,1	1988	568,1	180,3
1971	334,2	106,1	1989	674,1	214,0
1972	225,3	71,5	1990	767,8	243,7
-	-	-	1991	939,0	298,1
-	-	-	1992	794,1	252,1
-	-	-	1993	957,8	304,1
1976	272,5	86,5	1994	901,6	286,2

Font: 1962 a 1972: J. M. BRICALL I ALTRES, *Estructura i perspectives...*, pàg. 199; 1976: J. FONT i J. M. BARTOMEU, *Llibre blanc...*; 1980 a 1994: X. SÁEZ, "Informe sobre l'economia...", pàg. 37)

11. J. M. BRICALL I ALTRES, *Estructura i perspectives...*

La frontera imprescindible: la qüestió del tabac

Els increments significatius de la producció de tabac comencen a produir-se l'any 1983, i és en els anys 1991 i 1993 quan s'arriben als valors màxims i es superen amb escreix les 900 tones. Aquest espectacular augment es relaciona amb les condicions del conveni que signen fabricants i tabaquers l'any 1974, que exposarem més endavant. Les garanties que tenen els agricultors a partir d'aquest moment que els serà comprada tota la collita i els preus polítics que s'estableixen, molt per sobre dels de mercat, propicien l'orientació de la pagesia cap a la seva especialització en aquesta classe de conreu que pràcticament esdevé un monocultiu. Com a resultat del mateix fenomen, passa a estendre's progressivament a totes les parròquies. En el quadre 6 se'n presenta la distribució.

Podem comprovar en el quadre 6 com és a mitjans de la dècada dels vuitanta quan comença a augmentar significativament la producció de tabac. En xifres absolutes i també relatives la parròquia de Sant Julià continua mantenint-se en el primer lloc; en el seu cas la producció de tabac s'ha triplicat respecte a la situació de 1970 (que no és l'any que presenta valors més baixos precisament). Aquesta proporció es correspon així amb l'increment mitjà que hi ha hagut en el conjunt del país, i com en la situació de partida Sant Julià ja se situava molt per davant de les altres parròquies, continua actualment mantenint aquesta distància amb escreix. No passa el mateix, en canvi, amb el conjunt d'Andorra la Vella i les Escaldes, que també han augmentat la seva producció de tabac, però solament s'ha multiplicat per 1,8 respecte a 1970 i, per tant, per sota de la mitjana. La parròquia de la Massana, al seu torn, és una de les que fa un salt més important, ja que el volum de la seva producció se situa quasi al mateix nivell que el d'Andorra i les Escaldes, quan anys enrere no era ni molt menys així. En el seu cas, la producció s'ha multiplicat per 4,8. La d'Encamp i Ordino ho ha fet per 3 i per 2,3 respectivament i el volum total del darrer any és força gran. En últim terme se situa Canillo, on s'ha produït l'augment relatiu més elevat (en el seu cas, la producció s'ha multiplicat per vint), però continua mantenint els valors més baixos. La parròquia de Canillo està situada en unes cotes d'altitud molt altes que la fan poc apropiada per al cultiu del tabac i el que s'hi fa és majoritàriament de la categoria més dolenta. Això no ha obstat que els pagesos es llancessin a fer tabac, atès que passa a ser un cultiu molt rendible fins i tot en aquestes condicions.

> Aquí no en plantàvem de tabac, però a baix, a Andorra, sí, sempre. Aquí el vam començar a fer quan el van començar a pagar, fa vint anys. (EE-112, H-CA-3-A)

QUADRE 6

Distribució de la collita de tabac per parròquies

Parròquia	*1965*	*1970*		*1976*		*1980*		*1985*		*1990*		*1994*	
	%	*kg*	*%*	*kg*	*%*	*kg*	*%*	*kg*	*%*	*kg*	*%*	*kg*	*%*
Canillo	1,3	2.248,5	0,7	5.103,0	1,9	4.637,0	1,7	24.440,0	4,6	44.361,0	5,8	44.119,5	4,9
Encamp	10,2	34.118,0	10,2	27.996,0	10,3	27.034,0	10,2	66.969,5	12,4	80.816,0	10,5	105.262,5	11,6
Ordino	12,1	49.271,5	15,5	33.117,8	12,1	31.271,5	11,8	59.481,5	11,1	92.839,5	12,1	114.086,0	12,7
La Massana	8,8	38.892,0	12,2	31.591,0	11,6	23.069,0	8,7	76.110,0	14,1	106.846,0	13,9	173.086,0	19,2
Andorra-Esc.	34,8	101.956,5	32,0	80.734,5	29,6	78.254,5	29,4	107.241,5	19,9	119.013,5	15,5	126.786,0	14,1
Sant Julià	32,5	92,178,0	28,9	93.959,5	34,5	96.657,0	36,3	170.212,0	31,6	291.328,0	37,9	282.260,0	31,3
Escaldes-Eng.	-	-	-	-	-	5.023,0	1,9	33.809,0	6,3	32.654,5	4,3	55.663,5	6,2
Total kg	-	318.664,5		272.501,0		265.946,0		538.263,5		767.858,5		901.681,5	

Font: per 1965 i 1970: J. M. BRICALL i altres, *Estructura i perspectives...*, pàg. 199; per 1976: J. FONT i J. M. BARTUMEU, *Llibre blanc...*; per 1980-1994: X. SÁEZ, "Informe sobre l'economia...", pàg. 37.

Aquest increment de la producció no sols ha significat roturar i posar en cultiu noves parcel·les, sinó que molt sovint les explotacions pageses han reconvertit els antics prats i camps de cereals en camps de tabac i també han intensificat els ritmes de producció, abandonant l'alternança de cultius que tenia com a funció la regeneració del sòl:

> De tabaco nosaltres mai no n'havíem fet gaire. Abans del gran "boom" del tabac que... vull dir, que abans el tabac es pagava, però no ere lo d'ara, no? Normalment als camps se'ls hi donava repòs, i normalment la finca que feies tabac un any, l'any següent hi feies patates, perquè són dos cultius diferents que regeneren la terra. En canvi, ara fa uns anys que es fa tabac un any, tabac l'any després, tabac l'any següent... Suposo que a la terra també hi repercuteix i no es pot regenerar tan fàcilment. (EE-21, H-OR-5-A)

I si hem parlat fins ara del volum de producció total i la seva distribució per parròquies, ara caldrà que ens referim a un altre fet, i és que la qualitat del tabac és molt variable en funció de les característiques del sòl i de les condicions climàtiques. En el moment de la seva venda el tabac es classifica d'acord amb tres categories, segons el tamany de la fulla i si està sencera o no, ja que si hi ha hagut alguna pedregada les fulles poden quedar molt malmeses. És interessant veure les variacions d'aquestes categories per parròquies, ja que malgrat l'escassa qualitat que presenta el tabac en alguna d'elles, les particulars condicions que s'estableixen en el conveni entre fabricants i colliters han contribuït al fet que la producció de tabac s'hagi estès per tot arreu. L'any 1983 hi havia la següent distribució:

QUADRE 7

Distribució de les explotacions i les categories de tabac per parròquies. Any 1983

Parròquia	*Explotacions*	*Hectàrees*	*1a. categoria*	*2a. categoria*	*3a. categoria*
Canillo	17	2,79	10%	34%	56%
Encamp	28	10,40	39	32	29
Ordino	28	14	24	37	39
La Massana	26	10,70	21	35	44
Andorra	28	21,50	46	20	34
Sant Julià	40	32,50	46	24	30
Les Escaldes	12	2,30	32	27	41
TOTAL	179	94,19			

Font: Conselleria d'Agricultura i Patrimoni Natural d'Andorra (G. CHAPEAU, *La mise en valeur...*, pàg. 16-17)

Encara que el nombre d'explotacions i la superfície cultivada s'ha modificat en els darrers anys, les proporcions de la distribució del tabac s'han mantingut, malgrat que el fet d'introduir per al seu conreu parcel·les més marginals pugui haver provocat un increment de les categories de més baixa qualitat. És difícil determinar, per altra banda, la quantitat exacta d'explotacions dedicades al cultiu del tabac, ja que les dades són molt fluctuants i encara que en el transcurs dels anys pugui haver variat el seu nombre, els valors són força dispars. J. Font i J. M. Bartumeu les xifren en 238 l'any 1973; G. Chapeau en 179 l'any 1983 i la recent creada Associació de Pagesos i Ramaders diu que actualment hi ha 380 cases pairals que produeixen tabac.[12] Hi ha un altre factor que dificulta encara més obtenir una major precisió, i és que algunes finques s'arrenden, per tant, una sola explotació pot estar portada directament o indirectament per més d'una família. La mateixa dificultat es presenta a l'hora de poder conèixer el tamany de les explotacions. En una entrevista realitzada l'any 1982 a Enric París i Torres, que era sotssíndic i president de la Junta de Tabac,[13] ell estimava que el nombre d'explotacions se situava entre 250 i 300, que eren de desigual importància, ja que un 64% tenien una producció inferior als 1.000 quilos, un 32% estaven entre els 1.000 i 5.000 quilos, i sols un 4% produïen quantitats superiors als 5.000 quilos. D'aquestes dades es pot deduir que en aquells anys hi havia unes deu explotacions que produïen una tercera part del total de tabac andorrà. I una última qüestió: el sector primari compta amb 174 persones assalariades (dades corresponents a 1995);[14] d'altra banda, moltes finques de tabac estan arrendades a masovers que són els que se n'encarreguen i són pocs els propietaris que fan ells mateixos les feines relacionades amb el camp, ja que la majoria tenen altres ocupacions i fonts d'ingressos.

12. J. Font i J. M. Bartumeu, *Llibre blanc...*, pàg. 28; G. Chapeau, *La mise en valeur...*, pàg. 16.

13. L'entrevista està feta per Rosa Mari Sorribes i amb el títol "Vida i miracles del tabac al Principat" està publicada a la revista *Andorra* 7, núm. 43, pàg. 9-12 (1982).

14. X. Sàez, "Informe sobre l'economia...", pàg. 29.

Pagesos i colliters

"Ara hi ha pagesia perquè és lo tabaco". (EE-92, H-AN-2-A)

"La pagesia aquí a Andorra no rendix, ara lo únic que rendix és lo tabaco". (EE-11, H-CA-3-A)

En aquests moments a Andorra pràcticament totes les explotacions agrícoles funcionen segons criteris mercantils i de rendibilitat. Han quedat lluny aquells anys en què viure de la pagesia significava realitzar un conjunt d'activitats molt diversificades, perquè a més del que es produïa per al mercat (ramat i bestiar) calia proveir-se del que es requeria per a la pròpia subsistència. Tabac també se'n plantava, molt més a Sant Julià i a Andorra que a la resta de les parròquies, i tothom reconeix que era la producció que resultava més rendible, però fins i tot en aquest cas el tabac no desplaçava les altres activitats i el concepte de *pagesia* les integrava a totes elles.

Antes feie de pagès, fins que vaig posar la botiga sempre feie de pagès.

P - Què teníeu?

R - Bestiar, vaques, ovelles, cavallar...

P - I les terres?

R - Tabaco. Tabaco, patates i blat. Lo que allavors lo que donave més, lo tabaco. Lo tabaco ere per pagar el lloguer a les cases que menàvem en arrendament. Amb lo tabaco salvàvom. Lo tabaco, i lo demés les patates que fèvem, lo blat per casa, les pastures pel bestiar. Ere pagesia." (EE-92, H-AN-2-A)

Jo havie fet de pagès. Pagès volia dir ja en aquell moment explotació de tabac, recria, collir el blat, collir les patates, collir l'herba... i teníem dos eres, dos corts, una ben al mig del poble de Santa Coloma. (EE-165, H-AN-4-A)

Actualment el tabac ha passat a ser un monocultiu i són poques les cases que conserven l'activitat ramadera. Les ovelles pràcticament han desaparegut, i actualment la cabana ramadera està formada per poc més de 2.400 caps, més de la meitat dels quals són vaques i vedelles (1.408) i la resta és bestiar equí.[15] Les cases que conserven la ramaderia dediquen una part de les seves terres a tenir prats per

15. X. Sàez, "Informe sobre l'economia...", pàg. 37.

al seu manteniment. Fora d'això, i dels horts per al consum de la casa, avui tota la agricultura s'orienta cap al cultiu del tabac.

En aquest context, el concepte de *pagesia* ha modificat el seu significat. De fet, s'aplica en aquests moments a dos tipus de situacions diferents i aquesta doble connotació és la que hem volgut recollir amb les dues frases inicials. Per una banda, té un sentit genèric que expressa el conjunt d'activitats relacionades amb la terra, amb independència de les seves característiques. La reconversió de moltes explotacions cap al cultiu exclusiu del tabac, amb una orientació netament mercantil, no ha modificat el terme pel qual es denomina l'activitat agrícola com a tal. En aquest sentit genèric el concepte de pagesia integra també tots els sectors socials que d'una forma o altre viuen de la terra, eliminant l'antiga distinció que es feia entre *propietaris* i *pagesos*, essent aquests últims els que cultivaven directament la terra i no en canvi els primers. Ambdues dimensions estan presents quan se'ns diu que "ara hi ha pagesia perquè és lo tabaco", o en la denominació de l'Associació de Pagesos i Ramaders.

Ara bé, aquest darrer significat coexisteix amb un altre més restringit, que integra bàsicament el vessant tradicional de l'activitat, consistent en la combinació d'agricultura i ramaderia i, per tant, en la realització de les diverses activitats que les integren. Aquest altre significat apareix molt clarament quan se'ns diu, per exemple: "n'hi ha que encara fan de pagès" i quan es demana especificació relacionen les cases que actualment tenen bestiar i que se n'encarreguen ells mateixos, integrant-hi els masovers. També és aquest el significat que apareix en l'altra de les frases inicials, en què s'oposa pagesia a tabac i se'ns diu que "ara la pagesia ja no rendix, lo únic que rendix és lo tabaco". La mateixa persona que ens deia això, ens comentava també quins són els inconvenients que avui s'hi veuen:

> La pagesia no rendix. La joventut se n'ha anat a treballar, l'un a un despatx, l'altre a un altre puesto, l'altre a un teleesquí, i és normal, perquè així els hi rendix tot, perquè si s'hagués de portar la vida d'abans, de la manera que avui s'ha posat la vida no es podria pas viure, de cap manera. I el bestiar és molt sacrificat. Tots els dies de l'any: aquí no hi ha diumenges, ni dia de Pasqua, ni Nadal, ni res. És igual el bestiar que altres feines, però al bestiar li has de donar el menjar. (EE-11, H-CA-3-A)

Que la ramaderia no rendeix és un sentiment força generalitzat i això és així malgrat les subvencions que té establertes el govern per protegir aquesta activitat. Aquest sentiment es fa present quan es fa un balanç entre treball i guanys i es compara amb les activitats relacionades amb el comerç, el turisme o els serveis. Fins que no es va produir l'augment en els preus pagats pel tabac aquest balanç era clarament desfavorable per a la pagesia. Per això tots els pagesos s'han abocat cap al cultiu del tabac, encara que això no sempre ha implicat l'abandonament de les altres classes d'agricultura o de la ramaderia.

Les explotacions ramaderes són poques actualment a Andorra i es concentren sobretot a les parròquies de Sant Julià, Canillo i Ordino. Totes elles han adoptat ja fa anys maquinària moderna per als treballs de l'agricultura i han simplificat les feines relacionades amb la ramaderia. Les ovelles han desaparegut pràcticament, i amb elles la transhumància que allunyava els homes de casa seva durant els mesos d'hivern. Quan l'explotació pagesa proporciona els ingressos principals per viure (ja hem indicat que avui en dia pràcticament totes les famílies combinen diferents fonts d'ingressos), la lògica per la qual es guia el seu funcionament s'inscriu plenament en els paràmetres mercantils, de manera que les estratègies d'organització del treball busquen obtenir el màxim rendiment amb la mínima despesa de feina. Si s'han de prendre decisions respecte a tenir una raça o altra de vaques, per exemple, o bé a destinar-les a la recria o a l'obtenció de llet, es fa una avaluació de tot un conjunt de factors que implica realitzar càlculs de valor d'acord amb els paràmetres de mercat. Així es fa patent en les explicacions d'aquest pagès amb relació al tipus de bestiar que posseeix:

> Nosaltres de vaques holandeses no n'hem tingut mai cap, i de munyir no n'hem tingut mai cap tampoc. Nosaltres hem tingut vaques de cria, però quan a la primavera los vedells no s'han acabat la llet, moltes vegades, molts anys abans (ara no ho fem això) munyívom la llet que els hi sobrave i la posàvom en un bidon, i de vegades un bidon marxave ple, i un altre dia marxave que li faltave una mà, que no ere ple. Bueno, això durave tot plegat un mes, un mes o bé un mes i mig que fèvom aquesta feina de fer marxar una mica de llet cap a la Seu. Però quan los vedells ja s'havien fet grossets que ja podiven anar cap allà dalt [a les pastures d'alta muntanya], no volívom tenir tanta feina. (...) És rentable, jo penso que és rentable (...), però coi, tampoc tens tanta feina i a l'estiu t'hauries d'estar a la muntanya... Va, no cal cap patir tant per viure. (EE-162, H-EN-2-A)

El raonament és força lògic a partir d'un càlcul de valor i d'un balanç entre treball i beneficis. El fet de poder disposar dels amplíssims terrenys de pastura comunal, que fa possible que els animals puguin alimentar-se en la muntanya durant l'estiu, no compensa canviar el tipus de raça del ramat i posar-se a tenir vaques lleteres, que requereixen ser munyides tots i cadascun dels dies de l'any. És més racional no haver de fer aquesta feina a canvi que les vaques puguin estar-se a la muntanya. Com tampoc val la pena fer la feina d'aprofitar la llet de les vaques que han estat deslletades, quan d'això se n'obté un rendiment marginal i uns ingressos marginals. Per tant, l'expressió que "no cal cap patir tant per viure" sintetitza la racionalitat i les estratègies que es posen en joc d'acord amb els paràmetres de mercat.

La ramaderia representa una continuïtat respecte a les activitats que havien sigut predominants a Andorra, i això fa que posseeixi unes dimensions simbòliques vinculades a la idea d'arrelament i fidelitat amb la tradició, que afegeix nous continguts al significat que té avui la pagesia. Aquest factor ha motivat fins i tot que algunes cases hagin reinstaurat l'activitat ramadera, encara que sigui a petita escala, i, evidentment, és quelcom que destaquen especialment els qui l'han conservada ininterrompudament. El següent comentari és molt expressiu sobre el tema:

> A partir d'un determinat moment vaig veure que per viure no necessitave la pagesia, i llavors em vaig donar compte de lo que representave la pagesia per mi. I vaig dir no; vull potenciar la meva pagesia, però no amb afany de lucre, no treballar exclusivament d'allò i poder-hi menjar. Hi podien menjar els meus pares, no?, perquè era una herència que havien rebut, a la qual jo n'era molt sensible, i volia que tingués una perennitat en el temps, i potenciar lo màxim aquesta pagesia. Jo tinc tot lo que és el solà, que és lo maco, i només tinc tres eugues, no us penseu pas, i els masovers estan fent tabaco, em donen dos sacs de trumfes, maten tres porcs i em donen un pernil, i quan em diuen: "Avui vina, que estem fent la lifarra del tabaco", que és celebrar l'últim dia de la collita, em dono per satisfet i, és clar, és l'amo que ve. Bueno, per mi això és molt important. Aquesta recuperació per mi era una cosa de sentiment i res de lucre. Res d'anar a buscar uns diners. No, perquè sé lo que al meu pare i al meu avi els hi agradave mantenir tot això. (EE-165, H-AV-4-A)

Aquesta altra persona, molt més jove, no ho expressa de forma tan transcendent ni emotiva, però sí destaca que li interessa mantenir l'activitat ramadera malgrat que diu perdre-hi diners. Com en el cas anterior, també obté els ingressos principals d'activitats alienes a la pagesia.

> [Ho conservem] perquè ens agrade, no guanyem cap caler aquí. Tenim bestiar perquè ens agrade. El meu padrí havie tingut ovelles

> i havie tingut cavalls, el meu pare n'ha tingut, i jo també, continuem. Ara, actualment es perd diners, es perd calers amb tot lo que és bestiar, sobretot amb les eugues es perd diners." (EE-129, H-EN-6-A)

Aquest mateix jove, s'ha encarregat també de les terres on tenen plantat tabac, que és el que permet mantenir el rendiment de l'explotació i compensar les pèrdues ocasionades pel manteniment del bestiar. Malgrat que en les seves paraules hi ha una clara referència a l'orgull de tenir les seves propietats ben treballades, també hi és present el càlcul. Si no fos pel tabac no es podria mantenir l'agricultura:

> Deixar les terres a l'erm així com així... prefereixo que estiguin cultivades, inclús si no féssim tabaco sembraria d'alfals i d'herba i ho dallaria. Deixar la terra a l'erm, mai de la vida. Perquè deixar les terres a l'erm és lleig i quan tens una propietat més val tenir-la ben conservada que deixar-la, no? Tu has de comptar que si el tabaco ara s'acabe, pues les terres, s'ha acabat. Jo ho faig perquè m'agrade, però també s'ha de mirar a nivell de calers el que dóna, i ara és interessant fer-ne. (EE-129, H-EN-6-A)

El tabac dóna, les altres activitats de la pagesia no, i perquè hi ha tabac es manté l'agricultura i fins i tot, tal com assenyalen alguns, la ramaderia que encara queda. La idea que si el tabac entra en crisi serà tota l'activitat agrícola la que ho farà, està molt arrelada i es repeteix reiteradament. Una persona de Canillo ho expressa d'aquesta manera:

> Si no hi hagués el tabaco, que el tabaco no es pagués, no sé, el camp... No sé, es perdrien els patrimonis. Jo sempre he dit que aquí a Andorra el qui conrea el seu camp conrea el jardí d'Andorra. Qui té un camp, que és seu, i els veus ben conreat, dallat, i ben maco, i a la primavera el veus verd, després que es talle l'herba i el conrea, aquell camp és maco... I això treu la idea de vendre, sobretot amb el tabaco. Perquè aquí havie arribat un moment que venive alguna immobiliària de fora i ho comprave tot, i el que passe és que tot el patrimoni se'n va en mans de gent de fora. (EE-11, H-CA-3-A)

A més dels pagesos-tabaquers-ramaders a Andorra hi ha un altre sector relacionat amb l'agricultura, que numèricament és avui molt més important, i és el constituït per aquelles explotacions especialitzades exclusivament en el cultiu del tabac. Aquests són, per antonomàsia, els colliters, encara que aquest terme assoleix tot el seu significat quan es confronta amb un altre, el que designa els fabricants. Un colliter és de fet qualsevol persona relacionada amb el conreu del tabac, però quan es confronta amb el *pagès* que, a més de cultivar tabac, conserva també l'activitat ramadera, el terme *colliter* designa l'empresari agrícola tabaquer.

Cal subratllar aquí la idea de l'explotació entesa com una empresa, en què es fa una avaluació constant de la relació entre costos de producció i guanys obtinguts i en què tot s'orienta a maximitzar el rendiment i el volum de la producció. És evident que entre un sector i l'altre hi ha una continuïtat, perquè, tal com hem vist, els pagesos-tabaquers-ramaders també es guien per la lògica dels paràmetres mercantils, i els colliters, al seu torn, provenen d'una mateixa tradició cultural i són també hereus de l'antiga lògica de la pagesia. A més, els colliters no formen una categoria homogènia, ja que els tamanys de les explotacions poden ser molt diferents i un altre factor de variació important és el fet que les terres siguin cultivades directament o bé s'arrendin a tercers. Vegem com s'expressa un colliter respecte a la viabilitat de les explotacions tabaqueres. Ell fa un balanç entre el treball que cal desplegar i els beneficis (els *revinguts*, com diuen a Andorra, que és un terme que expressa molt millor la idea de gruix i robustesa). El seu plantejament segueix fil per randa el que l'economista rus Txaiànov (que tant ha influït en les ciències socials contemporànies) atribuïa a la lògica de la pagesia, quan parlava del balanç treball-consum:[16]

> El manteniment de cara al futur només passa per una cosa, o sigui que l'explotació de tabac sigui rentable. I rentable, l'umbral se'l fixa cadascú. Hi ha una part que és la qualitat de vida, i una altra part que és el manteniment del patrimoni personal. Un empresari pot fixar en una botiga el rendiment mínim al dotze per cent, i a la que li baixa al vuit aquesta botiga la traspassa i llavors té uns diners per dedicar-los a un altre negoci. Els pagesos no es fan aquest tipus d'anàlisi. Tenen un patrimoni i l'han de mantenir, i el mantindran fins al punt on l'esforç que els suposi el puguin suportar.
>
> Les generacions, diguem, més adultes, estan disposades a fer més esforç perquè ja ho han fet en èpoques anteriors i, per tant, segons quin tipus de rebaixes facis dels seus nivells d'ingressos estan disposats a assumir-lo. Però les generacions futures, això no! La cosa està ben clara, simplement això: les explotacions han de tenir la mínima rendibilitat perquè com a mínim surtin a compte, i la gent jove no opti per fer-se policia, o bomber, o treballar a baix en el comerç, o... Perquè, clar, el problema és greu. (EE-16, H-SJ-5-A)

16. Vegeu A. V. Chayanov, *La organización de la unidad económica campesina*, Buenos Aires [ed. original 1925], 1974.

La frontera imprescindible: la qüestió del tabac

Aquest jove agricultor expressa també molt bé quina és la competència que té l'agricultura davant les activitats assalariades i com només la consecució d'un nivell de rendibilitat elevat ha possibilitat a Andorra el seu manteniment, i la taula de salvació ha estat el tabac. Ell està preocupat per l'evolució d'aquest sector, que sembla haver arribat ja als límits màxims de creixement i això comportarà una disminució dels beneficis. La seva visió de l'activitat agrícola està impregnada de la lògica mercantil i de la consideració de l'explotació com una empresa, malgrat aquell component moral que ja havia subratllat que obliga els pagesos a conservar el patrimoni. Però ell, que viu exclusivament de la terra, no es pot fer els plantejaments emotius en relació amb el manteniment de l'agricultura que hem vist que alguns es feien. No pot perdre diners amb l'explo-tació, per molt que li agradi la feina que fa, perquè viu d'aquesta explotació, i el seu raonament presenta un llenguatge molt més material i menys emotiu que el que vèiem més amunt. Com a colliter es veu obligat a realitzar fortes inversions i ha d'avançar diners per poder produir, ja que el que planta un any no ho vendrà fins al següent, un cop el tabac ja ha completat el procés d'assecat. Tot això és bàsic en el funcionament de l'explotació:

> El tabac és un cultiu que, a part de la financiació que algú l'ha de suportar, són setze mesos en què es requereixen unes inversions importants. No pas en maquinària, perquè la maquinària si tu vols, doncs... amb un tractor ho podries llaurar tot. Però has de recollir tabac, tot a la vegada, i això exigeix sobretot les edificacions. Els Comuns ens obliguen a edificar en aquesta zona amb el vuitanta per cent de pedra, a deu mil pessetes el metre quadrat, els costos d'edificació es disparen una bogeria. Llavors això està arribant a un punt on la baixada de la rendibilitat farà que molta gent abandonarà. (...)
>
> Lo fotut és que quan tens unes inversions molt importants... Hi ha per exemple pagesos d'aquí que tenen invertits setanta, vuitanta, cent milions de pessetes. Perquè, clar, tu comences a comptar què val cada assecador, fica-li una mitjana de quinze milions de pessetes per cada trenta mil mates, pues deu anar per aquí. (...) Vull dir que els costos d'inversió són molt importants, però después també hi ha els costos variables. Llavors decideix-te: si em queda mig assecador, faig jo sol vint-i-cinc mil mates i em trec els meus tres milions de pessetes; el cap de setmana fitxo un parell de xicots que pugen a ajudar-me a fer la feina... aquest funcionarà, però hi haurà molts que no funcionaran. (EE-16, H-SJ-5-A)

Fent tot un càlcul dels rendiments marginals que tenen les explotacions situades en els llocs menys favorables i que obtenen un tabac de més baixa qualitat, preveu que són aquestes les que es veuran sotmeses primer als problemes de no poder assegurar la seva reproducció i hauran de ser abandonades. També preveu que calgui canviar els tractes entre propietaris i masovers, en el moment en què la renda agrària sigui insuficient tant per a uns com per als altres. Tot aquest raonament s'inscriu en un fet i és que durant alguns anys els colliters han obtingut beneficis elevats amb el cultiu del tabac i s'han animat a fer inversions en aquest mateix sector, i en canvi avui no està clar en absolut que aquest nivell de beneficis pugui mantenir-se.

> Fer de pagès és atractiu si et guanyes bé la vida. I això de guanyar-te bé la vida no són els xistes del Raül que treien al diari: dos paios que llauraven amb un Mercedes... això és una exageració! Durant dos anys sí que ha sigut aquest xiste, però ara què? I no n'hi ha prou amb els recursos que tu vas estalviar, perquè el problema és que no hi ha una mentalitat empresarial i la gent ha reinvertit. M'agradaria sapiguer quina és la taxa d'estalvi que hi ha hagut d'aquests diners. Jo estic segur que deu estar al 20 o al 25 per cent. El resto s'ha reinvertit tot, s'ha actualitzat tot. Maquinària nova, explanacions dels camps i, sobretot, construcció d'edificis destinats a assecat de tabac (que molts han fet la previsió que el dia de demà puguin servir per una altra cosa). Però és que aquests diners s'han tornat a reinvertir en el sector agrícola i aquest ha sigut un element dinamitzador molt important. No dic pas que Andorra es pari perquè els pagesos deixin d'invertir, ni molt menys! Però lo que sí és preocupant és que estratègicament el pagès no formi part del que se'n vol fer de l'Andorra del futur. (EE-16, H-SJ-5-A)

Hi ha preocupació pel futur, perquè difícilment es podrà mantenir el nivell de rendibilitat del sector tabaquer.[17] També es fa un reconeixement explícit que durant dos anys sí era certa aquella imatge metafòrica de l'acudit amb un parell de pagesos llaurant amb un Mercedes. Què és el que ha propiciat que del cultiu del tabac se n'hagi pogut obtenir uns guanys tan elevats? Per què això ha sigut així malgrat la mediocre qualitat de bona part d'aquesta producció? I per què, sobretot, s'ha pagat el tabac a uns preus tan alts quan els qui compren aquest tabac quasi bé no l'aprofiten?

17. En relació al futur de la pagesia a Andorra, vegeu les diferents contribucions publicades en DD. AA., *Alternatives econòmiques...*

Grups socials i tabac: acords i conflictes

"Es cultive massa, home!... a on anem a parar!"
(EE-11, H-CA-3-A)

Després de la Segona Guerra Mundial es van experimentar canvis importants en el sector tabaquer andorrà, que s'aprofità de les circumstàncies que concorrien en el país i el feien un lloc idoni per a l'elaboració de tabac: l'absència de fiscalitat, així com l'afluència de nombrosos visitants compradors obrien un mercat de consum de noves característiques. Van desaparèixer les antigues fàbriques manufactureres de caràcter artesanal i van ser substituïdes per noves indústries dotades de maquinària moderna: Fills de Julià Reig, S.L. (any 1945), Laudor, S.A. (any 1948), Catsa (any 1961), i Imsa (1962). Malgrat la competència pel mercat que lògicament confrontava entre si els fabricants de tabac, compartien l'interès comú de controlar l'accés al tabac (tant el de producció nacional com el d'importació), així com les condicions de la seva elaboració. La importació estava limitada per contingents: 100 t en trànsit per França i 80 t el que provenia d'Espanya i aquest país imposava com a condició que es cremés la mateixa quantitat de tabac andorrà que es permetia importar.[18] Tot plegat limitava el volum de producció de les fàbriques tabaqueres que, si ens situem en la dècada dels seixanta i dels setanta, tenien cada vegada més dificultats d'aprovisionament de tabac del país, ja que, com hem vist en el capítol anterior, estava en recessió. La posterior abolició de les llicències d'importació per part de França (es concretaria l'any 1983 i a partir d'aquell moment només es requeriria un permís especial), junt amb l'extensió de la moda de consumir tabac ros, propicià un major auge de la indústria tabaquera.

En aquells anys hi havia conflictes importants entre fabricants i colliters, ja que el tabac es pagava poc i de forma irregular. "Gràcies que te'l paguessin, perquè hi havie vegades que un any no el venien i no te'n pagaven res" (EE-102, D-SJ-2-A). A més, una de les fàbriques s'havia llançat a fabricar cigarrets de tabac ros sota patent de marques americanes i, a poc a poc, la seguirien totes les altres. Això implicava la importació de tabac ros exòtic i, per tant, el tabac produït a Andorra pràcticament no es necessitava. Però sí que es necessitava de fet, perquè l'obtenció dels drets d'importació i de

18. J. M. Bricall i altres, *Estructura i perspectives...*, pàg. 219.

trànsit del tabac per Espanya i França es justificava pel fet de ser un país productor de tabac.

El primer conveni entre fabricants i colliters es va signar el 4 d'abril de 1974 i aquest és l'origen de l'espectacular augment que es produiria en la producció de tabac. Els termes d'aquest conveni eren els següents: Els cinc fabricants existents en aquell moment (s'havia creat una nova fàbrica, Tabacs Reunits, S.A.) es comprometien a adquirir tota la producció d'Andorra durant un període de deu anys (fins a la collita de 1983, que es compra l'any 1984). A canvi es permetia importar tabac en fulla exòtic i peninsular, en una quantitat equivalent a la totalitat de la producció anual (0,95 quilos per cada quilo). Aquest conveni va ser prorrogat i les seves condicions no van variar pràcticament fins al nou conveni signat l'any 1993, en què s'introdueixen modificacions força importants, que va estar presidit per una forta tensió entre els dos sectors implicats.

El conveni entre fabricants i colliters constitueix l'expressió formal d'un acord privat entre dos sectors. El Consell General, com a màxima institució política, es limita a donar un aval públic a aquest acord i es reserva la reglamentació de les condicions per importar el tabac en brut i a controlar la crema de tabac (recordem que és la condició que imposa Espanya per permetre la importació a través del seu territori). A més, el Consell General es reserva la fixació i cobrament de les taxes d'entrada del tabac en brut, així com del tabac que ja es compra manufacturat.

Fins aquí les condicions del conveni. Cal que ara ens detinguem sobre com acaba configurant-se la seva aplicació. Durant anys no va haver-hi conflictes importants entre fabricants i colliters, ja que el conveni beneficiava a tots dos sectors. Els fabricants, en comprar tota la collita, passen a tenir de fet el monopoli en la fabricació; els colliters, al seu torn, tenen assegurada la venda de tota la seva producció, especialment des del moment en què aconsegueixen tenir una assegurança que cobreix el cultiu del tabac contra el risc de pedregada, gelades o incendis de naturalesa fortuïta.[19] El preu que es paga per quilo produït és un preu polític, per sobre del preu de mercat. Les fulles de tabac són classificades en tres categories que impliquen el pagament de preus diferents. Els fabricants compren també les fulles en mal estat, sigui perquè s'han assecat

19. L'anomenat pla d'Assegurances Combinades de Riscs Múltiples Agraris fou aprovat pel Consell General el primer de juliol de 1981. De cara al pagament de la pòlissa, el Govern se'n feia càrrec d'un 67% i l'altre 33% corresponia a l'agricultor.

malament o perquè han resultat malmeses per alguna pedregada. Importa més la quantitat que la qualitat, perquè el que interessa als fabricants és el tabac ros i aquest l'importen de l'estranger en quantitat equivalent a tot el que compren als colliters, i com la major part d'aquest tabac andorrà no és aprofitable per les seves elaboracions serà destruït junt amb el que Espanya obliga a cremar.

Els fabricants compren tabac en fulla en el mercat internacional i elaboren les marques americanes a partir de les patents que havien contractat. L'extensió de la moda de consum de tabac ros fa que augmenti la demanda dels cigarrets fabricats a Andorra, ja que l'absència de fiscalitat en possibilita la venda a molt millor preu que a França o Espanya, i ben aviat els contingents d'importació establerts (que, recordem, estaven limitats per la quantitat de producció nacional) resulten insuficients per abastir les necessitats dels fabricants. Aquesta limitació es resol adquirint les collites dels productors andorrans diverses vegades, cosa que permet elevar el sostre d'importació del tabac exòtic, i a nivell de pagament s'estableix un sistema de primes que implica que per cada 50.000 quilos que s'importen de més es paga un 7% més del valor total de la collita. A partir d'iniciar-se aquesta dinàmica, que va acompanyada d'un increment constant del mercat de consum, s'explica que comenci a produir-se la proliferació de noves plantacions de tabac. Aquest increment comença a manifestar-se de forma decidida en la dècada dels vuitanta. L'any 1981 s'havien produït a Andorra 263,7 tones de tabac i tant sols deu anys després, l'any 1991, la producció arriba a les 939 tones. És una dècada d'or pels colliters, que tenen assegurada la compra de tota la collita, amb independència de la qualitat i de l'estat de les fulles, a un preu molt superior al del mercat (algun any els fabricants han arribat a comprar tres vegades una mateixa collita per poder importar l'equivalent, pagant-ho mitjançant el sistema de primes que hem explicat). També és una edat d'or pels fabricants, cal dir-ho, ja que malgrat els elevats preus que paguen als colliters l'increment de les vendes no havia deixat d'augmentar i els beneficis tampoc.

Aquests tractes es modifiquen amb el conveni que es va signar el 22 de juliol de 1993. Va ser molt difícil arribar a acords i la signatura es va retardar fins el punt que es pactava sobre el que ja havia estat produït. Les condicions originals canviaren substancialment i es concretaren de la manera següent: els fabricants no es comprometen a comprar tota la collita, sinó un màxim de 850 tones (que és una quantitat intermèdia entre les produccions de 1991 i 1992) i s'estableix que l'excedent respecte a aquest contingent es deduirà a cada colliter. Es permet importar 1,5 quilos per cada quilo produït (abans eren 0,95) i la prima respecte als quilos que s'importin de més es fixa en un 6,5%. L'acord s'estableix per una duració de cinc anys, però els fabricants tenen dret a denunciar la collita i el contracte es pot rescindir de forma immediata.

A més d'aquestes noves condicions, els fabricants demanen al govern que pugi les taxes que s'apliquen als paquets de tabac ros que són importants ja manufacturats i que competeixen en el mercat amb els fabricats a Andorra i es neguen mentrestant a renovar les condicions del conveni que havia estat signat aplicant-lo a les collites afectades per ell. Així, per exemple, caldrà esperar al mes de novembre de 1996 perquè s'arribin a acords per la collita ja obtinguda en aquell mateix any. Les reunions s'estaven fent ja des del mes de febrer, però no es va arribar a concretar res ja que es va esperar que els grups parlamentaris es posessin d'acord respecte a les taxes a aplicar al tabac manufacturat i que acabés el termini per denunciar la collita (30 de setembre). Finalment es va acordar comprar un màxim de 850 tones al preu total de 4.000 milions de pessetes. Això integrava la possibilitat d'importar 2 quilos per cada quilo produït amb una prima del 6,5%. Com pot comprovar-se, les condicions passen a ser cada cop menys avantatjoses per als colliters en comparació a com havien sigut i evidentment no poden millorar amb la nova repressió del contraban de tabac per part del govern espanyol.

En tot aquest procés han aflorat diverses línies de tensió i conflicte. Un primer front es pot deduir fàcilment a partir del que hem exposat fins ara, i és el que s'estableix entre fabricants i colliters. Un altre front de tensió se situa entre els mateixos colliters, i el tercer és el que enfronta fabricants tabaquers i importadors de tabac manufacturat.

Fabricants i colliters

Amb l'aplicació del conveni de l'any 1974 i de les seves successives pròrrogues, els colliters van arribar a obtenir unes condicions excepcionalment avantatjoses per a la producció de tabac, i això explica que aquest cultiu hagi anat substituint altres produccions agràries, tal com hem tingut ocasió de veure. Durant anys les collites han estat pagades molt per sobre del preu de mercat, perquè el preu de sortida del quilo de tabac ja era elevat i perquè, a més, hi ha hagut anys en què les primes addicionals han sigut molt elevades.

De resultes d'això es va difondre la sospita de l'existència d'una mena de "contraban al revés": alguns colliters haurien comprat tabac a Espanya i l'haurien venut com si haguera estat produït a Andorra. D'aquesta manera no sols augmentaria la quantitat directa que venien, sinó que també augmentaria la quantitat rebuda en concepte de les primes establertes per la importació. En tal cas, el tabac importat de contraban es barrejava amb l'andorrà i sempre es jugava amb l'ambigüitat que implica la possibilitat d'importar plantons d'un màxim de quinze centímetres, ja que en els convenis s'especifica que es compra el tabac "cultivat" a Andorra, però no necessàriament "plantat" a Andorra (EE-9, H-MA-5-A).

L'any 1992 es va a aixecar una querella per l'"origen dubtós del tabac". La crisi econòmica, la disminució de les vendes i la constatació que alguns colliters incrementaven considerablement els seus guanys, va decidir els fabricants a acusar de frau set colliters, que finalment van ser absolts per manca de proves.

Quan es cull el tabac, es penja per tal que s'assequi. Un cop sec, les fulles s'empaqueten en balots, que són fardells de 50 quilos. Això implica que en un mateix balot hi ha fulles barrejades de diferents llocs, varietats i fins i tot qualitats. El classificador, junt amb un comissionat del poble, és qui decideix la classificació que s'atorga a cada balot i li dona conformitat. En aquest cas, el classificador va adduir que els balots eren massa uniformes i que el tabac no estava gens apedregat, cosa que feia dubtós el seu origen com tabac andorrà. Malgrat que es van analitzar diferents mostres no es van poder verificar les proves i el tribunal va optar per l'absolució.

Aquesta és una manifestació concreta de les tensions entre fabricants i colliters, que s'expressen també en les modificacions recents del conveni. Les visions d'un sector i altre estan molt confrontades. Les condicions de partida que van originar el conveni del 1974 han canviat substancialment en la dècada dels noranta i cada sector intenta defensar els seus interessos.

Per centrar-nos en la visió dels fabricants, és molt significatiu per exemple, que la mateixa persona que propicià la signatura del conveni de 1974, en Julià Reig, aleshores síndic i, per tant, la màxima autoritat d'Andorra, expressés de forma molt contundent en l'entrevista que li vam fer el seu descontent respecte a la situació del moment i manifestava sense embuts les seves discrepàncies amb els colliters (EE-33, H-SJ-2-A). Es queixava del tractament ineficaç i fins i tot impropi que, segons ell, donaven els pagesos a la planta del tabac: deia que quasi no s'utilitzaven adobs i que, en canvi, s'abusava del sulfat de potassa, del clorur de potassa i de l'amoníac que fan créixer la planta més de pressa. Es queixava també que els fabricants hagin de comprar tot el tabac sense excepció, inclòs el gelat o l'apedregat. Deia que comprenia el cas de les pedregades, ja que es tracta d'un fenomen natural, però considerava una mostra d'incompetència i desídia deixar gelar el tabac, ja que això és resultat de tardar en collir la planta i d'assecar-la en condicions incorrectes. Finalment va qualificar com un *abús* per part dels colliters que no haguessin fet més que ampliar la superfície de les plantacions de tabac i que gaudissin dels privilegis d'un conveni que els han possibilitat que una mateixa collita els hagués estat pagada fins a tres vegades (es queixava també dels qui, segons ell, entraven fulles de contra-ban). Afirmava que l'any anterior, un sol colliter havia obtingut més de cent milions de pessetes d'ingressos bruts pel cultiu del tabac. Per tots aquests motius estava molt descontent amb els termes del nou conveni que s'estava discutint en aquell moment (el de 1993) i al seu entendre calia arribar al mercat lliure i no haver de comprar un tabac apedregat o gelat que no servia per a res.

Els colliters no participen d'aquesta visió en absolut. Ja hem pogut veure en l'apartat anterior com un d'ells esmentava el gran esforç en inversions que havien hagut de fer molts pagesos per posar-se al dia i respondre a les necessitats derivades del cultiu del tabac. Aquest es queixava també de la indefensió dels colliters, ja que els únics que podien denunciar el contracte són els fabricants i, a més, en els darrers anys s'havia anat retardant cada cop més l'establiment dels acords, de manera que ells cultivaven el tabac sense tenir cap certesa de com anirien les coses. Considerava també que les primes obtingudes no són cap privilegi, ja que de fet compensen que el pagès hagi de treballar "a pèrdues": és a dir, planti el tabac un any i no el vengui fins setze mesos després, un cop collit i completat el procés d'assecat. I la principal preocupació era el fet de no poder assegurar el proper futur i la incertesa que planeja damunt de tots els pagesos:

> El pagès arrisque. Sap que fa el cultiu a pèrdua, però pensa: bueno, com tinc dos primes, vaja, ja me'n sortiré. Però què passa, que el mes de setembre n'hi havie una i aquest any ja no ha arribat... Com que és un any de canvi de contracte, si el fabricant té estocs de tabac suficients, pot aguantar fins que el quilo que importi sigui tabaco de la collita següent. Clar, estem parlant de 0,95 per quilo, de quilo i mig... Después allà era 7%, i ara 6,5%... Tancaran les fàbriques al màxim per pagar el mínim, i això és ben lògic i ben defensable (...) Amb lo que tu no pots fer cap tipus de previsió. (EE-16, H-SJ-5-A)

La frontera imprescindible: la qüestió del tabac

Un dels temes de discussió més importants entre els colliters era la possibilitat de reconversió del sector agrícola a partir de la seva diversificació. El monocultiu del tabac porta cap a la dependència dels fabricants i de factors externs (la repressió efectiva del contraban pot causar la mort del sector), però les condicions d'elevada rendibilitat que ha tingut el tabac feien impensable adoptar altres tipus de solucions alternatives. Aquest sentiment s'expressava sobretot entre els colliters que vivien exclusivament del tabac (els pagesos-tabaquers-ramaders són pocs en nombre) i entenien que no es tractava sols d'un problema individual de cada productor, ni tampoc del conjunt del sector, ja que un possible abandonament de l'agricultura provocaria considerables perjudicis al país de caire ecològic, amb repercussions sobre el turisme. L'Associació de Pagesos i Ramaders d'Andorra (creada l'any 1995) feia les següents consideracions:

> Pel que fa a la reconversió i a possibles alternatives al cultiu del tabac, malauradament hem d'admetre que no se'n veu cap de factible.
>
> L'agricultura d'alta muntanya no solament és limitadíssima per la geografia i topografia dels terrenys, sinó també pel clima i els problemes socials i demogràfics i d'extensió de les propietats. Només cal veure al nostre entorn quin ha estat el resultat dels pobles del Pirineu.
>
> A la vista de tot això, és clar que no es pot pas pretendre que s'accepti, de bon o mal grat, el retorn a l'agricultura del passat, de pura i penosa subsistència, que han viscut els avantpassats. Els nostres fills en fugirien com ha passat als nostre veïns.
>
> L'agricultura tradicional (la possible) no és rendible ni factible avui, tant per infrastructura i costos, com per la situació dels mercats, la competència de la Unió Europea, etc. I la utòpica no és possible.
>
> Tot això tindria com a únic resultat trobar-nos amb les propietats a l'erm, amb els corresponents perjudici ecològic i turístic i desequilibri urbanístic. (*Diari d'Andorra*, 29 de juny de 1995)

La conclusió per part de l'Associació de Pagesos i Ramaders és clara: l'única alternativa al tabac és continuar mantenint el sector del tabac. I en això hi ha una total coincidència amb els fabricants. Vegem-ho, si no, en paraules d'un dels industrials tabaquers actuals:

> No em cansaré de dir que aquests dos sectors —agrícola i industrial—, són considerats en qualsevol país essencials i estratègics per l'economia nacional. No vull ni pensar que a casa nostra la classe política no ho vegi d'aquesta manera i que per tant pogués conduir ambdós sectors a la ruïna!

> No vull ni pensar que també es puguin incitar agricultures alternatives i donar-los suport, tothom sap que no són en absolut rendibles i que a més costarien un dineral a l'erari públic, o sigui al contribuent andorrà. Avui el cultiu del tabac NO costa ni una sola pesseta a l'Estat andorrà ni al contribuent. El sector s'autoregula mitjançant un conveni que fins ara ha anat procurant que colliters i fabricants anessin funcionant (Higini CIERCO NOGUER, *Diari d'Andorra*, 11 de febrer de 1996).

Així doncs, les diferències entre fabricants i colliters estaven al nivell tàctic, però no estratègic. Els interessos divergents de cada sector confluïen en l'objectiu comú i és que calia mantenir com fos el cultiu i la fabricació del tabac a Andorra.

Colliters i colliters

Durant el nostre treball etnogràfic a Andorra s'estaven discutint les noves condicions del conveni entre fabricants i colliters (que es signaria el novembre de 1996), en què es fixava el límit màxim de la collita que els fabricants comprarien (850.000 quilos). Això provocà la confrontació entre els mateixos colliters, ja que els pagesos estaven produint per sobre d'aquesta quantitat. La qüestió era quines decisions individuals es prenien per reduir l'excedent de producció, ja que ningú podia garantir que l'opció responsable de disminuir la quantitat de mates plantades fos presa per tothom i podia ser que hi hagués gent que, insolidàriament, decidís pel seu compte seguir augmentant la seva plantació.

> Lo més fotut de tot és que inclús de cara a l'any següent, si et trobessis un any que s'han superat els quilos en un deu per cent, tu podries dir: doncs jo planto un deu per cent menos. Tampoc!, perquè si el del costat planta un deu per cent més, els teus quilos que no has plantat se'ls menge ell. (EE-16, H-SJ-5-A)

Com pot comprovar-se a partir d'aquestes paraules, s'és conscient que les noves condicions del conveni repercutirien en tots els pagesos i també que les explotacions més directament afectades serien les més petites i amb menys rendiments. Cal tenir en compte, d'altra banda, que en la agricultura tabaquera s'havia produït una progressiva proletarització i que pels qui portaven els camps a mitges o havien arrendat les terres resultava més difícil poder aguantar una disminució de la renda agrària. El tamany ínfim d'alguns camps plantats amb tabac en aquests anys d'eufòria en dificulta l'explotació, que comporta destinar-hi proporcionalment més temps i diners que en el cas de les finques grans. En definitiva, sembla inaugurar-se un nou procés de selecció social en la pagesia que anirà en detriment d'aquelles explotacions o camps de conreu amb rendiments marginals:

> Arribarem a un punt en què els pagesos que estan fent tabaco a Canillo, o a les zones altes com el Coll de la Gallina, quan faran els seus números diran: "Joder!, si no em surt a compte!" Per tant, són quilos que no es faran. I después, si no hi ha les primes, molta gent que es fan vint mil plantes, per exemple, i són persones que estan tenint dos activitats (o sigui un salari fix en un treball) i dissabtes i diumenges ell, la cunyada i l'amic pues en ratos perduts l'aprofiten... ara cobraven tres vegades, quatre vegades com a màxim aquest tabac i això els sortie a compte. Però és que ara es trobaran que el cobraran una vegada o dos i ho han de financiar ells, amb lo que amb les hores que els hi representa, si no són propietaris no els sortirà a compte. Aquesta gent pot abandonar el cultiu del tabac. I después hi ha el tema dels masovers, al tanto. Vull dir, el qui vagi a mitges, si té quatre pagues vol dir que en queden dos per ell; anant a pèrdues la primera, la segona la recuperen. Però si només hi ha dos pagues, a mitges, no li arribarà. Llavors és probable, una de dos, o que els masovers abandonin i el propietari s'ho hagi de fer ell i llavors es converteix en empresari agrícola, o, si no, que el masover tingui que canviar els tractes. (EE-16, H-SJ-5-A)

El fet d'haver de restar a tothom una part de la producció provoca la indignació dels qui s'han dedicat sempre al cultiu del tabac i també dels qui, pel fet de tenir poques terres, no han contribuït a aquell increment global o bé ho han fet en una proporció molt escassa. Això confronta als pagesos de les parròquies que tradicionalment han cultivat molt tabac, com és el cas de Sant Julià o Andorra, amb els de les parròquies altes, que no n'havien fet mai o en feien molt poc. Confronta també els petits pagesos, que tenen uns límits de creixement imposats pel reduït tamany de la seva explotació, amb els propietaris grans, que posseeixen més finques i han pogut adaptar al cultiu del tabac àrees molt més extenses:

> Llavons només es podie fer tabaco a Sant Julià, a Andorra, a Santa Coloma, sí, i a Escaldes, però l'altre ja no ere bo; a Ordino se'n feie molt poc, i ara veig que hasta fan tabaco al Serrat, jo no ho entenc; o cap a La Peguera... se'n feie a aquests camps d'aquí baix, però cap amunt no. (EE-102, D-SJ-2-A)

> Són els grans propietaris, collons! Clar, aquesta gent ho tenen amb mitgers i els hi cauen els calers del tabaco. I aquesta gent ja tenen altres negocis. Se'ls hi fot tres hòsties. Molt bé, guanyaran menos, però hi fotaran una altra cosa, i si no fan res, patates, perquè el mitger visqui, i a córrer. (EE-14, H-AN-4-A)

> A nosaltres nos ha fet la punyeta, sí, això a nosaltres nos ha fet molt mal. Perquè llavors es va passar de molts quilos del cupo. Ara tots los que es van passar del cupo que tenien marcat diu que els treuen del pes, però ells no pagaran res: ho pagarem nosaltres que érom normals, que només tenívom lo que es podive fer, però això no ho respecten... I ells saben ben bé quan van passar del cupo d'on venive, però això no ho respecten, això ens ho carreguem tots. (EE-135, D-SJ-2-A)

Aquí es reivindica la legitimitat dels qui només viuen de la terra, dels qui sempre han plantat tabac i dels qui com a petits o mitjans propietaris "érom normals" enfront de tots aquells que per diferents circumstàncies s'han pogut beneficiar de l'excepcional situació que s'ha donat durant aquests darrers anys i que ara els perjudica.

Fabricants i importadors

El tercer front de tensió és el que s'estableix entre els fabricants tabaquers i els importadors de tabac fet a l'estranger. Cal tenir present que a Andorra es venen dues classes diferents de tabac manufacturat. Un és el que s'elabora a Andorra amb tabac ros d'importació i produeix (a partir d'un contracte de *royalties*) grans marques com Winston, Camel, Marlboro, Philip Morris, Lucky, Chesterfield, Pallmall, etc. Aquest tabac porta el distintiu Blend of USA en el paquet. L'altre tipus és el constituït per aquestes mateixes marques però que han estat produïdes a l'estranger, i porten el distintiu *Made in USA*. Aquest tabac manufacturat a l'estranger està gravat amb una taxa d'importació que fa que el seu preu de venda sigui més elevat que el de fabricació andorrana.

En tots aquests anys hi ha hagut força insistència per part dels fabricants perquè el govern pugi aquestes taxes d'importació del tabac estranger manufacturat, i fins a tal punt ha sigut així, que van condicionar la renovació del conveni de l'any 1996 al fet que es fes aquest increment, cosa que comptava amb l'oposició dels importadors i comerciants que veien disminuir així la competitivitat dels preus en el mercat.

Un dels problemes que destaquen els industrials tabaquers és el progressiu increment de les taxes que han de pagar a l'administració per la importació de tabac ros (és la taxa sobre el consum, avui impost sobre mercaderies indirecte, que paguen totes les mercaderies que entren a Andorra). En un reportatge del *Diari d'Andorra* (25 de juliol de 1995), Higini Cierco afirma que des de l'any 1974 els impostos que paguen els fabricants s'han multiplicat per 600, i reclama una major protecció a la indústria andorrana. Una de les mesures seria aplicar un major gravamen al tabac elaborat d'importació.

Els colliters, per la seva banda, coincideixen amb aquesta mesura, ja que la competitivitat del tabac andorrà està en els preus inferiors que es poden oferir en el mercat. L'augment de la taxa aplicada al tabac estranger manufacturat ho afavoriria i evitaria, al seu torn, que els fabricants es plantegessin modificar a la baixa les condicions del conveni signat.

L'any 1995 l'Administració recaptava 75 pessetes per cada paquet de tabac americà d'importació. Els industrials reclamaven que es pugés a 125 pessetes i el govern va presentar un projecte de llei que fixava la taxa en 100 pessetes, però el Consell General la va deixar en 89,5 pessetes. Aquesta solució no va acontentar cap dels sectors i el juliol de 1996 es fixava en 100 pessetes la taxa per cada paquet de tabac americà i en 60 pessetes la del comunitari.

La qüestió es va estar debatent durant mesos i es van expressar les diferències de criteris entre importadors i comerciants per una banda i fabricants i colliters per l'altra. El portaveu de la comissió d'importadors i detallistes es queixava d'aquests increments que, segons ell, perjudicarien el sector comercial, i deia:

> Queden tres productes amb una diferència de preu important respecte als països veïns: la botelleria, el tabac i la perfumeria. El dia que perdem aquests tres punts, s'enfonsarà el sector comercial. (A. ARMENGOL, *Diari d'Andorra*, 14 de maig de 1995).

En canvi, els arguments en favor de l'increment eren justificats pels fabricants per la necessària protecció de la indústria tabaquera nacional i de tot el sector agrícola que en depèn. En un article al *Diari d'Andorra* (11 de febrer de 1996), Higini Cierco ho expressava amb aquestes paraules:

> No vull tampoc pensar que el sector comercial vulgui arruinar l'agricultura i la indústria andorrana quan tothom sap que avui els marges de benefici que aquests tenen amb el producte elaborat a Andorra són d'entre el 20% i el 35%.
>
> No vull pensar tampoc que els importadors andorrans NO fabricants, és a dir, el 10-15% del total importat, pretenguin fer desaparèixer de les terres andorranes el cultiu del tabac i fer tancar les fàbriques andorranes amb l'única excusa d'una pretesa competitivitat dels productes importats.

Es manifesta, doncs, una confrontació d'interessos entre sectors que participen de forma molt crucial en l'economia andorrana. Totes aquestes dimensions són una part substancial del que hem anomenat com a "qüestió del tabac", però no ho són tot. Cal entendre també quin és el mercat on es ven tota aquesta elevada producció de tabac i, finalment, perquè tots aquests temes tan crucials per l'economia del país no compten amb la intervenció de l'Estat i es debaten i resolen de forma privada entre els sectors implicats.

El mercat del tabac

> Els calers que s'arriben a ingressar per tabaco és increïble, eh! Hi ha anys que els hi han de comprar la collita dos cops. Però fa dos dies que el diari deie que el Ministerio de Hacienda es possarà fortíssim amb el contrabando de tabaco, perquè, clar, tot aquest tabaco que no es fuma aquí, això se'n va de contrabando avall. (EE-14, H-AN-4-A)

A Andorra el cultiu i l'elaboració del tabac només tenen sentit en la mesura que es dirigeixen sobretot a un mercat extern i no sols al consum intern i la venda dins del país. Més que cap altra dimensió, la qüestió del tabac sintetitza les característiques d'Andorra com a país de frontera i la seva economia. Dit de manera clara i senzilla: o hi ha contraban o tota la complexa articulació entre l'agricultura i la indústria tabaquera no existirien.

Efectivament, si Andorra no tingués una economia transfronterera, el cultiu del tabac no existiria, ja que no tindria sentit. El tabac és una planta d'origen tropical, però la seva àrea de conreu s'ha estès considerablement gràcies a un procés de selecció que ha originat varietats capaces d'adaptar-se a condicions ambientals molt diverses. Un ecosistema de muntanya com el d'Andorra no té les millors condicions, ni per clima ni per altitud, perquè s'hi practiqui aquest conreu. Ha sigut la seva condició de microestat, amb un estatut jurídic i polític especial, lliure de la reglamentació i fiscalitat sobre el tabac que aplicaven els països veïns, el que ha propiciat aquest cultiu, que sempre s'ha beneficiat del diferencial de preus existent respecte a França i Espanya, que ja des de ben antic han aplicat una forta pressió fiscal sobre aquest producte. La quantitat de tabac que s'ha cultivat a Andorra en cada moment està en relació amb el grau de repressió o tolerància per part de les autoritats (internes i externes), així com amb els canvis en la demanda.

La frontera imprescindible: la qüestió del tabac

Hi ha un factor decisiu que condueix a una major extensió del cultiu del tabac, i és que Andorra passi a tenir funcions similars a les d'una zona franca. Ja hem insistit en diverses ocasions que aquesta característica no esdevé només del fet de gaudir de determinats privilegis aranzelaris, sinó que és crucial el moment en què el país es converteix en una plataforma mercantil i financera. Sense aquest factor no es podria entendre el desenvolupament del petit comerç, ni d'un turisme vinculat a aquest comerç. Els interessos dels grans inversors es conjuguen amb els dels petits; l'existència de contraban a gran escala de determinats productes es conjuga amb el petit contraban individual dels compradors que omplen el país en determinats moments de l'any. I és en aquest marc on cal situar el tabac.

Dèiem més amunt que el cultiu de tabac no hauria existit si no hi hagués contraban; la indústria tabaquera, tampoc. El desenvolupament de les activitats comercials i financeres són el marc on neix i creix l'actual indústria tabaquera que és, aquesta sí, de capital andorrà. Els propietaris de les fàbriques de tabac participen de tots els altres fluxos econòmics que tenen lloc a Andorra. Alguns d'ells són propietaris de bancs o són als consells d'administració i tenen també diversos negocis (relacionats amb el comerç, l'hoteleria, els sector immobiliari, o les companyies d'importació exportació). Alguns d'ells han participat activament en la vida política del país i han detentat fins i tot els càrrecs de màxima importància. La qüestió del tabac, en definitiva, no es pot entendre de forma aïllada. És part de la història del país, o, millor dit, sintetitza la història del país.

Vegem un moment les xifres, encara que seran uns indicadors molt indirectes de com la producció de tabac es destina de fet a un mercat extern. L'any 1995, Andorra importava de l'estranger tabac per valor de 9.488 milions de pessetes. El mateix any exportava sota el concepte de "begudes i tabac" per valor tan sols de 309 milions de pessetes.[20] Aquesta última quantitat és molt reduïda, però és que, a més, la xifra de les exportacions no inclou sols el tabac, sinó que integra també les "begudes" (per poder comparar a un mateix nivell: la quantitat total del capítol de begudes i tabac pel que fa a les importacions era de 24.476 milions de pessetes i aquesta quantitat és la que caldria confrontar amb els 309 milions de les exportacions).

20. X. SÀEZ, "Informe sobre l'economia...", pàg. 63-64.

La producció resultant de tabac manufacturat es ven en part a Andorra mateix i en part viatja cap a França o cap a Espanya mitjançant els turistes compradors i sobretot els circuits del contraban.

Efectivament, el mercat on es ven la producció de les fàbriques existents a Andorra és un mercat extern com ho havia estat sempre, i no pot ser d'una altra manera. És cert que una bona part de la producció es comercialitza en el mateix país, però els seus principals destinataris són els visitants compradors i, per tant, també és portat a fora, encara que són els mateixos compradors els que passen el tabac que han adquirit per la frontera. L'any 1997 (moment de la redacció d'aquest llibre) només es podien passar per la duana dos cartrons de tabac sense recàrrec, però la major part de gent se n'emportava més. De tota manera, aquest petit contraban per al consum individual no era quantitativament el més significatiu. Més important en canvi era el volum de cartrons de tabac que es passaven en dobles fons de cotxes i camions que habitualment creuaven la frontera pels passos duaners (hi ha camions que adapten una part del dipòsit de benzina per aquesta funció). I més important encara era el tabac que es passava en combois de vehicles tot terreny i que creuaven la frontera per pistes forestals. En aquest cas es tractava d'un contraban a una escala més gran, controlat per xarxes organitzades de traficants. Que hi hagués més o menys andorrans fet aquest tipus de transport és el de menys: sembla que són espanyols i gent d'altres nacionalitats els qui s'hi han dedicat en els darrers anys. El fet que les grans empreses productores no estessin directament relacionades amb aquests canals de circulació de les mercaderies també és el de menys: són intermediaris i individus particulars els qui realitzaven el pas de contraban per la frontera. El que cal entendre és que sense el contraban a petita escala o a una més gran, ni les fàbriques de tabac ni els productors de tabac podrien gaudir de la prosperitat que han tingut en aquests darrers anys.

D'aquí que el contraban sigui un fet estructural i no marginal en l'economia andorrana i, més en concret, pels sectors tabaquers. Des del punt de vista d'organització, la producció tabaquera està separada i és independent dels circuits de comercialització del contraban; des del punt de vista del funcionament del sector tabaquer, ambdues dimensions estan estretament vinculades. D'aquí també que les queixes i formes de repressió que provenen dels governs espanyol i francès (aquest tema afecta més al primer) sempre topin amb la contradicció de mantenir un equilibri entre la repressió d'una activitat que resulta il·legal a Espanya o França i la seva tolerància.

La frontera imprescindible: la qüestió del tabac

Fins ara la repressió del contraban mai ha sigut tan eficaç com per comportar l'ofegament econòmic d'Andorra. La produïda en aquests darrers anys ha provocat nous equilibris i readaptacions, que encara no podem avaluar en el moment de redactar aquest text.

La repressió del contraban de tabac no és un fet nou i té la seva història. Quan abans hem esmentat el segle XVIII com el moment en què s'estén el cultiu del tabac, també és ja en aquest segle quan es produeixen les primeres formes de repressió tant del seu cultiu com del contraban. En un article sobre aquest tema, David Mas explica detalladament com es concretà.[21] En la primera part del segle XVIII, una bona part de la pagesia andorrana s'abocà al cultiu del tabac i qui es dedicà a reprimir-lo fou el mateix bisbe de la Seu, preocupat pel frau que això suposava a la Hisenda espanyola. L'any 1733 dirigí personalment l'operació d'arrencar plantes de tabac, i és molt significatiu que aquesta actuació originés una veritable revolta popular, protagonitzada per unes dues-centes persones que defensaven el que consideraven com un dret i que era per a elles un mitjà de vida bàsic. Dos anys després es detingué i empresonà quatre caps de la revolta i el cultiu del tabac es reduí considerablement. De tota manera no s'eradicà del tot, sinó que molta gent continuà fent tabac de forma clandestina en indrets amagats a la muntanya. David Mas assenyala que en el darrer quart de segle el cultiu del tabac va deixar de ser il·legal, atès que el seu gran arrelament va obligar-ne la permissió. De tota manera la forma d'introduir el tabac andorrà a Espanya continuava essent el contraban.

El que és significatiu i cal destacar d'aquests episodis de repressió del segle XVIII és que els interessos del govern espanyol tenien com a màxims aliats el copríncep mitrat (el bisbe de la Seu d'Urgell) i el mateix Consell General. Els prohoms que formaven part del Consell General eren grans propietaris ramaders que de cap manera volien posar en perill els privilegis que permetien que els seus ramats passessin cap a Espanya i per això consideraven que era políticament contraproduent permetre la realització d'un frau a la Hisenda espanyola. Els cultivadors, en canvi, eren gent de cases pobres que, com a tals, no podien beneficiar-se dels privilegis duaners que tenia Andorra i per ells el tabac era essencial per assegurar la supervivència.

21. D. MAS, "La repressió del cultiu..."

Si fem un salt fins al nostre segle, podem comprovar a partir del que hem anat exposant en els anteriors apartats, que aquesta situació no es reprodueix avui. Tant els industrials tabaquers com els grans propietaris agraris estan particularment interessats a mantenir la producció de tabac, i en aquest aspecte convergeixen amb els petits i mitjans pagesos. Avui el cultiu del tabac no és una qüestió relacionada amb la gent més pobra i perifèrica d'Andorra. Les dues-centes cinquanta o tres-centes famílies que tenen la propietat de les explotacions de tabac constitueixen el nucli dels andorrans de soca que en la nova Andorra, poblada per molta gent que és estrangera o que ha adquirit la nacionalitat recentment, ocupen les posicions més centrals en l'estructura social i política.

El que sí que es reprodueix periòdicament són els advertiments i queixes per part de les autoritats espanyoles, pel que suposa de frau a Hisenda el contraban de tabac. Durant l'any 1997 es van intensificar aquests advertiments i fins i tot la Guàrdia Civil va enviar el mes d'octubre una unitat antiterrorista per combatre el contraban de tabac. La premsa espanyola no sols destacava el problema del frau, sinó també el perill que suposaven els freqüents tirotejos, persecucions i accidents pels pobles de l'Alt Urgell, com a resultat de l'actuació dels grups organitzats de contrabandistes. En unes declaracions, l'alcalde de la Seu d'Urgell, Joan Ganyet, acusava el govern andorrà de passivitat davant la repressió del tabac (*El País*, 3 de novembre de 1997). Fins i tot, intervé la Unió Europea, que condiciona els futurs acords comercials amb Andorra a una reconversió del sector tabaquer i que es tipifiqui el contraban com a delicte.

Els termes d'aquest conflicte no són nous en absolut. Mentre estava redactant aquestes línies tenia en les mans un article periodístic de J. Reixach publicat fa deu anys que s'expressa en termes gairebé idèntics a les cròniques que apareixien en aquest darrer episodi de repressió. "Les màfies del contraban conquereixen la frontera", es titula l'article, on parla de les xarxes de gallecs i portuguesos que han professionalitzat el vell ofici dels contrabandistes i recull paraules de l'alcalde de la Seu d'Urgell, el mateix Joan Ganyet de feia deu anys, dient que si no se'ls aturava convertirien la frontera en un territori sense llei. Descriu situacions com la següent:

> Van en combois de quatre o cinc vehicles tot terreny que travessen la frontera per la vintena de pistes forestals practicables que uneixen Espanya i Andorra. Algunes, fins i tot, estan asfaltades a càrrec del pressupost andorrà. El primer cotxe va "net" i s'encarrega d'inspeccionar la ruta, avisant per *walkie-talkie* si hi ha cap inci-

> dència o la Guàrdia Civil està a l'aguait. En cada expedició porten entre tres i sis milions de pessetes. Disposen de magatzems prop de la frontera, on concentren les mercaderies que més tard traslladen als centres de consum amb camions ben camuflats. (J. Reixach, *Diari de Barcelona*, 28 de desembre de 1987: 9).

Un reportatge aparegut a *La Vanguàrdia* (10 de setembre de 1990), relaciona l'aparició a partir de 1983 de clans organitzats de contraban a gran escala, coneguts com "els gallecs" amb la desarticulació de les organitzacions que actuaven a les ries gallegues. Quan explica el sistema de transport dels cartrons i el seu emmagatzematge, pràcticament reprodueix el tipus de descripció anterior, i en aquest cas s'insisteix en les actituds agressives dels contrabandistes quan es troben amb els agents duaners. Ja aleshores s'indica que la Guàrdia Civil i el Servei de Vigilància Duanera n'han incrementat els operatius i es fa constar les confiscacions que han realitzat.

En termes molt similars s'expressen, al seu torn, les cròniques i articles que han aparegut al llarg de l'estiu de l'any 1997 en la premsa espanyola, explicant com actuen els contrabandistes i donant compte de la decisió del govern espanyol d'impermeabilitzar la frontera enviant dotacions dels Grups d'Antiterroristes Rurals de la Guàrdia Civil.

Des d'Andorra el tema es veu diferent, lògicament, perquè l'existència del contraban és substancial per a l'economia del país, i s'insisteix que els qui el realitzen no són andorrans. S'és perfectament conscient que a nivell internacional no es pot defensar la pràctica del contraban i formalment es rebutja. El frau no afecta Andorra, sinó Espanya i es considera que si algú té competències en la persecució del contraban de tabac un cop traspassada la frontera, són les autoritats espanyoles i no les andorranes. Així, Marc Forné, president del govern d'Andorra, feia les següents declaracions:

> La funció de la policia andorrana és evitar el contraban que es fa de l'Estat espanyol cap a Andorra, i mirar que es compleixin les lleis andorranes, no les espanyoles. (Marc Forné, *Diari d'Andorra*, 24 de febrer de 1995).

En aquell moment proposava, com una forma d'evitar els fraus, augmentar la franquícia que permetia els turistes passar tan sols dos cartrons per la frontera sense recàrrec. Malgrat aquestes paraules, poc temps després el govern hauria d'assumir les condicions imposades per la Unió Europea i promulgar una llei que, per primera vegada en la història d'Andorra, consideraria el contraban com a delicte, cosa que no en pressuposa necessàriament la persecució sistemàtica. Hi ha una frase molt significativa que se sent molt per Andorra avui, que expressa la percepció sobre aquesta qüestió: "Lo contraban fa més bé a Andorra que mal a Espanya".

Julià Reig (EE-33, H-SJ-2-A) feia l'observació que els moments àlgids en el control i persecució del contraban per part de les autoritats espanyoles coincidien amb aquells en què es produïa un augment de l'impost sobre el tabac, ja que era aquesta una forma d'assegurar la recaptació per aquest concepte quan, per altra banda, la repercussió de l'impost en el preu del paquet feia encara més competitiu el tabac andorrà en el mercat. Observava també que com més difícil resulta el contraban, més s'enriqueixen els sectors que el practiquen i que no hi ha una relació directa entre la seva persecució i la seva desaparició.

I en aquest punt ens hem de quedar. Direm tan sols que la repressió del contraban es repeteix una i altra vegada al llarg del temps, com si fos episodis d'una història interminable, que sempre torna a començar.

Economia política del tabac

> "Això és un particular mecanisme de redistribució de la renda del qual només es beneficia un grup petit". (EE-10, H-SJ-5-A)

Un dels elements clau per entendre la qüestió del tabac a Andorra és que, a diferència d'altres països on es produeix tabac, l'Estat (el Consell General primer i el govern més endavant) pràcticament no intervé en la regulació de les activitats que hi estan relacionades, de manera que els acords i conflictes que apareixen entre els diferents sectors es produeixen a partir d'una relació privada. No ha sigut sempre d'aquesta manera, sinó que aquesta inhibició de l'Estat es produeix justament quan comença a produir-se una augment quantitatiu i qualitatiu en el sector tabaquer, que és la indústria nacional d'Andorra. Tal com assenyalen J. Font i J. M. Bartumeu, en la primera meitat del segle xx el Consell General tingué un elevat nivell d'intervencionisme, va reglamentar la produc-ció, fabricació, distribució i fiscalitat del tabac, amb l'objectiu de protegir tant el productor com el consumidor.[22] Però a partir de l'any 1940

22. Respecte a aquest intervencionisme, poden destacar-se les següents actuacions (vegeu J. Font i J. M. Bartumeu, *Llibre blanc...* pàg. 8-11):

es relaxa aquesta intervenció, que acaba limitant-se tan sols a regular les taxes d'entrada del tabac al país. L'etapa actual s'obre amb la creació de la Junta del Tabac l'any 1964, que agrupa els representants de les fàbriques de tabac que s'entenen directament amb els agricultors. Aquesta Junta es constitueix poc temps després de crear-se dues noves indústries tabaqueres que s'afegeixen a les altres dues ja existents i de resultes dels conflictes que havien sorgit entre fabricants i colliters.

A partir de l'ampliació substancial del mercat que es produeix en la dècada dels anys seixanta i en la dels setanta, els industrials tabaquers se n'adonen que era molt millor negoci fabricar amb llicència de marques estrangeres patentades. Això obliga a importar tabac estranger, tant per completar el volum del que es produeix a Andorra com, sobretot, per accedir a la qualitat requerida per la fabricació de cigarrets de tabac ros. En aquells anys, la producció de tabac andorrà havia començat a disminuir, ja que comptava amb la competència del creixement urbanístic que provocava una forta demanda de terres i d'unes activitats comercials que demostraven ser més rendibles que la pagesia. Si en aquells moments tothom hagués actuat d'acord amb els principis del mercat lliure, els industrials haurien deixat de comprar el tabac andorrà, o només haurien comprat el poc que necessitaven, les activitats de la pagesia haurien esdevingut cada vegada més marginals i la major part de camps de conreu s'haurien deixat de cultivar, com ha passat en altres valls pirinenques quan han sorgit noves oportunitats ocupacionals relacionades amb el turisme. Però diversos factors, econòmics i polítics, van propiciar que això no succeís així.

El cultiu del tabac no podia desaparèixer a Andorra, ja que els permisos d'importació que havien de concedir França i Espanya (per on havia de transitar el tabac abans d'arribar al Principat) s'obte-

— Ordinació del 20 de maig de 1912: impost per cada quilo de tabac que vendran els fabricants.

— Ordinació de l'11 de febrer de 1925: prohibició del cultiu de la varietat tana i regulació de les condicions de cultiu, producció i elaboració del tabac.

— Ordinació del 25 de maig de 1925: fixació dels preus de venda al públic i venda als estrangers.

— Acord del 16 de maig de 1934: fixació dels preus de compra del tabac en brut, i obligació de posar el nom del fabricant en el tabac elaborat.

— Avís del 7 de juny de 1934: prohibició d'entrada i venda de tabac estranger. S'exceptua el procedent d'Espanya i França, amb la condició que han de ser venuts al mateix preu que en aquests països.

nien gràcies al fet que Andorra era un país productor de tabac. Als industrials no els interessava de cap manera, doncs, que l'agri-cultura tabaquera desaparegués i, per això, havien de comptar amb l'aliança dels principals productors, els propietaris forts, ja que a través d'ells es podia influir en tota la xarxa de productors. És en aquest context que es produeix la signatura del conveni de 1974 entre fabricants i colliters, que va acompanyada per un discurs legitimador que apel·la a la necessitat de protegir la pagesia.

El conveni fou promogut pels mateixos fabricants i consistia de fet en un pacte entre els dos grups oligàrquics presents en el Consell General i que, per tant, posseïen el poder polític a Andorra en aquell moment. Més encara: un dels fabricants importants i impulsor entusiasta del conveni, en Julià Reig, va ser síndic durant aquesta època decisiva (entre 1960 i 1977) i, per tant, la màxima autoritat política d'Andorra. Malgrat això, el Consell General no intervingué en l'establiment del conveni, sinó que aquest es concretà com un pacte privat entre dos sectors; el Consell només actuà com a àrbitre i com a aval i es reservà la facultat d'aplicar al tabac d'importació les taxes de consum corresponents (recordem que és una taxa que s'aplica a l'entrada de mercaderies a Andorra). D'acord amb el conveni, els fabricants es comprometen a comprar tota la collita produïda a Andorra. El fet de comprar-la tota i no només una part n'assegura el monopoli, ja que es treu la possibilitat a altres de poder acreditar la condició de productors, que és el requisit per poder importar. Lògicament, aquestes condicions no sols afavoreixen els industrials, sinó també els colliters i són les que contribuiran al manteniment de l'agricultura i a l'extensió del cultiu del tabac. Com s'acorda establir uns preus polítics per la compra de tabac andorrà situats per sobre del preu de mercat, i s'entén amb això que s'està protegint la pagesia, el Consell General està d'acord a aplicar unes taxes molt baixes a l'entrada del tabac en fulla d'importació estranger, per evitar gravar en excés els fabricants. La inexistència d'impostos directes afavoreix també que les repercussions d'aquesta política de preus no incideixin en els costos de producció de les indústries tabaqueres.

S'entén, en aquest context, que els industrials tabaquers hagin estat directament interessats a mantenir el poder polític i, efectivament, ho han fet. Fora d'uns pocs anys de parèntesi, els síndics o els caps de govern d'Andorra han estat vinculats a la indústria del tabac. Com també és essencial, a nivell econòmic, controlar les llicències de trànsit per importar tabac estranger. Però des de les institucions polítiques s'aconsegueix reproduir les condicions bàsiques perquè siguin rendibles les indústries tabaqueres: absència d'impostos directes, unes taxes de consum aplicades al tabac d'importació reduïdes i l'existència d'un sector de cultivadors que és el que els permet efectuar les importacions.[23] El "preu polític" amb què s'acaba pagant el tabac produït a Andorra és compensat amb la disminució dels costos derivats de l'adquisició del tabac, però, per elevat que sigui aquell preu, permet una altra cosa que és molt més important per als industrials: poder seguir mantenint el poder polític. L'aliança amb els colliters va més enllà, doncs, d'un acord purament econòmic, ja que té repercussions polítiques. I és aquesta particular vinculació la que permet reproduir una determinada estructura de poder social.

L'èxit d'aquest sistema, però, és que no sols en surten beneficiats els industrials, sinó que es produeix una confluència dels interessos dels dos grans sectors implicats, els fabricants i els colliters i, en el cas d'aquests últims, no sols dels més poderosos, sinó de tot el conjunt de petits propietaris, masovers i arrendataris que obtenen uns ingressos complementaris per a l'economia familiar que són molt importants.

> Va tenir una certa racionalitat durant un temps. Bueno, dos grups amb forta presència en el Consell van ser capaços de... Els que clarament van fixar els termes van ser els fabricants, doncs tenien molta presència. (...) Van veure que els sortie més a compte pagar aquest impost indirecte de comprar tabac i després reexportar-lo una vegada elaborat aquí; els sortie més a compte comprar la collita a un preu bastant satisfactori pels pagesos. Als pagesos els anave de meravella. (EE-10, H-SJ-5-A)

I justament perquè el sistema es fonamenta en l'existència d'uns interessos comuns entre industrials i colliters, i aquests són molt més nombrosos i abasten pràcticament tots els grups socials, tota la lògica ideològica per la qual es legitima aquest sistema es vincula sempre a la necessitat de protegir la pagesia. En una entrevista realitzada l'any 1982, Enric Paris i Torres, que en aquell moment era el president de la Junta del Tabac i era també sotssíndic, expressa de forma molt clara com la política global sobre el tabac que deriva de l'aplicació del conveni entre fabricants i colliters, es relaciona

23. Recordem que a partir de l'acord d'unió duanera amb l'UE signat l'any 1990, les antigues taxes de consum desapareixen i les mercaderies que entre a Andorra passen a pagar l'impost sobre mercaderies indirecte (IMI).

amb un altre objectiu, la protecció de la pagesia, i és en aquesta dimensió en la qual intervé el Consell General:

> El M.I.C.G. es preocupa del que afecta a l'agricultura general, ja sigui a nivell de subvencions per material agrícola, i per bestiar, ajuda econòmica en favor dels revinguts d'alguns pagesos, de participació en les cotitzacions de la Seguretat Social dels agricultors, condueix a l'ensems a una política d'ajuda i suport als productors de tabac, i permet el manteniment d'un preu de venda superior al dels altres països productors com Espanya i França.
>
> Podem dir que el cultiu del tabac representa una font important, sinó la més important del revingut de la pagesia en general, amb un valor global de l'ordre de 60 a 80 milions.
>
> Recordem que és l'únic producte que no està sotmès a la competència i que el seu preu, per consideració d'ordre polític, es manté per sobre del real, contràriament als altres productes, com són la llet i la carn que han de suportar la competència del d'importació. (Enric Paris i Torres, en *Andorra 7*, núm. 43, pàg. 12)

Penso que en aquest fragment queda molt ben reflectida una aparent paradoxa: la manca d'intervencionisme de l'estat en la regulació de les activitats del tabac no origina que les lleis de mercat actuïn lliurament en aquest sector, sinó tot el contrari, aquesta manca d'intervencionisme és el que fa possible que el tabac sigui "l'únic producte que no està sotmès a la competència", ja que el seu preu "està per sobre del real" i això es deu a una "consideració d'ordre polític", tal com emfasitza el sotssíndic.

Per tant, es produeix una inhibició del Consell General pel que fa a la regulació de les activitats relacionades amb el tabac i es deixa que es resolgui en termes d'un pacte privat entre dos sectors, però s'apliquen al mateix temps tota una sèrie de polítiques directes o indirectes que beneficien el sector tabaquer en el seu conjunt i que apareixen legitimades a partir de la seva funció de protegir la pagesia. D'aquesta manera es compleix la funció bàsica de la màxima institució política del país, com és la de mantenir l'estructura existent de producció i distribució que assegura la reproducció de les condicions per l'acumulació privada i afavoreix els interessos dels grups millor situats en aquesta estructura.

Però més enllà de cobrir les necessitats dels grups econòmicament poderosos, l'Estat ha d'atendre també les necessitats d'un sector molt més ampli de la societat, en forma de creació i manteniment dels serveis públics necessaris per a tothom. Justament tot el que estem parlant es produeix en un moment en què Andorra està experimentant un fort creixement econòmic i també demogràfic i el nombre d'estrangers que passen a residir en el país s'incrementa sense parar. L'any 1974, aquell en què es va signar el conveni entre fabricants i colliters, hi havia a Andorra una població total de 24.808 persones, de les quals només 7.304 (un 29,4%) eren de nacionalitat andorrana, i posteriorment aquestes xifres s'incrementarien molt més, de manera que els andorrans passen a ser cada cop més minoritaris en el seu propi país. En aquell moment s'estava discutint també com ampliar els mecanismes per a l'adquisició de la nacionalitat andorrana, i l'any 1977 s'aprovaria el Codi de la Nacionalitat Andorrana, que amb la reforma posterior de 1985, estarà vigent pràcticament fins avui (l'última llei és de l'any 1995). A partir d'aquesta ampliació, molts estrangers adquireixen la nacionalitat andorrana, però com el ritme d'immigració és molt elevat, la proporció d'andorrans se situa avui entorn al 19,5%.

L'Estat, a l'hora de proveir de serveis i infraestructures (carreteres, proveïment d'electricitat o d'aigua, actuacions urbanístiques, orde-nació del trànsit, serveis sanitaris, ensenyament, assistència social, equipaments culturals o esportius, etc.), els ha de subministrar no sols als súbdits andorrans, sinó a tot el conjunt de la població resident a Andorra. En la dècada dels anys setanta, però sobretot en la dels vuitanta, l'estat andorrà fa un considerable esforç en aquesta direcció i en el transcurs de molts pocs anys es construeix tota una administració pública i un sistema de serveis que eren inexistents en el país. L'estat obté els seus ingressos bàsicament de les taxes sobre el consum (avui IMI) que s'apliquen a les mercaderies que entren a Andorra. L'absència d'impostos directes fa que en la pràctica siguin els diners que aporten els estrangers amb la compra de mercaderies a Andorra allò que subministra els ingressos bàsics per sufragar les despeses públiques. Les institucions de l'Estat (el govern, des de la seva creació el 1981 i el Consell General) actuen com a grans redistribuïdores dels ingressos que es recapten tornant-los a tota la població en forma d'infraestructures i serveis. Aquesta dimensió ens aporta nous significats sobre la manca d'intervencionisme de l'Estat en el sector tabaquer.

Fixem-nos que al mateix temps que el Consell General s'inhibeix de regular el sector tabaquer, renuncia també a l'obtenció d'una font important de recaptació (tant de l'equivalent de les taxes aranzelàries com les derivades dels impostos directes), i això repercuteix en el pressupost general que es destina a la despesa pública. És així que es pot interpretar que aquest mecanisme provoca una particular distribució de la renda entre les parts implicades en la producció de tabac i només entre elles. En comptes de pagar a l'Estat, i que sigui aquest qui redistribueixi aquests ingressos en forma d'actuacions públiques, cosa que repercutiria en tota la població resident a Andorra, els fabricants redistribueixen aquesta renda directament als productors en forma dels preus estipulats pel tabac. Això és el que fa afirmar que es tracta "d'una mena de mecanisme substitutori del que és una política d'impost sobre la renda i de distribució d'aquest" (EE-10, H-SJ-5-A). I aquest particular mecanisme fiscal fa que els beneficis es redistribueixin només entre un grup petit de gent, que coincideix amb els que són andorrans i, més en concret, amb els que són andorrans d'antic, ja que només ells són propietaris de terrenys agrícoles.

L'any 1996 la quantitat implicada en el pagament total de la collita de tabac va ser de 4.000 milions de pessetes, que no tributen a l'Estat. Si des del punt de vista dels pressupostos generals de l'administració pública, ja s'hi resta doncs una quantitat important (el pressupost total de l'Administració central era l'any 1996 de 25.795 milions de pessetes), des del punt de vista que aquesta quantitat és redistribuïda únicament entre les famílies vinculades al cultiu del tabac (unes tres-centes), es tracta ja d'un valor molt respectable.

Aquesta última dimensió és important en la lògica del sistema i també n'explica l'evolució. Els fabricants han vist com els termes del conveni els ha suposat haver de comprar quantitats de tabac cada vegada més grans a uns preus elevadíssims sense poder-ne treure un profit directe per la seva producció i com això provocava un augment cada vegada més gran de les plantacions de tabac i considerables beneficis per als colliters; per tant, els ha interessant reformular les condicions d'aquell primer conveni. Però entre els colliters no hi ha només grans propietaris, sinó molta més gent a qui el tabac permet obtenir uns ingressos complementaris que proporcionalment són força substanciosos en l'economia familiar. A més, a través del sistema d'arrendaments o subarrendaments s'ha anat proletaritzant la producció de tabac i arriba a famílies de condició molt modesta per a qui aquests ingressos complementaris resulten imprescindibles.

> És clar, són tres mil milions de pessetes [4.000 milions l'any 1996] que els fabricants distribueixen entre un grup molt important de famílies. És evident que hi ha un grup de petits i grans productors, però hi ha també una xarxa de petits productors bastant important,

> i per moltes famílies sí és un complement molt important dins la seva economia domèstica. Per tant, els fabricants han tornat a renovar el contracte, cada cop reduint una mica més, però la pressió que tenen perquè no hi hagi un trencament definitiu amb aquesta política és molt forta i tindria unes conseqüències que acabarien rebotant cap a l'Estat andorrà de forma molt clara. Perquè substreure de cop tres mil milions a les rendes familiars... (EE-10, H-SJ-5-A)

Andorra, com qualsevol altra societat de classes, ha desenvolupat tot un sistema ideològic que moralment justifica les condicions econòmiques i socials existents i contribueixen a preservar-les. Hi ha, doncs, unes dimensions econòmiques i unes polítiques en la formació dels sistemes d'idees i representacions que una vegada produïts esdevenen instruments en la confrontació dels interessos socials. Quan es produí l'ascens econòmic dels qui s'abocaren a les activitats comercials, turístiques i financeres, es va forjar tot un sistema de representacions nou que posava tota la seva fe en l'expansió constant de les noves activitats econòmiques i en els principis del lliure funcionament del mercat; al mateix temps, la pagesia era el sector social que establia el lligam amb el passat i, enfront dels nous residents en el país, molt més nombrosos que els antics, representava el nucli dotat de legitimitat per preservar els seus privilegis. L'auge del sector tabaquer farà que aquesta pagesia no sigui simplement un record del passat tradicional, sinó un sector amb una presència important. A causa de tot el que representa aquesta pagesia no se la pot deixar a l'arbitri de les lleis de mercat, sinó que necessita ser protegida.

La protecció de la pagesia esdevé així un dels factors més invocats per legitimar el conveni entre fabricants i colliters i per reclamar la implicació de l'Estat en assegurar les condicions per la seva reproducció, que passa per protegir també el sector industrial. De l'Estat es reclama protecció, no intervenció. I ho fan tant els fabricants com els colliters.

Per part dels industrials tabaquers podem posar com exemple les declaracions d'Higini Cierco, quan en la confrontació amb els importadors de tabac manufacturat exigeix del govern que apliqui un augment als impostos sobre el tabac estranger, tot dient que "si no se'ns protegeix, prendrem mesures dràstiques". Anuncia que aquestes mesures poden ser una reducció de plantilles i de costos i, fins i tot, el tancament de les fàbriques (*Diari d'Andorra*, 25 de juliol de 1995). En diferents articles d'opinió en la premsa, el mateix

Higini Cierco argumenta molt més extensament que la protecció del sector industrial és imprescindible per a la protecció de la pagesia.[24] En diverses ocasions insisteix en una idea com la següent:

> No puc entendre que la classe política no vulgui la protecció dels sectors agrícola i industrial, que no suposen cap cost per al govern perquè s'automantenen i contribueixen a les arques de l'Estat amb milers de milions. (*Diari d'Andorra*, 20 d'abril de 1996)

El fet de destacar que aquest sector no suposa cap cost per al govern és una forma de reivindicar l'eficàcia del pacte privat entre fabricants i colliters. També els agricultors es pronuncien en un sentit molt similar:

> La relació entre colliters de tabac i fabricants, a més de representar, avui per avui, una de les principals fonts productives del país, és una relació comercial entre dos sectors privats basada en la lliure economia de mercat, de tradicional aplicació a Andorra i consagrada en la Constitució en l'article 28. (...)
>
> S'ha de manifestar que l'Associació de pagesos i ramaders del Principat d'Andorra és molt conscient que el sector del tabac s'ha de regular i autocontrolar internament, per tal de donar-li continuïtat de futur (Associació de Pagesos i Ramaders d'Andorra, a *Diari d'Andorra*, 29 de juny de 1995).

El poder dels sistemes de representacions rau en la seva capacitat perquè els arguments que se sustenten i les seves respectives concrecions en projectes d'intervenció, es vegin com absolutament evidents. La necessitat de protecció de la pagesia és un d'aquests arguments que es fa evident i que ningú qüestiona, ja que no es considera el problema d'un sector particular, sinó del país sencer. Així, per exemple, les demandes per buscar alternatives que assegurin el manteniment o millora de la pagesia es presenten sovint com una necessitat per evitar la degradació ecològica que es produiria amb l'abandonament de l'agricultura, cosa que perjudicaria el futur d'Andorra com a indret turístic. Amb aquest argument queda ocult que la progressiva expansió del cultiu del tabac ha eliminat l'antiga diversificació productiva i propicia el monocultiu, que s'ha estès a zones de bosc, boïgues i antics prats, i es destaca en canvi la seva

24. Veure especialment els articles "Tabac: més notícies" (*Diari d'Andorra*, 11 de febrer de 1995), "Taxes al tabac: curiositats polítiques", i "Tabac: l'atenció política necessària" (*Diari d'Andorra*, 17 de febrer de 1996) (*Diari d'Andorra*, 20 de juliol de 1995), tot ells signats per Higini Cierco Noguer.

funció (que l'ha tingut també) de frenar el creixement urbanístic incontrolat i de mantenir els camps en conreu. Fins i tot el raonament ambiental esdevé, doncs, un instrument útil perquè la política estatal contribueixi al manteniment del sector tabaquer.

No tothom entén de la mateixa manera com s'ha de protegir la pagesia, i en les conteses electorals, cada grup polític ha presentat propostes diferents. El més significatiu d'aquestes propostes, al meu entendre, és que continuen mantenint el principi que la redistribució de les rendes generades pel sector tabaquer es quedin dins del mateix sector, deixant fora la resta de la societat andorrana.[25]

Podem entendre millor ara quina és la racionalitat del sector tabaquer a Andorra. Aquells indicadors d'aparent irracionalitat troben aquí la seva lògica. Cultivar tabac en una zona d'alta muntanya, pagar-lo a un preu elevadíssim i després destruir-ne una bona part perquè no serveix per a les elaboracions de tabac manufacturat no és gens irracional si s'inscriu en el conjunt de relacions socials, polítiques i econòmiques que han conformat el sistema econòmic andorrà. I no cal oblidar que la naturalesa d'aquest desenvolupament endogen ha estat condicionat per factors que estan més enllà de les fronteres del Principat. La conversió d'Andorra en una plataforma de distribució dóna la clau per entendre la particular naturalesa de la seva economia i de la transformació que ha experimentat en les darreres dècades.

Voldria subratllar amb això que no he volgut entrar en valoracions sobre el sistema econòmic andorrà. La bondat o no d'un sistema de cara a la gent mateixa que el constitueix no depèn de la seva lògica de funcionament ni de la seva racionalitat. Una altra cosa diferent és plantejar-se fins a quin punt es poden mantenir les condicions que han estructurat l'economia de la nova Andorra. El tabac és una agricultura fictícia; els suposats avantatges en els preus del comerç andorrà han començat a ser ficticis també. És ben real en canvi la perduració en la història d'un petit país com Andorra, sense recursos i sense força, com deia J. A. Brutails. El que passa és que ara sí que té recursos i, tot i continuar essent un país petit, té la força que li atorga el potencial de la seva història i la seva gent.

25. Vegeu, per exemple, l'article publicat per Manel Casal "La transició de l'agricultura fictícia a l'agricultura real o la necessària alternativa al monoconreu del tabac" I i II (*Diari d'Andorra*, 27 de juliol de 1997 i 28 de juliol de 1997).

Conclusions

Que Andorra ha canviat extraordinàriament en els darrers decennis és una evidència sobre la qual no cal insistir. Aquesta vall pirinenca, que antigament vivia de la pagesia, s'ha especialitzat en el turisme comercial, que és el que el millor defineix la seva economia en els temps recents. Milions de persones s'hi han vingut desplaçant cada any per poder comprar a preus molt avantatjosos; també per gaudir dels esports d'hivern, del paisatge de muntanya, o de les modernes instal·lacions termals i lúdiques. Però el fet d'"anar a comprar a Andorra" és el que de forma més clara ha atret visitants al país i aquest continua essent un element consubstancial de la seva economia.

En el present llibre hem analitzat la naturalesa de les transformacions econòmiques i socials del Principat d'Andorra en el darrer segle. Hem situat els components estructurals d'aquestes transformacions, però ens hem volgut endinsar també en una altra lògica: la dels homes i dones que les han viscut i n'han estat protagonistes. L'anàlisi dels canvis econòmics l'hem realitzada mitjançant el treball de camp perllongat, que ha implicat la pràctica de l'observació participant i la realització de nombroses entrevistes. El mètode etnogràfic permet aportar una visió diferent, i al mateix temps complementària, respecte als estudis sobre l'economia andorrana fets des de l'òptica d'altres tradicions disciplinàries com l'economia, la geografia o la història.

Hem definit l'economia d'Andorra com una economia de frontera. Efectivament, el particular desenvolupament de les activitats comercials i financeres i, amb elles, de l'hoteleria i els serveis turístics, ha vingut condicionat per l'existència de la frontera com un factor estructural. De fet, a totes les zones frontereres els fluxos de mercaderies són una constant, fruit dels preus diferents que existeixen a banda i banda de la frontera, però en el cas d'Andorra s'hi afegeix un altre factor, que té una especial rellevància i li atorga especificitat, i és que el país, en no haver-se integrat ni a França ni a Espanya, ha conservat tot un seguit de privilegis aranzelaris i un tractament especial de l'entrada i la sortida de mercaderies pel seu territori. Això és essencial per al naixement i desenvolupament d'un comerç molt competitiu, amb preus molt més baixos que als països veïns, que ha aconseguit atreure milers i milers de visitants. Com a totes les zones frontereres, el contraban també ha estat present a Andorra com un fet normal i, des de l'òptica local interna, no s'ha considerat il·legal, malgrat les disposicions que el prohibeixen arreu i que en el Principat són recents.

La magnitud dels canvis d'Andorra es pot avaluar millor si els comparem amb els que s'han donat en altres valls dels Pirineus, ja que en cap d'elles s'ha produït la concentració d'activitats ni de població que hi ha hagut a Andorra. Les bases agrícoles i ramaderes s'han vist radicalment transformades arreu de la serralada, certament. Alguns indrets pirinencs han patit amb això una forta crisi en la seva reproducció econòmica i social i l'emigració massiva ha provocat la despoblació i l'envelliment demogràfic. Altres han pogut afrontar les noves situacions en millors condicions, especialment on el turisme ha suposat introduir noves activitats i revitalitzar l'economia. Però en cap cas, en cap altra vall dels Pirineus, s'ha produït la particular combinació d'activitats existents avui a Andorra: el comerç, el turisme, les finances, juntament amb el manteniment d'una pròspera pagesia especialitzada en el cultiu del tabac i l'existència d'una indústria tabaquera força important. I, a més, el contraban. En cap altre cas tampoc hi ha hagut un increment de població equiparable al d'Andorra, que en pocs decennis ha multiplicat per dotze els seus efectius. La complexitat de la societat andorrana és avui molt gran, i és força elevat el nombre d'estrangers que hi ha establert la seva residència.

Altres especificitats d'Andorra deriven del propi fet de tractar-se d'un microestat i de la seva particular evolució històrica, ja que, a diferència d'altres valls dels Pirineus, Andorra no ha estat absorbida ni per França ni per Espanya i ha mantingut la seva independència com a país. I si l'evolució econòmica d'Andorra s'ha caracteritzat per la innovació i els forts canvis, l'evolució política, en contrast, ha seguit una línia molt diferent i, fins i tot, aparentment oposada a l'anterior, ja que ha vingut marcada pel pes de la tradició i del conservadurisme. Andorra n'ha preservat les antiquíssimes institucions socials i polítiques fins a les darreries del segle XX. És per aquest motiu que el Principat ha estat sovint caracteritzat com l'últim vestigi del feudalisme a Europa, o com una relíquia històrica. Cal preguntar-se, doncs, per la compatibilitat entre aquestes dues lògiques aparentment tan contradictòries, i que proporcionen també un marcat particularisme al Principat d'Andorra.

Si pel que fa a la naturalesa dels canvis econòmics i socials el contrast d'Andorra amb d'altres indrets dels Pirineus és ben evident, també podem afirmar que existeix un fort contrast entre el present del país i el seu passat immediat. Situem-nos a inicis del nostre segle. En aquells moments Andorra passava per una de les seves pitjors èpoques i era molt pobra. L'última farga havia tancat, el pas del ramat cap a Espanya estava sotmès a mesures molt restrictives. i la situació era tan asfixiant que la major part d'andorrans havien d'emigrar per buscar feina en altres llocs i els que es quedaven en el país havien de viure amb una gran austeritat. La gent més gran ens ha proporcionat nombrosos testimonis de com patien en les seves mateixes carns les dures condicions de treball, el fred, l'escassedat d'aliments, la falta de diners, les dificultats de transitar pels camins. Quasi tots els joves havien de marxar a França per treballar durant l'hivern, les dones com a criades, els homes en les mines o en la construcció. Són molts els homes que en un moment o altre havien fet el contraban com a paquetaires, recorrent grans distàncies i assumint considerables perills per poder guanyar alguns diners. Els canvis que convertirien el país en una societat opulenta són, doncs, realment espectaculars i de tal magnitud que costa identificar el fil conductor que porta de l'Andorra del passat a l'Andorra actual i reconèixer que tant l'una com l'altra formen part d'una mateixa realitat.

La història recent del Principat no és el resultat d'un procés continu caracteritzat per canvis acumulatius, sinó que es tracta d'una mutació, de la substitució d'un sistema econòmic i social per un altre, cosa que succeeix amb la conversió d'Andorra en una mena de zona franca, que és el que permet desenvolupar el seu paper de plataforma mercantil i financera, i això no es produeix fins a finals de la dècada dels trenta i inicis de la dels quaranta. No vull dir amb això que amb anterioritat a aquest moment no s'haguessin produït canvis a Andorra, ni de bon tros: un repàs de la historiografia del país permet comprovar l'existència de moments crucials en què es produïren canvis econòmics, polítics o demogràfics; però són canvis sectorials que, tot i la seva importància, no suposen un canvi *de* sistema, no aboquen a un canvi *de* societat. En la segona meitat del nostre segle podem parlar, en contrast, de l'existència d'una nova Andorra, ja que s'ha produït una modificació radical de les bases econòmiques i socials per les quals es regia el país. L'antic sistema econòmic basat en la pagesia es transforma en un de nou plenament inserit en les relacions de mercat. Aquesta mutació no es construeix del no-res, no parteix de zero, sinó que s'estableix en tot un conjunt de components que resten de l'antiga societat, i això no sols dota d'especificitat el procés sinó també el seu resultat: Andorra no sols és avui diferent de qualsevol altra vall pirinenca sinó també de qualsevol altre indret del món que, com aquest petit país, presenti les característiques d'una zona franca.

Una de les precondicions perquè Andorra esdevingui una mena de zona franca és el fet d'haver mantingut la seva independència com a país. A causa de l'aïllament i manca de recursos, Andorra necessitava importar pràcticament de tot per sobreviure, havent obtingut privilegis especials de caire proteccionista per part de França i d'Espanya per fer front a aquesta situació, com són l'exoneració de les taxes duaneres i el lliure trànsit de mercaderies pels respectius territoris. Aquests privilegis són els que crearan una estructura d'oportunitats en el país que podrà ser aprofitada per autòctons i estrangers a partir de la plena inserció d'Andorra en els circuits mercantils, cosa que esdevindrà com a resultat d'expresar-se el seu potencial com a plataforma de distribució.

Tenint en compte aquesta consideració, podem afirmar, doncs, que les obres d'electrificació de FHASA que s'iniciaren a finals dels anys vint, tot i ser molt importants, no marcaren l'inici dels canvis recents, com sovint ha estat interpretat. Hi hagué moviments de persones, una reactivació de l'economia, la construcció de carreteres, la mateixa electrificació i, fins i tot, la primera vaga obrera coneguda en el país. Tot això és substancial, certament, però nosaltres considerem que aquest període, així com el que s'inicia amb les posteriors guerres (la Guerra Civil Espanyola i la Segona Guerra Mundial), constitueixen una altra precondició per al desenvolupament que s'iniciarà més endavant. Són un punt d'arrencada, una fase prèvia, perquè els canvis substancials no es produiran fins al moment en què Andorra s'orienta decididament cap a les activitats relacionades amb el comerç i el turisme.

Va ser durant el període de guerres (1936-1945) quan es va descobrir el paper que podia jugar Andorra en el camp mercantil i financer. La situació d'escassedat originada per la guerra, juntament amb una conjuntura que provocà que França i Espanya requerissin de productes complementaris, va propiciar que Andorra funcionés com un indret on arribaven mercaderies des d'un país que eren passades cap a l'altre. El pas següent a aquesta situació és evident, ja que un cop descobert aquest potencial d'Andorra, es tractava de desenvolupar-lo i consolidar-lo, i el capital català hi jugà inicialment un paper important. És a partir d'aquestes condicions i en aquest context que es comencen a crear petits comerços orientats cap a un mercat de consum en expansió, inicialment francès i més endavant espanyol. Els privilegis obtinguts per Andorra li permeten fer arribar al país productes molt diversos, que no sols es poden oferir a preus molt més baixos que els dels països veïns, sinó que, a més, resulten innovadors (Duralex, niló, tergal, màquines d'afaitar elèctriques, olles de pressió, cafeteres, sucre, mantega, tabac, formatges, licors, joieria, etc.), i això origina el fenomen dels turistes compradors, que van expressament al Principat per adquirir directament els productes que s'hi ofereixen.

El procés de transició econòmica i social està caracteritzat a Andorra per les següents caractrístiques:

— La pluriactivitat de bases econòmiques i la diversificació d'activitats. La pagesia continua mantenint-se malgrat el sorgiment de noves activitats, i les famílies no aboquen el seu treball cap a un sol sector, sinó que combinen els ingressos procedents de diverses activitats.

— L'estructura familiar proporciona la base de treball i propietat en el nou context econòmic. Els components ideològics i funcionals de la família pagesa es reinterpreten i adapten a les noves condicions existents i conformen la base per a la constitució de negocis comercials i turístics.

— L'antiga oligarquia agrària és reemplaçada per una nova burgesia vinculada als nous sectors econòmics. Sorgeix una nova classe obrera, bàsicament conformada per estrangers.

— El sorgiment d'un sector públic, que es contraposa a la forta tradició de la gestió comunitària dels recursos. Aquesta contraposició es tradueix a nivell polític per la tensió existent entre la lògica nacional i la parroquial.

— El proteccionisme de la població autòctona enfront del capital estranger i enfront de nombrosos treballadors estrangers. Aquest proteccionisme, traduït en forma de determinats privilegis per als andorrans, fa possible que, a diferència de molts altres indrets pirinencs, la població autòctona no quedi relegada a una posició subsidiària, sinó que pugui beneficiar-se ella mateixa de la nova estructura d'oportunitats.

— Una economia nova, unes institucions antigues. Atesa la importància estructural d'aquest factor ens hi detindrem una mica més que en els altres.

Destaca en el cas d'Andorra que la seva immersió en la lògica mercantil es realitzés a partir de les institucions socials i polítiques heretades de la feudalitat. En els anys setanta arrencà un procés de reforma política que cristal·litzà en l'aprovació per referèndum d'una Constitució moderna l'any 1993. Hi ha hagut així la tendència a considerar que a Andorra ha existit una mena d'anacronisme històric només explicable pel conservadorisme dels andorrans i per l'amor a les seves tradicions i signes d'identitat. Nosaltres considerem, en canvi, que les antigues institucions han tingut un paper crucial en la nova etapa i no merament residual, i això per dues raons fonamentals: 1. La inexistència de regulacions modernes sobre el sistema de propietat, les societats mercantils, les relacions laborals o el sistema impositiu, per exemple, han possibilitat que en la pràctica es construís un sistema econòmic i un mercat de treball basat en l'expressió més pura del liberalisme, sense haver-hi quasi cap classe d'intervencionisme. Les elits comercials i financeres s'han pogut desenvolupar així amb força llibertat d'acció, sense controls rellevants i sense fer aportacions contributives substancials. 2. Les antigues institucions han permès que els andorrans mantinguessin els seus privilegis malgrat haver passat a ser una minoria en el seu propi país. Així doncs, el manteniment formal de les institucions antigues ha fet possible un canvi econòmic real i, per tant, la suposada Andorra feudal del segle XX és purament i simplement una ficció. Això no impediex que en el transcurs dels anys es posés de manifest la manca de compatibilitat entre el nou sistema econòmic i social i el sistema polític, i calgués procedir a la seva reforma.

Aquests components estructurals dels canvis econòmics d'Andorra apareixen explicats en els tres capítols inicials del present llibre i són els que han guiat la nostra anàlisi, que fa un recorregut per les diferents etapes del procés històric recent i situa les persones en l'eix mateix d'aquests processos. El capítol quart descriu així les condicions de vida de la pagesia, que hem caracteritzat a partir de l'austeritat, els sacrificis i uns horitzons de treball limitats a l'activitat agrícola i ramadera, i a la necessària emigració per a l'obtenció d'ingressos complementaris i essencials per a la supervivència. Hem descrit els processos de treball, el que feien homes i dones, hereus i cabalers, infants i adults, famílies benestants i pagesia més pobra. Hem fet èmfasi, a més, en la complementació entre la casa pagesa, amb la seva estructura interna i la transmissió dels mitjans de treball d'unes generacions a les següents, i la comunitat local, que gestionava els recursos comunitaris, tan essencials per a la vida pastoril. Aquesta articulació entre propietat privada i comunal esdevé la forma més eficient i adaptada per a l'aprofitament dels recursos existents en un ecosistema de muntanya com el dels Pirineus.

El capítol cinquè el dediquem a descriure les repercussions per a Andorra de les obres d'electrificació primer i de les guerres en els països veïns després. Hem pogut comptar amb testimonis directes de persones que participaren en els treballs de FHASA i conegueren els conflictes obrers i la vaga posterior. Volem destacar la importància substancial d'aquests testimonis per a la reconstrucció històrica d'aquell període i el valor afegit que posseeixen per la llunyania en el temps d'aquells esdeveniments. Els temps de guerres, al seu torn, foren substancials pel flux de persones i de mercaderies que propiciaren, com ja hem insistit més amunt. Per aquest motiu, hem dedicat una part del capítol a explicar l'evolució de les formes de contraban, ja que ha sigut un factor important en la circulació de mercaderies, especialment quan es desenvolupen les activitats comercials. El paquetaire, que havia de fer contraban per estricta supervivència, representa en l'imaginari col·lectiu els valors de l'heroïcitat, l'esforç, el risc, el coneixement del territori. Amb el transcurs del temps canvien les formes i l'organització d'aquesta activitat i, fins i tot, els seus protagonistes i es modifica també la seva percepció. Cal destacar que una part important de mercaderies serà passada per la frontera pels mateixos compradors turistes i són ells, doncs, els qui s'ajusten o no a les limitacions existents pel que fa al nombre i característiques dels productes.

Dediquem tot un capítol a reconstruir la història del Pas de la Casa, perquè considerem que en aquest indret hi cristal·litzen molts dels components de la nova Andorra, malgrat la seva aparent excepcionalitat, per tractar-se d'un nucli de població totalment nou. Les necessitats de subministrament alimentari que pateix França un cop acabada la guerra europea fan néixer en aquest lloc de pas un pròsper comerç. El nucli de pobladors inicial està constituït en bona part per refugiats catalans i s'incrementarà amb la construcció de l'estació d'esquí i l'obertura permanent de la carretera. Val la pena ressaltar l'èpica dels anys inicials, tant pel que fa a les difícils condicions de vida, com a la manera de fer-se realitat l'agosarat projecte de fer una estació d'esquí en aquell lloc i en aquells anys. Hem caracteritzat aquest procés de manera molt similar al de les noves fronteres, que configuren unes normes de relació i d'actuació molt específiques.

El desenvolupament de les activitats turístiques i comercials l'hem descrit en el capítol setè, tot mostrant les dificultats inicials que tingueren les persones provinents de la pagesia per adaptar-se a la nova lògica econòmica i el considerable esforç que això suposà en molts casos. Els qui tenien terres i vengueren una part del patrimoni pogueren comptar amb un capital inicial que els situaria en millor posició que els qui no en tenien. Les experiències de cada generació són, a més, molt diferents, segons l'etapa que els ha tocat viure, de manera que les persones més joves, que no han patit estretors materials i han tingut accés a nivells d'educació elevats, han generat valors més individualistes i consumistes, que contrasten amb els dels seus antecessors. És interesant resseguir per cada grup generacional com se situen els diferents components de la família amb relació a les activitats econòmiques i constatar que els criteris de sexe, d'ordre de naixement i de generació, que marcaven la jerarquia interna, la divisió del treball i les formes d'autoritat en la família, continuen tenint avui importància, però aquests mateixos criteris són reinterpretats i adaptats a les noves circumstàncies.

Les noves activitats econòmiques van fer possible que Andorra experimentés un increment important de població, cosa que modificà els tradicionals fluxos migratoris, i els invertí. Aquest fet repercutí en primer lloc en els mateixos andorrans: les noves circumstàncies feien innecessari que els fills segons, els qui no havien d'heretar les terres, emigressin per treballar a d'altres llocs, cosa que era inevitable temps enrere. A més, es produí també el retorn d'alguns andorrans que ja s'havien establert fora del país. Però la base numèricament més important del creixement poblacional d'Andorra ha vingut de les persones estrangeres que s'hi han establert, algunes de forma temporal, moltes ja amb caràcter permanent. Per això dediquem un capítol, el vuitè, a reproduir alguns relats d'emigrants que són significatius per la variada tipologia d'origen i situacions que representen. Resseguim així els itineraris que condueixen cap a Andorra, l'adaptació inicial, la major o menor identificació amb la lògica del país, les expectatives de futur. Són relats molt vivencials i que reflecteixen la diversitat de circumstàncies i de situacions que avui existeixen a Andorra i que contribueixen també a definir-la com a país.

Conclusions

El darrer capítol el dediquem a la qüestió del tabac que, malgrat que és aparentment un tema molt concret, constitueix el que Marcel Mauss anomanava com un "fet social total", ja que en ell cristal·litzen forces econòmiques, polítiques, jurídiques i ideològiques, i, a més, la seva anàlisi obliga a transcendir la dinàmica interna del país i a connectar-lo amb dimensions de caire global. La qüestió del tabac sintetitza de fet molts dels factors que són pertinents per entendre l'evolució d'Andorra, el seu dinamisme i les seves contradiccions. No es tracta, per tant, d'un aspecte marginal sinó central, una mena de síntesi i de conclusions respecte al procés de transformació d'Andorra fet des de l'òptica de relacionar economia i política.

El cultiu del tabac, que és una planta d'origen tropical, troba la seva raó de ser a Andorra com a resultat de tenir una economia transfronterera, cosa en la qual ja hem insistit. El fet que tant a Espanya com a França s'hagi gravat el tabac amb taxes i, per tant, amb recàrrecs importants sobre el preu, ha contribuït que ja des del segle XVIII Andora pogués oferir al mercat un tabac d'inferior qualitat però a molt millor preu que el dels països veïns. Les elaboracions de tabac es feien de forma artesanal i eren molt rudimentàries, fins i tot quan s'instal·laren les primeres fàbriques manufactureres. El gran canvi vindria a redós del conjunt de transformacions de l'economia andorrana, quan les empreses passen a fabricar tabac a partir de patents estrangeres i insereixen així la seva producció en les demandes d'un mercat de consum en expansió. Però França i Espanya estableixen condicions per deixar passar el tabac d'importació pel seu territori, i cal que Andorra acrediti el caràcter de productor per poder obtenir la concessió. D'aquí el conveni que s'establí entre fabricants i colliters per assegurar el manteniment de la producció autòctona, ja que era condició per poder comprar el tabac d'importació i fabricar cigarrets de tabac ros. D'aquí també els preus considerablement alts que s'arribà a pagar per cada tona de tabac, com a resultat de comprar una mateixa producció diverses vegades i poder importar així la quantitat equivalent. D'aquí, a més, que el cultiu de tabac s'estengués de forma imparable per tot el territori cultivable del Principat. Una producció que, cal subratllar-ho, no serveix per a les elaboracions més freqüents i que cal destruir en la seva major part. El cultiu del tabac és, doncs, una agricultura fictícia, però els guanys obtinguts i la lògica política que l'acompanya tenen, en canvi, un fonament ben real. Tinguem present que en la història recent d'Andorra, s'ha donat la coincidència que les màximes autoritats polítiques fossin sovint destacats fabricants de tabac. En potenciar ells mateixos una inhibició de l'Estat en la regulació i control del sector tabaquer (renunciant així a l'obtenció de les taxes d'entrada en el país i, per tant, a uns ingressos força substantius) i propiciar, en canvi, un acord privat entre fabricants i colliters, es produeix de fet una redistribució dels guanys obtinguts entre un sector limitat de la població (i no entre el conjunt sencer), que necessàriament té nacionalitat andorrana i contribueix, a més, amb el seu vot a mantenir una determinada situació política.

Si entenem conjuntament les lògiques polítiques i econòmiques implicades en la qüestió del tabac, l'aparent irracionalitat de cultivar tabac en l'alta muntanya, pagar-lo a preus elevats i després destruir-lo, no és tal i pren, en canvi, una significació ben racional. Afegim-hi, per acabar, un element més: el paper del contraban en la comercialització del tabac. A Andorra el cultiu i l'elaboració del tabac tenen sentit en la mesura que s'adrecen a un mercat extern i no sols al consum intern. Més que qualsevol altra dimensió, la qüestió del tabac sintetitza les característiques d'Andorra com a país de frontera i les seves funcions com a zona franca.

Finalitzem així aquestes conclusions consignant la mateixa dimensió que emfasitzàvem ja a l'inici d'aquest llibre. L'actual repressió del contraban de tabac no és un afer gens anecdòtic ni marginal, ja que sacseja una estructura essencial en el funcionament del país. L'actual sistema econòmic no es beneficia ja del considerable diferencial de preus dels productes comercials i tot plegat obliga a una reorientació econòmica on l'oferta turística passa a situar-se en un primer pla. Aquest és actualment un dels grans debats existents a Andorra que no ens pertoca reproduir aquí. Nosaltres hem volgut deixar constància tan sols d'un període concret de la història econòmica d'Andorra i dels qui l'han protagonitzada. Perquè la història no és anònima ni tampoc és sols un procés de caire general. Els èxits i els fracasos, les grandeses i les misèries, l'equilibri i les contradiccions són dimensions que acompanyen a tot procés, i aquest és fruit d'uns factors estructurals i, també, de l'acció individual. I aquesta doble dimensió és justament la que hem volgut reflectir en aquest llibre sobre els canvis en l'economia d'Andorra.

Bibliografia

ALBERT, E., *Els quaranta anys del creixement d'Andorra*, Andorra, 1993.

ARASA, D., *La guerra secreta del Pirineu (1939-1944)*, Barcelona, 1994.

ARMENGOL, A., BARTUMEU, J. M., BATLLE; J., CANUT, J. i FONT, J., *Estudi sobre el sector de la construcció*, Andorra la Vella, Centre Andorrà d'Estudis Econòmics, 1980.

ARMENGOL, L., *Aproximació a la història d'Andorra*, Perpinyà, Institut d'Estudis Andorrans, 1983.

— *Comportaments socials i mentalitats col·lectives. Els llegats eclesiàstics andorrans del segle XIX*, Andorra, Consell General de les Valls, 1988.

Atlas d'Andorra (coord. A. Gómez), Andorra la Vella, Conselleria d'Educació, Cultura i Joventut del Govern d'Andorra, 1991.

Atlas Universal Català (dir. J. Vilà Valentí), Barcelona, Gran Enciclopèdia Catalana, 1995.

BABY, P., *Guide-Route du baigneur et du touriste dans de département de l'Ariège et en Andorre*, Foix, 1890.

BARRERA, A., "Sucesión unipersonal y familia troncal en Cataluña y el norte de la Península ibérica", COMAS D'ARGEMIR, D. I SOULET, J.F. (eds.), *La família als Pirineus*, Andorra, Ministeri d'Educació, Cultura i Joventut del Govern d'Andorra, Comunitat de Treball dels Pirineus, 1993.

BAULARD, R., *La Gendarmerie Française dans les Vallées d'Andorre (18 Août - 9 Octobre 1933)*, Perpinyà, 1934.

BÉCAT, J., "L'Andorre, pays catalan d'économie ouverte entre la France et l'Espagne", *Revue Géographique des Pyrénées et du Sud-Ouest*, núm. 62, Tolosa de Llenguadoc, 1991.

— *Pyrénées méditerranées, mutations d'une économie montagnarde: Le cas d'Andorre*, Thèse de Doctorat d'État, Université Paul Valery, 1993.

BELTRAN, O., *Es aranesi. Adaptació a l'entorn i organització social al Pirineu central*, Tesi de Doctorat, Universitat de Barcelona, 1994.

BENERIA, L., "La globalización de la economía y el trabajo de las mujeres", *Revista de Economía y Sociología del Trabajo,* núm. 13-14, 1991.

BOURDIEU, P., "Celibat et condition paysanne", *Études Rurales,* núm. 5-6, 1962.

— "Les stratégies matrimoniales dans le système de reproduction", *Annales, E.S.C.,* núm. 27, 1972.

BRICALL, J. M., "L'economia andorrana", *Actas del VII Congreso Internacional de Estudios Pirenaicos* (Seu d'Urgell, 1974), tom I, Jaca, Instituto de Estudios Pirenaicos, 1983.

BRICALL, J. M. i altres, *Estructura i perspectives de l'economia andorrana,* Barcelona, 1974.

BRUGAT I MARTÍ, J., *El Pas de la Casa. Història d'un poble sense història,* Figueres, 1968.

BRUTAILS, J. A., "Vallées d'Andorre", *Revue des Universités du Midi,* núm. 1, 1897.

— *La costume d'Andorre,* Andorra, 1965 [ed. original 1904].

CALVO, R., MARTÍNEZ, G., I GUASCH, N., *Recull estadístic general de la població. Andorra 90,* Andorra, Conselleria de Treball i Benestar Social del Govern d'Andorra, 1990.

CAVAILLÈS, H., "Une Féderation pyrénéenne sous l'Ancien Régime", *Lies et passeries dans les Pyrénées,* Tarbes, Archives Départamentales, Bibliothèque Centrale de Prêt, Société d'Études des Sept Vallées, 1986 [text original, de 1910].

CHAPEAU, G., *La mise en valeur d'une région de montagne. Les vallées d'Andorre,* Nancy-Metz, 1986.

CHAYANOV, A.V., *La organización de la unidad económica campesina,* Buenos Aires, 1974 [ed. original 1925].

CHEVALIER, M., "La transhumance et la vie pastorale dans les Vallées d'Andorre", *Revue des Pyrénées,* tom XVIII, 1906.

— *Andorra,* Chambéry, 1925.

— *La vie humaine dans les Pyrénées ariégeoises,* Tarascon-sur-Ariège, 1980 [primera edició, de 1956].

COMAS D'ARGEMIR, D., "Ganaderos, boyeros, pastores, obreros... Formas de subsistencia y estrategias económicas", PUJADAS, J. J. i COMAS D'ARGEMIR, D., *Estudios de Antropología Social en el Pirineo aragonés,* Zaragoza, Diputación General de Aragón, 1994.

— "La definición de la cultura pirenaica", BERTRAN-PETIT, J. I VIVES, E. (eds.), *Muntanyes i població. El passat dels Pirineus des d'una perspectiva multidisciplinària,* Andorra, Centre de Trobada de les Cultures Pirinenques, 1995.

COMAS D'ARGEMIR, D., "Economía, cultura y cambio social", *Antropología económica*, Barcelona, 1998.

COMAS D'ARGEMIR, D. I ASSIER-ANDRIEU, L., "Grupo doméstico y transición social. Presentación", *Arxiu d'Etnografia de Catalunya*, núm. 6, 1988.

COMAS D'ARGEMIR, D. I PUJADAS, J. J., *Andorra, un país de frontera. Estudi etnogràfic dels canvis econòmics, socials i culturals*, Andorra i Barcelona, 1997.

COMAS D'ARGEMIR, D. I SOULET, J. F. (eds.); *La família als Pirineus. Aspectes jurídics, socials i culturals de la vida familiar: Continuïtats i canvis*, Andorra, Ministeri d'Educació, Cultura i Joventut del Govern d'Andorra, Comunitat de Treball dels Pirineus, 1993.

COSTA SAVOIA, E., *Viatges amb els pastors transhumants*, Barcelona, 1987.

CREUS VIDAL, L., "L'electrificació d'Andorra", *Tècnica. Revista Tecnològico Industrial publicada per l'Associació d'Enginyers Industrials de Barcelona*, núm. 156, 1932.

DD. AA. *Andorra. Estat, institucions, societat*, Andorra, Maià, 1990.

— *Tendències polítiques a Andorra*, XXIV Universitat Catalana d'Estiu, Prada, 1992, Andorra, Societat Andorrana de Ciències, 1992.

— *Alternatives econòmiques per Andorra*, XXV Universitat Catalana d'Estiu, Prada, 1993, Andorra, Societat Andorrana de Ciències, 1994.

— *El finançament de l'Estat a Andorra*, XVII Universitat Catalana d'Estiu, Prada, 1995, Andorra, Societat Andorrana de Ciències, 1995.

— *El futur de l'economia andorrana a debat*, 5è cicle de conferències, Andorra, Banc Agrícol i Comercial d'Andorra, 1995.

— *El futur de l'economia andorrana a debat*, 6è cicle de conferències, Andorra, Banc Agrícol i Comercial d'Andorra, 1996.

DAUMAS, M., *La vie rurale dans le Haut Aragon Oriental*, Madrid, 1976.

DE LA PARTE, I. i MAS, D., *La casa a Andorra. Dues històries de família, Andorra i Barcelona,* 2000.

DUVERGER, M., *La reforma de les institucions d'Andorra*, Andorra, Comú d'Andorra la Vella, 1981.

FAIRÉN GUILLÉN, V., "Notas para un estudio de las facerías internacionales pirenaicas", *Pirineos*, 59-66, 1962.

FERNÁNDEZ FLÓREZ, W., "El viejo país de Andorra" i "En una arruga de la tierra", a *La conquista del horizonte. Viajes*, tom I, 1932.

FITER I ROSSELL, A., *Manual Digest de les Valls neutras d'Andorra*, Andorra, Consell General d'Andorra, 1987 [transcripció i edició facsímil del manuscrit, datat el 1748].

FITER, R., *Legislació administrativa andorrana. Consell General 1900-1973*, Andorra, 1973.

FONT, J. I BARTUMEU, J.M., *Llibre blanc sobre el tabac*, Andorra, Consell General de les Valls, 1979.

FORNÉ, A., "Evolución económica y social de Andorra", *Andorra*, núm. 1, 1956.

— "Andorra turística", *Andorra*, núm. 3, 1958.

FRIEDMAN, J., "Being in the World: Globalization and Localization", FEATHERSTONE, M. (ed.), *Global Culture. Nationalisme, Globalization and Modernity*, Londres, 1990.

FRÖBEL, F., HEINRICHS, J. I KREYE, O., *La nueva división internacional del trabajo. Paro estructural en los países industrializados e industrialización de los países en desarrollo*, Madrid, 1980 [ed. original 1977].

GASKILL, G., "Andorra, paraíso de los contrabandistas", *Meridiano*, núm. 55, 1947.

GIRAL, E., *La radiodifusión en Andorra: política, economía y espacio comunicacional en un país dependiente*, Barcelona, Universitat de Barcelona (tesi doctoral inèdita), 1989.

GODELIER, M., *Racionalidad e irracionalidad en economía*, México, 1974.

— "L'analyse dels processus de transition", *Social Science Information*, núm. 26, 1987.

HARDIN, G., "La tragedia de los espacios colectivos", H. DALY (ed.), *Economía, Ecología y Ética*, México, 1989 [ed. original 1968].

HOBSBAWM, E.J., "L'invent de les tradicions", a HOBSBAWM, E. J. i RANGER, T. (eds.), *L'invent de la tradició*, Barcelona, 1988.

JOSEPH-DEZAIZE, G., "Andorre, la montagne opulente", *Le Moci*, 22-VI-1992, 1992.

KRÜGER, F., *Los Altos Pirineos, Comarcas, casa y hacienda*, vol. I, Saragossa, Osca i Tremp, 1995 [traducció de l'edició alemanya de 1935].

— *Los Altos Pirineos, Cultura pastoril*, vol. II, Saragossa, Osca i Tremp, 1995 [traducció de l'edició alemanya de 1935].

— *Los Altos Pirineos, Las labores del campo. Transporte y medios de comunicación*, vol. III, Saragossa, Osca i Tremp, 1996 [traducció de l'edició alemanya de 1935].

KRÜGER, F., *Los Altos Pirineos, Manufacturas caseras, indumentaria, industrias*, vol. IV, Saragossa, Osca i Tremp, 1997 [traducció de l'edició alemanya de 1935].

LLOBET, S., "Les Vallées d'Andorre", *Andorra*, núm. 1, 1956.

— *El medi i la vida a Andorra. Any 1947*, Andorra, 1986 [traducció de l'edició castellana de 1947].

LLUELLES, M. J., "Acords comercials hispano-andorrans de la segona meitat del segle XIX", *Butlletí del Comitè Andorrà de Ciències Històriques*, núm. 2, Andorra, 1987.

— "Campanya de la premsa francesa contra Andorra (1892-1897)", *Butlletí del Comitè Andorrà de Ciències Històriques*, núm. 3, 1989-90.

— *La transformació econòmica d'Andorra*, Barcelona, 1991.

— "La crisi andorrana segons els indicadors econòmics", *Butlletí Informatiu del Banc Agrícol*, núm. 53, 1993.

LLUELLES, M. J., *La terciarització de l'economia andorrana*, Andorra, Ministeri d'Educació, Joventut i Esports dels Govern d'Andorra, 1995.

— "Comunicacions terrestres a Andorra", *Andorra. Anuari socio-econòmic. 1996*, Andorra, Banca Privada de Andorra, 1996.

LÓPEZ MONTANYA, E. PERUGA GUERRERO, J. I TUDEL FILLAT, C., *L'Andorra del segle XIX*, Andorra, Conselleria d'Educació i Cultura del Govern d'Andorra, 1988.

MARQUÈS, N., *La reforma de les institucions d'Andorra, 1975-1981*, Lleida, 1989.

MAS, D., "La repressió del cultiu i contraban de tabac al segle XVIII", *Butlletí del Comitè Andorrà de Ciències Històriques*, núm. 1, 1986.

MAS, D., "Auge i decadència de la siderúrgia del ferro a les Valls d'Andorra (1750-1891)", *Butlletí del Comitè Andorrà de Ciències Històriques*, núm. 2, 1987.

— *Oficis i indústries a Andorra*, Andorra i Barcelona, 1998.

MAS, M. I MORELL, A.: *Fills de Julià Reig. 1880-1980, 100 anys de desenvolupament*. Edició especial commemorativa 1r Centenari. Andorra, Fills de Julià Reig, S.A., 1980.

MAUSS, M., *Sociología y Antropología*, Madrid, 1991 [ed. original 1923-24].

MENDUIÑA, E., "L'evolució de les institucions polítiques andorranes", *Annals. Institut d'Estudis Andorrans, Centre de Barcelona*, 1994.

MESSINES, A., *Rapport sur le développement agricole et forestier de l'Andorre*, informe dactilografiat, 1969.

MÖRNER, B., *De la meva vida errant. En la república dels contrabandistes*, Andorra, Ministeri d'Afers Socials i Cultura del Govern d'Andorra, Ambaixada de Suècia a Andorra, 1997 [ed. original 1902].
MURRA, J. V., "El control vertical de un máximo de pisos ecológicos en la economía de las sociedades andinas", *Formaciones económicas y políticas del mundo andino*, Lima, Instituto de Estudios Peruanos, 1975.
ORIOL, C., *El folklore andorrà*, Andorra i Barcelona, 1998.
PALAU, M., *Andorra, Història, Institucions. Costums*, Andorra, 1987.
PALLARUELO, S., *Pastores del Pirineo*, Madrid, 1988.
PANTEBRE, M.: "El sector públic com agent econòmic", *Annals. Institut d'Estudis Andorrans, Centre de Barcelona*, 1992.
PUIGORIOL, A. I PUIGORIOL, J., *Els andorrans*, Barcelona, 1965.
PUJADAS, J. J., *El método biográfico. El uso de las historias de vida en ciencias sociales*, Madrid, 1992.
— *Identitat cultural i construcció nacional a Andorra* (mimeografiat)
PUJADAS, J. J. i COMAS D'ARGEMIR, D., *Estudios de Antropología Social en el Pirineo aragonés*, Zaragoza, Diputación General de Aragón, 1994.
RIERA, M., *La llengua catalana a Andorra. Estudi dialectològic dels seus parlars rurals*, Barcelona, Institut d'Estudis Andorrans, 1992.
ROIGÉ, X., *Cuadernos de la trashumancia*, núm. 13: *Pirineo catalán*, Madrid, ICONA, 1995.
ROIGÉ, X., ROS, I. i COTS, P., "De la comunidad local a las relaciones internacionales. Los tratados de facería en el Pirineo catalán", CONTRERAS, J. (coord.), *Reciprocidad, cooperación y organización comunal. Desde Costa hasta nuestros días*, Saragossa, VII Congreso de Antropología, 1996.
SÁEZ, X., "Informe sobre l'economia andorrana. 1995", *Andorra. Anuari socioeconòmic. 1996*, Andorra, Banca Privada de Andorra, 1996.
SAHLINS, P., *Fronteres i identitats. La formació d'Espanya i França a la Cerdanya, s. XVII-XIX*, Vic, 1993.
SANGUIN, A. L., *Les micro-états d'Europe (Andorre, Liechtenstein, Monaco, Saint Marin): Géographie politique et économique*, Lieja, Université de Liège (tesi doctoral, inèdita), 1973.
— "L'Andorre ou la quintessence d'une économie transfrontalière", *Revue Géographique des Pyrénées et du Sud-Ouest*, núm. 62: 1991.
SATTERLEE, S., "De la pagesia al privilegi en un enclavament pirinenc", COMAS D'ARGEMIR, D. I SOULET, F.J. (eds.), *La família als Pirineus*,

Andorra, Ministeri d'Educació, Cultura i Joventut del Govern d'Andorra, Comunitat de Treball dels Pirineus, 1993.

SERMET, J., *Problèmes actuels des Vallées d'Andorre*, París, 1970.

SOLDEVILA, C., "Andorra, aparador del món", *Andorra*, núm. 5, 1960.

TAILLEFER, F., *L'Ariège et l'Andorre*, Toulouse, 1985.

— "Le paradoxe andorrain", *Revue Géographique des Pyrénées et du Sud-Ouest*, núm. 62, 1991.

TAPINOS, G., *Rapport sur l'immigration en Andorre. Diagnose et pespectives* (informe), 1987.

TARRAUBELLA, F., *La Canadenca al Pallars. Repercussions socioeconòmiques de la construcció de l'embassament de Sant Antoni a la Conca de Tremp (1910-1920)*, Lleida, 1990.

VALLS, À., *La nova constitució d'Andorra*, Andorra la Vella, 1993.

VIDAL, J. M., *Institucions polítiques i socials d'Andorra*, Andorra, 1984 [ed. original 1949].

VILÀ VALENTÍ, J., "Andorra, ara fa cinquanta anys", a *Andorra. Anuari socioeconòmic. 1996*, Andorra, Banca Privada de Andorra, 1996.

VIÑAS, R., *Nacionalitat i Drets polítics al Principat d'Andorra*, Andorra la Vella, 1989.

VIOLANT I SIMORRA, R., *El Pirineo español. Vida, usos, costumbres, creencias y tradiciones de una cultura milenaria que desaparece*, Madrid, 1949. Reeditat en facsímil, Barcelona, 1985.

— *Obra oberta*, 4 vols, Barcelona, 1981.

ZEMANECK, K., *L'Estatut Internacional d'Andorra, situació actual i perspectives de reforma*, Andorra, Publicacions de Consell General, Casa de la Vall, 1981.

Agraïments

Un treball com aquest no s'hauria pogut fer si no hagués comptat amb la col·laboració de les persones que van acceptar fer-nos partícips de les seves experiències i vivències personals amb relació a la història recent d'Andorra, de la qual en són part i protagonistes. Aquest protagonisme és el que he volgut ressaltar en aquest llibre, donant-los-hi la veu i explicant les diferents maneres de viure i entendre la realitat andorrana. Per això vull començar expressat el meu agraïment a tot el poble andorrà, representant per les duescentes persones que va entrevistar l'equip de recerca, i per a tots aquells andorrans i andorranes que d'una manera o altra han contribuït a fer possible l'estudi etnogràfic d'Andorra i aquesta mateixa publicació. A causa del compromís general de mantenir l'anonimat no puc esmentar-les particularment. A ells i a elles vull dedicar aquest llibre.

He de remarcar també, ara en forma d'agraïment, que la iniciativa de fer l'estudi etnogràfic i el seu finançament prové del govern d'Andorra i, més en concret, de la Conselleria (després Ministeri) que inclou els afers culturals, quan n'eren titulars els M. I. Srs. Josep Dalleres, Ramon Serra i Pere Canturri. Sempre em van donar un gran marge de confiança i desitjaria haver respost a les seves expectatives amb la constitució de l'Arxiu d'Etnografia d'Andorra i amb la publicació dels diferents treballs que se'n deriven. Està clar en tot cas que els errors que pugui haver en aquest text o les possibles discrepàncies respecte als seus continguts són exclusiva responsabilitat meva. Valoro moltíssim també l'ajut que em van proporcionar Ester Rabassa, Xavier Llobera i Cristina Martí, que en la seva responsabilitat en la direcció de Cultura no sols van resoldre eficaçment els aspectes pràctics i administratius relacionats amb l'estudi sinó que, a més, em van saber transmetre en moltes ocasions el seu entusiasme i estimació per Andorra.

En bona part estic reproduint aquí agraïments que ja vaig expressar en el llibre que precedeix a aquest, *Andorra un país de frontera. Estudi etnogràfic dels canvis econòmics, socials i culturals.* És inevitable, i no em sap greu, la reiteració perquè en el transcurs de la vida he après que la identificació, l'afecte o l'agraïment cap a les persones se'ls ha de fer arribar i no guardar-lo per a un mateix. Torno a destacar ara, doncs, la sort de poder comptar amb col·laboradors com Isabel de la Parte i David Mas per la seva professionalitat i dedicació. Va ser molt enriquidora també la participació de Dolors Llopart, llavors directora del Museu d'Arts, Indústries i Tradicions de Barcelona, amb qui teníem llargues sessions d'anàlisi del patrimoni material. I el mateix val a dir respecte a Carme Oriol, professora de folklore de la Universitat Rovira i Virgili, que va fer una interessant recollida de folklore oral. Dolors Ruf i Carme Martínez van ajudar en la realització d'algunes entrevistes, i Roser i David Pujadas, llavors joves estudiants universitaris, van col·laborar de forma desinteressada en la recopilació bibliogràfica. Puc dir avui, quan ja han passat uns quants anys, que enyoro la col·laboració acadèmica amb Joan Josep Pujadas, amb qui llavors vaig compartir la direcció del projecte, i amb qui segueixo compartint coses molt importants de la vida.

Tant a la Biblioteca Nacional d'Andorra com a l'Arxiu Nacional d'Andorra he trobat sempre la necessària col·laboració i esperit de servei per part de les persones que hi tenen la direcció i les que hi treballen. A Pilar Burgués la vaig marejar més, fent-li consultes bibliogràfiques de tota mena i sempre va fer planera la nostra feina. La mateixa consideració he de fer per l'Institut d'Estudis Andorrans, on l'equip de recerca va tenir la seu de treball durant la realització de l'estudi. A Roser Bastida i a Elisenda Vives, els he d'agrair que m'estimulessin a treballar sobre Andorra i en reflexions generals sobre el Pirineu. Recordo molt també les converses, de vegades llargues converses, amb Maria Jesús Lluelles, Lluís Garcia, Pere Cavero, Joan Peruga, o Xavier Llobera, que sempre han sigut alliçonadores gràcies al seu gran coneixement d'Andorra. I m'agradaria poder dir el mateix respecte a Lídia Armengol, però desgraciadament no vaig tenir oportunitat de conèixer-la. Em consta que ella va ser una fervent impulsora de l'estudi etnogràfic també hi tinc deute intel·lectual per les seves publicacions sobre Andorra.

Ja referint-me a l'elaboració concreta del llibre que teniu a les mans, vull destacar i agrair molt especialment el considerable treball desplegat per Isabel de la Parte, que va tenir la paciència d'ajudar-me en la revisió de tots els relats biogràfics i de contactar de nou amb algunes de les persones entrevistades, perquè coneguessin i revisessin aquells apartats en què apareixen. A més, s'ha llegit i rellegit aquest llibre amb molta cura i detall. Senzillament gràcies, Isabel. Altres persones han revisat també aquest text i, bones coneixedores d'Andorra, m'hi han fet aportacions que he procurat recollir. Aquest és el cas de David Mas, Joan J. Pujadas, M. Jesús Lluelles i Lluís Garcia, així com d'alguns tècnics i polítics vinculats a diferents ministeris del govern andorrà. També he d'indicar en aquest cas que possibles errors o incorreccions són responsabilitat meva. Altres persones, de l'àmbit universitari, han llegit també el text i m'han fet comentaris que vull agrair: Joan Prat, Jesús Contreras, Luis Álvarez, Teresa San Roman i Teresa del Valle, tots ells catedràtics d'universitat d'antropologia social. A banda del valor de les seves apreciacions, m'han permès copsar quins són els aspectes que més han interessat a persones que només coneixen el Principat superficialment. Em va alegrar que em diguessin que el text havia contribuït a fer-los entendre la realitat andorrana més enllà del que deixen veure els aparadors de l'avinguda Meritxell o les pistes d'esquí. A Roberto Fernández, li dec també suggeriments importants en la tasca d'edició final d'aquest llibre. I a l'editor la confiança dipositada per treure'l a la llum i la feinada que, segur, li he donat.

Seminari, sèrie Catalònia

1. *La catedral de Lleida (segle XVIII)*
   Frederic Vilà
2. *La Universitat de Cervera i el reformisme borbònic*
   Joaquim Prats
3. *Catalunya a l'imperi dels Àustria*
   La pràctica de govern (s. XVI i XVII)
   Joan Lluís Palos
4. *Cervera i la Segarra al segle XVIII*
   En els orígens d'una Catalunya pobra, 1700-1860
   Enric Tello
5. *Ramon d'Abadal. Història i política*
   Francesc Vilanova Vila-Abadal
6. *Els mercaders catalans al Quatre-cents*
   Jaume Aurell
7. *Oligarquia i poder a la Lleida dels Àustria*
   Una elit municipal catalana en la formació de l'estat modern
   Antoni Passola
8. *Les cases pageses al Pla d'Urgell*
   Família, residència, terra i treball durant els segles XIX i XX
   Ferran Estrada
9. *Canvi cultural a la societat del Segle d'Or.*
   Catalunya i Castella, segles XVI-XVII
   Henry Kamen

10. *La crisi de la Catalunya rural.*
Una geografia dels desequilibris comarcals (1960-1991)
IGNASI ALDOMÀ
11. *Revolució liberal i guerra civil a Catalunya (1833-1840)*
MANUEL SANTIRSO
12. *Els ajuntaments franquistes a Catalunya*
MARTÍ MARÍN
13. *Viles, pagesos i senyors a la Catalunya dels Àustria*
JORDI OLIVARES I PERIU
14. *Els franciscans catalans a l'edat mitjana.*
Els primers menorets i menoretes a la Corona d'Aragó
JILL R. WEBSTER
15. *Felip V i l'opinió dels catalans*
ROSA MARIA ALABRÚS
16. *Andorra, una economia de frontera*
DOLORS COMAS D'ARGEMIR

El llibre
Andorra, una economia de frontera
s'ha acabat d'estampar
el dia 2 de setembre de 2002
als tallers d'Arts Gràfiques Bobalà, SL
de Lleida